张永禄 —— 著

张葆弘 —— 摄影

唐都长安

·增订本·

重庆出版集团 重庆出版社

图书在版编目（CIP）数据

唐都长安 / 张永禄著. -- 增订本. — 重庆：重庆出版社，2024.8
ISBN 978-7-229-18485-8

Ⅰ.①唐… Ⅱ.①张… Ⅲ.①长安(历史地名)—地方史—研究 Ⅳ.①K294.11

中国国家版本馆CIP数据核字（2024）第045455号

唐都长安（增订本）
TANGDU CHANGAN (ZENG DING BEN)

张永禄 著

摄　　影：张葆弘
出　　品：华章同人
出版监制：徐宪江　连　果
责任编辑：李　翔
特约编辑：王　颖
营销编辑：史青苗　刘晓艳
责任校对：陈　丽
责任印制：梁善池
书籍设计：周伟伟

重庆出版集团
重庆出版社 出版
（重庆市南岸区南滨路162号1幢）
北京毅峰迅捷印刷有限公司　印刷
重庆出版集团图书发行有限公司　发行
邮购电话：010-85869375
全国新华书店经销

开本：889mm×1194mm　1/32　印张：16.75　字数：355千
2024年8月第1版　2024年8月第1次印刷
定价：98.00元
如有印装质量问题，请致电023-61520678

版权所有，侵权必究

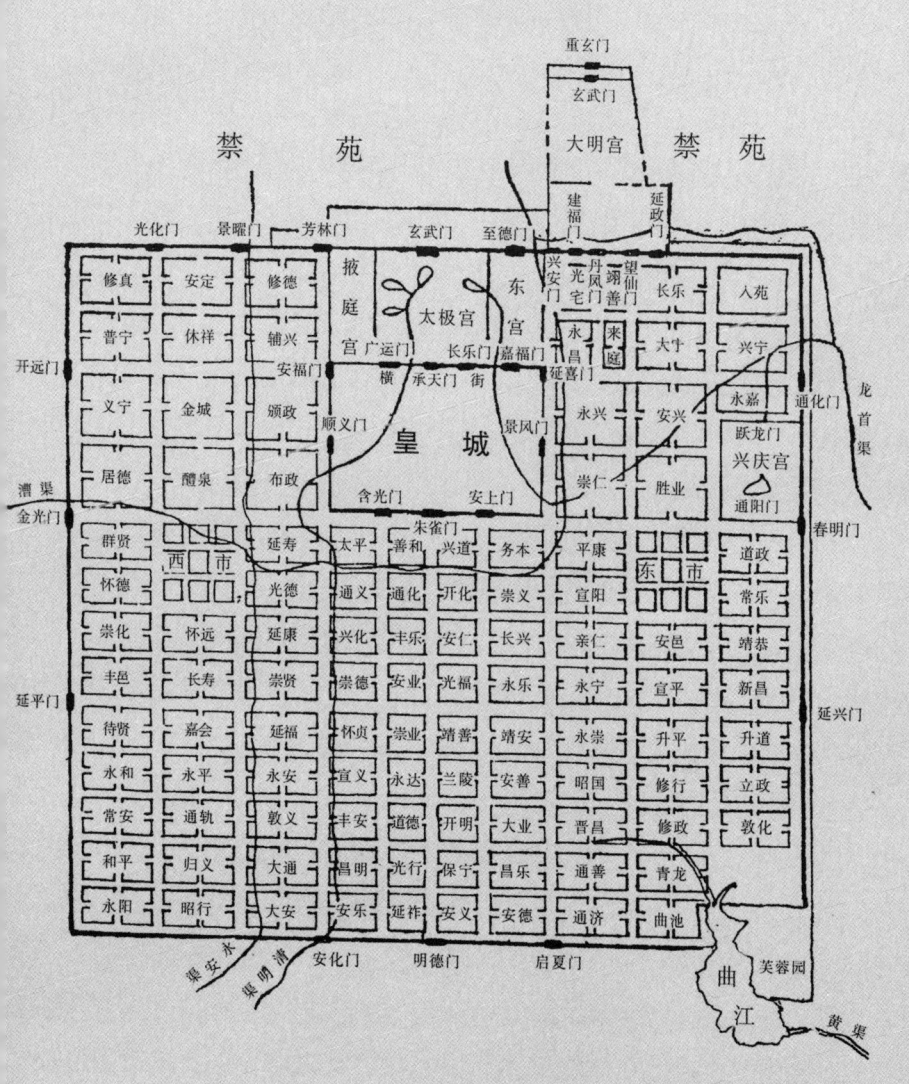

唐长安城图

初版序

张永禄同志的《唐都长安》很快就要和读者见面了。

记得是六年前,永禄征求我关于确定他的专业研究方向的意见,我曾这样建议:我们西北大学地处文化古都西安,如果能够下些功夫对唐都长安城作深入的研究,写出专著来,那肯定会受到欢迎的。不久,永禄即开始搜集资料,进入研究过程。这样过了三年,他在我们学校历史系开出了"唐都长安城"的选课,又用了两年多时间写出了一部唐都长安城的专史。

我读了他的书稿,觉得很高兴。这部书稿有它的一些特色。过去中外学者对唐都长安城的研究,取得了不少的成果;但是,这些成果大都是属于长安城的某个侧面,至今似乎还缺少对唐都长安城的全面性的综合研究。永禄的这部书稿吸收了前人的成果,又有所前进。他从长安立都的条件、都城的营建、布局规划、建筑制度以及都城的政治、经济、文化、生活等方面进行了综合研究。称它为一部唐都长安城的专史,也许是并不过分的。

这部书稿在研究方法上也有一些特点。作者不仅注意文献资料的考订和运用,而且十分注意利用考古成果,力图将这两个方面结合起来。从作者所引书目来看,有关唐代的史书、史志、笔记小说、

I

诗文、碑刻与敦煌文书等，还有有关唐长安城的考古发掘报告，等等。就我所知，作者参考资料近二百种。除此，作者多次对长安都城部分遗址进行实地考察，还研究了唐陵壁画与敦煌壁画中有关唐代建筑、唐人风俗和宫廷生活等画面。

对唐都长安城作综合研究，是一件严肃的学术工作，而且有着现实的意义。唐都长安城即今西安市（从历史的沿革来说），以它悠久的历史和独特的风貌，吸引着国内外的游客。西安市正在大力发展旅游业，以唐长安城为蓝图，制定了西安城市远景总体建设规划，要兴建一批唐代遗址公园、风景区与博物馆，以保持唐代古城的传统特色和自然风貌。在此情况下，永禄同志写出唐都长安城专史，会对今天西安市的建设有着一定的借鉴作用。

永禄同志希望中外学者能指出这部专史中的错误和不妥之处，以便纠正和充实。我觉得永禄的这个想法很好。谨严的科学态度应当是精益求精，不断修正错误，寻求真理。我想读过这本书的中外学者是会使永禄的这个愿望得到实现吧！

张岂之
1986年3月16日

第二版序

在中国的八大古都中,长安(西安)的历史最为悠久,历经西周、西汉、新莽、东汉末、西晋末、前赵、前秦、后秦、西魏、北周、隋、唐等12个朝代,如果把秦都咸阳也算在长安地区之内,先后建都的时间将近1200年之久。五代以后,长安不再建都,可见唐朝是长安建都的最后阶段。如果说长安建都时期代表着中国历史进程的一个阶段,那么,唐代就是这个历史阶段的转折点。这就是说,研究唐代长安的历史,是研究整个中国历史进程的一项重要内容。正因为如此,对唐代长安的研究,愈来愈受到人们的重视。从20世纪50年代到当代,史学工作者、考古工作者,都曾有过不少论著问世,对唐代长安的研究作出了重要贡献。1983年,中国古都学会在西安成立,至今已出版了二十三辑《中国古都研究》,其中有不少研究古代长安的论文。其他报刊发表的相关论文也数量可观,这些都为唐代长安的研究增加了新的内容。

最近西北大学张永禄教授的《唐都长安》在首次出版23年后的今天又重新增订出版了。这是一件值得庆贺的事情。著名史学家张岂之先生说:"过去中外学者对唐都长安的研究,取得了不少成果;但是,这些成果大都是属于长安城的某个侧面,至今似乎还缺少对唐都长安的全面性的综合研究。"(张永禄《唐都长安·序言》，西北大学出版社1987年版)张永禄教授则是当代史家中最早对长安作综合研究的学者。他的初版《唐都长安》二十多年来被学习和研究都城史的学人奉为圭臬，常常加以引用。但随着岁月的更替，国家的发达和进步，我国的文化事业逐步繁荣起来，史学界对唐都长安的研究新成果不断涌现，考古工作者对唐城遗址、唐大明宫遗址的探测与发掘又有新的重要发现，加之，作者在长安城研究中也有许多新的认识，这样一来，对原书的增订也就势在必行了。同时，我们也注意到，西安市人民政府正在实施"唐皇城复兴战略规划"与大明宫国家遗址公园的建设工作。这些举措对提升西安国际化大都市的地位都有重要意义。然而，具体的实践，没有翔实的史料和古代都城研究理论的支持，其工作难以可持续发展。从这个意义上讲，时代呼唤作者对旧作进行修改和提升，以适应时代和社会发展的现实需要。显而易见，这部专著的再次问世，标志着当代史家对唐代都城长安的研究已进入了更新的领域和更高的层面，作者在研究唐代长安的道路上也大大地前进了一步。

一

都城的形成是有多种因素的，自然环境、经济、军事等各方面都不可缺少。随着人类认识自然、改造自然的能力不断提高，人类和自然的关系也不断增加新的内容，经济、政治、军事等内容也必然有相应的发展。正是由于这些与建都有关的各种因素不断变化，历代建都的地点也常有变迁。统一王朝的建都，由西安、洛阳、开封、杭州、南京到北京，反映了人们认识自然、利用自然能力的提高，反映了经济、政治、军事的发展。那么，隋唐两代为何建都于长安，作者分别从自然环境、经济、军事、交通和历史等方面，说明了长安建都的有利因素。首先，作者认为长安有优越的自然环境，主要理由有三：一为长安处于我国疆域的中心地区，符合"王者受命创始建国，必居中土，所以总天地之和，据阴阳之正，均统四方，以制万国"（《长安志·京都》引《五经要义》）的思想。二为隋唐时期，关中地区为温暖湿润的亚热带气候，雨量充沛，河流纵横、植被丰富，为在此立都创造了极佳的人居自然环境。三为长安建都，是因为关中有发达的农业经济与便利的东西漕运。战国秦汉时期，关中就被称为金城千里、天府之国。这里土地十分肥沃，农作物及蔬果品种相当丰富，为立都奠定了良好的经济基础。东西漕运的沟通又解决了京师百万之口的粮食、物资和对各地贡赋及奢侈品的需求。

其次，作者还认为关中有重要的战略位置，是建都的理想之地。关中地区在冷兵器时代，被山带河，地势天险，关隘重设，四塞为固，有地理和战略上相对安全的因素。

最后，作者认为，长安自古帝王都，有着悠久的建都历史。在隋唐之前，已有十多个王朝在此建都，长达858年之久。加之"关中地区是李唐关陇军事贵族集团的根据地"[《唐都长安》（增订本），第18页]，李渊出于传统与政治的需要，必然要建都于长安。

二

关于唐代长安的营建与规划布局，本书叙述极为详尽。作者追根溯源，从隋大兴城的创建说起，对唐长安城的发展、破坏与改建，都有详细的叙述，特别是对城内的布局、市政建设，还有外郭城、皇城，以及宫城内部的坊里、政府衙署、宫殿的分布等，都描述得清楚明白，而且和人的活动密切联系起来，读后使人对唐代长安以及唐代历史都有相当了解。新版和初版相比较，有了较多篇幅的增加，如第二章"唐长安城的营建与规划布局"部分，增写了"隋唐长安城的设计思想"及"隋唐长安城建制的影响"两节。在第四章"皇城与中央衙署"部分，增写了"左祖右社"和"衙署机构"两节。对唐代中央官署与东宫官署，作者介绍了其职能，并指出其官署在今西安城内的大体位置。这两部分是中国古代都城的重要组成元素。《左传·庄公二十八年》云："凡邑有宗庙先君之主曰都，无曰邑。"《论语·先进篇》亦曰：都者"有社稷焉"。童书业先生说："在各国国都中，主要为国君及大夫士等之宫室宗庙及朝廷官司与外宾所居旅馆等。"（《童书业历史地理论集》，中华书局2004年9月版，第330页）这些内容，使都城元素无一遗漏。书中的这些优点，可以概括为以下几点。

其一，叙事详细具体，没有含糊其辞的语言，像"大概""也许"之类的词语，在该书中极为罕见。例如，关于外郭城的规模，作者把《长安志》所载的数字（里、步），折合成当前通用的公制，然后再和考古工作者实测的数字（米）进行对比。由于实测数字过大于《长安志》记载的数字，所以最后得出结论说"文献记载之数有误"。如为了说明外郭城墙的具体位置，作者引用考古工作者的实测报告，用今天的地名说明其起止和经过地点。例如对南城墙的叙述："南城墙基西起今西安西南郊木塔寨村以西280米处，向东经北山门口村以南、沙㘭䴖村之北、杨家村之南，穿过陕西师范大学，再经瓦胡同村北、庙坡头村南，至明代王尚书坟园以直角形北折510米，再以直角形东折1360米，至今新开门村西北120米处，全长9550米。东偏北0°7′32″。"[《唐都长安》（增订本），第59页]。另如，对丝绸之路的起点开远门这样叙述："隋称开远门，唐改名安远门，位于郭城西面偏北……东与皇城安福门、延喜门及郭城东面偏北的通化门相对，与宫城前横街处一直线。故址在今西安市西郊大土门村。"[《唐都长安》（增订本），第67—68页]再如，对皇城含光门遗址的介绍，作者根据考古发掘实测叙述说："含光门平面形状为横长方形，东西长37.4米，南北宽19.6米，中间开3门洞，中间门洞宽5.72米，东西门洞均宽5.35米，门洞之间隔墙厚均3.07米。中西两门洞之间的隔墙残存高7.59米。两端为墩台。门洞两侧各有柱础石15个，础石上原立有排叉柱，用以施承重仿，架设过梁。门洞路面北高南低，约呈13%的坡度。另外，在含光门遗址中心西侧73.7米处发现了一个城墙内的过水涵洞。涵洞上部为单拱拱券，拱跨度约0.6米，拱高约1.2米，加上涵洞底部数层铺地砖的厚度，涵洞整体高度约3米。涵洞建筑用大小不同的青砖混砌而成。现唐含光门3门洞与过水涵洞遗址，包封在今城墙内，辟为西安唐长安皇城含光门博物院，用以保护和展示。"[《唐都长安》（增订本），第100—101页]这种准确的叙述方式，使读者清楚地知道了西安城的由来，每当人们来到西安的某一个地方，都会使人睹今忆古，追思千年前的大唐长安的景象。这种写法也符合科学的研究方法。

其二，注意到历史的发展，而不是孤立地认识某一问题。唐朝有近三百年的历史，长安的建设与布局是有变化的。张永禄教授注意到这个问题，所以对有些问题的说明优于他人。例如，关于长安城中的坊里数，有学者认为是108坊，还有人认为是110或109坊。这些说法都有根据，但不确切。《唐都长安》有理有据地说明这些只是唐代一个时期的数字。108坊是隋至唐初的坊里数，110坊是高宗龙朔二年（662年）至开元初的坊里数，109坊是开元二年（714年）以后的坊里数。这些数字变化的原因，该书都有详细的说明。这个问题，近年来出版的多种介绍古代长安的书中，都没有阐明其来龙去脉，各自采用一个数，而使读者莫衷一是。另如，关于掖庭宫的认识。掖庭宫本来是宫女居住和犯罪官吏家属妇女配没入宫劳动之处，在政治上无足轻重，但随着历史的发展，掖庭宫西南部的内侍省，到唐后期竟成为最高政权机构。内侍省是宦官的组织机构。随着宦官专政局面的形成，德宗以后的11个皇帝中，有3个死于宦官之手，7个为宦官所立。这样一来，内侍省的地位就需刮目相看了。作者说明这些变化，人们就不能用固定不变的眼光去看待掖庭宫了。

其三，注意了人的活动。不管是从历史的角度还是从历史地理的角度研究唐代长安，都不能离开人的活动。离开人的活动，单纯地叙述长安城的营建过程、规模、布局等，都缺乏活的因素，人们也难以深刻理解以上内容。作者在这方面也应受到称赞。例如，关于宫城的叙述，在谈到太极宫、东宫、掖庭宫的位置、规模以及门、殿等内容时，能尽量和人的活动联系起来。如在谈到东宫时，作者说："隋文帝时，原太子杨勇，后太子杨广；唐初高祖时，原太子李建成，后太子李世民；及太宗时，原太子李承乾，后太子李治等就居住在这里。唐自龙朔以后，诸帝多居大明宫，太子亦移居东内少阳院。若皇帝出幸，皇太子'但居于乘舆所幸别院'。玄宗以后，太子就不住东宫，而是随其'父皇居住在皇宫内别院'。"[《唐都长安》(增订本)，第134页)]显然，这比简单地说东宫"为皇太子所居"，更符合历史事实。

最后，本书增订本在谈到唐长安城的三大帝王宫殿区，亦即"三大内"时，内容有大幅增加。西内太极宫初版书中只介绍了6处主要宫室建筑物，新版书中增加至16处。作者不仅说明了其在政治活动中的作用，还列出太极宫居住听政的高祖、太宗、高宗、中宗、睿宗、玄宗、僖宗、昭宗等皇帝。在谈到太极宫的海池时，还生动地说李世民发动玄武门政变之时，高祖正泛舟于海池。东内大明宫，初版介绍了7处主要宫室建筑物，新版大增至32处，如对延英殿的叙述："延英殿是皇帝在内廷引对朝臣，议论政事的主要殿所。从代宗时起，皇帝每有咨度，或宰臣有所奏启，即在此殿召对，称为'延英召对'。开始仅限于宰相，以后扩大到群臣。而且，初无定时，一般是间日一次，并用单日。但若皇帝认为必要，或宰臣有所奏对，亦可双日开殿。以后凡皇帝不御正殿，就在延英殿视政。"由于"延英召对殿内不列仪仗，礼仪从简，君臣之间比较随便，臣下也可以得以尽言"。[《唐都长安》(增订本)，第208页]这里，作者还依据考古发现，通过对大明宫环筑的宫墙、众多的宫门及北部东、西、北三面构筑有平行于宫城墙的夹城，得出一个令人信服的结论："夹城的修筑，在宫城的后部，配合宫城墙共同构成严密的防卫体系结构。"[《唐

VII

都长安》(增订本)，第182页]新版书中，对旧版书中大明宫的描述多有修正，如依据当代新的考古成果，将初版中含元殿龙尾道位于其正前方的三条斜坡阶道，改写为位于殿前东西两阁内侧的阶道。还有初版误将唐玄宗教授"梨园弟子"的"梨园"地址定在禁苑梨园中，新版经考证，定在大明宫后廷地区的梨园。南内兴庆宫的主要宫室建筑物介绍，由原来的5处增为14处。除此之外，作者还介绍了太极宫、大明宫曾经发生的重大事变。这样就形成了作者以殿（楼门阁）系事，以事系人的写法，把宫殿的位置、规模、作用和人的活动联系起来，不仅使该书有了活的内容，而且有利于人们对唐代历史的深入理解。正所谓，从建筑说历史，历史不再遥远；从历史看建筑，建筑不再沉默。

这一部分内容复杂，对许多时间、地点、数字的准确程度要求较高，所以难度大，初版中难免有些不足之处。例如，关于史馆的地点及其变迁，初版中叙说不到位，这次新版加以修订。再如，初版中，作者对政事堂缺记，这次亦增补上了。

三

关于唐代长安的人口，由于文献无直接记载，所以至今难知其确切数字。研究者多根据有关资料，进行推测，所以有一百多万、百万左右等不同的结论。作者列举三类资料，推算出长安人口约有百万。

关于唐代长安的居民生活，作者深入、细致、全面地阐述了当时长安居民的经济生活与文化生活。在经济生活方面，从食品的供应，如粮食加工、肉食、蔬菜、果品的来源，到食品的种类，都叙述甚详。仅食品的种类一项,就举出了菜肴八仙盘、五生盘等30多种,饭食长寿面、馄饨、蒸饼等20多种,粥食米粥、粟粥、豆粥等10多种,丰富多彩,应有尽有。在文化生活方面,对唐代长安的音乐、舞蹈、戏剧、杂技、体育等,也都写得文字生动,内容丰富。新版又增加了"节日民俗"一节。这些内容,对了解唐代社会生活颇有帮助,同时,对今天西安市的繁荣与发展也有积极的影响。

有一点值得商榷,就是在初版中作者认为:"关中地区盛产小麦,都城居民生活习惯以面食为主。"这种看法,是现代关中的情况,唐代不一定如此。关中是在汉武帝时才开始种麦的。周秦时期以黍、稷、菽、粟为粮食的主要品种,汉代以后,粟成为主要粮食作物。从北魏到唐前期,基于均田制的赋税制,其中的租,仍以纳粟为主,史籍虽有贞观年间"王公以下垦地亩纳二升,其粟、麦、稻之属,各依土地"的记载(《通典》卷六《赋税下》),但粟还名列麦前。这正是粟的生产在社会上占统治地位的反映。到了元代,小麦才在北方的粮食生产中占到首要地位(张泽咸:《唐五代赋役史》,中华书局1986年10月版,第一章第一节)。另据《唐国史补》卷中记载:"窦氏子言家方盛时,有奴厚敛群从数宅之资,供白麦面,医云:'白麦性平。'由是恣食不疑。凡数岁,未尝生疾。"这说明唐代长安的居民生活已多面食,但是否已成为习惯,尚待有更为充分的证据。对此,本次新版中作者也作了修正。

四

7—9世纪,东方的唐帝国,西方的拜占庭帝国,西亚的阿拉伯帝国，是当时世界上的经济发达地区，政治上强大的国家。长安、君士坦丁堡、巴格达是当时世界上著名的大城市，其中以长安的规模最大、人口最多。由于唐帝国经济发达，长安集中了大量的中外商人，致使长安成为国际性都市。在文化方面，由于中国是素负盛名的文明古国，在世界上早有很大的影响，再加上唐统治者实行开放政策，更有利于中外经济文化的交流，所以，长安更集中体现了东西文化交流中心的作用。当时的日本，视中国为"东方文化大本营"，"对中国文化无限向往"，希望"过像汉人那样灿烂的文化生活"（［日］木宫泰彦著：《日中文化交流史》，胡锡年译，商务印书馆1980年版，第17—18页）。其实，唐代的文化，已不是原来单纯的华夏文化，而是中华民族固有的文化又融合了来自不同国家的外国文化而成的。所以日本学者认为，唐朝的文化"并不单是汉人的文化，而且夹杂着来自四面八方的外国文化，尤其是夹杂着印度系统和伊朗系统的文化，这是很显著的事实。因此，留唐的日本学生和学问僧当然直接间接地受到这些影响，特别是在奈良朝时代，印度、波斯、西域等人经过唐朝前来日本直接传播文化，这是其他时代少有的例子"（［日］木宫泰彦著：《日中文化交流史》，胡锡年译，商务印书馆1980年版，第214—215页）。日本接受印度、波斯、西域的文化，长安起了桥梁作用；中国与日本、朝鲜半岛和印度、波斯、西域的交往，又以长安为中心。这些情况说明当时的长安在世界上有举足轻重的地位。

作者对这方面都有所注意。本书有"国内外友好交往活动的中心"专章，对唐代国内国际的交通线、民族事务与外事机构，还有唐帝国对日本、朝鲜半岛、中亚、西亚及非洲各国的友好交往，都有相当充分的叙述。同时还说，唐长安城规划宏伟，规模空前，全城面积达84平方千米，是当时世界上规模最大的一座都城。和当时世界上其他大城市相比，较公元447年修建面积为11.99平方千米的东罗马帝国首都拜占庭大7倍，较公元800年所建面积为30.44平方千米的伊拉克首都巴格达大2.7倍。读了这些内容，自然会使人意识到唐长安在世界上有相当重要的地位。

还有一个问题，就是作者在论述唐代长安在世界上的先进地位时，如果能够把唐帝国放在当时全世界的范围内，联系世界几个主要国家，诸如法兰克、拜占庭及阿拉伯，就会很自然地显出唐帝国的先进地位。先进国家的首都，无疑是先进的城市，具有先进的地位和先进的文化，这正是唐代长安成为世界各国文化交流中心的关键所在。这样不仅可以更好地说明作者研究唐代长安的重要意义，同时也可以吸引更多的人向往古都，对促进西安的进一步繁荣发挥更大的作用。

五

本书还有一个突出的特点，就是十分重视资料的搜集与使用。对于文献资料、考古成果、实地考察的各种资料，也非常注意其相互间的关系，因此其内容有理有据，结论可信。这是此专著成功的前提条件。

作者所涉及的资料很多，除了实地考察以外，有关唐代的史书、史志、笔记小说、诗文、碑刻与敦煌文书等近二百种资料，都与该书有程度不同的关系。至于唐陵壁画与敦煌壁画中有关唐代建筑，唐人风俗和宫廷生活等画面，作者也都有所研究。同时，还注意到与唐代前后长安有关的资料，运用对比的方法说明了唐代长安的历史地位。例如，为了说明唐代长安是我国古代规模最大的城市，仅写明其面积有84平方千米并没有很强的说服力。作者把唐长安与国内古代都城进行对比说："它的面积是汉长安城面积35平方千米的2.4倍，是北魏洛阳城面积73平方千米的1.2倍，是隋唐洛阳城面积45平方千米的1.8倍，是元大都面积50平方千米的1.7倍，是明南京城面积43平方千米的1.9倍，是明清北京城面积60平方千米的1.4倍。"[《唐都长安》(增订本)，第34页] 不可否认，这些数字资料是最有说服力的。

综上所述，旧作《唐都长安》经过增订后字数增加较多，比初版增加文字约13万字，并增加130多幅图版。这部新版的《唐都长安》作为对唐长安城全面系统、综合性研究，到目前为止，其学术水平仍然处于领先地位。虽然这部书存在的问题还有待于进一步深入研究，但瑕不掩瑜，作者的成功还是主要的，为唐代长安的研究作出了贡献。另外，作者在颂扬唐都、弘扬中华民族的优秀文化和光荣历史方面都是值得称道的。

我们相信，这部增订版《唐都长安》的学术成果一定会给国家把西安城建设成为国际文化中心的具体工作提供重要的理论支撑和积极的借鉴作用。

牛致功　贾云
2010年5月1日

目 录

第一章	长安立都的条件	001
	一、优越的自然环境	003
	二、发达的农业经济	006
	三、东西漕运的沟通	009
	四、重要的战略位置	012
	五、悠久的历史因素	015

第二章	唐长安城的营建与规划布局	021
	一、隋大兴城的创建	023
	二、唐长安城的增修	030
	三、都城的规划布局	034
	四、隋唐长安城的设计思想	040
	五、隋唐长安城建制的影响	046

第三章	外郭城与市政建设	055
	一、城池	057
	二、城门	063
	三、四郊庙坛	069

	四、街衢	074
	五、渠道与桥梁	081
	六、城市绿化	087
第四章	皇城与中央衙署	095
	一、城墙	097
	二、城门	099
	三、街衢	103
	四、左祖右社	104
	五、衙署机构	106
	六、衙署分布	120
第五章	宫城	127
	一、规模	129
	二、东宫	134
	三、掖庭宫	139
	四、宫城的防卫	145
第六章	三大内	149
	一、西内太极宫	151
	二、东内大明宫	174
	三、南内兴庆宫	226
第七章	三苑	245
	一、西内苑	247

	二、东内苑	253
	三、禁苑	254
第八章	坊里与人口	267
	一、坊里之数	269
	二、坊里布局	271
	三、坊里名称	272
	四、坊里范围	278
	五、坊里结构	281
	六、坊内街曲与分区	283
	七、房第建造	285
	八、住宅分布	290
	九、长安人口	291
第九章	东市和西市	295
	一、市场位置	297
	二、市的建制	299
	三、贸易的繁荣	306
	四、市场管理	316
	五、商税与罢市	318
第十章	寺观	325
	一、长安寺观的兴废	327
	二、著名寺观	335

第十一章	风景区	365
	一、曲江池与芙蓉园	367
	二、杏园与乐游原	374
	三、昆明池与定昆池	375
	四、骊山华清宫	377
	五、樊川	380
第十二章	都城管理与都市生活	387
	一、都城管理	389
	二、都城的经济生活	396
	三、都城的文化娱乐活动	414
	四、节日民俗	445
第十三章	国内外友好交往活动的中心	459
	一、以长安为中心的国内国际交通线	461
	二、民族事务与外事机构	465
	三、各民族在长安的友好交往	467
	四、长安的国际友好交往活动	474
第十四章	唐长安城的破坏与改建	491
	一、长安城的破坏	493
	二、唐末的改建	495
	三、明初的重建	502
	四、明中后期与清代的加固修葺	507

第一章 长安立都的条件

长安,位于号称"沃野"的关中平原。关中古称"形胜之国",被山带河,关隘重设,进可攻,退可守。且长安地处我国疆域的中心地区,是古代王朝居于中土"均统四方"的理想立都之地。因此,古代统治者都把占据关中,立都长安,视为图强争霸和其政权兴亡的根本。

长安，古地名，在今陕西省西安地区。这里川原秀丽，卉物滋阜，人杰地灵，远古以来就是中华民族的发祥地之一，久为古代王朝安邦立国的帝王之乡。我国历史上一代繁荣昌盛的唐王朝，定鼎于此，决非偶然。

一、优越的自然环境

长安地当秦岭之北，濒临渭水之南，在关中平原中部偏南区域，位于八百里秦川的中心。地理方位在东经108°—110°，北纬34°—36°60′。海拔400米左右。由于这里平原辽阔、气候温和、雨量适宜，是人类良好的生活区和植物生长区。因而，早在110多万年前就有蓝田猿人，五六千年前有处于氏族社会的半坡人，在此定居生活，繁衍生息，而我国古代的许多王朝，也以此作为建邦立都的理想之地。

首先，从地理位置看，长安地处我国疆域的中心地区，是古代王朝居于中土"均统四方"的理想立都之地。如《长安志·京都》引《五经要义》所云："王者受命创始建国，立都必居中土，所以总天地之和，据阴阳之正，均统四方，以制万国者也。"

其次，从气候条件看，古代关中地区在历史上有过多次寒冷期与温暖期的变化。从五六千年前到西周前期、春秋时代至西汉时期、隋唐时期以及后来的元代时期，关中地区为温暖湿润的亚热带气候。年平均气温要比现在关中大陆性季风气候高2℃左右，1月份平均温度约高于现在3—5℃。在五六千年前的原始社会西安半坡氏族公社遗址中，发现有水獐和竹鼠的骨骼，而这类动物只是亚热带才有。汉武帝时期，长安附近的上林苑中，栽种着3000余种名果异卉，其中有梅、柑橘、荔枝、枇杷等亚热带生长的果木。汉唐时期，关中地区气候温和、雨量充沛，山坡之上到处是郁郁苍苍的林木，渭川一带生长着茂密的竹林，故时有"渭川千亩竹"之称。历史上长安地区这种温暖湿润的气候条件，为古代周、秦、汉、唐等王朝在此立都提供了良好的自然生态环境。

再次，我国古代王朝都城的建置，不仅需要地区拥有适宜于人们居住生息的自然生态环境，而且作为一代王朝的腹心地区和统治中心，还必须考虑地理上的安全。《通志·都邑序》载："建邦设都，皆凭险阻。山川者，天之险阻也；城池者，人之险阻也。城池必依山川以为固。"长安地区就具备这种"山川以为固"的天然有利条件。

长安地区被山带河，"名山甲于天下"。它东濒黄河，三面环山。南面是巍峨高耸、重峦叠嶂的秦岭山脉，主峰有太白山、终南山、骊山、少华山、华山，起自宝鸡，达于潼关，横亘于关中的南部。西、北两面是蜿蜒起伏的北山山脉，分为陇山、妍山、岐山、梁山、九嵕山、嵯峨山、紫金山、尧山、黄龙山，起自陇县，达于黄河，自西北而东北，布列而峙。长安地区周围这些环列的重山峻岭，以及山间茂密的林木，繁盛的果实，丰富的矿产资源，就为都城长安的天然设防和百姓的生活所需、百工的生产原料，提供了有利的条件。如《汉书·东方朔传》载："夫南山，天下之阻也……其山出玉石、金、银、铜、铁、豫章、檀、柘，异类之物，不可胜原，此百工所取给，万民所仰足也。"唐人白居易《卖炭翁》诗中所写的赶牛驱车来长安市中的卖炭翁，就是"伐薪烧炭南山中"的。同时，由于这些山脉峰峦苍

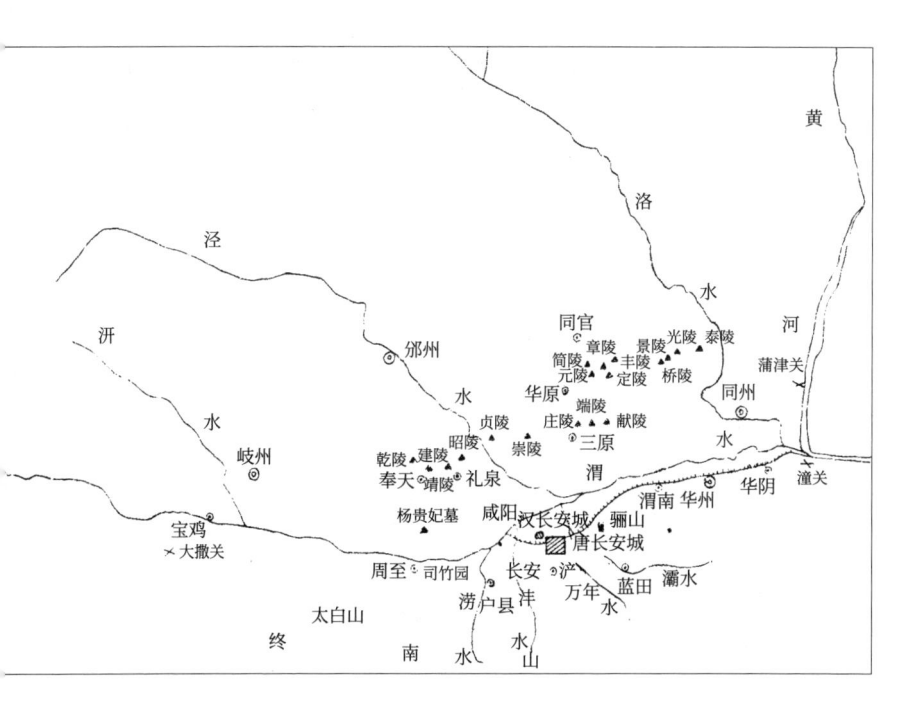

唐代关中地区形势图

翠，风景秀丽，气候凉爽，因此这又成为皇帝与达官贵人的游览避暑之地。如秦汉时在周至南山下修有帝王离宫长杨宫、五柞宫；隋在麟游县天台山建有仁寿宫（唐改称九成宫）；唐在终南山黄峪建有翠微宫，在临潼骊山下建有华清宫，在铜川玉华山建有玉华宫等。这些都说明了关中地区山脉的分布，与都城长安的密切关系。

最后，长安地区水源丰富，河流纵横，向有"八水绕长安"之称，所指八水，即泾、渭、灞、浐、沣、滈、涝、潏八条主要河流。此八水分别环绕于长安的四周，"长安之地，潏、滈经其南，泾、渭迳其后，灞、浐界其左，沣、潦（即涝河）合其右"。[1]即南有潏、滈，北有泾、渭,东有灞、浐,西有沣、涝。这些纵横环绕的河流,在农田灌溉、漕河运输、城市引水、环境美化、气候调节诸方面,都为古代王朝在此立都提供了有利的条件。

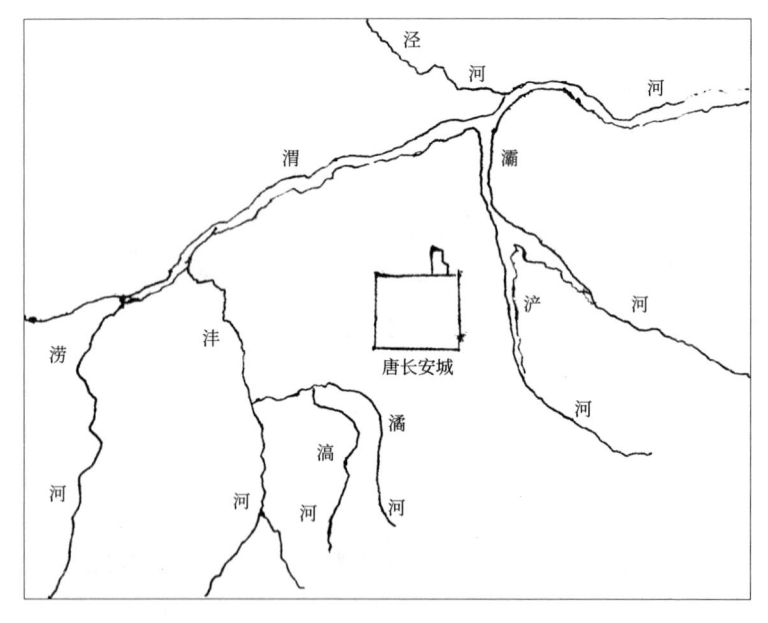

八水绕长安示意图

二、发达的农业经济

关中平原,亦称渭河平原。是由渭河及其支流冲积而成的黄土地带,坡度一般在5度以下,地势平坦,土壤肥沃。经过古代劳动人民长期辛勤开发,逐渐成为黄壤千里,沃野弥望,适于农耕的土地。司马迁说："关中自汧、雍以东至河、华,膏壤沃野千里,自虞夏之贡以为上田。"[2]张衡称其为"广衍沃野,厥田上上"。[3]班固称这里是"九州之上腴"。[4]《新唐书》也记载说："唐都长安,而关中号称沃野。"[5]从虞夏至汉唐,关中的土壤,都是全国农田中最为肥沃的土地。

关中的农田水利灌溉有很大的发展。由于这里水源丰富,地势平坦以及历代的重视兴修水利,因此,大小水利灌溉工程密布,农田灌溉远较其他地区发达。清人毕沅说："古来言水利者,首称关辅。"又说："关中据百川上流,导引甚易,昔人谓陕西无地不可兴举水利,故渠堰视他省为多。"[6]

长安地区著名的水利工程较多。如长安以北的泾河灌溉系统中,有秦代著名的郑国渠。渠起自仲山西瓠口（今陕西泾阳县西北）引泾水东流,经泾阳、三原、富平,至蒲城东南注入洛河,全长三百余里,灌田四万余顷;有汉代在郑渠北岸所开的六辅渠和在郑渠南岸所修的白渠。白渠起自谷口（今陕西礼泉县东北黑石湾村）,分泾水东南流,经高陵、栎阳,至下邽注入渭水,长二百余里,灌田四千五百余顷;有唐代沿白渠所开的太白、中白、南白三渠,称为三白渠,进一步扩大了泾水的灌溉面积。

在长安以西的渭河灌溉系统中,有汉代的成国渠。渠自渭河北岸眉县东北,引渭东流,至咸阳注入渭水,长二百二十余里。另有汉代从周至灵轵原下引水东流,后注入渭水的灵轵渠;有隋代在武功开凿的永丰、普济两渠;有唐代从宝鸡引汧水与渭水合的升原渠,及引沣水至洨水,可灌万顷农田的贺兰渠等。

在长安以东,有汉代从徵县（今陕西澄城西南）引洛水东南流的龙首渠；有从长安至潼关引渭东流的漕渠；有唐代在韩城引黄河水灌田六千余顷的龙门渠；有在华阴引敷水灌田的敷水渠和在华州引小敷谷水灌田的罗纹渠等。

关中地区的大小水利工程，在汉唐时已形成了以长安为中心的农田灌溉网。灌田面积，汉唐时期分别占到关中总耕地面积的百分之五和百分之十，其中尤以都城长安畿辅地区受灌面积为最大。

关中地区由于土地肥沃，农田水利发达，因而农业发展，物产富饶，战国时期苏秦就称这里为"天府"之地。西汉张良也说："关中左殽函，右陇蜀，沃野千里，南有巴蜀之饶，北有胡苑之利。……此所谓金城千里、天府之国。"[7]对此，颜师古解释说："财物所聚谓之天府。言关中之地物产饶多，可备赡给，故称天府也。"[8]

关中农作物的品种极其繁多。谷类作物主要有黍、稷、粟、粱、大麦、小麦、稻、糯米等；豆类有大豆、赤小豆、绿豆、豇豆、扁豆等；油类及纤维作物有麻子、亚麻等。蔬菜类品种更多，有椒、姜、韭、葱、蒜、白菜、芹菜、百合、萝卜、胡萝卜、菜瓜、丝瓜、冬瓜、南瓜、苦瓜、刀豆、葫芦等。果品有梅、杏、李、桃、梨、苹果、柿、瓜、栗、枣及枇杷、橘、柑、橙等。汉代时，由于中西交通打开，又从西域引进了苜蓿、豌豆、蚕豆、芝麻、核桃、石榴、葡萄等。唐代时，还从外地引进了莴苣、菠菜等新品种，进一步丰富了关中地区农作物和果树的种类。由于物产富饶，关中居于全国的首富地区。司马迁说："故关中之地，于天下三分之一，而人众不过什三，然量其富，什居其六。"[9]

关中地区农业经济的发展，是隋唐及其以前许多王朝立都于长安在经济方面的重要原因。

三、东西漕运的沟通

唐朝在关中地区建都,除了以上原因之外,还因为这里的漕运沟通,在经济上和军事上,有一条沟通关中与关东地区的供应线和运输线。

关中地区久为帝都王畿,虽然陆路交通四通八达,有以长安为中心通往全国各地的交通网,但是在古代陆路运输比较困难的情况下,供给京师的粮食、物资和各地的贡赋,就主要依靠水路运输。

渭河贯通关中东西,东与黄河相连,水量较大,是关中地区主要的水运线。因此,古代王朝凡在关中建都,无不考虑到渭河水运的方便,而将其国都如周之丰、镐,秦之咸阳,及汉、唐长安城等,都濒临于渭河或渭河水系的两岸。

早在春秋时期,渭河水运就已得到发展和大规模的利用。公元前647年,晋国遇有灾荒,向秦求援。秦穆公以数万石粟米从秦都雍(今陕西凤翔县南)顺渭河而下,到达渭口,入于黄河,再转汾河,运往晋都绛城(今山西曲沃侯马古城),史称为"泛舟之役"。后来,秦王朝定都咸阳,关东各地的大量贡赋粮食,也是通过河渭水路源源输往京师的。

西汉初年,高祖刘邦在选择国都城址时,留侯张良曾强调西都关中依靠河、渭水运的重要性。他说:关中"阻三面而固守,独以一面东制诸侯。诸侯安定,河、渭漕挽天下,西给京师;诸侯有变,顺流而下，足以委输"。[10]为此，刘邦西入关中，在渭河南岸营建新都汉长安城，充分利用渭河水运的便利条件，"鸿、渭之流，径入大河；大船万艘，转漕相过"。[11]

隋唐时期，由于都城规模的空前扩大，为解决京师浩繁的需费及西北边境兵粮的转输，封建统治者对渭河水运极为重视。隋朝开国不久，文帝即于开皇三年（583年）下诏整治河渭水运，沿途设置粮仓，以转相灌注。唐代亦在高宗、中宗、玄宗时期，多次调拨民工，在三门峡凿石修道，解决河渭水运中的困难。

关中地区另一条水运线，是人工漕渠的开通。这是因为渭河虽是关中主要的漕运线，但渭河迂曲，从长安至黄河，流长竟达九百余里，且"渭川水力，大小无常，流浅沙深，即成阻阂"。[12]为弥补渭河水运的不足，从汉至唐，均从长安至潼关另修凿了人工漕渠。

汉漕渠凿于元光六年（前129年）。其时，汉武帝接受大司农郑当时建议，命齐人水工徐伯表率卒数万，从长安之南，开掘人工渠

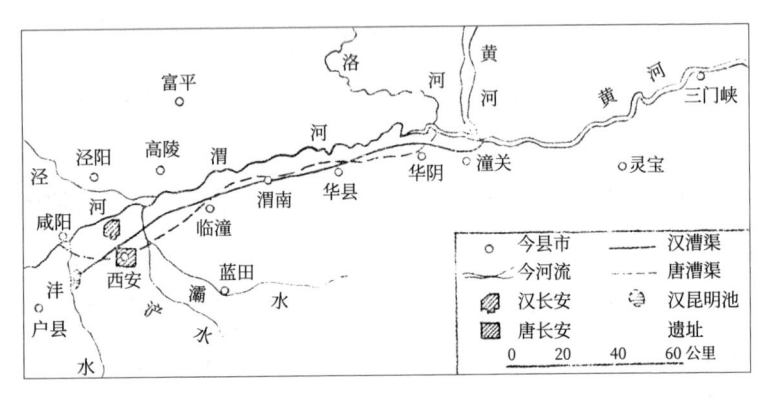

汉唐关中渭阳与漕渠水运示意图[13]

道,引渭河东流,经长安、临潼、华县、华阴,至渭口(今陕西渭南潼关附近)入黄河,长三百里,费时三年。隋初,由于汉漕渠年久埋没,"帝每忧转运不给",于是开皇四年(584年)六月,隋文帝命宇文恺沿汉故漕渠另开新渠。新渠从大兴城起,引渭水东流至潼关,名广通渠。由于此渠疏通之后,"转运通利,关内赖之"[14],故亦称富民渠。

唐代也多次疏通漕渠。如天宝元年(742年)三月,陕郡太守、水陆转运使韦坚"于咸阳壅渭水作兴成堰,截灞、浐傍渭东注,至关西永丰仓下与渭合",对漕渠进行了较大规模的整治。此渠东起关门(潼关),西抵长安。韦坚还沿渠在长安城东禁苑浐水西岸望春楼下新开一潭,聚泊从长江流域和淮河流域数十郡到达的船只,"船皆尾相衔进,数十里不绝"[15],玄宗特赐名为"广运潭"。此后,文宗开成元年(836年)咸阳令韩辽又一次疏导漕渠,起自咸阳,抵于潼关,名兴成渠。从而使漕渠在唐代中后期,仍发挥着重要的漕运作用。

除此漕渠之外,唐中宗景龙时期,兵部侍郎崔湜又"献策开南山新路,以通商州水陆之运"。[16]此道由山南引丹水通漕至商州,再由商州镬山出石门,北抵蓝田,以为挽道。中宗就以崔湜为使,役徒数万兴修此路。由于工程艰巨,役死者十之三四。此道可转漕江汉粮米,但因新道为夏潦冲突,常常崩压不通。

唐代时期,关中漕运与都城长安的经济生活,以及中央政权的稳定关系至大。当时,关中虽然号称沃野,然而"其土地狭,所出不足以给京师、备水旱,故常转漕东南之粟"。[17]因此,在唐初漕路来不及治理，岁输长安粮食不过二十万石时，每遇水旱灾荒，长安就物价飞涨，斗米千钱，百姓难以存活，连皇帝也不得不率领百官离开长安就食于洛阳。如高宗因关中饥荒去洛阳七次，玄宗去东都就食也有五次，从而在当时有"逐粮天子"之称。而当开元后期治理河渭水运及疏通漕渠之后，岁漕关中之粮最多时达四百万石，于是"关中蓄积羡溢"，都城经济繁荣，"车驾不复幸东都矣"。[18]

因此，关中河渭水运的发展，人工漕渠的开通，使京师长安有了从关东地区输送粮食物资的补给线，这是唐朝和古代其他王朝在此建都的另一条件。

四、重要的战略位置

关中古称"形胜之国"，地势险要，在军事上"得形势之胜便"。

首先，它被山带河，"左据函谷、二崤之阻，表以太华、终南之山。右界褒斜陇首之险，带以洪河、泾、渭之川"，"防御之阻，则天地之隩区焉"。[19]金城千里，地势天险。其次，它东有函谷关（今河南灵宝县境内）、潼关（今陕西潼关县北）、临晋关（今陕西大荔县东），南有峣关（今陕西商洛市西北）、武关（今陕西丹凤县境内），西有大散关（今陕西宝鸡市西南）、陇关（今陕西陇县西），北有萧关（今宁夏固原东南），关隘重设，进可攻，退可守，四塞以为固。同时，关中地扼东西交通要冲，它既可防御和组织出击当时主要来自西北地区各少数民族贵族统治集团的侵扰，以屏蔽黄河中下游农业地区，又可控制潼关以东广大地区，军事战略位置十分重要。因此，古代统治者都把占据关中，立都长安，视为图强争霸和其政权兴亡的根本。

历史正是如此。周人早期依据关中西部开始发展，"居岐之阳，实始翦商"[20]，逐渐成为取代商朝的力量。后来都于丰、镐，力量更加强大，故此武王伐殷，出师关东，牧野一战，灭掉了商朝。秦人于春秋初期亦进入关中西部，秦穆公在雍地（今陕西凤翔县）称霸西戎，成为春秋五霸之一。战国时期秦孝公在栎阳与咸阳任用商鞅变法，势力愈加强盛。贾谊《过秦论》中说："秦孝公据崤函之固，拥雍州之地，君臣固守，以窥周室，有席卷天下，包举宇内，囊括四海之意，并吞八荒之心。"后来秦始皇依据关中，东灭六国，统一了全国。秦末楚汉战争中，"秦地阻山带河，西楚背之而亡，汉高都之而霸"[21]。

关中重要的战略地位，向有"百二"之地之称。汉初田肯说："秦，形胜之国也，带河阻山，悬隔千里，持戟百万，秦得百二焉。地势便利，其以下兵于诸侯，譬犹居高屋之上建瓴水也。"[22]

所谓"百二"之地，古人有两种解释。一说"秦地险固，二万人足以当诸侯百万人也"；另一说"秦得百二，言地据险而人力倍，苟得百矣，则其力可二"。[23]这些解释，无非都是在说明关中地区以其地势的险固，在军事上可以发挥多倍的力量。

西汉初年，高祖刘邦本想都于洛阳，但大臣娄敬认为，洛阳虽居天下之中，然其"形势弱也"，周无险阻，不宜固守。而关中"被山带河，四塞以为固"。他对关中的战略地位有一个形象的比喻。他说："夫与人斗，不扼其亢（吭，喉咙），拊其背，未能全其胜也。今陛下按秦之故地，此亦扼天下之亢而拊其背也。"[24]意思是说，立都长安，占据关中，在军事上犹如紧握其咽喉要害，并击其背，可以制人于胜。

东汉史学家班固在《西都赋》中谈到关中形势之险要、物产之丰饶时说："是故横被六合，三成帝畿。周以龙兴，秦以虎视，及至大汉受命而都之也。"

隋朝末年，李渊父子进据关中，在军事上有着重要的意义。首先，关中为隋京师国本之地，攻占隋都大兴城，可从根本上动摇隋朝的统治。其次，当时各地群雄未平，西北方有突厥和吐蕃等少数民族的严重威胁，因而定都于长安，经略西北，进而统一全国，在战略上就更为重要。唐人郭子仪论此形势时云："雍州之地，古称天府，右控陇、蜀，左扼崤、函，前有终南、太华之险，后有清渭、浊河之固，神明之奥，王者所都。地方数千里，带甲十余万，兵强士勇，雄视八方，有利则出攻，无利则入守。此用武之国，非诸夏所同，秦、汉因之，卒成帝业。其后或处之而泰，去之而亡……高祖唱义，亦先入关，惟能剪灭奸雄，底定区宇。"[25]

清代人毕沅也谈到关中的战略地位与古代王朝在此立都的关系。他说："陕省外控新疆，内毗陇、蜀。表以终南、太华，带以泾、渭、洪河。其中沃野千里，古称天府四塞之奥区，自成周而后，以迄秦汉隋唐，代建国都。"[26]

由此可见，关中地区重要的战略位置，与唐初在此立都安邦有着重要的关系。

五、悠久的历史因素

杜甫《秋兴八首》诗中说："秦中自古帝王州。"长安自古帝王都。唐朝以前，历史上先后就有十三个王朝曾在此立过都。这些王朝是：

西周　周人早期活动于陕西的西部。公元前1059年，周文王姬昌由周原（今陕西岐山县东北岐山下）迁都于沣河中游的西岸，建立丰京（在今陕西西安西南）。公元前1058年周武王姬发即位，又在沣河东岸建立镐京。周在丰镐立都，至公元前771年，史称西周，共288年。

秦　春秋初期秦人都于雍（今陕西凤翔县南）。战国时期，先于公元前383年自泾阳迁都栎阳（今西安临潼区栎阳镇附近），后于公元前349年定都于咸阳（今陕西咸阳市以东长陵车站一带）。秦始皇时，秦都咸阳向渭河以南发展，在今西安市西南扩建了新的朝宫即阿房宫和作为极庙的信宫，直至公元前207年秦亡，共142年。若以公元前221年秦灭六国，建立统一的中央集权封建国家算起，秦在咸阳立都共15年。

西汉　公元前202年（汉五年），刘邦即帝位于山东定陶的氾水之南。同年五月，西入关中，先都于栎阳。公元前200年（汉七年），定都于汉长安城（今陕西西安城西北10千米），至公元8年（初始元年），汉在长安立都共208年。

新　西汉末年，王莽于公元8年废汉自立，国号"新"，仍都汉长安城。更始元年（23年）为绿林农民起义军所灭。新莽计在长安立都

15年。

东汉（献帝） 初平元年（190年）三月，汉献帝为权臣董卓所逼，从洛阳迁都至汉长安城，至兴平二年（195年）七月东返洛阳，计在长安立都5年零4个月。

西晋（愍帝） 西晋从公元265年至316年，共52年，原都洛阳。西晋末年，匈奴人刘曜攻破洛阳。建兴元年（313年），西晋愍帝司马业被拥立于汉长安城，至建兴四年（316年）为前赵所灭，计在长安立都4年。

前赵 公元319年，匈奴贵族刘曜建立前赵，都于汉长安城，至公元329年为后赵所灭，计在长安立都10年。

前秦 公元350年，氐族贵族苻健占据关中，次年在汉长安城称帝，建立前秦，至公元383年，计在长安立都32年。

后秦 羌族贵族姚苌灭前秦后，于公元384年建立后秦，仍都汉长安城，至公元417年为东晋所灭，计在长安立都33年。

北魏（孝武帝） 永熙三年（534年）八月，鲜卑族北魏孝武帝为部将高欢所逼，由洛阳西奔关中，都于汉长安城，同年闰十二月被宇文泰鸩杀，在长安立都仅半年。

西魏 大统元年（535年），鲜卑贵族宇文泰立元宝炬为帝，建立西魏，都汉长安城，至恭帝四年（557年）宇文觉废魏自立，计在长安立都22年。

北周 公元557年，鲜卑贵族宇文觉废魏称帝，建立北周，都汉长安城，至大定元年（581年）为杨坚所废，计在长安立都25年。

隋 公元581年，杨坚废周自立，建立隋朝，都于汉长安城。公

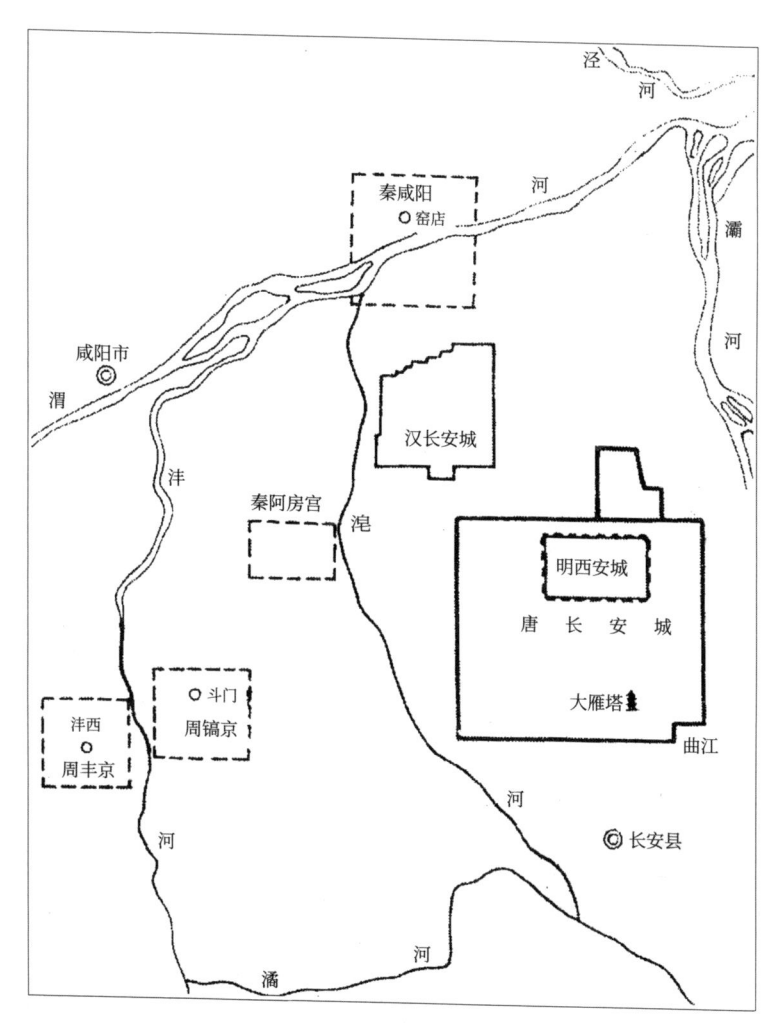

长安地区周秦汉唐都城位置图

第一章 长安立都的条件

元583年(开皇三年),隋文帝迁入新都大兴城(唐称长安城),至公元618年(隋恭帝义宁二年),为李渊所代,计在汉长安城立都2年,在大兴城立都35年。

唐朝以前,已有以上13个王朝先后在长安立过都,时间长达858年之久(若连同此后的唐朝与武周,共15个王朝在长安建都,时间长达1148年)。长安久为帝都王畿,长期为全国的政治中心,从而被视为"世统屡更,累起相袭,神灵所储"[27]的"帝王之宅"与正统王朝安置国本之地。这种悠久的历史因素,是李唐王朝继续立都长安的又一重要原因。加之关中地区是李唐关陇军事贵族集团的根据地,为了稳固自己的政权,出于政治上的需要,唐初统治者也要继续立都于长安。

历代王朝在长安地区建都年代表

朝代	都城	立都时间	年数
西周	丰镐	公元前1059—前771年	288
秦	栎阳 咸阳	公元前383—前350年 公元前349—前207年	33 142
西汉	栎阳 汉长安城	公元前202—前200年 公元前200—公元8年	2 208
新莽	汉长安城	公元8—23年	15
东汉(末)	汉长安城	公元190—195年	5.4
西晋(末)	汉长安城	公元313—316年	4
前赵	汉长安城	公元319—329年	10

续表

朝代	都城	立都时间	年数
前秦	汉长安城	公元351—383年	32
后秦	汉长安城	公元384—417年	33
北魏（末）	汉长安城	公元534年	0.5
西魏	汉长安城	公元535—557年	22
北周	汉长安城	公元557—581年	25
隋	汉长安城 大兴城	公元581—583年 公元583—618年	2 35
唐	唐长安城	公元618—690年 公元705—907年	72 202
武周	唐长安城	公元690—705年	16

历史上在长安建都的农民政权

历代农民军	政权地	政权名号	时间
西汉末绿林军	汉长安城	建号汉，年号更始	更始二年（24年）二月—建武元年（25年）九月
西汉末赤眉军	汉长安城	建号汉，年号建世	建武元年（25年）九月—二年（26年）正月
唐末黄巢起义军	唐长安城	建号大齐，年号金统	广明元年（880年）十二月—中和四年（883年）四月
明末李自成起义军	明西安城（时改西安为长安）	建号大顺，年号永昌	崇祯十六年（1643年）十月—顺治二年（1645年）二月

第一章 长安立都的条件

注释

[1]《西安府志》卷五。

[2][9]《史记·货殖列传》。

[3]张衡:《西京赋》。

[4][19]班固:《西都赋》。

[5][17]《新唐书·食货志》。

[6]《关中胜迹图志》卷三。

[7][24]《资治通鉴》卷一一"高帝五年"条。

[8]《汉书·张良传》注。

[10]《史记·留侯世家》。

[11]杜笃:《论都赋》。

[12][22]《汉书·高帝纪》。

[13]根据黄盛璋《历史地理论集》第18页图。

[14]《隋书·食货志》。

[15]《新唐书·韦坚传》。

[16]《旧唐书·崔湜传》。

[18]《资治通鉴》卷二一四"开元二十五年"条。

[20]《诗经·鲁颂》。

[21]《旧唐书·李密传》。

[23]《雍录》卷五。

[25]《旧唐书·郭子仪传》。

[26]《关中胜迹图志》卷首。

[27]《西安府志》卷七一。

第二章

唐长安城的营建与规划布局

唐长安城布局整齐，规制严密。在规划制度上，它不仅继承了前代都城的传统制度与丰富经验，而且因势改革，开创了一代都城建筑的新制，是我国古代规划布局最为规范化的一座都城。

唐长安城的前身是隋大兴城。它创建于隋初,增修于唐代。经过隋唐两代的建设,长安城遂成为我国古代规模最宏伟、建筑最壮丽、布局最规整的一座著名的都城。

一、隋大兴城的创建

公元581年3月8日(二月十三日),大贵族杨坚废北周静帝,自立为帝,建立了隋朝。隋初仍以汉长安城为都,但这仅是权宜之计,从开皇元年(581年)立国时起,隋文帝君臣便酝酿和筹划着另建新的都城。

隋初之所以要另建新都,其一,是因为汉长安城从西汉初年修建,至隋已历780余年,屡为战场,久经丧乱,凋残日久。《太平寰宇记》载:"文帝以长安故都年代既久,宫宇朽蠹,谋欲迁都。"且汉城宫室"制度狭小,不称皇居"[1],即已不适应于新的隋大一统王朝建立国都的需要。其二,是因为汉城北临渭水,由于渭河不断向南移动,都城有被水淹的危险。《隋唐嘉话》载:"隋文帝梦洪水没城,意恶之,乃移都大兴。"[2]其三,是因为汉城久为帝都,年深日久,水已咸卤难饮,不适宜于百姓继续居住生活。《资治通鉴》载,开皇二年(582年)大臣庾季才向文帝上奏说:"汉营此城,将八百岁,水皆咸卤,不甚宜人。"注云:"京师地大人众,加以岁久壅底,垫隘秽恶,聚而不泄,则水多咸卤。"[3]其四,统治阶层认为建新朝必迁新都。当时"王公大臣陈谋献策,咸云羲、农以降,至于姬、刘,有当代而屡迁,无革命而不徙"[4]。这是说,历代新朝鼎新革故都曾迁都,隋朝初建,理应另建新都。

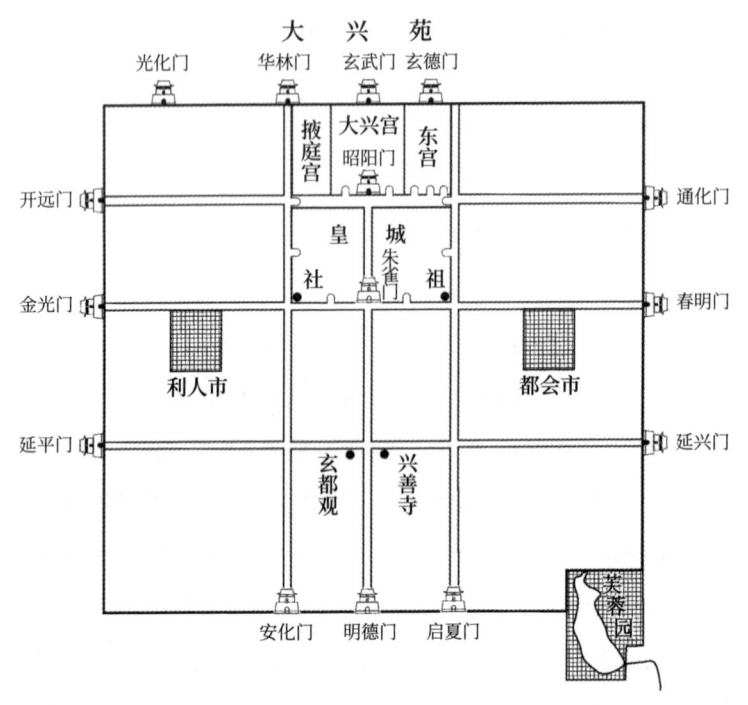

隋大兴城形态结构示意图

由于以上主要原因，隋文帝杨坚于开皇二年六月二十三日，正式颁布营建新都诏书，并且任命左仆射高颎为营新都大监，太子左庶子宇文恺为营新都副监，太府少卿张煚为营新都监丞，另以将作大匠刘龙、巨鹿郡公贺娄子干、太府少卿高龙叉等为营建使，开始营建新都。

对于新都城址，经过认真调查之后，文帝选定在汉长安城东南二十里的龙首原之南。如营建新都诏书中说："龙首山川原秀丽，卉物滋阜，卜食相土，宜建都邑，定鼎之基永固，无穷之业在斯。"

新都设在龙首原之南,虽与汉城不在一处,但两城毗邻,相距不远,实际上是前后城址在同一地区的转移。以隋朝幅员之大,地域之广,隋文帝不把新都改置他处,而仍放在此地,这是经过缜密考虑的。首先,新都置于此地,仍处于全国和关中地区的中心位置,就可以继续利用和发挥关中与长安地区在自然环境、农业经济、交通漕运、军事战略地位以及政治历史因素等方面的有利形势和条件。其次,汉长安城由于北临渭河,受河水南移的威胁,甚至连城墙也不能伸直,曲折凹斜,素有"斗城"之称。而新都位处于龙首原的南麓,以山原从中将都城与渭河远远隔开,再无洪水没都城的危险。再次,汉长安城东南依靠龙首原,城址向西北展开,地势受到前面渭河的限制,规模不能再扩大。而新都北靠龙首原,城址向南扩展,地势极为阔敞平坦,可以营建规模宏大的一代新都城。

经此酝酿准备并选定城址之后,从开皇二年六月起,就开始了新都的营建施工。第一步是清理基地,迁葬坟墓。为此,隋文帝于同年七月,"诏新置都城坟墓,令悉迁葬设祭,仍给人功;无主者,命官为殡葬"。[5]凡有主之坟,由官府资助坟主人功,进行迁葬;无主之坟,则由官府代为迁葬。为了超度这些亡灵,专门在新都新昌坊的南门之东建一寺庙,名灵感寺。"文帝移都,徙掘城中陵墓,葬之郊野,因置此寺,故以灵感为名。"[6]这座寺院就是后来唐代有名的青龙寺。

基地清理之后,营建工程就大规模展开。营建的顺序是,"先筑宫城,次筑皇城,次筑外郭城"。[7]全部工程,是以皇帝居住的宫城宫殿区和中央机构所在的皇城衙署区为重点,最先构筑。不过,其他方面工程,也同时全面展开。如外郭城中的坊里,此时都划分给百

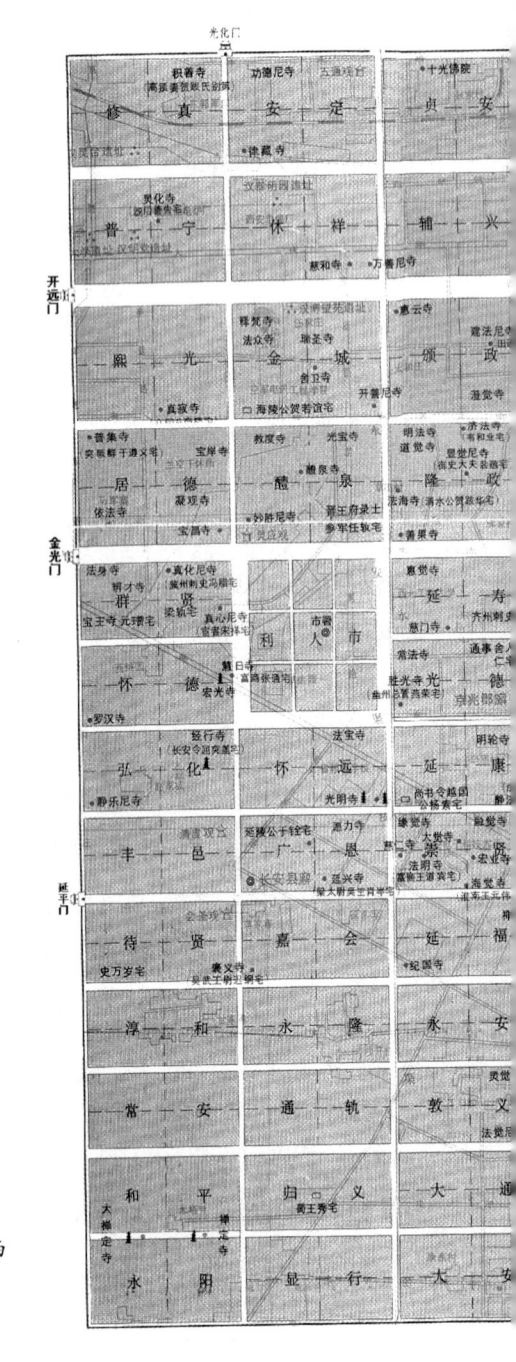

隋大兴城图（《西安历史地图集》，西安地图出版社1996年版）

唐长安城图

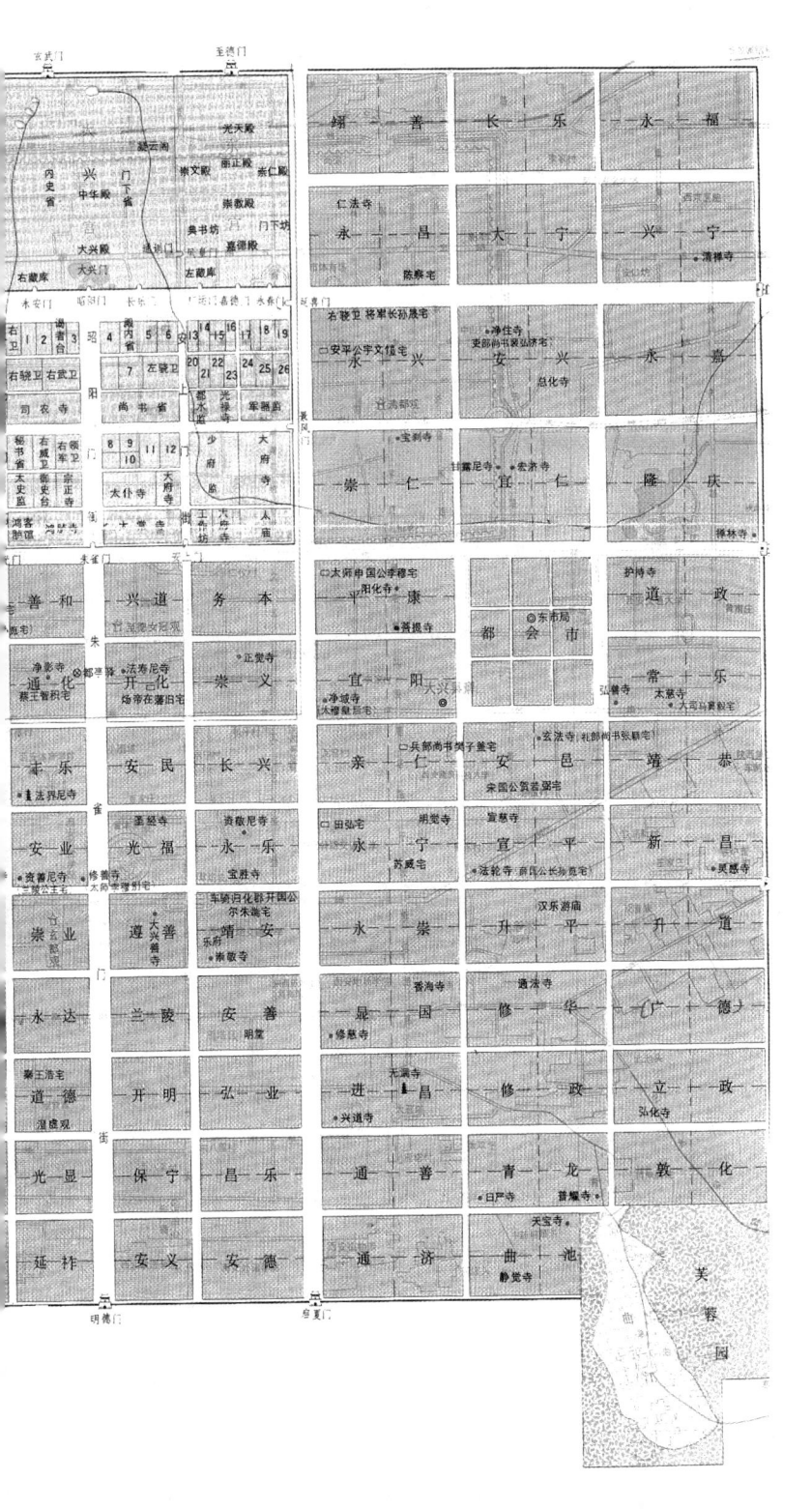

城门（北侧）：玄武门　芳林门

北部宫城区：
- 光天殿　凝云阁
- 内史省　兴　门下省　丽正殿
- 中华殿　崇文殿　承庆殿
- 大兴殿　典书坊　门下省
- 右藏库　大兴门　通训门　嘉德殿　左藏库

皇城门：永安门　顺义门　长乐门　安德门　承天门

皇城内官署：
- 谒者台 1 2 3 4 5 6 尚内省 9 13 14 15 16 17 18 19
- 右骁卫 右武卫 昭阳 7 左骁卫 20 21 22 23 24 25 26
- 司农卫 尚书省 都水监 军器监
- 秘书监 右威卫 左领军 8 9 10 11 12 少府监 大府寺
- 太史局 卫正寺 太仆寺
- 鸿胪客馆 太庙

城门：含光门　朱雀门　安上门　启夏门

东部诸坊（自北向南）：
- 翊善　长乐　永福
- 仁法寺　永昌　太宁　兴宁　清禅寺
- 陈蔡宅
- 右骁卫将军长孙晟宅　净住寺　永嘉
- 安平公宇文信宅　兴　吏部尚书袁弘敬宅　安　总化寺
- 宝刹寺　宏亲寺
- 崇仁　宣仁　隆庆　锦林寺

中部诸坊：
- 善和　兴道　务本　太师申国公宇穆宅　阳化寺　康　护寺　道政
- 宜阳　都会市　东市局
- 净影寺　法寿尼寺　开化　正觉寺　崇义　宣阳　弘善寺　常乐　太慈寺
- 通化　场帝在蕃旧宅　净觉寺　长樟融寺
- 兵部尚书樊子盖宅　玄法寺　礼部尚书张顺颐宅
- 平乐　安民　长兴　亲仁　安邑　靖恭
- 法界尼寺　宋国公贺若弼宅
- 安业　光福　永兴　永宁　宣平　新昌
- 资善尼寺　田弘宅　明觉寺　宣慧寺　灵感寺
- 修义寺　宝胜寺　苏威宅　法轮寺　蓟国公长孙览宅
- 崇业　遵善　靖安　永崇　升平　升道
- 车骑归化郡开国公尔朱嵩宅　汉乐游庙
- 乐寺　崇敬寺
- 永达　兰陵　安善　晋国　修华　广德
- 明觉　怨海寺　通济寺
- 道德　开明　弘业　进昌　修政　立政
- 蔡王浩宅　太渊寺　兴道寺　弘化寺
- 混德观
- 光显　保宁　昌乐　通善　青龙　敦化
- 日严寺　菩耀寺
- 延祚　安义　安德　通济　曲池　芙蓉园
- 天宝寺　静觉寺

南侧城门：明德门　启夏门

姓，令其"分地版筑"。[8]

隋初营建新都，除就近征发关中地区民夫就役外，还远调潼关以东广大地区丁夫前来应役。《隋书·食货志》载："及受禅，又迁都，发山东丁，毁造宫室。仍依周制，役丁为十二番，匠则六番。"从当时营建新都工程规模之大与期限之短的情况看，估计所征民夫，总数可达百万人之多。这在隋初立国不久，无疑是百姓们的沉重负担，故《隋书·五行志》载："开皇四年已后，京师频旱。时迁都龙首，建立宫室，百姓劳敝，亢阳之应也。"

至于营建新都所需用的大批建筑木料，由于长安周围之山无大木，故多采伐于远方。贞观四年（630年），给事中张玄素上书太宗皇帝说："臣又尝见隋室造殿，楹栋宏壮，大木非随近所有，多从豫章（淮南江北一带）采来。二千人曳一柱，其下施毂，皆以生铁为之。若用木轮，便即火出。铁毂既生，行一二里即有破坏，仍数百人别赍铁毂以随之，终日不过进三二十里。"[9]张玄素是唐初时人，距隋初营都时间不长，所说当属亲见可信。

不仅隋初营都之时所需木料多取自远方，即使唐代时期长安城中营构一殿一寺，甚或更换一殿柱，也不得不到远山中去采取。唐德宗贞元八年（792年），在长安造一神龙寺，需长五十尺的松木。大臣裴延龄上奏说："臣近于同州（辖今陕西省大荔、合阳、韩城、澄城、白水县等地，治所在大荔）检得一谷木，可数千条，皆长八十尺。"德宗不大相信，说："人言开元、天宝中侧近求觅长五六十尺木，尚未易，须于岚（今山西西部，汾河上游一带）、胜州（今陕北榆林及内蒙古部分地区）采市，如今何为近处便有此木？"[10]又武宗会昌时期，长安大明宫含元殿需更换一殿柱，"敕右军采造，选其材合尺度者，军司下周至山场，弥年未构"。[11]

另外，营建新都的一部分材料，是拆毁汉长安城殿木，就近取材。开皇二年（582年）十月，隋文帝在汉城"以撤毁故，徙居东宫"。[12]可见新都工程进行到五个月时，汉长安城有的宫室已被拆除，材料被用，隋文帝已离开未央宫或建章宫，徙居至原汉太后居住称之为"东宫"的长乐宫。另如新都修真坊的南门，用的是原汉城中"周之太庙门板"[13]；嘉会坊中的褒义寺，是拆用汉城中妙象寺的材料修建成，等等。

隋初新都的营建工程，从开皇二年六月至开皇三年三月，仅用九个多月，除外郭城垣还来不及全部建成外，其他如宫城、皇城、宫殿、官署、坊里、住宅、两市、寺观及龙首、清明、永安等城市引水渠道多已建成。工程进展之迅速，为中国古代建筑史上所未见。一座规模空前、闻名于世的都城就此诞生。隋文帝在新都基本建成时，于开皇二年十二月六日，命名新都为大兴城，并做好了迁入新都的准备。开皇三年（583年）三月十八日，隋文帝"以雨故，常服入新都"[14]，正式由汉长安城迁入新都大兴城。

隋新都取名大兴城的原因，历史上有以下多种说法：其一，取自爵名。因为隋文帝杨坚在北周时被封大兴公，并以此渐成帝业。南宋郑樵《通志》卷四十一载："文帝初封大兴公，故登极以后，其命城、县、门、殿、池及寺，皆以大兴焉。"其二，取自地名。南宋程大昌《雍录·大兴城》载：新都"宫之太极殿本大兴村，故因用其名也"。其三，取其"大兴"的寓意，即要在此建立一个宏大一统、兴隆昌盛的新王朝。隋费长房《历代三宝记》卷十二载："龙首之山，山原秀丽，卉物滋阜，宜建都邑。定鼎之基永固，无穷之业在兹，因即城曰大兴城。"

二、唐长安城的增修

公元618年6月18日（五月二十日），原隋太原留守李渊在大兴城废黜隋恭帝自立，改元武德，建立了唐朝。唐高祖李渊因隋之后，定都于大兴城，但改城名为长安城。唐之所以称都城为长安，一是取自地名。"长安，本秦之乡名。"[15]汉在此地建都，"因其县有长安乡，而取之以名也"。[16]唐都距汉城不远，故也以此地名称为长安城；其二，如同汉刘邦取名长安的又一寓意，"欲其子孙长安于此也"。[17]长安城作为唐朝的国都，武德以来亦称京城或京师城；开元元年（713年）十二月三日称西京；至德二载（757年）十二月十五日改称中京；上元二年（761年）九月二十一日停中京之号，仍称西京；宝应元年（762年）改称上都。[18]

唐长安城就其规模和建筑布局看，基本上沿袭了隋大兴城旧制，"唐高祖、太宗建都，因隋之旧，无所改创"。[19]但是，随着唐代时期政治力量的增强，社会经济的发展繁荣和国际交往的扩大，作为国都的长安城，也进行过多次的增修，城市建设有了进一步发展。

宫室建筑方面，隋大兴城仅有一处宫殿群，这就是位于都城北部中心宫城中的大兴宫（唐改名太极宫）、东宫和掖庭宫，唐代时期又增建多处。如太宗贞观八年（634年）和高宗龙朔二年（662年），在郭城之外东北的龙首原上营建了大明宫；玄宗开元二年（714年），在城东春明门内隆庆坊，营建了兴庆宫。另高祖武德五年（622年）在西内苑中为秦王李世民营建了弘义宫（后改名大安宫）；贞观十八年（644年）与天宝六载（747年）在长安城以东骊山脚下营建了华清宫等。

郭城建筑方面，长安的外郭城始筑于隋开皇二年（582年），但因工程过于浩大，难于一次毕工。此后，经隋炀帝大业九年（613）、唐高宗永徽五年（654年）、玄宗开元十八年（730年）的多次修筑，才逐渐完工。另外，永徽五年在郭城东、西、南三面九城门之上，修建了高大的楼观。开元时期，在郭城的东壁先后修建了由兴庆宫北通大明宫、南通芙蓉园的夹城。宪宗元和时期，又在郭城的北壁，修建了西通修德坊的夹城，等等。

寺塔建筑方面，除隋修建的寺塔以外，唐时修建的著名寺塔，有高宗永徽三年（652年）和武则天长安元年（701年）在晋昌坊大慈恩寺先后两次动工，修建了宏伟的大雁塔；中宗景龙元年（707年），在安仁坊大荐福寺塔院，修建了玲珑秀丽的小雁塔等。

在城市引水渠道方面，继隋初修建的龙首渠、清明渠、永安渠之外，唐代开元时期又修凿了从南山引义峪水入曲江的黄渠，天宝时修凿了从城南引潏水绕城西而入的漕渠等。

总之，长安城由隋初创建，又经唐代进一步的增修营建，建筑更加宏伟壮丽，城市规制日臻完善。因此，隋唐长安城的诞生和发展，凝结着隋唐两代营建工程技术人员和广大人民的辛勤劳动与聪

(清)王森文《汉唐都城图》(唐城部分)

櫻桃園
桃園亭
東內苑
龍首池
大明宮
滻水
今大路通臨潼
安興坊
永嘉坊
東市
放生池
平康坊
立政坊
敦化坊
曲江池
今存
芙蓉園
龍首渠出自滻水

明智慧，是我国古代也是当时世界上最伟大的建筑工程之一。

三、都城的规划布局

唐长安城的布局奠基于大兴城，它的总设计师是有"巧思"的隋太子左庶子宇文恺，"公私府宅，规模远近"的最后决策人是隋文帝。全城是在一个全新的基地上，按照一个完整的平面设计和详密的规划制度营建的，布局整齐，规制严密。

首先，隋唐长安城规划宏伟，规模空前，全城面积达84平方千米，是我国古代，也是当时世界上规模最大的一座都城。如与国内古代其他都城相比，它的面积是汉长安城面积35平方千米的2.4倍，是北魏洛阳城面积73平方千米的1.2倍，是隋唐洛阳城面积45平方千米的1.8倍，是元大都面积50平方千米的1.7倍，是明南京城面积43平方千米的1.9倍，是明清北京城面积60平方千米的1.4倍。同时，与世界上其他国家的都城相比，它是公元447年所建东罗马帝国首都拜占庭面积11.99平方千米的7倍，是公元800年所建伊拉克首都巴格达面积30.44平方千米的2.7倍，是公元690年所建日本奈良藤原京面积6.5平方千米的13倍，是公元708年所建日本奈良平城京面积22.5平方千米的3.73倍，是公元793年所建日本京都地区平安京面积22.88平方千米的3.67倍。

隋唐长安城规模的空前扩大，与隋初准备利用都城控制大量人口，以及准备迁徙江南被灭各国贵族以实京师的需要而进行规划设计有关。这一计划后来也确曾执行过，如开皇九年（589年）隋师灭陈以后，"江南士人悉播迁入京师"[20]，"陈叔宝与其王公百司发建康，诣长安，大小在路，五百里累累不绝。帝命权分长安士民宅以俟之，内外修整，遣使迎劳；陈人至者如归"。[21]长安城空前的规模，也反映了我国大一统的隋唐两代在建筑风格上的宏大气魄。但是，由于隋唐长安城规模过大，尽管长安城拥有当时世界上城市最多人口百万人，然而靠近城南四坊由于地处偏远，仍然人烟稀少，鲜有人居。《长安志·开明坊》载，这里直到唐代时，"虽时有居者，烟火不接，耕垦种植，阡陌相连"。故日本学者平冈武夫认为："长安城的设计，不是由于实用的必要，而是本着一种理想，即抱着天下世界王者都城的理想而规划了的。"[22]

其次，隋唐长安城是按照一个完整的平面设计思想营建的，规划极为齐整。全城在建筑上分为三大部分，即宫城、皇城和外郭城。其中宫城是封建皇帝与其妃嫔、皇太子居住及皇帝处理朝政之处，皇城是中央衙署机关所在地，外郭城为坊里居民住宅及商业、寺观的分布区。三大部分在建筑上的分布格局是：宫城位于全城北部的正中，皇城紧依在宫城之南，外郭城则以宫城、皇城为中心，向东、西、南三面展开而建。长安城的这种总体布局，在都城建筑制度上，有三个明显的特点：

其一，隋唐长安城改变了我国古代自春秋战国以来，宫城位置例必在郭城之西（如赵都邯郸），或在郭城西南（如齐都临淄、汉都长安等）的传统安排，而将宫城置于郭城北部的中心。这种布局在建筑手法上就突出了宫城的中心地位，也就是突出了封建皇帝居于中心的最高统治的重要地位。同时也体现了封建皇帝据北而立、面南而治的儒家传统思想,而且在地形上还可以背靠龙首原的有利地势,以禁苑控制都城地区的制高地段,有利于宫城的防卫和最高统治者的安全。此外,从古人"建邦设都,必稽玄象"[23]的象天设都思想看,这种布局也体现了以宫城象征北辰(北极星),以为天中,以皇城百官衙署象征环绕北辰的紫微垣,以外郭城众坊里与两市象征向北辰环拱的群星等天象观念,所谓"开国维东井,城池起北辰"[24],从而在都城的布局上,增加了皇权统治的神秘色彩。

其二,隋唐长安城在建筑上突破了以往都城仅有内城、外城的传统格局,在宫城之南建一皇城,专置中央衙署,从而改变了过去都城内中央衙署与居民住宅混杂在一起的状态。在隋以前的都城中,中央衙署散列在居民住宅区之间,两者并无严格的分隔。如唐高宗李治游汉长安故城时说:"朕观故城旧址,宫室似与百姓杂居。"[25]虽然在北魏洛阳城中,中央衙署渐趋集中,已排列在宫城南出铜驼街的两侧,但是,将中央衙署专置于皇城,与居民住宅严格分隔,则是隋唐长安城的新创。因此,《长安志》中说:"自两汉以后,至于晋齐梁陈,并有人家在宫阙之间,隋文帝以为不便于民(按:《唐两京城坊考》卷一改'民'为'事'),于是皇城之内,惟列府寺,不使杂居止。公私有便,风俗齐肃,实隋文新意也"。[26]隋唐长安城开创的这一建筑新制,对后代的都城建制产生了重要影响。

其三,隋唐长安城在建筑规划上,与以往都城相比,扩大了外郭城坊里居民住宅区的面积。从隋唐长安城各部分建筑面积比例看,宫城面积4.2平方千米,约占全城总面积84平方千米的5%。皇城面积5.2平方千米,约占全城总面积的6.19%。其余的74.6平方千米,即为外郭城中的坊里住宅区和市场、道路、河渠等，约占全城总面积的88.8%。这相比于汉长安城宫殿区占全城面积三分之二以上，居民住宅区仅占全城面积不到三分之一，显然是有了很大的发展。

长安城规划制度方面的上述特点，反映了我国隋唐时期都城建筑经验的丰富。

又次，长安城在规划布局上，十分注意对地形的利用。由于长安城内有龙首原的六条余坡隐起于平地，自东北而西南，分布在今西安红庙坡与大雁塔之间，从而在都城地区形成六条高坡，称为六坡。[27]"隋文帝包据六坡以为都城。"[28]隋初就是在此六坡的基础上，利用地形的自然趋势来规划设计新都的。按照宇文恺对六坡的唯心主义解释和精心安排，"朱雀街南北尽郭有六条高坡，象乾卦六爻。故于九二置宫殿，以当帝王之居；九三立百司，以应君子之数；九五贵位，不欲常人居之，故置玄都观及兴善寺以镇其地"。[29]这样，在六坡经过的地方，分别置以宫城、皇城和寺观，不仅更加突出了这些建筑物的高大雄伟，而且严密地控制了城内的制高地段，有利于都城的防卫。

再次，长安城在布局上，采取了严格的左右均齐的布置方式。外郭城区以东西中央朱雀大街为中轴线，街东与街西地区面积基本相等。街东地区有五十五坊（城东南隅曲江入城占一坊，其北空缺一坊，实为五十三坊）另一市，街西地区亦有五十五坊另一市。朱雀街东西两侧坊市的数目、位置的排列及其面积的大小、形制的规划，都左右对称，相互均等，彼此相同。

长安城街衢与坊里的排列，极为整齐。外郭城中有东西向十四

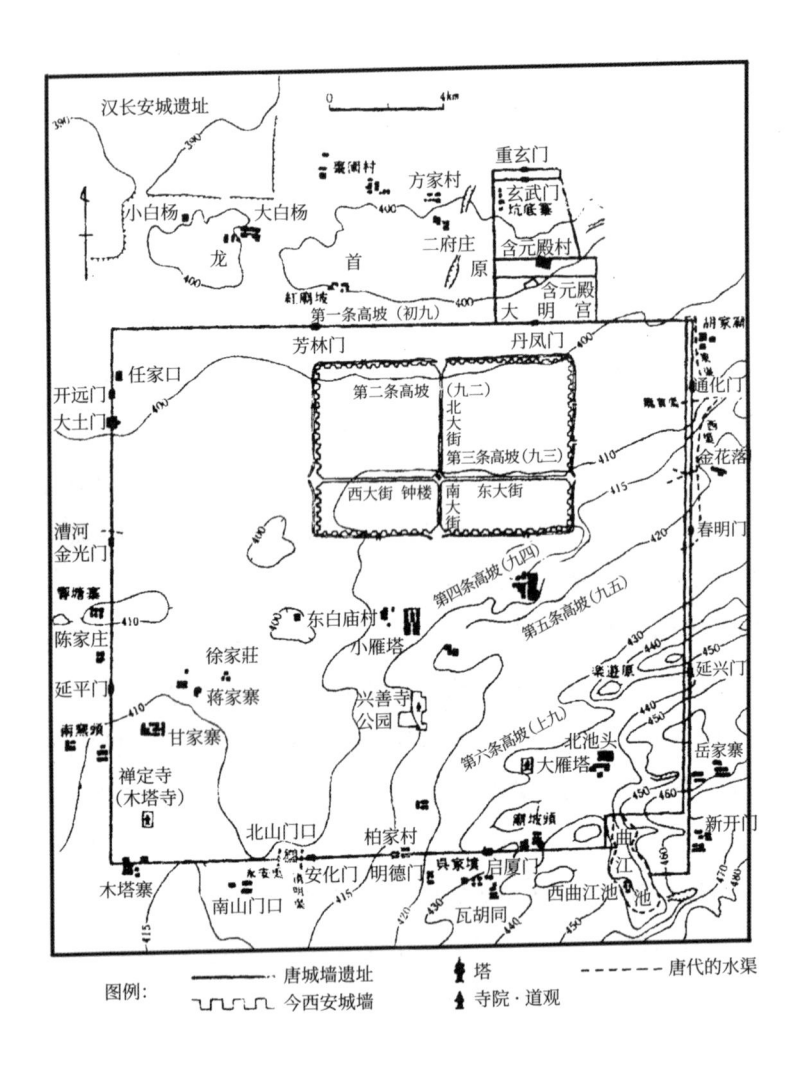

隋唐长安城六坡地形示意图[30]

条大街,南北向十一条大街,笔直宽敞,彼此平行。此二十五条大街相互交错,将外郭城地区划分为网格式地段,每个网格即为一个坊里。皇城中亦有南北向五条大街,东西向七条大街,这十二条大街相互交错,也将皇城地区划分为网格式的地段。对长安城中这种棋局式的整齐布局,唐代诗人白居易在《登观音台望城》诗中描绘说:"百千家似围棋局,十二街如种菜畦。"宋人吕大防亦说:"隋氏设都,虽不能尽循先王之法,然畦分棋布,闾巷皆中绳墨……亦一代之精制也。"[31]

另外,长安城的各部分建筑,在平面形制上,也都规划得整齐划一。无论是宫城、皇城、外郭城以及每个坊里的平面形制,都是东西略长,南北略短的横长方形。这种正南正北,整齐划一的横长方形制,不仅使都城在外观上极为规整,而且可以使宫城中的宫殿、皇城中的衙署及坊里中的居民房舍,大多能采取坐北向南朝向。这种建筑朝向最适合于长安地区的气候条件和实际需要,即冬天房内可以多受日照以取暖,夏天又可以得东南风而取凉。因此,这是根据长安地区的地理和气候条件,总结了古代适合北方建筑朝向的布置经验,在长安城建筑形制设计中的创造性运用。

以上可以看出,唐长安城布局整齐,规制严密。在规划制度上,它不仅继承了前代都城的传统制度与丰富经验,而且因势改革,开创了一代都城建筑的新制,是我国古代规划布局最为规范化的一座都城。

四、隋唐长安城的设计思想

隋唐长安城的营建，由隋文帝杨坚主其谋，左仆射高颎领其事，太子左庶子宇文恺具体规划布局设计，另有太府少卿张煚、将作大监刘龙、巨鹿郡公贺娄子干、太府少卿高龙叉、京兆尹虞庆则等人赞划协助，在广大人民的辛勤劳动下，遂创造出我国古代历史上最为宏伟壮观与布局最为规范化的一座大都城。隋唐长安城的设计思想，主要体现在以下几点。

1.继承了我国传统的都城建筑制度

隋唐长安城的布局设计，"虽不能尽循先王之法"，但基本上仍是继承了中国古代传统的都城建筑制度。如《周礼·考工记》关于都城建制规定："匠人营国，方九里，旁三门，国中九经九纬，经涂九轨，左祖右社。"[32]意思是说，营建国都，作正方形，每边长九里；边各开三城门；城中有纵横笔直交叉的大道各九条；南北道路宽九条车轨；东面建祖庙，西面建社稷坛，等等。

隋唐长安城的基本建制符合这一传统规制。如城的方位是正南正北，形制为规矩的横长方形，即近似于"方九里"的正方形。郭城的四面，各开三座城门。特别是北面郭墙正中因置宫城，已占去北郭城门的位置，但是长安城的设计者为了符合《周礼·考工记》中王城"旁三门"之数，有意地又在北郭城墙西段较短的距离开了三座城门。又如长安城中的经纬街道，皆为南北向或东西向端直宽敞的大道。其他如关于"左祖右社"之制，长安城亦按此古制，将宗庙建在皇城的东南隅，将社稷坛建在皇城的西南隅。隋唐长安城的这种布局设计与规划安排，显然都是按照《周礼·考工记》中的规定，以中国古代传统的都城建筑制度为其根据的。

2."象天设都"思想的应用

根据中国古代儒家"天人合一"的学说，将人间的帝王比作天帝，因此，人间帝王所在的都城也必须根据和符合天上星辰的位置来进行设计。如秦都咸阳的规划就是如此。据《三辅黄图》载："始皇穷极奢侈，筑咸阳宫，因北陵营殿，端门四达，以则紫宫，象帝居。渭水贯都，以象天汉；横桥南渡，以法牵牛。"[33]

宇文恺设计长安城，以皇帝居住的宫城象征天象中天帝所在的北辰，位于都城北部的正中，以为天中；以位于宫城南侧的皇城百官廨署，象征天象中环绕北辰的紫微垣；以分布在外郭中以宫城为中心的众坊里与两市，象征天上向北辰环拱的群星。对隋唐长安城的这种象天设都，唐人李庾在《西都赋》中写道："其制度也，拥乾休，正坤仪，平两耀，据北辰。斥咸阳而会龙首，右社稷而左宗庙。宣达周衢，址以十二。棋张府寺，局以百吏，环以文昌，二十四署六部提统，按星分度。"[34]

其他如以十二城门，取象十二支方位；门辟三道，取象天街。以朱雀、玄武等星象方位来命名皇城与宫城之门。以皇城正南东西布局排四列坊，象征一年四季；皇城东西两侧南北十三排坊，象征一年有闰。而都城东南隅曲江池的规划设计，也是取则"地不足东南，以海为池"的天象观念。对此，日本学者平冈武夫认为："中国古来有

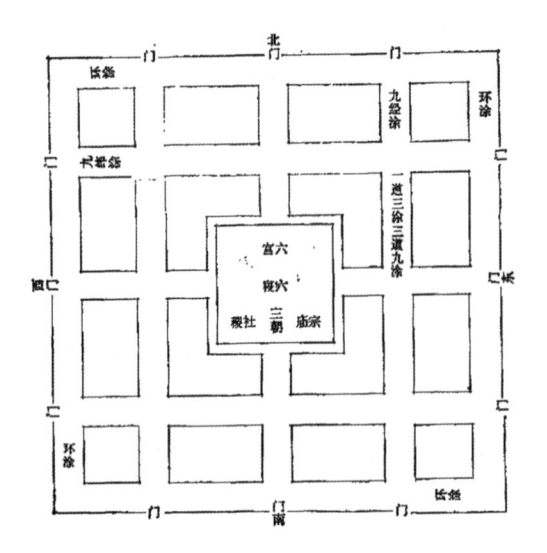

(清)戴震所绘《王城图》

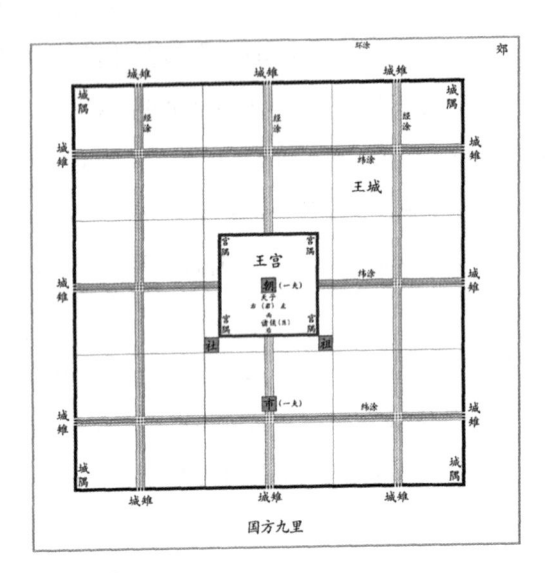

《周礼》中的王城示意图

所谓'地不足东南'的观念。'天不足西北,星辰西北移;地不足东南,以海为池'。见于《史记·日者列传》。一般流行着这样的观念。关于长安城东南缺两坊地形作曲江池,象和这观念有密切的关系。"[35]

这些都体现了隋唐长安城"象天设都"的思想。

3.北魏洛阳城建制的影响

隋唐长安城的布局设计,在继承传统都城建制的基础上,有一些新的变化。这些变化,主要是来自北魏洛阳城建制的影响。如北魏洛阳城及其以后的北齐邺都南城,宫城的位置已不在郭城的西南,而在北面的正中;朝市的位置也不同于传统的"面朝背市"之制,而是置市场于宫城之南;再就是郭城都是绕宫城之南,划分成整齐的坊里形式而建。

以上三点,正是隋唐长安城新制变化的特点之一,因此,史学家陈寅恪认为:"隋创新都,其市朝之位置所以与前此之长安殊异者,实受北魏孝文营建之洛阳都城及东魏、北齐之邺都南城之影响,此乃隋代大部分典章制度承袭北魏太和文化之一端。"[36]

隋唐长安城建制之所以深受北魏洛阳城与北齐邺都南城的影响,是因为隋初主持营建大兴城的高颎、刘龙、高龙叉等人,多为原来北齐的宗室或遗臣,均受邺都系统文化的熏陶。因此,大兴城建制取法北魏洛阳城也是很自然的。故陈寅恪先生又说:"隋代大兴城即唐代长安之都邑建置全部直受北魏洛都之影响,此乃文化染习及师承问题。"[37]

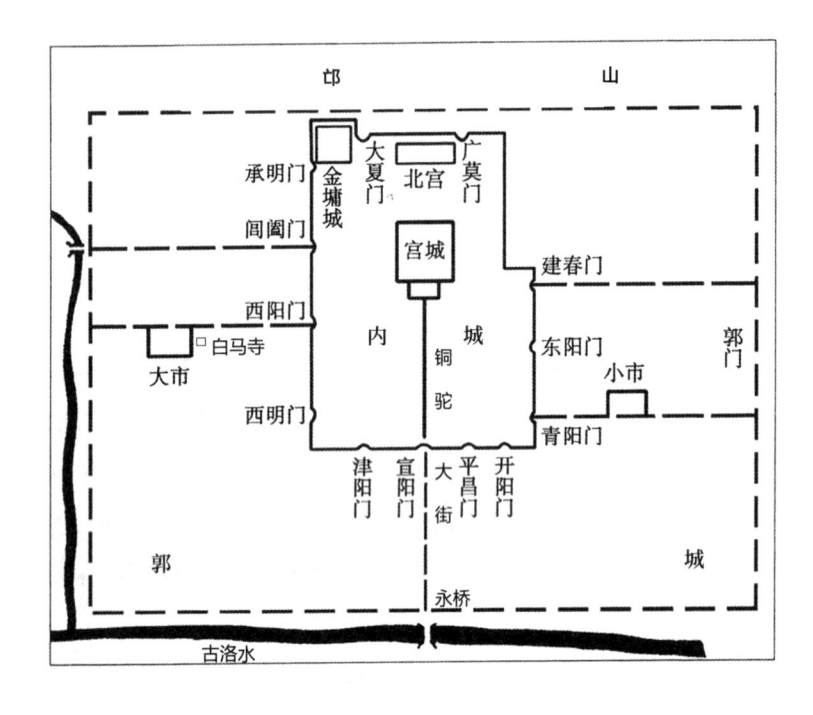

北魏洛阳城郭示意图

4.依据实际地理情况变通布局

隋唐长安城的设计布局,既有对传统都城建筑制度的继承,又密切结合地理条件,依据实际情况有了进一步发展。

隋唐长安城是以北靠龙首原的地理条件特点进行营建的,因此,宫城如果置于地势较为低下的都城西南,则不利于防守。而依据实际情况将宫城转移至都城的最北部,不但可以背靠龙首原,以禁苑控制全城制高地段,居高临下,俯视全城,有利于最高封建统治者的

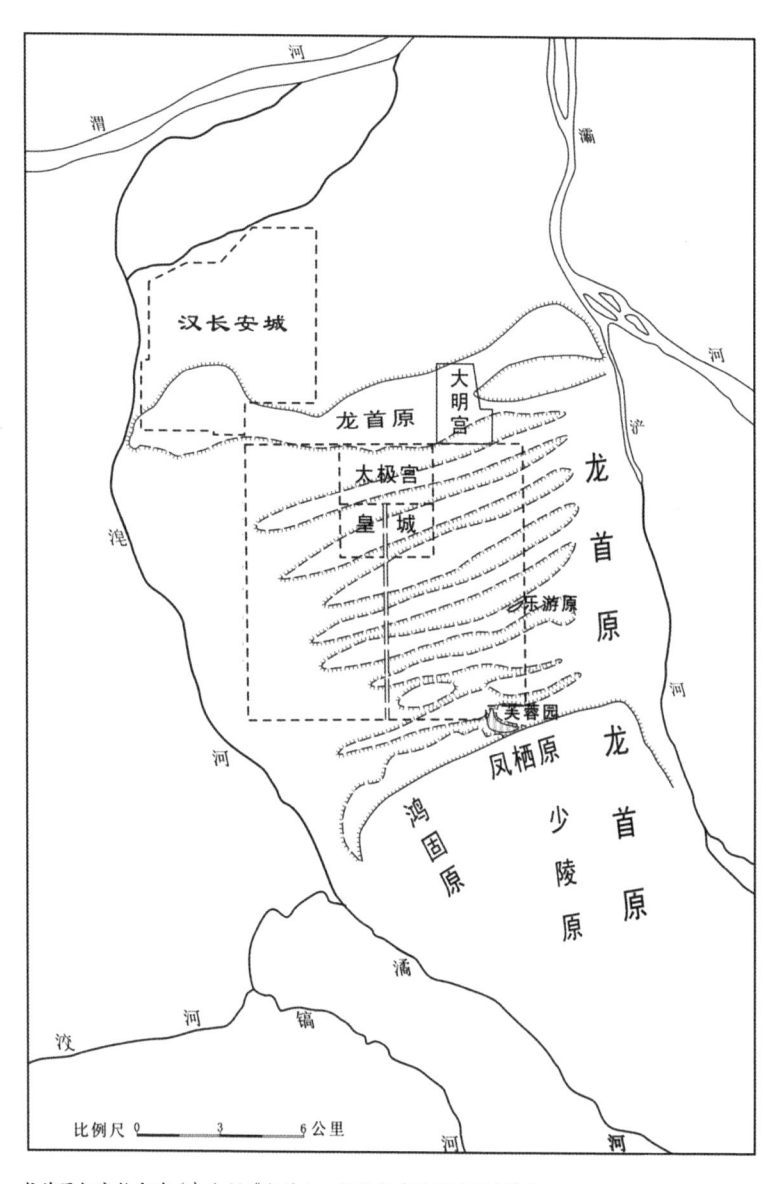

龙首原与唐长安城（李令福《龙首山、龙脉与唐大明宫探析》）

安全防卫，而且宫城的殿阁建筑耸立在北部龙首原余坡"九二"高地上，有如"北阙连天顶"[38]"参差宫殿接云平"[39]，可以突出长安城建设中的立体效果，更能增加宫阙建筑的巍峨壮观。对此，唐太宗在《帝京篇》诗中描绘说："秦川雄帝宅，函谷壮皇居。绮殿千寻起，离宫百雉余。连甍遥接汉，飞观回凌虚。云日隐层阙，风烟出绮疏。"

《周礼·考工记》规定都城的另一建制为"面朝背市"，即宫殿区建在都城的南部，商业市场在其北部。如汉长安城的建制即是如此，其长乐宫、未央宫及建章宫，都位于汉城的南部或西南部，而长安九市则在汉城的北部。隋唐长安城的建制则与此截然相反，由于宫城位置已根据实际地形条件转移至都城的北部，并且将居民坊里区布局在宫城的南部，因此，长安东、西两市的位置也依据实际变化情况进行了调整，由"面朝背市"之制变为"面市背朝"，将东、西两市分别建置在靠近宫城、皇城之南的东西两侧，这在一定程度上也是考虑到都城中部人口比较密集和为皇室贵族官僚生活服务的实际需要。

五、隋唐长安城建制的影响

隋唐长安城整齐的布局，严密的规制，成为并开创了我国古代都城建筑的典范和一代新制。这种建筑风格，对当时及后来国内和国外都城及城镇建制，有着深远的影响。

"京师四方则，王化之本根"。[40]作为隋唐京师的长安城，其规建制度，首先就为当时国内许多城镇所效模。隋大兴城建后二十余年，隋炀帝大业元年（605年）三月，又命杨素、杨达与宇文恺等人营建了东都洛阳城。东都洛阳城除去其本身的特点，如城市为纵长方形制，宫城位处郭城西北隅，坊里为正方形外，其他如郭城、皇城、宫城三重之制，纵横笔直的街衢，排列整齐的坊里，以及坊里内十字街的设计等，则大多与大兴城（即长安城）相同。另如唐代时期的一些州县城市，如南方的益州城（今四川成都），北方的唐州城（今河南泌阳）、幽州城（今北京）、云州城（今山西大同）等，也都受长安城建制的影响，城镇内有十字街道，城市布局比较规整。

长安城的这种建制，不仅直接影响着内地的城市建筑，而且影响当时边疆地区的城镇建筑形式。如西北地区远至新疆的龟兹（今库车）、高昌（今吐鲁番东）及中亚唐碎叶（今中亚托克马克西的阿克彼兴古城）等城，东北地区如当时渤海政权的上京龙泉府（今黑龙江宁安县西南东京城）、中京显德府（今吉林省和龙市西古城子）等城，虽远在边陲之地，但其城镇设计大体仍是摹自长安城。如渤海上京龙泉府城址形制如长安城为横长方形，全城由外郭、内城、宫城三大部分组成。宫城在内城之中，内城位于外城区北部正中，坐北向南，三城环套。城内中央有南北向中轴大街，由内城南门直通外城南门，犹如长安城中的朱雀大街。城区东西两部为居民区的坊，并采取如长安城的对称布局。

唐朝以后，我国各朝都城的建制，仍多模仿唐长安城之制。如北宋都城汴京（今河南开封）、金中都大兴府城（在今北京城西南）、元大都（今北京）及明应天府城（今江苏南京）、北京顺天府城（今北京）等，虽然宫城有的居于郭城中央，如北宋汴京、金之中

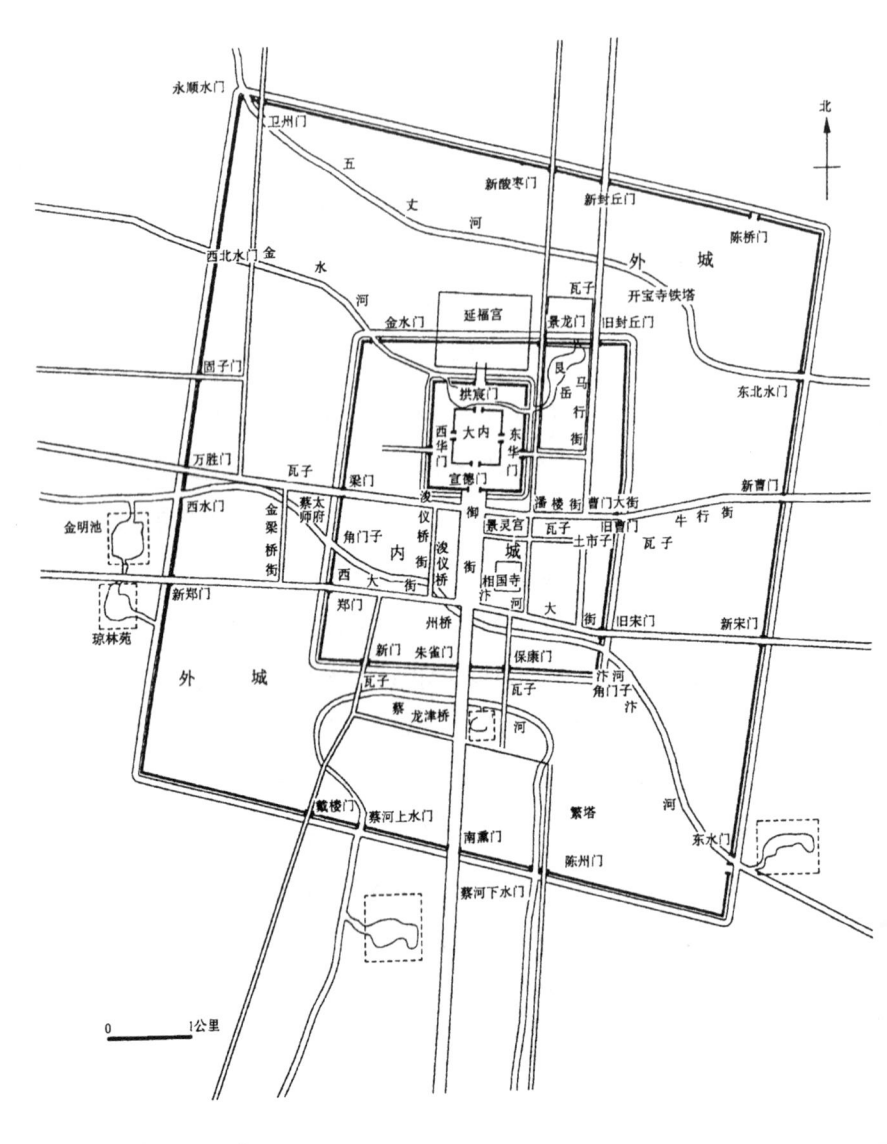

北宋汴京城平面示意图

都、明之南京城与北京城；有的居于郭城偏南之处，如元大都等，从而与隋唐长安城稍有区别外，其他如设宫城、皇城、郭城三重之制，中央衙署集中在皇城之内，及郭城内规则整齐的布局，则主要是沿袭了隋唐长安城规建制度。

其次，从国外情况看，隋唐长安城的建筑制度对日本等国也产生了深远的影响。如七八世纪日本修建的奈良的藤原京、平城京与京都的平安京，虽然规模远较长安城为小，但是其规划制度，则是按照隋唐长安城设计的。

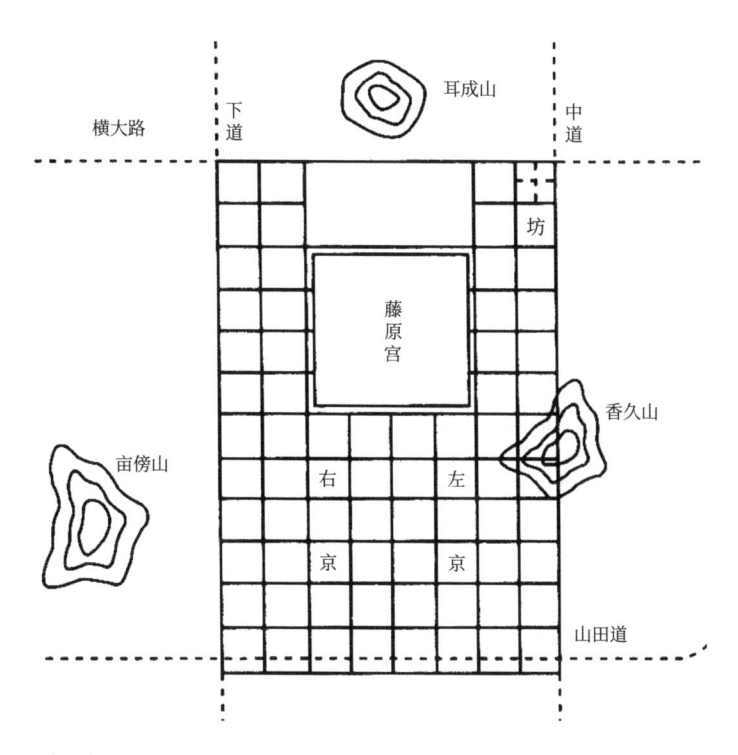

日本藤原京图

日本奈良地区的藤原京，建于持统天皇四年（690年），即我国武则天天授元年。藤原京南北长3086米，东西宽2118米，平面形制为纵长方形，略似隋唐洛阳城。其他如宫城处于郭城中央偏北之处；中央衙署集中于宫城，也就是皇城之内；全城以宫城南出朱雀大路为中轴线，划分为东半部（左京）与西半部（右京），东西两侧对称均等；郭城中的坊，也是由各条笔直大路纵横交叉分割而成，坊内亦有十字街路；朱雀门正对宫内正殿太极殿，等等，其基本规建制度，则是模拟隋唐长安城的。

奈良地区的平城京，南与藤原京相距20千米，营建于元明天皇和铜六年（708年），即唐中宗景龙二年。平城京东西长约4.5千米，

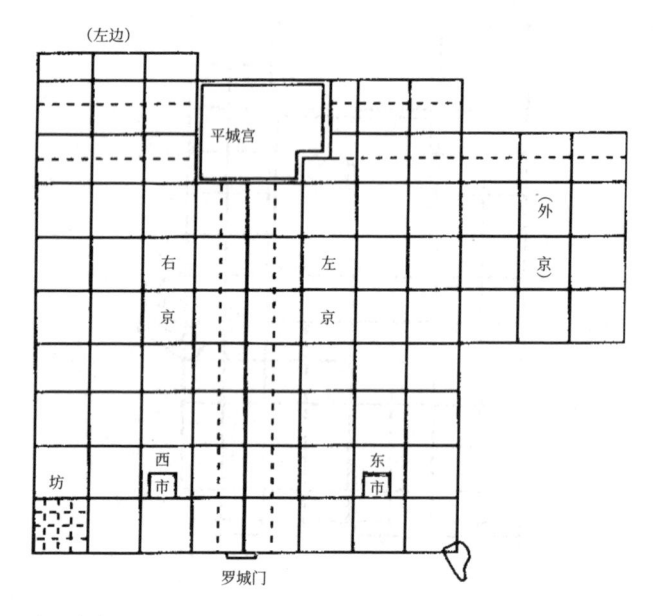

日本平城京图

南北宽约5千米。宫城位于郭城北部中央,宫城正南门称朱雀门。全城以南北中央朱雀大街为中轴线,划分东西两部分,称左京、右京。左右京南部各有一市,亦称东市、西市,位置对称,面积相等。郭城内有南北向九条大街,东西向十一条大街。这些街道相互交错,将郭城东西各分割划分为四排坊,这些都是明显仿效隋唐长安城规建制度之处。尤其是平城京东南隅,修有"越田池",今称"五德池",这更是刻意模拟隋唐长安城东南隅的曲江池与芙蓉园而作的。

平安京位于京都地区,营建于延历十二年(793年),即唐德宗贞元九年。平安京面积22.88平方千米。平安京与藤原京、平城京虽然在形制上都采取了隋唐洛阳城的纵长方形,但是,宫城位于全城北部中央,以宫城南出大街朱雀大路为中轴线,将全城划分为对称均等的东西两半以及笔直的大街,排列规整的坊里,都是取则于隋唐长安城规建之制的。

隋唐长安城规划建筑制度对当时国内外城市建筑尤其是对都城建筑产生的重大而深远的影响,反映了它在中国和世界都城建筑史上的重要地位。

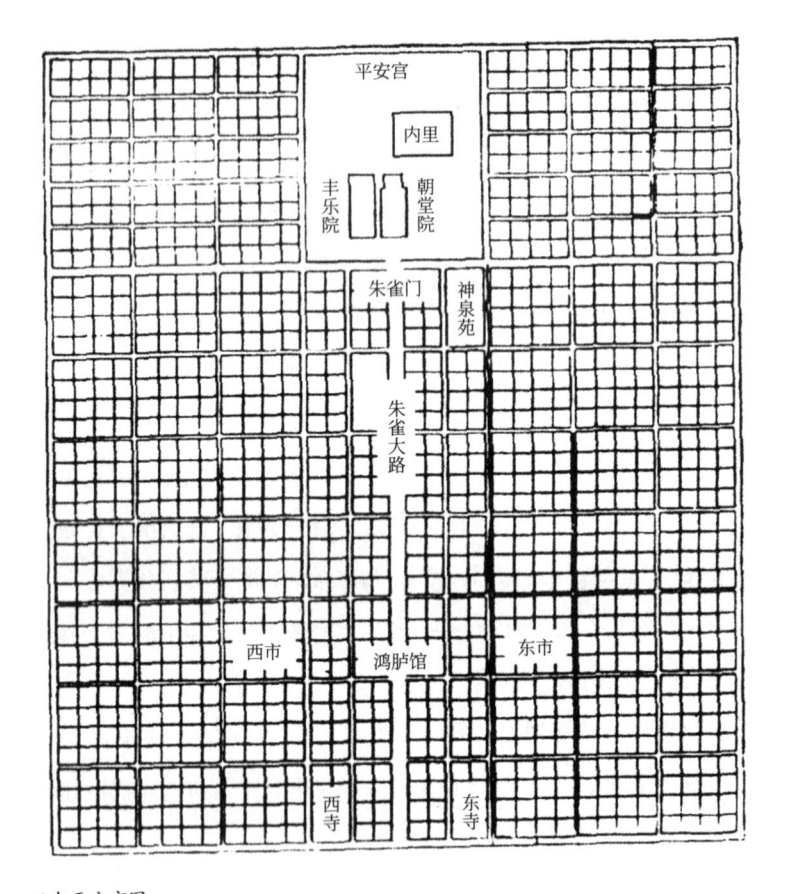

日本平安京图

注释

[1]《通志》卷四一。

[2]《隋唐嘉话》卷上。

[3]《资治通鉴》卷一七五"太建十四年"条。

[4]《隋书·高祖纪》。

[5][12] [14]《通志》卷一八《隋纪十八》。

[6]《唐两京城坊考·新昌坊》注。

[7][31]《长安志图》卷上。

[8]《唐两京城坊考·金城坊》注:"本汉博望苑之地,初移都,分地版筑。"

[9]《旧唐书·张玄素传》。

[10]《旧唐书·裴延龄传》。

[11]《太平广记》卷八四。

[13]《唐两京城坊考·修真坊》。

[15]《三辅黄图》序注。

[16]《雍录·长安宫及城》。

[17]《三辅黄图》序。

[18]《唐会要·关内道》。

[19][27]《雍录·龙首山龙首原》。

[20]《隋书·天文志》。

[21]《资治通鉴》卷一七七"开皇九年"条。

[22][日]平冈武夫著:《长安与洛阳》,杨励三译,陕西人民出版社1957年版,第16页。

[23]《旧唐书·天文志》。

[24]张子容:《长安早春》诗。

[25]《唐会要·行幸》。

[26]《长安志·唐皇城》。

[28]《雍录·龙首原六坡》。

[29][30]马正林:《唐长安城总体布局的地理特征》,《历史地理》第3辑。

[32]《周礼》卷二九。

[33]《三辅黄图》卷一。

[34]《文苑英华》卷四四。

[35][日]平冈武夫著:《长安与洛阳》,杨励三译,陕西人民出版社1957年版,第61页。

[36][37]陈寅恪:《隋唐制度渊源略论稿》二《礼仪·附:都城建筑》。

[38]张说:《三月二十日宴乐游园赋得风字》诗。

[39]司空曙:《长安晓望寄补阙》诗。

[40]白居易:《赠友五首》诗。

第三章

外郭城与市政建设

外郭城是长安城的第一重城,也是京城防御的主要屏障,因而隋唐统治者十分重视。《唐两京城坊考》卷二载,长安"外郭城,隋曰大兴城,唐曰长安城,亦曰京师城。前直子午谷,后枕龙首山,左临灞岸,右抵沣水"。城址坐北向南,坐落于关中平原中部偏南的平坦开阔处。

《唐两京城坊考》卷二载,长安"外郭城,隋曰大兴城,唐曰长安城,亦曰京师城。前直子午谷,后枕龙首山,左临灞岸,右抵沣水"。城址坐北向南,坐落于关中平原中部偏南的平坦开阔处。

外郭城亦称罗城,或罗郭城,是长安城的外围城。郭城内"有京兆府万年、长安二县所治,寺观、邸第、编户错居焉"[1],是都城市民居住与经济文化活动的主要地区。隋唐统治者对郭城城防的营建,市政的建设,都详有规划,且十分重视。

一、城池

1.城墙

外郭城是长安城的第一重城,是京城防御的主要屏障,因而隋唐统治者十分重视。开皇二年(582年)初筑之后[2],又进行了多次增筑和修葺。第一次是隋炀帝大业九年(613年)三月,"发丁男十万城大兴"。[3]第二次是唐高宗永徽四年(653年),"率天下口税一钱,更筑之";[4]永徽五年(654年)冬十一月,"筑京师罗郭,和雇京兆百姓四万一千人,板筑三十日而罢"。[5]第三次是唐玄宗开元十八年(730年)四月,"筑京城,九十日而毕"。[6]

外郭城的规模,据《长安志》载:"东西一十八里一百一十五步(约合9694.65米),南北一十五里一百七十五步(约合8195.25米),周六十七里(约合35474米)。"[7]而据考古实测,东西宽9721米(包括东西二城墙厚度在内,以下同),南北长8651.7米,周长36744米。文献记载与考古实测相较,东西宽度比较接近,实测数仅长出26.35

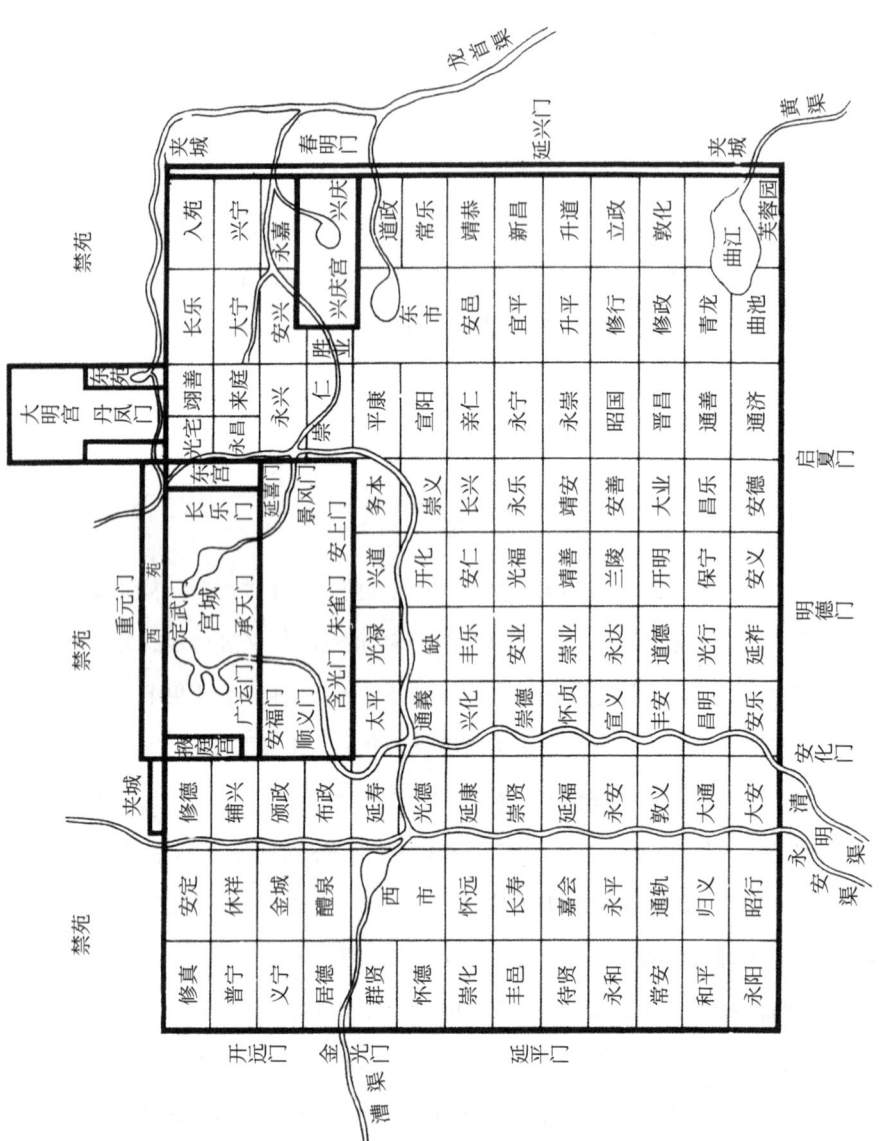

唐都长安

米（十八步弱），可能是文献记载数未把两边郭城的厚度计算在内。南北长度，实测数长出456.45米（三百一十步强），相差如此之大，说明文献记载之数有误。

外郭城的平面形制，是一东西略长、南北略短，规则的横长方形。郭墙的位置，据考古探测，西城墙基北起今西安西郊任家口村以北500米处，南经大土门村正中，经沣惠南路、唐延路、木塔寨村以西，南至闸口村以北950米处，全长8470米，北偏西0°22′2″。

南城墙基西起今西安西南郊木塔寨村以西280米处，向东经北山门口村以南、沙𤀪𤀪村之北、杨家村之南，穿过陕西师范大学，再经瓦胡同村北、庙坡头村南，至明代王尚书坟园以直角形北折510米，再以直角形东折1360米，至今新开门村西北120米处，全长9550米，东偏北0°7′32″。

东城墙基南起今西安东南郊新开门村西北120米处，向北经岳家寨西、铁炉庙东、亢家堡以西，至胡家庙西北200米

唐长安外郭城西城墙遗址

第三章　外郭城与市政建设　　　　　　　　059

处，全长7970米，北偏西0°15′41″。

北城墙基东起今西安东北郊胡家庙西北200米处，西经三府湾北、纱厂街南口、中架村南、火烧碑村北，至任家口村以北约500米处，与西郭城衔接，全长9570米，东偏北0°20′12″。[8]

外郭城墙均以夯土板筑而成。夯土面宽3—5米，每层厚度为0.09米。除在城门两侧处的墙皮上砌有城砖外，其他部分均为土墙。郭城高度，"崇一丈八尺"[9]，约合5.3米。郭墙的宽度，据考古实测，墙基处一般是9—12米，不少地方残存仅3—5米；但是个别地方，也有宽至20米的，那是因为倒塌以后经过补筑的缘故。

唐长安外郭城北城墙遗址

首先，从平面形制上看，外郭城虽为坐北向南规则的横长方形，但郭墙绝非都端直无折。如郭城东南角因遇曲江池、芙蓉园水沼之地，南城墙东段至明代王尚书坟园处，不得不以直角北折510米，再以直角形东折1360米，在局部墙段呈现为大的曲折。

其次，从郭城墙的走向上看，横长方形的形制基本规则，但也并非绝对端端正正。1960年前后，考古工作者对唐长安城的方向，以磁针测得是北偏东2°。在2005年的考古探测中，亦发现长安城方位整体走向略呈东西偏差。西南城角与西城墙延平门的垂直偏差达到了10米，即西南城角位置在延平门向北的垂直距离线东边的10米处。出现这种偏差的原因，是因为隋初宇文恺修筑大兴城时采用的是"磁北"定向。"磁北"定向是根据磁铁方向来定位的，但地球磁向随着时间会稍微变化，所以会导致方位上的些许偏差。（《三秦都市报》2005年8月7日第2版：《唐长安城遗址考古获重大发现》）

再次，外郭城墙的墙角，并无向外突出的角台与角楼建筑。2005年7月对唐长安城西南角郭城遗址的考古发掘中，发现这里没有筑有角台和角楼的迹象。如果筑有角楼，城角的基址应宽于城墙基址，应形成一处较大的墩台基址。但发掘的城角转弯基址的宽度，与城墙基址宽度均为5.5米，不存在构筑角楼的基础。

2.城壕

唐长安城的外郭城墙之外，修掘有城壕。据考古探测，在郭城南面明德门南侧3米多处，发现有东西向与城门平行的填土沟一道，这就是隋唐长安城护城壕的遗迹。城壕宽9米多，深4米。[10]

由于环郭有城壕，因此在通向城门的壕沟之上，就有石桥或吊桥之类的建筑。据唐人于逖《闻奇录》记载："郑昌图登第，岁居长安，夜纳凉于庭，梦为人殴击，擒出春明门，至石桥上乃得解。"这里说的郭城东面中门春明门外的石桥，可能就是建在城壕之上的大桥。

因此，长安城以城壕与郭城城垣相配合，共同构成了都城的外围防御体系。考古发掘还证明，此城壕到了中唐以后，才逐渐废弃填平。

3.夹城

唐代中期以后，在长安外郭城墙的东面和北面，分别修筑了与郭墙平行的三段复壁，中有通道，称为夹城。

开元十四年（726年），当时唐代统治活动的中心逐渐由大明宫向兴庆宫转移，唐玄宗李隆基为往来于两宫时不使百姓窥见其行踪，沿东郭城墙北段之外，修筑了由兴庆宫北通大明宫的夹城。

开元二十年（732年），唐玄宗李隆基为了随时从兴庆宫暗中潜行至郭城东南隅曲江池、芙蓉园游幸作乐，又沿东郭城墙南段之外，修筑了由兴庆宫南通芙蓉园的夹城。杜牧《长安杂题长句》诗云："六飞南幸芙蓉苑，十里飘香入夹城。"就是描写唐朝皇帝从夹城中南去游幸芙蓉园的情景。

以上东郭城墙外的两段夹城，北起大明宫，中经兴庆宫，南至芙蓉园。据考古探测得知，此夹城北起今胡家庙北约200米处，南至今新开门村北120米处，与郭城南北平行，共长7970米。夹城中间的通道，宽约23米。复壁在经过城门时，在城门的两侧，修有石铺的磴道，以便从城门楼上越过。[11]

北郭城的一段夹城，修筑于元和十二年（817年）四月。当时宪宗"诏右神策军，以众二千筑夹城，自云韶门过芳林门，西至修德坊，以通于兴福佛寺"。[12]

二、城门

唐长安的外郭城，依据《周礼·考工记》"匠人营国，方九里，旁三门"的都城营建制度，在郭城四面，各开有三座城门。其中郭城北面，由于宫城居于中部，已占去了郭门的位置，但为了附会"旁三门"之数，于是在郭城北面偏西一隅较为局促之地，另开芳林门、景曜门与光化门。此三门，实际上是禁苑的南门，百姓是不能自由进出的。因此，外郭城实则只有九门百姓可以通行，如《唐两京城坊考》所云：

> 南面三门：正中明德门，东启夏门，西安化门；东面三门：北通化门，中春明门，南延兴门；西面三门：北开远门，中金光门，南延平门。北面，即禁苑之南面也，三门皆当宫城西。中景曜门，东芳林门，西光化门。[13]

长安城外郭各城门，为隋初开皇二年（582年）创建新都时所修。除南面中门明德门为5门道外，其他城门均为3门道。唐高宗永徽五年（654年）十一月增修京师郭城时，在东、南、西三面"九门各施观"[14]，修建了城门楼。

明德门　长安城正南门，建于隋初。位于南郭城墙的中部，西至西南城角4680米，"北当皇城朱雀门，南出抵终南山八十里"。[15]门址在今西安城南郊杨家村西南80余米处。

明德门是长安城外郭最大的一座城门。城门东西宽52.5米，南北长16.5米，面积866.25平方米。[16]城门之上，有永徽五年所建的高大宏伟的门楼。据考古发掘推测，明德门楼大约东西11间，中间9间面宽各为15.5唐尺，东西2尽间面宽各为15唐尺，总计东西长169.5唐尺，合49.83米；南北3间，每间面宽15唐尺，总计南北长45唐尺，合15.23米。明德门楼东西间数之多，超过其他门楼建筑，并和大明宫正殿含元殿间数相同。[17]从发掘出的大量砖、瓦、石灰、木灰、石础与绘有红彩的白灰墙皮块等遗物中，也可证实昔日明德门楼的建筑相当宏伟可观。

明德门下开5门洞，各门道皆宽6.5米，进深18.5米。每个门道都可以同时并行两车。据考古发掘，明德门两端的两个门道中，有清晰的车辙痕迹，这说明车辆只是从两端的两个门道通行。正中1个门道是专供皇帝通行的御道。因此，门道内的石门槛制作极其精致，上面雕刻有流畅的卷草花纹，顶面还有一浮雕的卧狮。其他两侧的两门道，才是供行人通行的。

启夏门　位于郭城南面偏东，建于隋初。西距明德门1473.5米，位置在今西安南郊陕西师范大学以东约30米处。门东西宽35米，南北长15米，面积525平方米。启夏门北对郭城北面兴安门，门上有楼，门下3门道。门外道东有圆丘坛、太一坛，道西南二里有百神坛、

明德门遗址

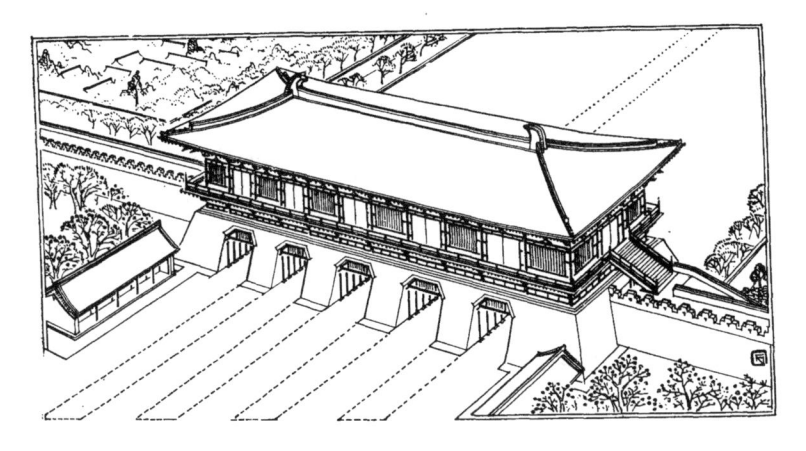

明德门复原图(傅熹年《唐长安明德门原状的探讨》)

灵星坛。

安化门 位于郭城南面偏西，建于隋初。东距明德门1435.5米，位置在今西安南郊北山门口村以东约220米处。门东西宽42.5米，南北长10米，面积425平方米。安化门北对郭城北面的芳林门。门上有楼，门下3门道，门道宽度皆为7.2米。门外有赤帝坛、黄帝坛。

春明门 位于郭城东面中部，居东郭城墙自南向北4600米处，在今西安东郊纬十街偏北之处。门东西为23.6米，南北15米，面积354平方米。门外有日坛、帝社坛。春明门西对郭城西面的金光门。门上有楼，门下3门道。但据1955年考古探测，仅得1门道。这可能是开元十四年（726年）及二十年（732年）两次扩建兴庆宫，城门因而南移，门道随之减少的缘故。[18]春明门为长安郭城东面的中门。唐僖宗广明元年（880年）十二月五日，黄巢从灞上率领农民起义军，就是"入自春明门，升太极殿"[19]的。

通化门 位于郭城东面偏北，南距春明门2110米，位置在今西安东郊陕西省火电公司东南角。通化门西对皇城延喜门、安福门及郭城西面开远门，与宫城前横街处于一直线。唐肃宗至德二载（757年），曾改名达礼门，后又复称通化门。门上有楼，门下3门道。通化门因为临近宫城与东内大明宫，常常被作为皇帝临送大臣离都之处。如景龙三年（709年）八月，中宗送朔方军总管张仁亶；元和十二年（817年）八月，宪宗送宰相裴度离都赴镇蔡州，都是亲临通化门楼为之送别。长庆二年（822年）二月，穆宗以宫廷仪仗亲送其妹太和公主至通化门，赴回纥和亲。

延兴门 位于郭城东面偏南，北距春明门2260米，位置在今西安东郊铁炉庙村以南。建于隋初。门东西宽21米,南北长42米,面积882平方米。地据都城东南隅乐游原之上,门内西临新昌坊东南隅青龙寺。延兴门西对郭城西面延平门。门上有楼,门下3门道,门道宽度皆为6米。隋唐时期,由于延兴门地区比较偏远,因此门外门内,多为墓葬之地。咸通十二年(871年),懿宗长女同昌公主死,葬少陵原。送葬之日,懿宗与公主生母郭妃,坐延兴门楼哭送。

金光门　位于郭城西面中部,建于隋初。居西郭城自北向南3300米处,在今西安西郊李家庄西北约130米处,新中国成立初期仍有其门址残留于地面高约3米、直径约10米的夯土墩遗迹。门东西宽11米,南北长37.5米,面积412.5平方米。金光门东对郭城东面春明门。门上有楼,门下3门道,门道皆宽为5.2米。天宝元年(742年),京兆尹韩朝宗引潏水为漕渠,经金光门入城流于西市,故金光门附近有渠水通过。金光门为长安城西面中门,西出可趋昆明池。此门之外又为都城刑戮之处。隋大业十年(614年)十一月,高丽国将曾参与杨玄感谋反后投奔其国的原隋兵部侍郎斛斯政锁还,炀帝命"将政出金光门,缚政于柱,公卿百僚并亲击射,脔割其肉,多有啖者。啖后烹煮,收其余骨,焚而扬之"。[20]

开远门　建于隋初。隋称开远门,唐改名安远门。位于郭城西面偏北,是"长安城西面北来第一门"。门上有楼,门下3门道。东与皇城安福门、延喜门及郭城东面偏北的通化门相对,与宫城前横街处于一直线,门外有白帝坛。故址在今西安市西郊大土门村。开远门是隋唐时期由长安城通往西域地区丝绸之路的起点。当时凡言去西域里程,皆从开远门计起。《资治通鉴》载:"是时中国盛强,自安远

开远门丝路石雕

门西尽唐境万二千里"[21]，说明门外有直通西域的大道。《新唐书》又载："开远门揭侯署曰：'西极道九千九百里'，示戍人无万里行也。"[22]开远门因与宫城甚近，皇帝多从此门出入都城。如至德二载（757年）十二月，上皇李隆基自蜀返归京师时，系由此门而入；广明元年（880年）十二月，黄巢农民起义军逼近长安时，唐僖宗也是夜开此门出逃的。

延平门　位于郭城西面偏南，建于隋初。北距金光门2320米。门东西宽15米，南北长39.2米，面积588平方米。门址在今西安西郊陈家庄以南。延平门东对郭城东面的延兴门。门上有楼，门下3门道，门道宽度皆为6.7米。建中四年（783年）七月十七日，德宗令于延平门外筑坛，唐蕃会盟于此。

三、四郊庙坛

长安城除根据"左祖右社"的传统礼制建筑制度，在皇城安上门内之东建祭祀祖先的太庙和在皇城含光门内之西建祭祀土地五谷神的大社（社稷坛）外，在郭城的四郊，还建有许多进行"郊祀"活动的庙坛。

圆丘坛　即祭天之坛，故又称为天坛。坛设于长安南郊明德门道东二里，所谓"古者祭天于圆丘，在国之南"。[23]坛以"天圆地方"之说，呈圆形。如《日下旧闻》中记载："丘圆而高，以象天也。"[24]

圆丘坛高三丈二尺多，分为四层，每层各高八尺一寸。上层广五丈，二层广十丈，三层广十五丈，下层广二十丈。上层设昊天上帝神座；二层设北辰、北斗、天一、太一、紫微五方帝与日、月七座；三层设内五星以下官五十五座；四层设二十八宿以下中官一百三十五座；坛下外壝之内，设外官百十二座；外壝之外，设众星三百六十座。每逢皇帝登基或遇冬至（阳历12月21日至23日）、正月上辛（正月上旬的辛日，即8日）、孟夏（阴历四月）等，皇帝都要亲率百官，"郊祀"于圆丘，以祭天和祈祷丰年。

唐圆丘坛遗址在今西安南郊长延堡天坛路南，其圆形土丘遗址仍在，分层仍然可见。据1999年考古实测，遗址高约8米，为四层素土夯筑圆坛。底层直径约54米，第二层直径约40米，第三层直径约29米，顶层直径约20米。各层高1.5—2.3米不等。各层设十二条陛阶（即上台的阶道），南阶道比其余十一阶道宽，为皇帝登坛的阶道。现为国家文物保护单位。

方丘坛　即祭地之坛，故又称为地坛。坛设于长安城北十四里，所谓"祭地于泽中之方丘，在国之北"。[25]坛成方形。分两层，上层方五丈，设地祇神位；下层方十丈，设神州之位；坛下外壝之内，设五岳、四镇、四渎、四海、五方等三十七座，壝外设丘陵等三十座。每逢夏至（阳历6月21日至22日）、立冬（阴历十一月七日），皇帝或宰臣都要郊祀于方丘坛。

日坛　即朝日之坛，建于隋初，在长安东郊春明门外。坛高八尺，广四丈。每逢春分（阳历3月20日至22日）则祭祀。

月坛　又称"夕月"之坛，建于隋，在长安西郊开远门外低坎之中。坎深三尺，宽四丈，月坛就建于其中。坛方广四丈，每逢秋分（阳历9月22日至24日）则祭祀。所谓"礼，天子以春分朝日于东郊，秋分夕月于西郊"。[26]

太乙坛　在长安南郊圆丘坛东，建于唐肃宗乾元元年（758年）六月。太乙，星官名，在天龙座内，为列宿之中最尊者，因此设坛以祭。

先农坛　唐初称为帝社坛，或籍田坛。武则天垂拱（685—688年）后称先农坛。中宗神龙元年（705年），又称帝社坛。坛建在长安东郊春明门外，玄宗时移于浐水东面。坛高五尺，方五尺，四出陛，一层，四面皆青色。这是皇帝祭祀农神，祈祷风调雨顺、五谷丰登之处；同时，这里也是皇帝每年春正月举行春耕大典，行耕籍礼仪式，"躬御耒耜于千亩之甸"，[27]以示重视农业的地方。

九宫贵神坛　在长安东郊朝日坛东。天宝三载（744年）建。坛分三层，层各高三尺，其上依各方位设太乙、天一、招摇、轩辕、咸

唐天坛遗址(一)

唐天坛遗址(二)

池、青龙、太阴、天符、摄提九坛。传说九宫贵神主司水旱，因此，每至四时初节，即令中书门下摄祭，以祈"嘉谷岁望，灾害不作"。[28]

青帝坛　青帝为中国古代神话五方帝中的东方之神灵威仰。又东方为春，青帝又称春神。坛建在长安城东郊。坛高八尺，广四丈。每岁立春日（阳历2月3日至5日），于东郊祭青帝，并以帝宓羲配，句芒、岁星、三辰、七宿从祀。

赤帝坛　赤帝为中国古代神话五方帝中的南方之神赤熛怒。坛建在长安城南郊安化门外。坛高七尺，广四丈。每岁立夏日（阳历5月5日至7日），于南郊祭赤帝，并以神农氏配，祝融、荧惑、三辰、七宿从祀。

黄帝坛　黄帝为中国古代神话五方帝中的中央之神含枢纽。坛原在长安城南安化门外，天宝十载（751年）四月，移建于京师皇城内西南。坛高五尺，广四丈。《旧唐书·礼仪志》载："季夏土王日，祀黄帝于南郊，帝轩辕配，后土、镇星从祀。"

白帝坛　白帝为中国古代神话五方帝中的西方之神招拒。坛建在长安城西郊开远门外。坛高九尺，广四丈。每岁立秋日（阳历8月7日至9日），于西郊祭白帝，并以少昊配，蓐收、太白、三辰、七宿从祀。

黑帝坛　黑帝为中国古代神话五方帝中的北方之神汁光纪。坛建在长安城北郊。坛高六尺，广四丈。每岁立冬日（阳历11月7日至8日），于北郊祭黑帝，并以颛顼配，玄冥、辰星、三辰、七宿从祀。

寿星坛　寿星即老人之星。开元二十四年（736年）七月，设寿星坛于长安城南郊。每岁八月秋分日（阳历9月22日至24日），祭老人星及角、亢等七宿，以祈福寿。

百神坛　长安祭坛之一。位于南郊启夏门外西南二里。《旧唐书·礼仪志》载："季冬寅日，蜡祭百神于南郊。"年终之祭为蜡祭。

灵星坛　灵星，星名，又称天田星。古人以此星主稼穑，传为农神。坛在长安南郊启夏门外道西南二里。每岁于仲秋之月，于东南郊祭灵星，以祈五谷丰登。

先蚕坛　先蚕，传说中始教民育蚕之神。相传周制，王与诸侯皆有公桑蚕室。季春三月时，王后带领命妇祭祀先蚕，表示勤勉蚕桑之事。唐建先蚕坛于长安宫城之北禁苑中，坛高四尺，周回三十步。每年三月，皇后率内外命妇，祭先蚕于北郊。

风师坛　风师，亦称风伯，神话中的风神。汉蔡邕《独断》曰："风伯神，箕星也。其象在天，能兴风。"风师坛原在长安皇城西南隅社稷坛之东，坛高三尺。贞元三年（787年）闰五月二十一日，移风师坛于长安东郊浐水之东。每岁立春后丑日（2日），祭风师，并以雷师同坛而祭。原为小祀，天宝四载（745年）七月二十七日，玄宗以"风伯雨师，济时育物"，升为中祀。

雨师坛　雨师为神话中的司雨之神。古人以二十八宿之毕宿，或以共工之子玄冥为雨师。唐京城与诸郡皆置雨师坛。长安雨师坛在都城金光门外西南八里，坛高三尺。每岁立夏后申日（9日），祀雨师。

雩坛　古代求雨之坛，隋初建。《隋书·礼仪志》载："隋雩坛，国南十三里启夏门外道左。高一丈，周百二十尺。"坛上设五方上帝之神位，京师孟夏后旱，则在此祈雨。唐因隋雩坛。《旧唐书·礼仪志》

载:"孟夏之日,龙星见,雩五方上帝于雩坛。""旱甚,则大雩。"

以上这些庙坛,建筑各具特色,散布于都城的四郊,从而在外观上把长安城装点得更加肃穆和壮丽。

四、街衢

1.街数

隋代与唐初长安外郭城中原有二十五条通衢大街。《长安志·唐京城》载:"郭中南北十四街,东西十一街。"到了唐高宗龙朔二年(662年),在大明宫丹凤门前新增辟了一条南北向仅两坊之长的纵街,称丹凤门街。至此,郭城中共二十六条大街。其中东西向十四街,南北向十二街。这些街衢都端直排列,或正南北向,或正东西向,彼此平行,"街衢绳直,自古帝京未之有也"。[29]外郭城中主要的街衢为朱雀大街、丹凤门街与"六街"。

朱雀大街,亦称朱雀门街,为唐长安外郭城中央南北大街。北至皇城正南方朱雀门,南至郭城正南门明德门,南北长九里一百七十五步,约合5020米;街宽百步,约合147米。此街位于郭城的中央,并成为外郭城区万年县与长安县东西分治的界线,万年县治街东地区,长安县治街西地区。由于此街北通宫城正门承天门,故亦称天门街。[30]

丹凤门街为大明宫丹凤门前的南北大街。本为郭城东北隅翊善坊与永昌坊之地。唐高宗龙朔二年修建大明宫后,在丹凤门前辟此两坊之中各分东西两坊,中开丹凤门街。北至大明宫丹凤门,南抵郭城第三横街。南北尽二坊之长，1200余米；宽一百二十步，约合176.4米，是郭城中最宽的一条街衢。这条垂直于大明宫丹凤门前的南北纵街，实际上是丹凤门前的一大宫廷广场。

"六街"为长安外郭地区通城门的六条大街。其中通南北城门的三条南北大街是朱雀大街（通朱雀门、明德门）、启厦门—兴安门街、安化门—芳林门街；通东西城门的三条东西大街是春明门—金光门街、通化门—开远门街、延兴门—延平门街。此六条大街为长安外郭城中的主干大街，交通十分繁忙，如唐人韦庄《长安春》诗云："长安二月多香尘，六街车马声辚辚。"唐初唐太宗接受马周建议，于六街皆置街鼓，早晚随着承天门上的鼓声敲击警众，实行夜禁。

2.街宽

长安城中的街衢极为宽阔。《唐两京城坊考·西京·外郭城》载其街宽皆百步，约合147米。据考古实测，外郭城各街残留部分的宽度如下表。[31]

街衢	残留部分街宽
丹凤门街	176.4米
朱雀大街	150—155米
通城门大街	100米以上
延平门—延兴门街	55米
不通城门街	35—65米
顺城街	20—25米

从上表可以看出，外郭城中以丹凤门街和朱雀大街最宽；其次是通城门的六街，多在百米以上；六街中的延平门—延兴门大街，因接近郭城南部，比较偏远，车马行人相对较少，因而街宽仅55米；最窄的是顺城街，行人最少，故宽度在20米到25米之间。

3.路面修造

长安城中的街衢，是按照一定的技术要求修造的。不仅路面平整，而且路土也极其坚实。如对朱雀街的考古探测中，发现坚实的路土层厚0.4—0.5米，其下是生土层，土质仍然十分坚硬。[32]路面构造一般中部略高，两侧较低，略呈弧形，以便于及时排除积水。

长安城中的街道，全是黄土路面。因此，遇风则尘土飞扬，逢雨则泥泞不堪。故此，杜甫有"长安秋雨十日泥"的诗句。

长安天雨路泥，不仅给百姓生活带来极大不便，而且影响着朝廷政治活动的进行。《开元天宝遗事》载：

> 明皇在便殿，甚思姚元崇论时务。七月十五日，苦雨不止，泥泞盈尺，上令侍御者抬步辇召学士来。时元崇为翰林学士，中外荣之。[33]

因为天雨路泥，不仅皇帝即时召见不便，而且影响到百官的早朝活动。代宗广德二年（764年）九月因此规定：

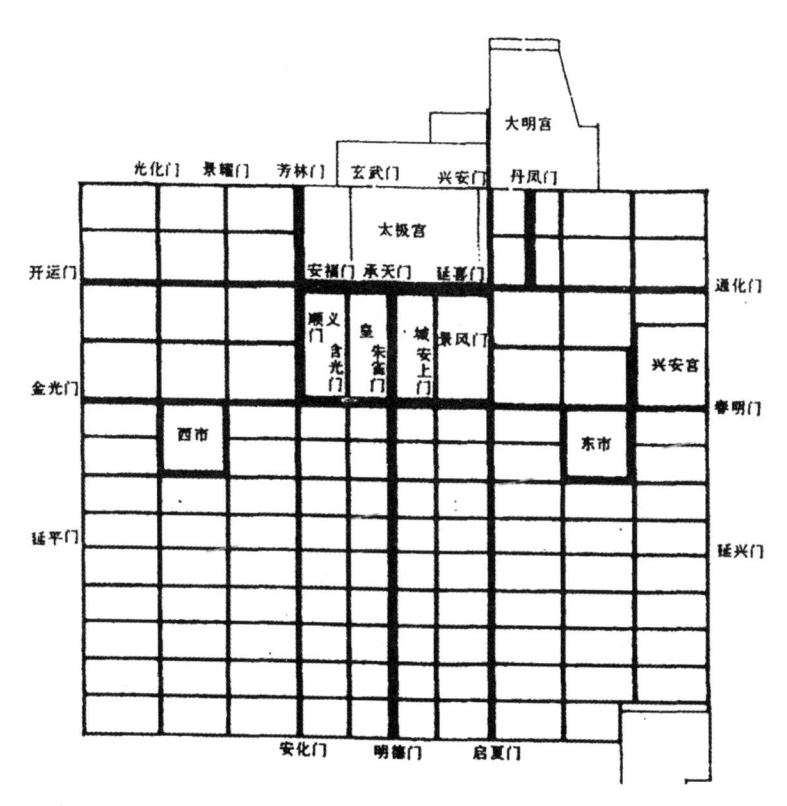

隋唐长安城道路网布局略图（贺业钜《中国古代城市建设规划史》）

> 朝官遇泥雨，准仪制令，停朝参。军国事殷，若准式停，恐有废缺，泥既深阻，许延三刻传点，待道路通，依常式。[34]

此后，唐朝政府还多次不得不因为泥雨停朝参之事规定出一些新的办法。如德宗贞元二年（786年）八月一日，御史中丞窦参为此上奏说：

准仪制令，泥雨合停朝参。伏以军国事殷，恐有废缺，请令每司长官一人入朝；有两员并副贰，亦许分日。其夜甚雨，至明不止，许令仗下后，到外廊食讫，入中书。其余官及王府长官，并请停朝，任于本司勾当公事。泥雨经旬，亦望准此。[35]

可见在当时情况下，长安街衢虽然修造坚实，路面结构也十分讲究，但也无法避免黄土路面遇风扬尘，逢雨多泥，从而给各方面带来诸多不便的情况。

4.水沟

在考古探测中，发现长安通衢大街的两旁，还修筑有排水沟的设施。沟的宽度均在2.5米以上。构筑的特点，一般都是口宽底窄，两壁倾斜。如对皇城以南200余米处的朱雀街西侧水沟的发掘情况是：沟上口宽3.3米，底宽2.34米。沟东壁深2.1米，沟西壁深1.7米。沟两壁均呈76度的坡度，断面呈上宽下窄的梯形。沟壁未加木板或砌砖，沟底很平。其他大街两侧的水沟，大体上和朱雀街旁水沟建筑一致。

此外，里坊与两市之内的街衢之旁，也修筑水沟，沟深为1米左右。宪宗元和十年（815年）六月，大臣裴度在长安通化里遭刺客袭击，由于受伤坠马跌落路旁沟中，才幸免一死，这说明沟深可以藏人。

长安城街衢两侧水沟的修筑，有利于及时排除雨水或引水绿化，也反映了唐代筑路技术的成熟。

5.沙堤

为了避免遇风尘土飞扬和逢雨道路泥泞的问题,唐朝政府在长安一些通衢大街或坊里街巷路面之中,铺撒细沙甬道,称为沙堤。

沙堤的铺设,有两种情况:一是为了百官上朝入衙的方便。天宝三载(744年)五月,"京兆尹萧炅奏:'请于要道筑甬道,载沙实之,至于朝堂',从之"。同年九月,"炅又奏广之"。[36]因此,长安城中通往太极宫、大明宫、兴庆宫及皇城的一些主要大街,路面之上都有细沙铺设的沙堤甬道。这种沙堤,唐人也称为"玉堤"。如王建《春日五门西望》诗云:"百官朝下五门西,尘起春风过玉堤。"二是给宰臣以特殊的恩遇。唐朝政府为使宰臣免于风尘和泥泞之苦,规定:"凡拜相,礼绝班行,府、县载沙填路,自私第至子城东街,名曰沙堤。"[37]

由于铺设沙堤是一种特殊的恩遇,因此,"沙堤欲到门",就成为唐代快要拜相的同义语。德宗时人杨巨源在《胡十二拜户部兼判度支》诗中说:"徒言玉节将分阃,定是沙堤欲到门。"就是指的这种意思。

这样,从长安城街衢行走的路面上,也体现出封建的等级制度来。唐人张籍《沙堤行呈裴相公》诗,描写了当时宰相在沙堤上通行的情况:

> 长安大道沙为堤,早风无尘雨无泥。
> 宫中玉漏下三刻,朱衣导骑丞相来。
> 路傍高楼息歌吹,千车不行行者避。

街官闾吏相传呼,当前十里惟空衢。

白麻诏下移相印,新堤未成旧堤尽。

然而,长安城中便于宰相与百官行走的沙堤,铺撒极不容易,这些白沙都是府县衙门用官牛官车从东郊浐河岸边辛苦运载而来的。白居易《官牛》诗讽喻说:

官牛官牛驾官车,浐水岸边般载沙。
一石沙,几斤重,朝载暮载将何用?
载向五门官道西,绿槐阴下铺沙堤。
昨来新拜右丞相,恐怕泥涂污马蹄。
右丞相,马蹄踏沙虽净洁,牛领牵车欲流血。
右丞相,但能济人治国调阴阳,官牛领穿亦无妨。

由于长安城中街衢路面很宽,所铺沙堤多为路面两旁绿槐荫下仅够一轨行车的甬道。唐人林宽《长安即事》诗中有"樵童乱打金吾鼓,豪马争奔丞相堤"之句。张籍《早朝寄白舍人严郎中》也说:"鼓声初动未闻鸡,赢马街中踏冻泥。烛暗有时冲石柱,雪深无处认沙堤。"

五、渠道与桥梁

1.引水渠道

为了解决都城内的生活用水、宫苑环境用水及水运问题，隋唐统治者在营建长安城的同时，还充分利用了"八水绕长安"都城周围水源丰富的有利条件，有计划地分别从城东、城南和城西修凿渠道，引水入城。长安城给水渠道之多以及这些渠道的规模设计与位置安排，是以前都城所没有或不能比拟的。

长安城中的引水渠道，主要有以下几条。

龙首渠　隋开皇三年（583年）修，因渠靠近城东龙首原，故名龙首渠；[38]又因为渠水引自浐河，亦名浐水渠。龙首渠从今西安城外东南秦沟村附近，引浐水西北流，到长乐坡后，分为东西两渠。东渠北流，经通化门外，绕郭城东北角，再西流，然后一支北流，入于东内苑，汇为龙首池，再东北流经禁苑凝碧池、积翠池（《类编长安志·泉渠·龙首渠》）。另一支继续西流，经大明宫前下马桥下。西渠则西流，从通化门入城后，分为三支：一支南流入于兴庆宫，注入兴庆池，并支分池水西南流入东市，汇为放生池；另一支西去，流经皇城，北流入于宫城，在太极宫后廷，汇为山水池和东海池；再一支是德宗贞元十三年（797年），从永嘉坊西北，分水北流至大宁坊西南隅太清宫前。1954年3月在对龙首渠西渠经通化门入城处的考古探测中，发现有宽度为1米的砖石合砌涵洞两个。涵洞高0.75米，洞身长5.5米，底部宽2.5米。渠两壁和底部均以青砖敷砌。[39]龙首渠是都城东北隅及"三大内"、东内苑等宫廷用水的主要渠道，"凡邑里、宫禁、苑囿，多以此水为用"。[40]

永安渠 隋开皇三年（583年）修。因渠引自洨水，故又称洨渠。此渠从城南香积寺西南，引洨水北流，从郭城南面安化门西的大安坊西街入城，北流穿城而过，经大安、大通、敦义、永安、延福、崇贤、延康、光德8坊之西，过西市以东，与漕渠汇为池；又北流，经延寿、布政、颁政、辅兴、修德5坊之西，北出景曜门，流经禁苑，注入渭水。永安渠从城南部入城，自南而北，横穿而过，为都城西城区主要给水之渠。

清明渠 隋开皇初年开。渠从城南今皇子坡引潏水西北流，从郭城南面入城，经大安坊东街，又屈而东，经安乐坊西南隅，再屈向北流，经安乐、昌明、丰安、宣义、怀贞、崇德、兴化、通义、太平9坊之西。又西北经布政坊之东，东流入于皇城，再北流入于宫城，在太极宫后廷，注为南海池、西海池和北海池。据对清明渠流经兴化坊西侧一段的考古探测，探得渠宽9.6米。[41]清明渠与永安渠，同为都城西城区生活用水及皇城、宫城的供水渠道。

漕渠 初修于天宝元年（742年）。当时京兆尹韩朝宗从城南分潏水北流，至郭城西面，由金光门入城。然后引水东流，经群贤坊，至西市的西街，凿潭潴水，以漕贮材木。代宗永泰二年（766年），京兆尹黎干因京师薪炭不给，又从西市引渠，导水经过光德坊、通义坊、通化坊，至开化坊荐福寺东街，向北经过务本坊国子监东，经皇城景风门、延喜门入于内苑。渠阔八尺，深一丈。[42]

黄渠 唐开元时修。从南山义峪引水，东北流，入于曲江池，增加了曲江水量。再由曲江支引池水西北流，经青龙坊、修政坊，到晋昌坊大慈恩寺南,汇为寺前南池,使这里与曲江池进一步发展为著名的风景游赏区。

除此五渠外,唐人张鷟《朝野佥载》记载:"唐先天中(712—713年),姜师度于长安城中穿渠,绕朝堂、坊、市,无所不至。"[43]姜师度所开此渠,在郭城中部,穿坊过市,无所不至,最后流入皇城,达于宫城之前。

以上这些渠道,分别流经都城各处,不仅有计划地解决了全城的生活用水、环境用水及市内水运问题,而且进一步美化了城市环境,如唐人张祜《题御沟》诗所写"万树垂杨拂御沟,溶溶漾漾绕神州",使长安城宛如在一派水乡。

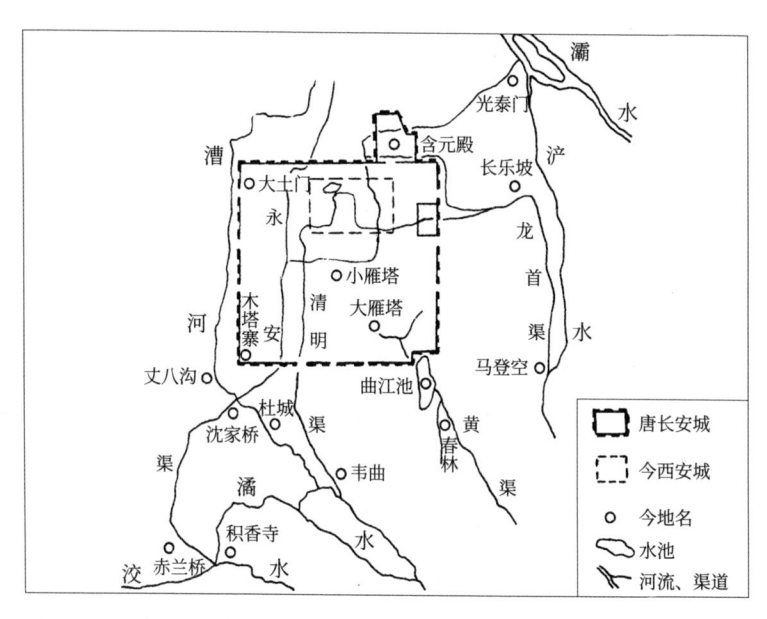

唐长安附近渠道河流示意图(马正林《丰镐—长安—西安》)

2.水井

长安城中市民的食用水,主要不是取自渠水,而是井水。为了解决都城中的食用水问题,隋初营建大兴城时,在修渠引水入城的同时,就有计划地在各坊里挖掘了许多水井。如《长安志·醴泉坊》载:

> 醴泉坊,本名承明坊,开皇二年缮筑此坊,忽闻金石之声,因掘得甘泉浪井七所,饮者疾愈,因以名坊。

当然,长安城中不只是醴泉坊掘有水井;同时,以醴泉坊之大,一坊之中也不是只掘得7眼水井,这里不过是指"甘泉浪井",水味甘甜的井水而言。实际上,长安城中各个坊里,凡是百姓居住区,无论地势高低,都普遍掘有水井。如地势低平的太平坊,现为西北大学校园,曾发现过10余眼隋唐用井。郭城东面的新昌坊,虽然地势偏高,但也修掘有水井。宪宗时诗人殷尧藩在《新昌井》一诗中写道:

> 辘轳千转劳筋力,待得甘泉渴杀人。
> 且共山麋同饮涧,玉沙铺底浅磷磷。

不仅百姓居住的坊里之间修掘了许多水井,而且在皇帝及其嫔妃居住的皇宫之内,也修了不少水井。如考古发掘已发现大明宫麟德殿西侧第一层台基的北部有两口水井。此两井南北相对,距离是

4.65米。南边的井口平面呈椭圆形,直径为1.5米;北边的井口呈圆形,直径为1米。[44]

长安城中的水井,既有私用的,也有公用的。凡达官贵人或有力之家,多在庭院之内掘有私井。如延康坊的西明寺,本为隋尚书令杨素旧宅,"寺内僧厨院有杨素旧井"。[45]醴泉坊有太平公主私第,"长安初,醴泉坊太平公主第井水溢流"。[46]太平坊有玄宗时御史中丞王铁宅,其庭院不仅有井,而且井栏装饰极其精美,"宝钿井栏,不知其价"。[47]公用之井,修掘于里巷街衢之旁,供百姓共同汲水之用。《太平广记》记载一故事说:

> 景公寺(位常乐坊西南隅)前街中,旧有巨井,俗呼为八角井。唐元和初,有公主夏中过,见百姓方汲,令从婢以银棱碗就井承水,误坠井,经月余,碗出于渭河。[48]

常乐坊西南隅前街中的这口八角大井,就属于当时长安城中的公用汲水之井。

长安城内的井水,因地区不同而有咸有甜。醴泉坊因以"甘泉浪井"而出名,故"隋文帝于此置醴泉监,取甘泉水供御厨"。[49]晋昌坊大慈恩寺内,亦有水味甘美之井,因而唐人贾岛关于此井有"井甘源起异,泉涌渍苔封"[50]的诗句。特别是新昌里的井水尤为甘甜,如敬宗时人姚合所作《新昌里》诗云:"旧客常乐坊,井泉浊而咸。新屋新昌里,井泉清而甘。"

3.桥梁

长安城内由于渠道纵横，水多渠宽，因此在渠水流经各要道之处架设了许多桥梁，以便于行人车辆往来。这些桥梁，有石桥，也有木桥，或大或小，根据渠道所在的位置和主渠与支渠的宽窄而定。

由于桥梁关系市内交通的往来，唐朝政府也十分注意桥梁的维修工作。开元十九年（731年）六月，唐玄宗诏令"两京城内诸桥，及当城门街者，并将作修营，余州县料理"。[51]大历五年（770年）五月，代宗诏令修治都城桥梁，并对修治办法、时间、功费等，作了具体规定：

> 承前府县，并差百姓修理桥梁，不逾旬月，即被毁折，又更差勒修造，百姓劳烦，常以为弊。宜委左右街使勾当捉搦，勿令违犯。如岁月深久，桥木烂坏要修理者，左右街使与京兆府计会其事，申报中书门下，计料处置。其坊、市桥，令当界修理；诸桥街，京兆府以当府利钱充修造。[52]

同年八月，又对坊、市内桥梁的修理，作了进一步的规定：

> 其年八月敕：其坊、市内有桥，不问大小，各仰本街曲当界共修。仍令京兆府各差本界官，及当坊、市所由勾当。每年限正月十五日内令毕。如违，百姓决二十，仍勒依前令修，文武官一切具名闻奏，节级科贬。如后续有破坏，仍令所由时看功用多少，计定数修理，不得辄剩料率，及有隐欺。[53]

唐朝政府多次颁布都城桥梁维修令，规定修理办法，反映了长安城中渠桥之多，以及这些桥梁在市内交通中地位的重要。

长安城中的桥梁，各有名称。如皇城尚书省东南隅的通衢上有一小桥，因侍御史和殿中诸郎官到此，多要站在桥上，拗项向景风门外的兴庆宫相望，故名"拗项桥"。

六、城市绿化

1.植树

城市绿化是都城长安市政建设的一项重要内容。早在隋初营建大兴城时，新都营建使高颎就统一规划，有计划地在城内各条街衢之旁栽植树木。[54]隋末之时，这些树木已经蔚然成荫。

到了唐代，长安城中进行过多次大规模的植树绿化活动。开元二十八年（740年）正月十三日，玄宗"令两京道路并种果树"。[55]永泰二年（766年），代宗令"种城内六街树"。[56]德宗贞元十四年（798年）吴凑任京兆尹时，"尝于官街树槐"。[57]

长安城的绿化工作，直接由都城的行政长官京兆尹管理，具体工作由左、右街使负责，沿街居民要按时种植，所需费用由政府支出。如文宗大和九年（835年）八月"敕诸街添补树，并委左、右街使栽种，价折领于京兆府，仍限八月栽毕，其分析闻奏"。[58]

对于已经滋茂成荫的树木，注意保护，严禁砍伐。大历二年（767年）五月，代宗敕令"其种树栽植，如闻并已滋茂，亦委李勉勾当处置，不得使有斫伐，致令死损"。[59]

而对已经枯死的树木，则可挖掉他用，但要及时补栽。贞元元年（785年）正月，德宗命令"京兆府与金吾计会，取城内诸街枯死槐树，充修灞、浐等桥板木等用，仍栽新树充替"。[60]

长安城的绿化是有统一规划的。一般来说，市内通衢大街及坊巷街道两旁的行道树，沿汉代以来的传统，主要栽种槐树。这种槐树名叫中槐，又称国槐，是关中地区的乡土树种，不仅易于栽植生长，而且叶密荫浓，可以绿荫夹道，乘凉取热。长安城中的槐树从隋初营都时种植，一直沿栽于唐代。唐德宗贞元十二年（796年），由于官街缺树，有的地方曾以榆树补种，京兆尹吴凑认为："榆非九衢之玩，亟命易之以槐。"[61]由于长安城街道两旁槐树成行，槐荫夹道，故有"绿槐十二街"之称。特别是皇城内承天门至朱雀门之间的天街两旁，槐树排列尤为整齐，俗称"槐街"或"槐衙"。[62]除槐树之外，长安城中的街道，有的还植以杨树，或栽以桃树和其他果树，所谓"垂杨十二衢""夹道夭桃满"，都是唐人赞美长安绿化景色的著名诗句。

三大宫殿区是全城的重点绿化地之一。太极宫中有石榴林，据说这是睿宗女儿代国公主因用石榴做胭脂，随手弃其实于禁中而丛生成林的。大明宫在高宗龙朔年间再次葺建时，司农少卿梁孝仁先在宫内种植白杨树。一天，右骁卫大将军契苾何力入宫参观，梁孝仁指着白杨树说："此木易长，三数年间，宫中可得荫映。"契苾何力不答，但诵古诗"白杨多悲风，萧萧愁杀人"，意思说这是坟墓上栽的树木，不宜种在宫中。梁孝仁听后，立即命令拔去，换栽以梧桐。兴庆宫内，则沿兴庆池畔多植柳树。

另如禁苑之内，更是林木繁茂，花卉争艳，其间还有梨园、葡萄园、樱桃园等各种果园。都城东南隅的曲江池，因池畔多植柳树而"号为柳衙，意谓其成行列如排衙也"。[63]

在长安城外通往各地的大路两旁，也有整齐的夹道槐树或柳树。这些夹道树，有些是前代栽植的，如前秦苻健时，"自长安至于诸州，皆夹路树槐柳"；[64]有些则是隋唐时期栽种的。这些树木在唐代得到了较好的维护。贞元时期，德宗曾令伐取长安至洛阳道中大槐树以造车，另换栽小树，遭到渭南县尉张造的抵制。张造上奏说：

> 恭惟此树，其来久远。东西列植，南北成行。辉映秦中，光临关外。不惟用资行者，抑亦曾荫学徒。拔本塞源，虽有一时之利；深根固蒂，须存百代之规。况神尧入关，先驻此树；玄宗幸岳，见立丰碑。……先皇旧游，宁宜翦伐？思人爱树，诗有薄言；运斧操斤，情所未忍。[65]

此疏奏闻后，德宗遂罢其举。

长安城除内外通衢大街植有行道树外，坊街小巷也都栽有街树。街树仍以槐树为主，同时也栽有别的树种。白居易《靖安北街赠李二十》诗有"榆荚抛钱柳展眉，两人并马语行迟"句，写的是靖安坊街旁栽种榆树的情况。又长安城宣平坊有以因曲巷栽植柳树而得名的"柳巷"。

2.花卉栽培

长安城中的绿化，不仅注意树木种植，而且大力栽培花卉。当时宫苑、园林、寺观、官府大院以至渠道路旁都盛植百花。如大明宫内有牡丹园、樱桃园、玫瑰园、梨园、杏花园；曲江池与芙蓉园，荷花盛开，花卉周环；安业坊唐昌观，植有玉蕊花，花开如琼林玉树；敦化坊一百姓家，植有花色深红的木兰花，等等。

长安城中栽植的花卉，以牡丹最为名贵。牡丹向有"花王""国色"之称。据唐代舒元舆《牡丹赋》记载，该花系武则天从其故乡西河（今山西汾阳）移来，很快就成为长安名花。到唐代中期，种植牡丹已风靡长安。唐玄宗在兴庆宫沉香亭前植有红、淡红、紫、纯白四色牡丹，其中特别是有晨则深红、午则深绿、暮则深黄、夜则粉白，一日花色数变的珍贵名品。唐穆宗在殿前也植有牡丹，名为"千叶牡丹，及花始开，香气袭人，一朵千叶，大而且红"。[66]

由于"京师贵牡丹"，当时长安佛寺道观也普遍栽种牡丹。如大慈恩寺浴室院有僧人培植了20年的两丛牡丹，一丛白花，一丛红花，每丛一次花开五六百朵。大宁坊的兴唐寺，有牡丹一丛，"元和（806—820年）中著花二千一百朵，其色有正晕、倒晕、浅红、浅紫、深紫、黄、白、檀（浅绛色）等"。[67]

由于长安培育出多种牡丹名贵品种，因此，暮春观赏牡丹已成为倾城之事。唐人对此多有吟咏，如刘禹锡《赏牡丹》诗云："庭前芍药妖无格，池上芙蕖净少情。唯有牡丹真国色，花开时节动京城。"白居易《牡丹》诗云："帝城春欲暮，喧喧车马度。共道牡丹时，相随买花去。贵贱无常价，酬直看花数。"崔道融《长安春》诗云："长安牡丹开，绣毂辗晴雷。若使花常在，人应看不回。"《唐国史补》卷中亦载："京师贵游，尚牡丹三十余年矣。每春暮车马若狂，以不耽玩为耻。"

总之，隋唐政府和都城广大人民对城市绿化工作十分重视。经过长期的栽育，长安城中"园林树木无闲地"[68]，处处街树成荫，一片郁郁葱葱，且到处花卉盛开，百花争艳，使得宏伟的长安城，更加秀丽壮观。

注释

[1] [13]《唐两京城坊考·西京·外郭城》。

[2] [15]《长安志·唐京城》注。

[3]《隋书·炀帝纪》。

[4] [7] [9] [29]《长安志·唐京城》。

[5] [14]《旧唐书·高宗纪》。

[6]《唐会要·城郭》。

[8] [11] [16] [18] [39]陕西省文物管理委员会：《唐长安城地基初步探测》，《考古学报》1958年第2期。

[10]中国科学院考古研究所西安工作队：《唐代长安城明德门遗址发掘简报》，《考古》1974年第1期。

[12]《唐会要·杂记》。

[17]傅熹年：《唐长安明德门原状的探讨》，《考古》1977年第6期。

[19]《新唐书·黄巢传》。

[20]《隋书·斛斯政传》。

[21]《资治通鉴》卷二一六"天宝十二载"条。

[22]《新唐书·吐蕃传》。

[23] [25]《新唐书·礼乐》三。

[24]《日下旧闻》卷一六。

[26]《资治通鉴》卷一七六"祯明元年二月"条注引《五代志》。

[27] [28]《旧唐书·礼仪》四。

[30]《长安志图》卷上:"当皇城朱雀门曰朱雀街,亦曰天门街,南直明德门。"

[31] [32]中国科学院考古研究所西安唐城发掘队:《唐代长安城考古纪略》,《考古》1963年第11期。

[33]《开元天宝遗事》卷上。

[34] [35]《唐会要·朔望朝参》。

[36] [55]《唐会要·道路》。

[37]《唐国史补》卷下。

[38]《雍录·龙首渠》载:"龙首渠,开皇三年开凿,引浐水北流入苑,在长乐坡上,堰近龙首,即大明宫所据龙首原也,故以名之。"

[40]《雍录·浐水》。

[41]陕西省博物馆文管会钻探组:《唐长安城兴化坊遗址钻探简报》,《文物》1972年第1期。

[42]《唐两京城坊考·漕渠》。

[43]《朝野佥载》卷四。

[44]中国田野考古报告集:《唐长安大明宫》,第37页。

[45]《唐两京城坊考·延康坊》。

[46]《新唐书·五行》三。

[47]《唐两京城坊考·太平坊》注。

[48]《太平广记》卷三九九。

[49]《长安志·醴泉坊》。

[50]《全唐诗》卷五七三,贾岛:《慈恩寺上座院》。

[51] [52] [53] [60]《唐会要·桥梁》。

[54]《朝野佥载》卷一载,开元二年"六月,大风拔树发屋,长安街中树连根出者十七八。长安城初建,隋将作大匠高颎所植槐树殆三百余年,至是拔出"。

[56]《历代帝王宅京记》卷六。

[57]《长安志·京兆尹》。

[58] [59] [61]《唐会要·街巷》。

[62] [63]《中朝故事》。

[64]《历代帝王宅京记》卷五。

[65]《唐国史补》卷上。

[66]《杜阳杂编》卷中。

[67]《酉阳杂俎》前集卷一九。

[68]《开元天宝遗事》卷下。

第四章

皇城与中央衙署

皇城是长安城的第二重城,位于宫城之南,在都城中部偏北之处。皇城的这种位置布局,既可以使它居于都城的中心,从而有利于中央机构的安全与防卫,并可对宫城起到拱卫作用。同时,皇城紧依宫城,又便于最高统治集团接近和及时处理政务。

皇城俗称子城，在郭城之内，是大城中的小城。皇城内"左宗庙，右社稷，百僚廨署列于其间"。[1]是唐朝中央军政机构和宗庙的所在地，为全国封建统治的中枢。今天的西安城，主要是由唐长安城中的皇城直接发展而来的。

一、城墙

皇城是长安城中的第二重城。它位于宫城之南，在都城中部偏北之处。皇城的这种位置布局，既可以使它居于都城的中心，从而有利于中央机构的安全与防卫，并可对宫城起到拱卫作用。同时，皇城紧依宫城，又便于最高统治集团接近和及时处理政务。另外，在地势上皇城处于龙首原第三条坡冈，这又是都城设计大师宇文恺"九三

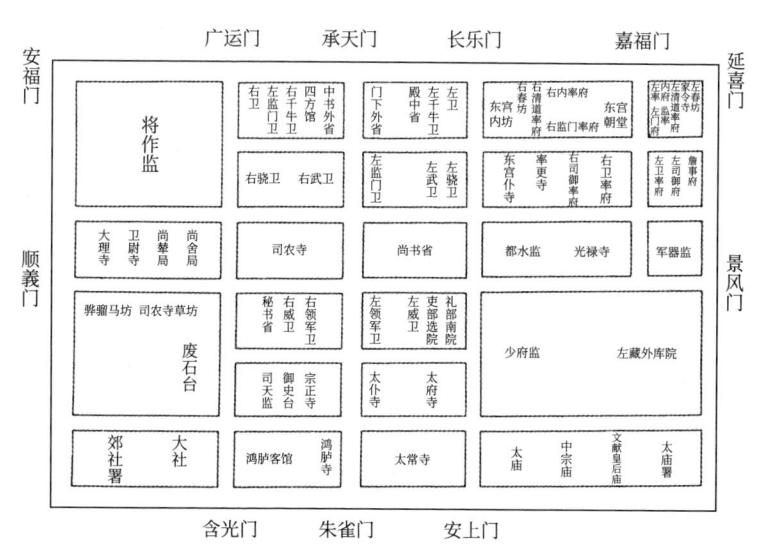

唐长安皇城图（《唐两京城坊考》）

立百司，以应君子之数"的精心安排。

皇城的范围，文献记载为"东西五里一百一十五步（约2815.5米），南北三里一百四十步（约1793.4米）"。[2]考古实测数据为东西宽2820.2米，南北长1843.6米，周长9.2千米，面积约5.2平方千米。[3]平面形制是一东西略长、南北略短的横长方形。

皇城东、西、南三面筑有城墙，北面以横街与宫城相隔。皇城城墙修筑于隋初开皇二年（582年）六月至开皇三年（583年）三月。墙为夯土板筑，高三丈五尺（合10.3米），墙基厚达18米。皇城的东西城墙，分别与宫城的东西两墙相接，实际上是宫城同一城墙的向南延伸。皇城的西城墙，就是今西安城西南城角向北至玉祥门南的一段城墙；其南城墙，就是今西安城西南城角向东至开通巷稍东的一段城墙。

唐长安皇城与宫城、外郭城一样，作为京城帝都的重要组成部分，其城防工程，城墙顶部内外沿皆筑有低矮的女墙，建在城顶内沿的女墙不设垛口，也称宇墙；建在城顶外沿的女墙设有垛口，也称垛墙。女墙用于城顶防护和御敌屏障，是古代城墙必备的传统防御建筑。另外，皇城的东南隅与西南隅两个城角，皆筑有角台，角台上建有角楼。而东北隅与西北隅，因皇城东墙与西墙的北端，分别以延喜门及安福门与宫城东西城墙相接，故无角台与角楼之类建筑。由于明初拓筑西安城墙时，拆毁了原皇城的东城墙，因而也就拆除了原皇城的东南城角和角台，仅余原皇城的西南城角和角台，这就是保留至今西安城的西南城角的角台。而此西南城角的角台形制是圆形的，不同于明初拓城后新建的其他三个城角台的方形角台。今西南城角的圆形角台，台顶直径20米，台体高出墙体1.9米。

至于1984年在原皇城西面偏北的安福门遗址以北100余米处，即唐末韩建"新城"的西北角处，发现有贴附于城墙主体之外加筑的圆形夯土台基，说明此西北城角处亦曾建有圆形角台。这可能是后来唐末韩建以皇城改筑为新城时，或为元代修葺城墙时加筑的，而非隋唐长安皇城原有。

二、城门

皇城东、西、南三面，共有七座城门。其中南面三门，中为朱雀门，东为安上门，西为含光门。

朱雀门　建于隋初，是皇城的正南门。朱雀门位于皇城南墙中部稍偏西，东距皇城东南角1480米，西距皇城西南角1350.6米。[4]门上建有高大宏伟的门楼，门洞遗址较宽，约40米，可能开有5门洞。门址在今西安城南墙保吉巷新开口（名朱雀门）东面约50米处。

朱雀门北对宫城的承天门，南对郭城的明德门，三门同处于一条直线。这条朱雀门外的南北中央大街，称为朱雀门大街。在外郭城地区，这条朱雀门大街就是万年县与长安县东西分治的分界线。朱雀门内直通太极宫承天门之间的南北中央大街，称承天门街。

朱雀门是皇城的正门，有时皇帝在此举行庆赏活动。如开皇九年（589年）隋平陈，师还，隋文帝杨坚在朱雀门楼"劳凯旋师，因行庆赏，自门外夹道列布帛之积，达于南郭，依此颁给"。[5]

安上门　在皇城南墙偏东，西与朱雀门相距650余米。门下开3门洞。至德三载（758年）正月，因安史之乱，唐肃宗命凡门名有

"安"字者悉改,故安上门一度改称光天门[6],后复其旧称。门址在今西安城正南门永宁门处。

含光门　在皇城南墙偏西,东与朱雀门相距660余米,西与西南城角相距690米,门址在今西安城南城墙甜水井街新开口今亦名含光门处。建于隋,门上有楼观,门下开3门洞。门内之东,为鸿胪寺与鸿胪客馆所在地;门内之西,为祭祀土地与五谷神的社稷坛及郊社署。门内有直抵宫城前的南北通衢大街,即今西安城内甜水井街至洒金桥街南段。门外有直抵南郭城的南北通衢大街,即今西安城南的含光路。唐末昭宗天祐元年(904年)正月,军阀朱全忠强迫昭宗迁往洛阳,并对长安城大肆破坏。同年三月,留守长安的佑国军节度使韩建缩小城区,仅以皇城为基础改建长安城,并封闭了含光门下的中门洞与西门洞,只保留了1个东门洞。北宋哲宗元祐以后,此含光门东门洞亦封闭。1984年在葺修西安城墙时,发现此含光门3门洞遗址。1986年对含光门遗址的考古发掘,表明含光门平面形状为横长方形,东西长37.4米,南北宽19.6米,中间开3门洞,中间门洞宽5.72米,东西门洞均宽5.35米,门洞之间隔墙厚均3.07米。中西两门洞之间的隔墙残存高7.59米。两端为墩台。门洞两侧各有柱础石15个,础石上原立有排叉柱,用以施承重枋,架设过梁。门洞路面北高南低,约呈13%的坡度。另外,在含光门遗址中心西侧73.7米处发现了一个城墙内的过水涵洞。涵洞上部为单拱拱券,拱跨度约0.6米,拱高约1.2米,加上涵洞底部数层铺地砖的厚度,涵洞整体高度近3米。涵洞建筑用大小不同的青砖混砌而成。现唐含光门3门洞与过水涵洞遗址,包封在今城墙内,辟为西安唐长安皇城含光门博物院,

含光门遗址

用以保护和展示。

东面二门，中为景风门，北为延喜门。

景风门 在皇城东墙中部，与皇城西墙顺义门直对。门址在今西安城内东大街炭市街口附近。

延喜门 在皇城东墙北部，为皇城与宫城之间横街的东面出口。门上有楼观，门下3门洞。门址约在今西安城内省人民政府大院东北隅处。此门至太极宫永春门之间，在唐德宗贞元四年（788年）二月时，筑有夹城复道。[7]

延喜门由于北临宫城，皇帝常在此门楼举行宫外会见活动。唐德宗曾在延喜门楼会见回纥使者与回纥公主。唐宣宗大中三年（849年）八月，"河、陇老幼千余人诣阙。己丑，上御延喜门楼见之"。[8]延喜门楼也是皇帝临街观灯之处，如先天二年（713年）二月三日夜，唐玄宗李隆基与上皇"御延喜门观灯纵乐，凡三日夜"。[9]

西面二门，中为顺义门，北为安福门。

顺义门　在皇城西墙中部，与皇城东墙景风门相对。门址在今西安城西门安定门处。

安福门　在皇城西墙北部，为皇城与宫城之间横街的西面出口。安福门北与宫城南墙相距约96米。门上建有楼观。大和二年（828年）八月，唐文宗曾令重修安福门楼。据考古探测，安福门下有3门洞。[10]门址在今西安西城墙玉祥门南侧。

安福门为皇城西侧的重要城门，唐太宗与唐高宗曾临此多次迎送玄奘。贞观二十二年（648年）十二月，玄奘法师由都城西北隅修德坊宏福寺应邀为城东南晋昌坊大慈恩寺上座，在迁往慈恩寺途经皇城安福门前大街时，唐太宗与皇太子李治亲临安福门楼执香炉临送，时长安市民观礼者达数万人。后唐太宗亲为玄奘所译佛经撰写序文，即《大唐三藏圣教序》，太子李治亦为这篇《圣教序》写了一篇《大唐三藏圣教序记》。这两篇序文，由著名书法家中书令褚遂良书写，刻石于碑。碑成以后，于显庆元年（656年）夏四月十四日，高宗"御安福门，观僧玄奘迎制并书慈恩寺碑文，导从以天竺法仪，其徒甚盛"。[11]

安福门楼亦常作为皇帝宴见使节与群臣之处。太极元年（712年）正月，唐睿宗曾在此门楼宴见突厥请婚使者。同年七月，睿宗又

"御安福门宴群公卿士,设太常九部乐"。[12]

安福门楼也是皇帝临街观看灯戏之处。永徽三年(652年)二月十五日,唐高宗曾临安福门楼观赏百戏。太极元年正月十五、十六日夜,安福门外大作灯会,燃灯五万盏,大灯高达二十丈。有宫女千余人与长安少女千余人,在灯下踏歌三日。睿宗临安福门楼观看,"夜观乐之极,未始有之"。[13]

皇帝还常在此门临送大臣。如唐宪宗为西川节度使武元衡赴镇,唐穆宗为西川节度使杜元颖赴镇,唐宣宗为邠宁节度使白敏中赴镇等,都是在安福门楼与之饯别的。

三、街衢

皇城之内,有东西向街道七条,南北向街道五条。此外,东宫前还有一条南北短街。这十三条大街纵横依次排列,笔直齐整。隋唐长安皇城内的这些街道,大部分为后代所沿用,一直到今天。如今西安城内的西大街,就是原皇城内的顺义门街;今南大街就是原皇城内的安上门街;今南广济街与北广济街就是原朱雀门内的承天门街;今洒金桥南段、桥梓口与甜水井街就是原含光门内的含光门街,等等。

皇城内的街道极为宽敞。徐松《唐两京城坊考》载:"皇城各街,皆广百步。"百步约合147米。据考古实测安上门街一段(即今西安城南大街)情况来看,街宽94米,两侧水沟各宽3米许,虽不足百步之数,其宽度也已相当可观了。

皇城内最宽的街道是第一条"横街"。此横街位于皇城北面与宫城交界处，为东西向大街，东出皇城之延喜门，西出皇城之安福门。横街的宽度，"南北广三百步"，约合441米。据对离西城墙约200米处横街残存一段考古实测，其南北宽度已达220余米。虽未探得横街原来的宽度，但仅就残存的220余米宽度来看，它已是长安城中最宽的街道了。第一条横街规划得如此之宽，显然是有其目的的。其一，有计划地在宫城正面保留一段开阔地段，以建筑上的衬托手法，突出了空间的序列和层次，从而显示帝王宫阙的神秘庄严。其二，起着宫廷广场的作用。我国古代宫廷广场的形式，有一个发展变化的过程。最早的如唐长安城太极宫前，是平行于宫前宽达441米的横街，或如大明宫前宽约176.4米的丹凤门街，是垂直于宫门前的纵街，后来才发展为如明清北京宫城正面的复合式"T"字形宫廷广场。因此，宽阔的横街在当时的政治活动中是必要的。因为每逢宫城正南门承天门举行外朝国家大典时，仪仗排列，千官序立，没有宽阔的场地也是不行的。

四、左祖右社

隋唐长安城，以《周礼·考工记》王城"左祖右社"之制，将太庙建在皇城内东南隅，社稷坛建在皇城内西南隅。

1.太庙

太庙为天子的祖庙。开皇二年（582年）隋文帝创建新都大兴城时，即拆迁汉长安城原太庙（前秦苻坚时建）的殿材，在大兴城皇城东南隅营建了隋太庙。唐因隋旧，沿用了隋太庙。武德元年（618年）五月，时李渊始称帝建唐，即尊奉其前四代祖为宣简公、懿王、景皇帝、元皇帝，奉其神主，立于太庙，始享四室。此后，每有皇帝死后，即附其神主于太庙。

天授元年（690年），武则天称帝，改国号为周。次年，奉其武氏七代神主于东都太庙，而改西京太庙名为享德庙，庙中唯只奉祀李唐氏唐高祖、太宗、高宗三神主，余室闭锁其门，废其享祀之礼。中宗复位以后，于神龙元年（705年）正月，复改长安享德庙依旧为京太庙。

唐太庙在天宝十五载（756年）九月安史之乱长安被陷后，曾遭焚毁。至德二载（757年）九月，长安收复后再建。同年十一月，肃宗奉祀新作九庙神主于太庙。隋唐太庙旧址约在今西安城南城门永宁门内东侧碑林博物馆附近。

2.社稷坛

隋唐长安社稷坛位于皇城西南隅含光门内之西。社稷坛亦称大社、太社，为古代帝王祭祀土神与谷神的坛所。历代王朝必立社稷坛，因以"社稷"为王朝政权的标志和代称。

社稷坛分祭土神与谷神，故分为两坛。社坛在东，稷坛在西，两坛同在一地，而相距五丈（约合16.5米）。两坛建制相同，皆方五丈，高五尺（约合1.65米），四面各有五级台阶。社坛四面，饰有方色。东为青色，南为赤色，西为白色，北为黑色，坛的中央以黄土覆盖。稷坛不饰方色，坛甃以细砖，上实以净土，以示谷物由此生长。两坛东西并列，皆北向，周筑围墙，周垣四门，四门饰色随其方色。在北面坛墙之外，建有祭祀时焚材的燎坛。燎坛之北，建有祭祀社神、谷神的享殿社宫。每岁仲春（二月）、仲秋（八月）之戊（5）日，遣三品以上官来此致祭。隋唐社稷坛旧址约在今西安城西南隅火药局巷附近。

五、衙署机构

皇城之内，为中央衙署与东宫官署所在地。《唐两京城坊考·皇城》载，皇城内"左宗庙，右社稷，百僚廨署列于其间。凡省六、寺九、台一、监四（按：国子监在皇城之南。'四'当作'三'）。卫十有八（按：左右金吾卫在皇城之东西，左右羽林军在大明宫之东西，此无十八卫也）。东宫官属，凡府一、坊三、寺三、率府十"。

上述引文称皇城内有唐中央"六省"，实际上只有五省，即中书省、门下省、尚书省、秘书省、殿中省，另有一省即宦官机构内侍省，不设在皇城而在宫城西侧掖庭宫的西南部。

中书省　唐代中央最高制令决策机关。隋称内史省，唐武德三年（620年）改称中书省。高宗龙朔二年（662年）改称西台，咸亨元年（670年）复旧。武后光宅元年（684年）改为凤阁，中宗神龙元年（705年）复称中书省。玄宗开元元年（713年）改为紫微省，五年（717年）复中书省之名。中书省与门下省、尚书省共掌军国大政，号称"三省"，职掌而不同。中书省典掌机要，负责草拟诏敕与国家政令，经门下省过复审核，交尚书省颁下执行。中央各部门及地方州府奏章表，亦由中书省递呈皇帝，并参议国政，草拟批答。省署长官中书令二人，正二品，居宰相之职。下设侍郎二人佐之，正三品。中唐以后，中书令时或缺员，且不轻易授人，故中书省事务实由侍郎主之，多带"同中书门下平章事"行宰相职事。属官有中书舍人六人，右补阙、右拾遗各二人及右散骑常侍、右谏议大夫、起居舍人、通事舍人等多员。中书省领集贤书院、史馆、知匦使、翰林院等。高宗永淳二年（683年）七月，中书令裴炎以中书执政事笔，遂移原在门下省宰相集体议政的政事堂于中书省。中书省分内外省办公，内省在西内太极殿西，后移东内宣政殿西，称中书内省；外省在皇城承天门外西侧，称中书外省。唐中书外省旧址约在今西安城北广济街中段之西。

门下省　唐代中央政令审议机关。武德初，因隋旧制，置门下省。高宗龙朔二年（662年）改为东台，咸亨元年（670年）复旧。武后光宅元年（684年）改为鸾台，中宗神龙元年（705年）复旧。玄宗开元元年（713年）改为黄门监，五年（717年）复为门下省，讫于唐末。门下省与中书省同掌机要，参议国政，并负责审核政令，签署章奏，有封驳之权。中书省所拟诏令文书，需经本省过复，然后交尚书省颁下执行。查有不妥者，则封还中书省重拟；臣下章奏亦由本省审验，交中书省进呈皇帝，查有不妥者，亦可驳回修改。省署设长官侍中二人，正二品，居宰相之职。下设副官门下侍郎二人，正三品。属官有左散骑常侍、左谏议大夫、给事中、录事、主事等员。门下省领弘文馆。武德初，置唐代宰相集体议政之处的政事堂于本省，高宗末，迁于中书省。门下省署分内外省办公，内省在皇宫，先在西内太极宫太极殿东侧，后移于东内大明宫宣政殿东侧，称门下内省；外省在皇城承天门外东侧，称门下外省。唐门下外省旧址约在今西安城北广济街中段之东。

尚书省　唐代中央政令执行机关。唐武德初，因隋旧制，设尚书省。高宗龙朔二年（662年）改称中台，咸亨元年（670年）复旧。武后光宅元年（684年）改称文昌台，次年改称都台，长安三年（703年）又改称中台。中宗神龙元年（705年）复为尚书省。尚书省为唐中央执行政务的总机构。凡中书省所出诏敕及批准章奏，经门下省过复后，皆交本省颁行。中央九寺诸监发往州府的符移关牒，亦须经本省发布下达。尚书省总办公厅称都省，又名都堂，下分左右二司。左司在都堂之东，管吏、户、礼三部；右司在西，管兵、刑、工三部。每部设四司，共二十四司，分掌全国各种行政事务。本省长官置尚书令一人，正二品，为宰相。由于唐初秦王李世民曾任尚书令职，自是缺而不置，以其副职左右仆射各一人为本省实际长官，官阶从二品，唐初亦居宰相之位。但自睿宗景云二年（711年）十月之后，左右仆射需加"同中书门下"或"同中书门下平章事"等名号，方为宰相。下设左右丞、左右司郎中及主事、令史、书令史、亭长、掌固等属员。唐尚书省旧址约在今西安城钟楼西北隅，南起西大街，东至北大街，北至北院门中段，西至北广济街南段之间。

秘书省　唐代国家图书馆兼档案馆。唐初因隋旧制而置。高宗龙朔二年（662年）改名兰台，咸亨元年（670年）复旧。武后垂拱元年（685年）改名麟台监，神龙元年（705年）复旧。本省掌经籍图书之事，负责四部图书之校勘、缮录、整理与收藏事宜。下隶著作局与太史局。著作局掌撰碑志、祝文、祭文之事；太史局掌察天文，稽历数。本省长官秘书监一人，从三品；少监二人，从四品上。属员有丞、秘书郎、校书郎、正字、主事、令史、典书等。监院东有书阁，贮有古今图书。唐秘书省旧址约在今西安城西大街中段路南桥梓口街东侧。

殿中省　唐代中央主管皇帝衣、食、住、行的机关。隋初于门下省置殿内局，掌驾前奉引。大业三年（607年）独立于门下省外，成殿内省。唐武德三年（620年）改名殿中省。高宗龙朔二年（662年）改称中御府，咸亨元年（670年）复旧。本省掌乘舆服御之事，为天子衣、食、住、行服务。长官殿中监一人，从三品；少监二人，从四品上；丞二人，从五品上；另有主事、令史、书令史、亭长、掌固等属员。本省下领尚食、尚药、尚衣、尚舍、尚乘、尚辇六局：尚食局掌管天子的馔食；尚药局掌合制皇帝御药及诊治；尚衣局掌供天子冕服；尚舍局掌殿廷供设、汤沐、灯烛、洒扫之事；尚乘局掌管天子内外闲厩之马；尚辇局掌管朝会、祭祀时皇帝的舆辇及伞扇陈设。殿中省分内外省置，内省在皇宫，置于大明宫宣政殿院西侧，称殿中内省；外省在皇城第一横街之南、承天门街之东，门下外省次东，称殿中外省。唐殿中外省旧址约在今西安城内西大街东段路北的北院门街北段之西。

皇城内衙署中的"一台"，即御史台。

御史台　唐武德初因隋旧制沿置，为中央监察机关。初仅风闻奏弹，不理词讼。太宗贞观以后，亦受理狱讼，并置台狱。长官御史大夫一人，正三品；副长官御史中丞二人，正四品下。御史大夫与中丞之职，掌持邦国刑宪典章，以肃正朝纲。负责按照国家法纪监察百官，对违法者进行弹劾；接受称冤而无告的门状。凡重大案狱，由本台与刑部、大理寺组成三司联合审讯。凡大理寺断囚，刑部案复，同时另报御史台监审。下属三院，一为台院，置御史六人，掌纠察百僚，入阁承诏，推鞫狱讼；二为殿院，置殿中侍御史九人，掌殿廷供奉之仪。两京城内，分知左右巡，各察其所巡之内有不法之事；三为察院，置监察御史十五人，掌分察百僚，巡按州县，知朝堂左右厢及百司纲目。唐御史台旧址约在今西安城内西南隅四府街北段一带。

"九寺"指太常寺、光禄寺、宗正寺、卫尉寺、太仆寺、大理寺、鸿胪寺、司农寺与太府寺。

太常寺　唐代中央掌郊庙礼乐祭祀事务的机关。高宗龙朔二年（662年）改为奉常寺。武后光宅元年（684年）改为司礼寺，神龙元年（705年）复旧。长官太常卿一人，正三品；少卿二人，正四品上，职掌郊庙礼乐祭祀事务，政令仰承尚书省礼部。总领郊社、太庙、诸陵、太乐、鼓吹、太医、太卜、廪牺八署。其中郊社署掌郊庙社稷明堂之位与祠祀祈祷之礼，太庙署掌太庙祭祀供奉神主之事，诸陵署掌守卫诸帝陵墓，太乐署掌供奉宫廷祭祀宴享之音乐与对乐舞艺人的训练和考绩，鼓吹署专管帝后出行时仪仗中的鼓吹音乐，太医署掌医疗之法与医务监督，太卜署掌卜筮及法术之传习，廪牺署掌祭祀时所用牛羊谷物等祭品。唐太常寺旧址在今西安城南门（永宁门）内西北，东至南大街，西至朱雀门内大保吉巷，北到南院门与粉巷，南至五岳庙门与湘子庙街之间。

光禄寺　唐代中央掌祭祀及朝会宴享之酒食供设的机关。武德初，唐沿隋制而设。高宗龙朔二年（662年）改名司宰寺。武后光宅元年（684年）改称司膳寺，神龙元年（705年）复旧，仍称光禄寺。长官置卿一人，从三品；少卿二人，从四品上。光禄卿掌祭祀及朝会宴享之酒食供设，与殿中省尚食局主要掌皇帝膳食不同，为事务机关。政令仰承尚书省礼部。下隶太官、珍羞、良酝、掌醢四署：太官署掌供膳食之政；珍羞署又名肴藏署，掌供祭祀与朝会时鱼盐、肴菜、果品等物；良酝署掌酒醴供设；掌醢署掌供祭祀与宴享所需醢（肉酱）、醯（醋）等食品。唐光禄寺旧址约在今西安市东大街路北案板街东。

宗正寺　唐代掌皇室亲族属籍事务的机关，政令仰承尚书省吏部。凡天子亲属，分为五等，先由尚书省吏部司封，掌于本署。长官为宗正卿一人，从三品上；次官宗正少卿二人，从四品上。另有宗正寺丞、主簿及知图谱官、修玉牒官等属员。玄宗开元二十年（732年），悉以皇族为本寺官员。下领陵台署与崇玄署：陵台署掌守卫山陵及陪葬制度，崇玄署掌京都诸道观之名数、道士之帐籍与其斋醮之事。唐宗正寺旧址约在今西安城西大街中段路南五味什字东段。

卫尉寺　唐代掌仪仗兵器与帐幕供设的机关。唐沿隋制而置。长官置卫尉卿一人，从三品；副官少卿二人，从四品上。卫尉卿掌宫廷及祭祀、朝会之仪卫兵仗与帐幕供设，政令仰承尚书省兵部。凡兵器入库，皆登录其名数；大祭祀大朝会，则供羽仪、节钺、金鼓、帷帝等用物仪仗；宫廷宿卫，则供其兵器。下隶武库、武器、守宫三署：武库署掌藏兵器，武器署掌大朝会、大祭祀、皇帝巡幸及王公百官婚葬之礼所需戎器，守宫署掌帐幕供设等。唐卫尉寺旧址约在今西安西大街西段路北儿童医院附近。

太仆寺　唐代掌厩牧舆辇事务的机关。唐因隋制而置。长官置卿一人，从三品；副官少卿二人，从四品上。太仆卿掌厩牧舆辇之政，政令仰承中书省兵部驾部司。下隶乘黄、典厩、典牧、车府四署：乘黄署掌天子车辂，典厩署掌马牛杂畜的饲养，典牧署掌牧杂畜给纳及酥酪脯腊之事，车府署掌王公以下所需车乘。唐太仆寺旧址约在今西安南广济街南段路东。

大理寺　唐代中央最高审判机关。秦汉时以廷尉掌刑狱。北齐始置大理寺，隋唐因之。高宗龙朔二年（662年）改详刑寺，咸亨元年（670年）复旧。武后光宅元年（684年）改司刑寺，神龙元年（705年）复旧。长官为大理卿一人，从三品；次官为大理少卿二人，从四品上，另有正、丞、主簿、司直、评事等属员。大理卿之职，掌折狱详刑之事，负责中央百官犯罪及京师徒刑以上案件的审理，并复核诸州刑狱。凡死刑流刑案件，审后需送刑部复核，并送中书省、门下省详复。重大疑狱则由本寺与御史台、刑部组成三司会审。政令仰承尚书省刑部。唐大理寺旧址约在今西安城西大街西段靠近城门处路北儿童医院之西。

鸿胪寺　唐代中央主管民族事务与外事接待活动及凶丧之仪的机关。唐因隋制而置。高宗龙朔二年（662年）改称同文寺，咸亨元年（670年）复旧。武后光宅元年（684年）改为司宾寺，神龙元年（705年）复称鸿胪寺。长官为鸿胪卿一人，从三品；次官鸿胪少卿二人，从四品上。鸿胪卿掌各民族首领的册封、外使接待、凶仪丧葬等事，为事务机关，政令仰承尚书省礼部。下隶典客、司仪二署：典客署主管各少数民族首领与外国使者来京的接待、宴享、迎送事宜，司仪署主管高级官员丧葬礼仪之事。唐鸿胪寺旧址约在今西安城朱雀门内西侧大保吉巷与四府街南段之间。

鸿胪客馆是用以接待各少数民族来京使者与国外来宾的馆舍。《长安志·皇城》"鸿胪客馆"："四夷慕化及朝献者所居焉。"位于京师皇城南面鸿胪寺之西。馆舍规模极大，穆宗长庆元年（821年）五月，太和公主出嫁回鹘，鸿胪客馆一次安置回鹘迎亲使团达573人。唐朝政府为此每年拨粮一万三千斛专充招待费用。唐鸿胪客馆东临鸿胪寺，旧址约在今西安城西南隅西起含光门内甜水井街，东至勿幕门内四府街南段，北至五星街，南抵极恩寺街之间。

司农寺　唐代中央掌管仓储、供给京官俸禄及朝会、祭祀供御所需之事的机关，政令仰承尚书省户部。长官置卿一人，从三品；次官少卿二人，从四品上。掌仓储及农林园苑管理，总上林、太仓、钩盾、㪍官四署及诸仓、司竹、诸汤、宫苑、诸屯等监。凡京都百司官吏禄廪，朝会、祭祀所需，皆由本寺供给。唐司农寺旧址约在今西安城西大街中段路北大麦市街与北广济街南段之间。

太府寺　唐代中央主管财货、廪藏和贸易的机关。政令仰承尚书省户部。高宗龙朔二年（662年）改称外府寺，咸亨元年（670年）复旧。武后光宅元年（684年）改司府寺，神龙元年（705年）复旧。长官置卿一人，从三品；副官少卿二人，从四品上。本寺掌京都四市、平准、左右藏与常平八署，负责四方贡赋的贮藏与出纳，并提供元正、冬至朝廷大典及祭祀所陈方物。唐太府寺旧址约在今西安城南大街中段西侧粉巷。

皇城衙署中的"四监"，指少府监、将作监、都水监与军器监，另有国子监在皇城外务本坊西部。

少府监 唐代中央官府手工业管理机关。隋大业三年（607年）始置少府监。唐武德初废，以其事隶太府寺。太宗贞观元年（627年）复置少府监。长官置监一人，从三品；次官少监二人，从四品下。总中尚、左尚、右尚、织染、掌冶五署及诸冶、铸钱、互市等监，掌百工技巧之事，为官府手工业管理机构，政令仰承尚书省工部。供天子器御、后妃服饰、郊庙圭玉与百官仪物。唐少府监旧址约在今西安城南大街北段之东，北至东大街，南至东木头市之间。

将作监 唐代中央主管国家土木工程营建的机关。政令仰承尚书省工部。长官置大监（大匠）一人，从三品；少监（少匠）二人，从四品下。掌土木工匠之政。总左校（掌木器制作）、右校（掌版筑、涂泥、粉刷之事）、中校（掌供车、船、马、兵械、杂器等）、甄官（掌石器、陶器制作）四署及百工（掌采伐材木与营作瓦石）等监。负责东西两京大明宫、兴庆宫、上阳宫等宫殿及宗庙、城郭、诸台省监寺廨宇、楼台、桥道的修筑营缮。唐将作监旧址约在今西安城西大街西段路北儿童医院至大麦市街北段之间。

都水监 唐代中央主管水利工程的机关。隋初置都水台，仁寿元年（601年）更台为监。唐武德八年（625年）置为都水署。太宗贞观六年（632年）改称都水监。长官二人，历称都水令、水衡都尉、都水使者，正五品上，掌川泽、津梁、渠堰、陂池之政，为国家水利工程管理机关。政令仰承尚书省工部水部司，统河渠、诸津、舟楫诸监。唐都水监旧址约在今西安城钟楼东北隅，西起北大街，北至西一路，南抵东大街之间。

军器监　唐代中央主管兵器甲弩制造的机关。唐武德元年（618年）置，掌兵器甲弩制造。太宗贞观初，并入少府监为甲弩坊，开元初复为军器监。长官置监一人，正四品上，掌缮甲弩，以时输武库。领弩坊、甲坊二署。唐军器监旧址约在今西安城东大街西段路北，炭市街南段与南新街南段之间。

署驻皇城内的中央宿卫禁军"十四卫"，是左右卫、左右骁卫、左右武卫、左右威卫、左右领军卫、左右监门卫、左右千牛卫。

左右卫　唐代京师宿卫禁军机构。置大将军各一人，正三品；将军各二人，从三品。其下有长史、录事参军事和仓、兵、骑、胄诸曹参军及司阶、中候、司戈、执戟、奉车都尉等。掌宫廷禁卫，守正殿诸门，并为内厢卫仗及皇帝出行时的侍从卫队。领军府五十。唐左卫署旧址约在今西安城西华门东段路南社会路，唐右卫署旧址约在今西安城洒金桥街南段路东。

左右骁卫　隋禁军十六卫有左右骁骑卫，唐武德五年（622年）改为左右骁骑府。高宗龙朔二年（662年）改称左右骁卫。各置大将军一人，正三品；将军二人，从三品。其下所设职官同左右卫。掌同左右卫，分兵守诸殿门及皇城四面、宫城内外，与左右卫分知助铺。另主大朝会仪卫，位次于左右卫。领军府四十九。唐左骁卫署旧址约在今西安城北大街南段路西社会路之南，唐右骁卫署旧址约在今西安城庙后街西段路北。

左右武卫　隋禁军设左右武卫府，高宗龙朔（661—663年）中改左右武卫。唐武后光宅元年（684年）改称左右鹰扬卫，设官之制同前，掌同左右卫。大朝会时着白铠甲列位于正殿之前骁卫之下，并

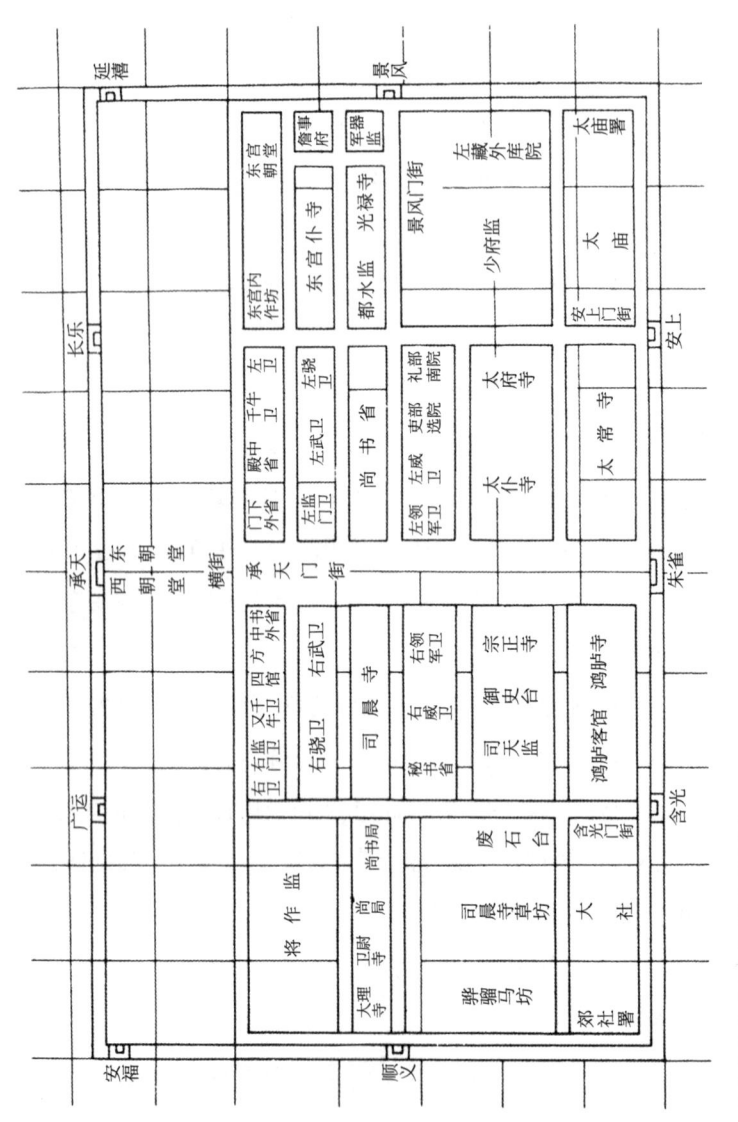

唐长安皇城图（嘉庆《长安县志》）

为左右厢仪仗。统领军府四十九。唐左武卫署约在今西安城西华门大街中段路南左骁卫之西，唐右武卫署约在今西安城庙后街东段路北右骁卫之东。

左右威卫　唐武德五年（622年），改隋左右屯卫为左右威卫。设官之制同前。掌同左右卫。大朝会时着黑铠甲，持弓箭刀盾旗等，分为左右厢队，次立于左右武卫之下。分兵主守皇城东面。统领军府五十。唐左威卫署旧址约在今西安城西大街路南正学街附近，唐右威卫署旧址约在今西安城西大街中段路南琉璃街之西。

左右领军卫　唐初因隋制设左右领军卫。高宗龙朔二年（662年）改为左右戎卫。武后光宅元年（684年）改称左右玉钤卫，神龙元年（705年）复为左右领军卫。设官之制同前。掌同左右卫，职在宫廷宿卫。大朝会时着青铠甲，持弓箭刀盾旗等，分为左右厢仪仗，次立于左右威卫之下。分兵主守皇城西面助铺及京城、苑城诸门。统领军府六十。唐左领军卫署旧址约在今西安城南广济街北段路东，唐右领军卫署旧址在今西安城南广济街北段路西。

左右监门卫　隋禁军设左右监门府，不领府兵，专掌宫门警卫。高宗龙朔二年（662年）改称左右监门卫。设官之制同前。掌出入宫门人员和财物的检查和登记，左将军判入，右将军判出。若皇帝行幸外出，则率属于衙门监守。唐左监门卫署旧址约在今西安城北广济街中段东侧，唐右监门卫署旧址约在今西安城庙后街西仓南巷。

左右千牛卫　隋禁军有左右备身府，专掌皇帝贴身侍卫。唐初改为左右千牛府，高宗龙朔二年（622年）改称左右奉宸卫。武后神龙元年（705年）方称左右千牛卫。设官之制同前。千牛将军之职，掌宫殿侍卫及供御之仪仗。凡受朝之日，则领其属备身左右升殿，侍列于皇帝御坐之左右。唐左千牛卫署旧址约在今西安城西华门大街中段路南，唐右千牛卫署旧址在今西安城西仓南巷东侧。

皇城内的东宫官署，有一府、三坊、三寺、十率府。

詹事府 东宫官署名。隋开皇元年（581年）因前代置，次年罢。唐初复置。设太子詹事一人，正三品；少詹事一人，正四品上。掌东宫三寺、十率府之政，为东宫行政总汇，相当于中央尚书省，实则并不主事。唐詹事府旧址约在今西安城炭市街之北。

左春坊 东宫官署名。隋因前代置门下坊，制比朝廷门下省。唐因之，高宗龙朔二年（662年）改称左春坊，长官为左庶子，掌侍从赞相，驳正启奏。领崇文馆，并总司经、典膳、药藏、内直、典设、宫门六局。属员有司议郎、左谕德、左赞善大夫、录事、主事等。唐左春坊旧址约在今西安城新城广场东南隅陕西科技馆附近。

右春坊 东宫官署名。隋因前代置典书坊，唐高宗龙朔二年（662年）改称右春坊。长官为右庶子，掌侍从、献纳、启奏，制比朝廷中书省。唐右春坊旧址约在今西安城尚朴路。

太子内坊 东宫官署名。隋始置，唐因之。长官置典内二人，从五品下；丞二人，从七品下。下设录事、典直、导客舍人、内给使等属员，皆以宦者为司局。掌东宫阁门禁令及宫人衣廪出入之事。旧址约在今西安城西新街西段路南。

家令寺 东宫官署名。唐因隋置，长官为太子家令一人，从四品上，另有丞、主簿等员。掌太子饮膳、仓储、库藏之政令。总食官、典仓、司藏三署。唐家令寺旧址约在今西安城新城广场东南隅。

率更寺　东宫官署名。长官率更令一人，从四品上；丞二人，从七品上。隋时掌东宫礼乐、漏刻，唐时兼及皇族次序与刑罚之政，制比朝廷宗正、太常、大理三寺及司天台。唐率更寺旧址约在今西安城南新街西侧南长巷中段。

太子仆寺　东宫官署名。长官为太子仆一人，从四品下；丞一人，从七品上。掌东宫车舆、乘骑、仪仗及丧葬之政令。旧址约在今西安城西一路西段。

左右卫率府　东宫卫府名。隋初设太子左右卫率府，炀帝改为左右侍率府。唐初复旧。高宗龙朔二年（662年）改左右典戎卫，咸亨元年（670年）复旧。其制比朝廷左右卫。各设长官率一人，正四品上；副率各一人，从四品上。掌东宫兵仗羽卫之政令。率亲、勋、翊三卫中郎将府及广济等五折冲府。唐左卫率府旧址约在今南新街中段之东，唐右卫率府旧址约在今南新街中段之西。

左右司御率府　东宫卫府名。唐初为左右武侍卫率府。高祖武德五年（622年）改为左右宗卫府。高宗龙朔二年（662年）改为左右司御率府。设率各一人，正四品上；副率各二人，从四品上。掌东宫兵仗、仪卫，职同左右卫率，并领外府三。唐左司御率府旧址约在今西安城南新街中段东侧，唐右司御率府旧址约在今西安城南新街中段西侧吉庆巷东。

左右清道率府　东宫卫府名。唐初因隋之制为左右虞候府。高宗龙朔二年（662年）改为左右清道率府。武后神龙元年（705年）改为左右虞候率府。开元初再改称左右清道率府。长官设率各一人，副率各二人。掌东宫昼夜巡警，统领外府三。唐左清道率府旧址约在今西安城新城广场东南，唐右清道率府旧址约在今西安城尚朴路东侧。

左右监门率府　东宫卫府名。高宗龙朔二年（662年）改为左右崇掖卫。武后垂拱元年（685年）改为左右鹤禁卫，神龙元年（705年）复称左右监门率府。长官设率与副率各一人。掌东宫诸门禁卫及财物器用出入之籍。唐左监门率府旧址约在今西安城南新街北段东侧菜场西坑附近，唐右监门率府旧址约在今西安城南新街北段路西南长巷中段。

左右内率府　东宫卫府名。高宗龙朔二年（662年）改为左右奉裕卫。武后垂拱元年（685年）改为左右奉御率府，神龙时（705—707年）复称左右内率府。长官设率与副率各一人。掌东宫千牛备身（太子贴身护卫）侍奉之事。唐左内率府旧址约在今西安城南新街北端东侧之北，唐右内率府旧址约在今西安城南新街北端西侧之北，东宫朝堂之北。

六、衙署分布

皇城内衙署的分布，有一定的格局。除了根据"左祖右社"的传统制度，将太庙设置在皇城东南隅，将大社设置在皇城西南隅之外，其他衙署则"以坊里准之"，整齐地排列在由东西向七街、南北向五街交叉分割成的形同坊里的地段之中。各衙署的位置排列如下。

承天门街之东　宫城之南　第二横街之北：

从西第一，门下外省。次东，殿中省。次东，左千牛卫。次东，左卫。卫东，安上门街。街东第一，东宫内坊。次东，右春坊。次东，右清道率府。次东，右监门率府。府北，右内率府。府东，东宫朝堂。朝堂东有南北街，街东第一，左监门率府。府北，左内率府。次东，左清道率府。次东，家令寺。次东，左春坊。

承天门街之东　第三横街之北：

从西第一，左监门卫。次东，左武卫。次东，左骁卫。卫东，安上门街。街东第一，东宫仆寺。次东，率更寺。次东，右司御率府。次东，右卫率府。府东有南北街，街东第一，左卫率府。次东，左司御率府。次东，詹事府。

承天门街之东　第四横街之北：

从西第一，尚书省。省东，安上门街。街东第一，都水监。次东，光禄寺。寺东有南北街，街东，军器监。

承天门街之东第五横街之北

从西第一，左领军卫。次东，左威卫。次东，吏部选院。次东，礼部南院。院东，安上门街，横街抵此而绝。

承天门街之东　第六横街之北：

从西第一，太仆寺。次东，太府寺。寺东，安上门街。街东第一，少府监。次东，左藏外库院。

承天门街之东第七横街之北：

从西第一，太常寺。寺东，安上门街。街东第一，太庙、中宗庙、元献皇后庙。次东，太庙署。

承天门街之西 宫城之南 第二横街之北：

从东第一，中书外省。次西，四方馆。次西第一，右千牛卫。次西，右监门卫。次西，右卫。卫西，含光门街，横街抵此而绝。

承天门街之西　第三横街之北：

从东第一，右武卫。次西，右骁卫。次西，含光门街。街西，将作监。

承天门街之西　第四横街之北：

从东第一，司农寺。寺西，含光门街。街西第一，尚书局。次西，尚辇局。次西，卫尉寺。次西，大理寺。

承天门街之西　第五横街之北：

从东第一，右领军卫。次西，右威卫。次西，秘书省。省西，含光门街，横街抵此而绝。

承天门街之西　第六横街之北：

从东第一，宗正寺。次西，御史台。次西，司天监。监西，含光门街。街西第一，废石台（本司农寺草坊之地，中宗，景龙年间，韦后置石台，雕刻彩楼，上建颂台。睿宗景云元年毁，后为御吏台推事院）。台北，司农寺草坊。次西，骅骝马坊。

承天门街之西第七横街之北：

从东第一，鸿胪寺。次西，鸿胪客馆。馆西，含光门街。街西第一，大社。次西，郊社署。

```
            ┌ 六省 ┬ 中书省——掌邦国之政令
            │      ├ 门下省——掌政令审议
            │      ├ 尚书省——典领百官，统辖六部，总庶政
            │      ├ 秘书省——掌经籍图书
            │      ├ 殿中省——掌天子服御
            │      └ 内侍省——内侍奉，宣制令的宦官机构
            │ 御史台——掌刑宪典章，司监察
            │      ┌ 太常寺——掌郊庙礼乐祭祀
            │      ├ 光禄寺——掌祭祀与朝会宴享供设
            │      ├ 宗正寺——掌天子族亲属籍
            │      ├ 卫尉寺——掌仪仗仗兵器武库
            │ 九寺 ┼ 太仆寺——掌厩牧车舆
            │      ├ 鸿胪寺——掌宾客及凶仪之事
            │      ├ 大理寺——掌刑狱
            │      ├ 司农寺——掌仓储委积
 皇帝 ┤      └ 太府寺——掌财货贸易物价
            │      ┌ 国子监——掌学校
            │      ├ 少府监——掌百工技巧
            │ 五监 ┼ 将作监——掌土木营建
            │      ├ 都水监——掌水利航运桥梁
            │      └ 军器监——掌武器制造
            │      ┌ 左右卫——掌宫禁宿卫
            │      ├ 左右骁卫——职同左右卫，守宫城皇城各门，宫内列仗
            │      ├ 左右武卫——职同左右卫，宫内列仗
            │      ├ 左右威卫——皇城东面分兵助铺，宫内列仗
            │十六卫┼ 左右领军卫——皇城西面分兵助铺，守京城苑城各门，宫内列仗
            │      ├ 左右金吾卫——掌宫中及京城昼夜巡警
            │      ├ 左右监门卫——掌宫禁门籍
            └      └ 左右千牛卫——掌侍卫及供御兵仗
```

附一 唐初中央机构表

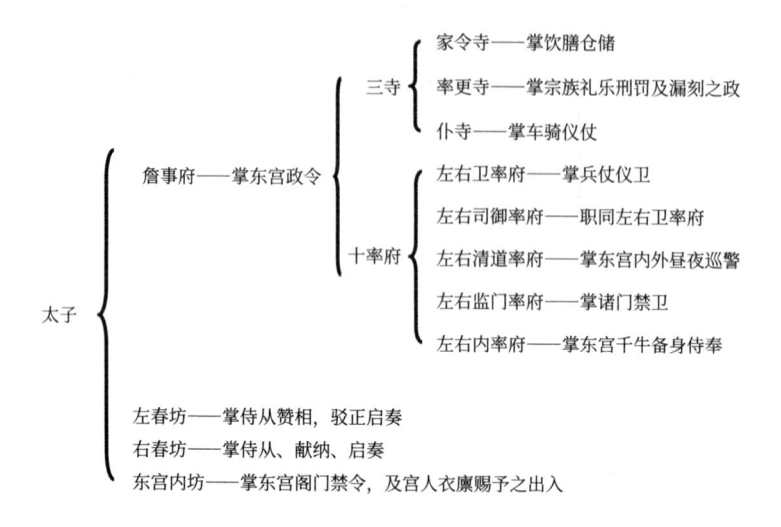

```
                              ┌ 家令寺——掌饮膳仓储
                         三寺 ┤ 率更寺——掌宗族礼乐刑罚及漏刻之政
                              └ 仆寺——掌车骑仪仗
        ┌ 詹事府——掌东宫政令 ┤
        │                     ┌ 左右卫率府——掌兵仗仪卫
        │                     │ 左右司御率府——职同左右卫率府
        │                十率府┤ 左右清道率府——掌东宫内外昼夜巡警
太子   ┤                      │ 左右监门率府——掌诸门禁卫
        │                     └ 左右内率府——掌东宫千牛备身侍奉
        │
        │ 左春坊——掌侍从赞相，驳正启奏
        │ 右春坊——掌侍从、献纳、启奏
        └ 东宫内坊——掌东宫阁门禁令，及宫人衣廪赐予之出入
```

附二 东宫官属机构表

注释

[1] [13]《唐两京城坊考·皇城》。

[2]《大唐六典》卷七。

[3] [4]中国科学院考古研究所西安唐城发掘队：《唐代长安考古纪略》，载《考古》1963年第11期。

[5]《隋书·食货志》。

[6]《长安志·唐皇城》注。《唐会要·城郭》作"先天门"。

[7]《册府元龟》卷一四。

[8]《资治通鉴》卷二四八"大中三年"条。

[9]《旧唐书·睿宗纪》。

[10]《陕西日报》1984年5月11日,王翰章等:《西安明城墙下发现唐城重要遗址》。

[11]《旧唐书·高宗纪》。

[12]《玉海》卷一七〇。

[13]《朝野佥载》卷三。

第五章

宫城

宫城是长安城的第三重城,位于长安城中央的最北部,南接皇城,北抵西内苑,是供皇帝居住和处理朝政的地方,为全国封建统治活动的中心。宫城之内,分为太极宫、东宫、掖庭宫三部分。

宫城亦属内城，为长安城的第三重城。按照我国古代"内之为城，外之为郭"[1]，"筑城以卫君，造郭以守民"的规建制度，长安的宫城是供皇帝居住和处理朝政的地方，为全国封建统治活动的中心。宫城之内，分为太极宫、东宫、掖庭宫三部分。其中太极宫位于宫城的中部（详后"三大内"章），东宫位于宫城的东部，掖庭宫位于宫城的西部。

一、规模

宫城位于长安城中央的最北部，南接皇城，北抵西内苑，东界兴安门—启夏门大街，西界芳林门—安化门大街。它的规模，文献记载为"东西四里（约合2160米），南北二里二百七十步（约合1485米）"。[2]实测东西宽2820.3米，南北长1492.1米，周长8.6千米，面积4.2平方千米，[3]是一个东西略长、南北略短的横长方形平面形制。

从以上两组数字看，其中南北长度实测数仅比文献记载差7米，大体相符。但东西宽度，实测数较文献记载长出660米之多。究其原因，是文献中所记"东西四里"之数，实际上仅指太极宫与东宫的宽度，而没有计入掖庭宫的宽度。若加入掖庭宫实测东西宽度数702.5米，则宫城的宽度应为2862米，与实测之数2820.3就相差不大了。

宫城营建于隋开皇二年（582年）六月至开皇三年（583年）三月，是隋文帝创建新都最先营建的重点工程。此后，又经唐代不断缮修。如开元二十年（732年），玄宗去东都，以杜暹为京留守，"暹率

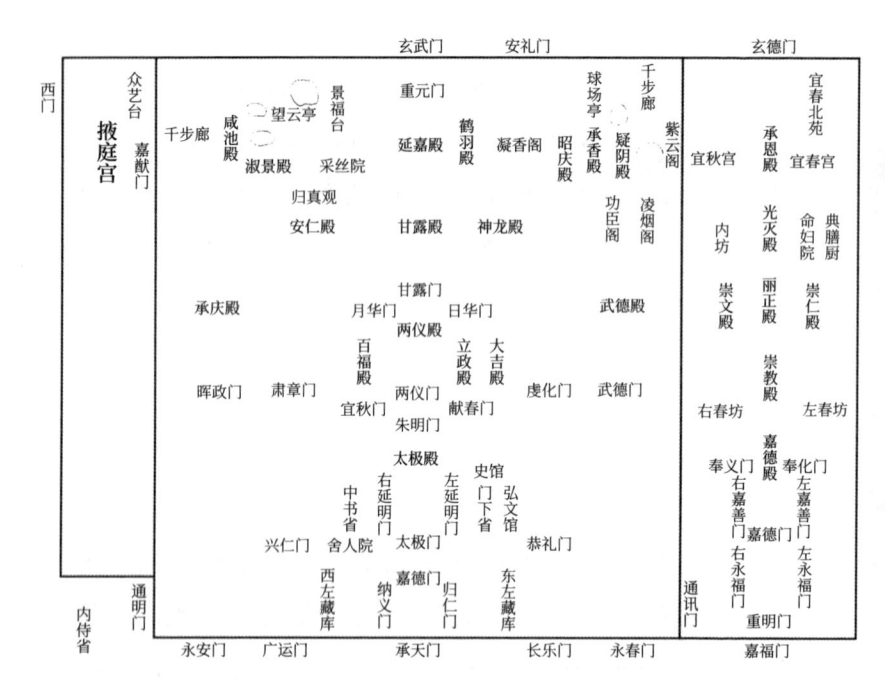

西京宫城图(《唐两京城坊考》)

当番卫士缮三宫城浚池,督役不少懈,帝闻嘉之"。[4]

宫城城墙亦为夯土版筑,墙高三丈五尺(合10.3米),墙基宽一般在18米左右,只是东城墙部分的宽度是14米多。[5]这较外郭城高一丈八尺(合5.3米),墙基宽9—12米,构筑得更为坚固高大。

宫城的墙址,其北墙为外郭城北墙的一部分,位于今西安北关自强路以北,今自强西路西安铁路分局职业中等专业学校后操场的一段土冈,即是宫城北墙的遗迹;西墙则与西安城(明初所建)的西墙在同一直线上,其南部为今西安城西墙的北部所压;南墙则在今西安城内莲湖路与西五路以南80余米处,今之"西五台"即是唐宫

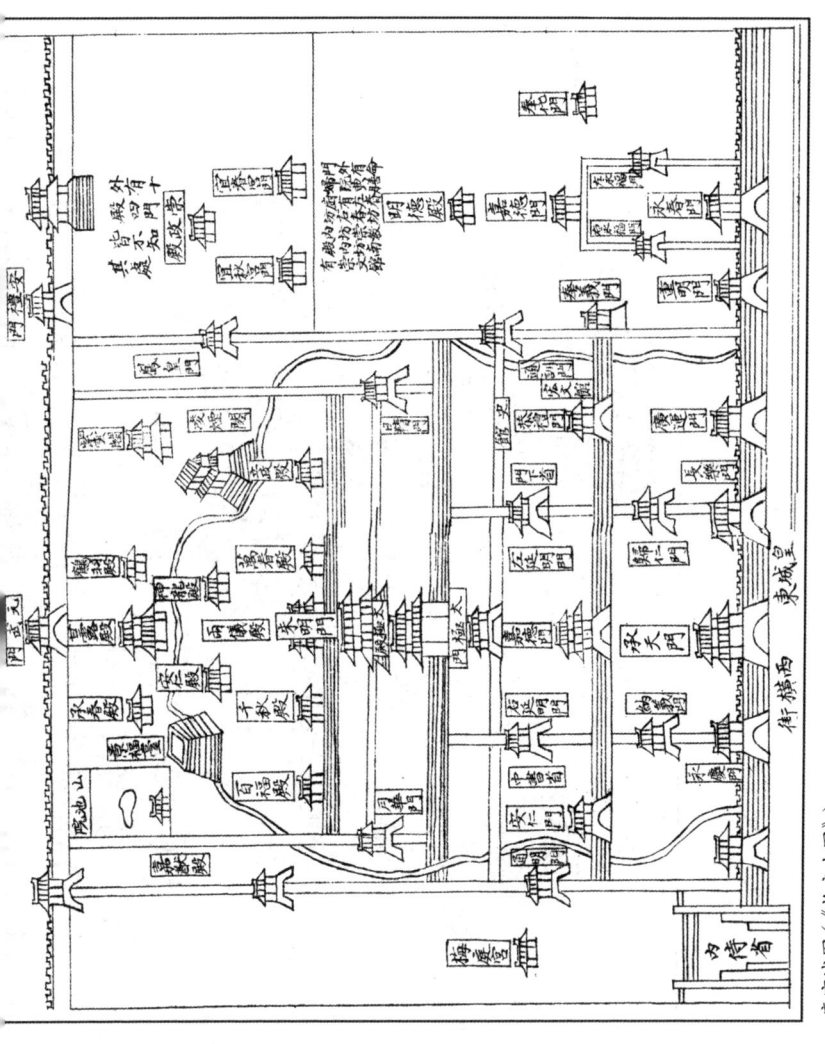

唐宫城图（《长安志图》）

第五章 宫城

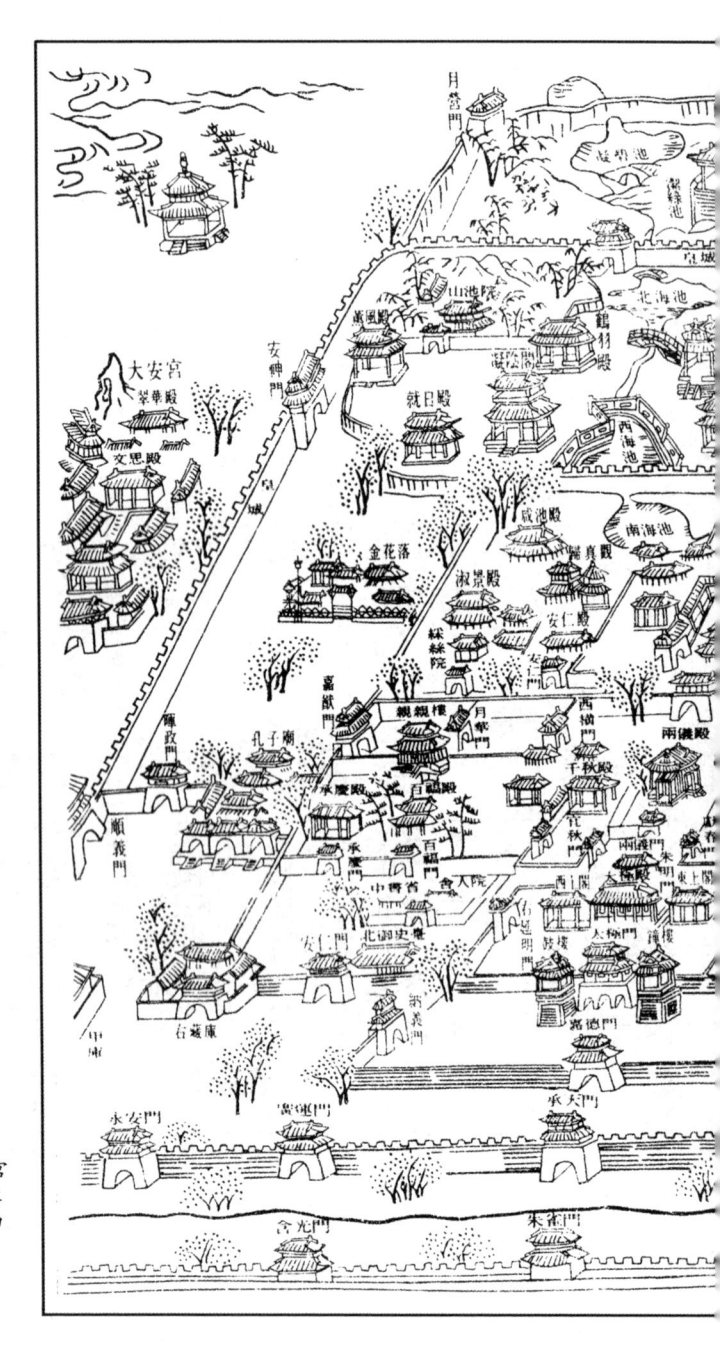

唐长安宫城图（雍正《陕西通志》）

唐都长安

第五章｜宮城

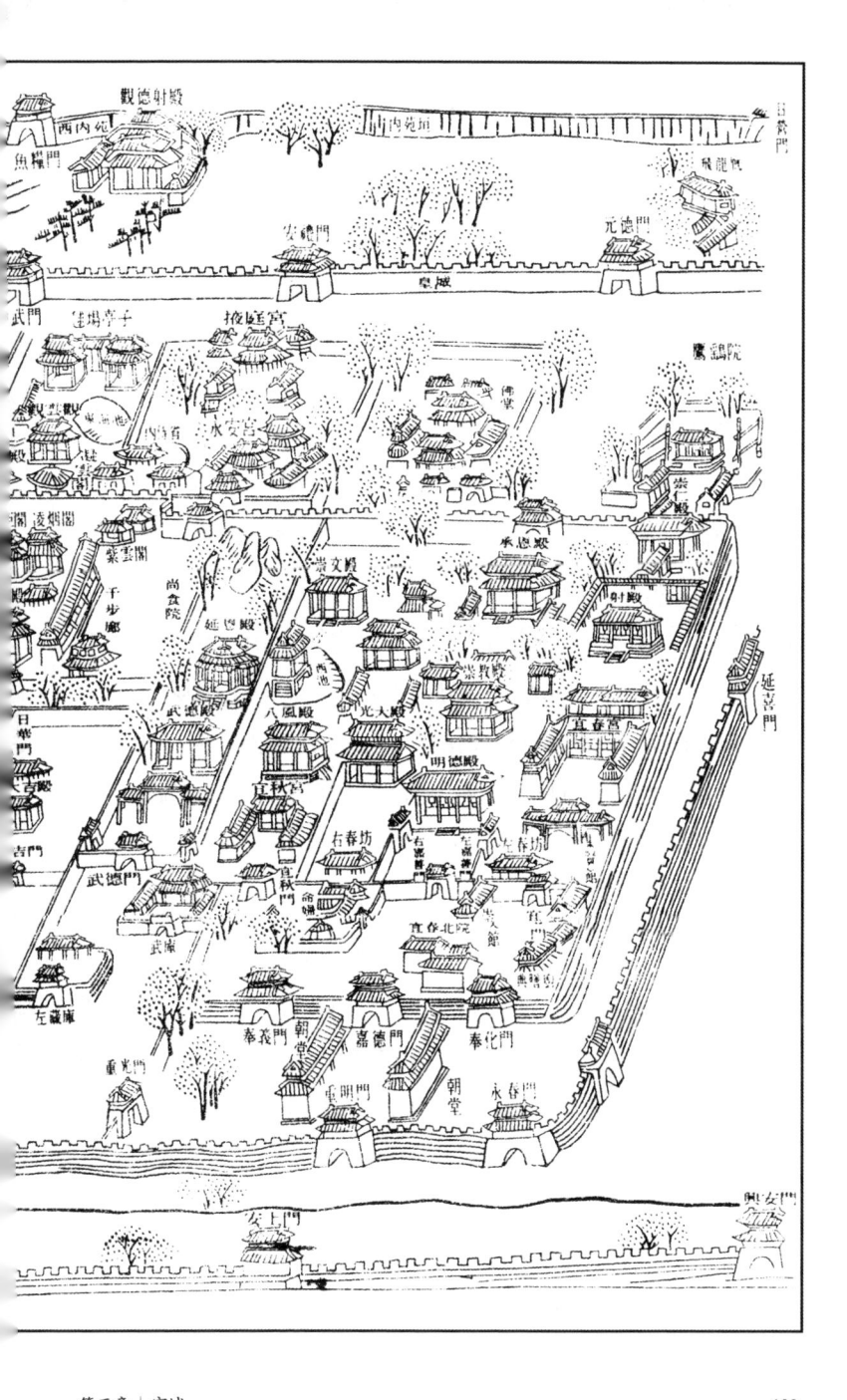

城南墙的一段遗迹；东墙的位置在今西安城内革命公园的西端，向北至尚平路一线。

二、东宫

1.范围

东宫位于宫城东部，为宫城三大组成部分之一。东宫亦称春宫、储宫，为皇太子居住之处。隋初文帝时，原太子杨勇，后太子杨广；唐初高祖时，原太子李建成，后太子李世民；及太宗时，原太子李承乾，后太子李治等就居住在这里。唐自龙朔以后，诸帝多居大明宫，太子亦移居东内少阳院。若皇帝出幸，皇太子"但居于乘舆所幸别院"。[6]玄宗以后，太子就不住东宫，而是随其"父皇住在皇宫内别院"。

东宫的范围，西界太极宫，南接皇城，东抵宫城东墙，北临西内苑。遗址约在今西安城南至西五路以南80余米，北至自强东路以北，东至革命公园西侧，西至北大街左右之间。

东宫"南北与宫城齐"，为1492.1米。其东西宽度，文献记载数与考古实测数存在颇大的差异，据《唐两京城坊考》载，"东宫与掖庭宫，皆当不足一里（约合529米）"[7]。但考古实测太极宫与东宫总宽度为1967.8米，除去太极宫宽度1285米，推测东宫东西宽度是832.8米，折唐制一里二百零六步，从而说明文献中东宫宽度不足一里之数不确。[8]

由此可知，东宫的实际范围，是南北长1492.1米，东西宽832.8米，周长4.6千米，面积为1.24平方千米，呈一个南北长、东西略短的纵长方形状,其面积较明清北京故宫面积0.7平方千米,大1.7倍。

2.宫门

东宫南、西、北三面,开有宫门,东面因旁依宫城东墙,无宫门。

南面的宫门之数与门名,各书记载多不相同。《长安志》记东宫南面为二门,一为重福门,居于正中;次东为永春门。《长安志图》也以南面为二门,但居于正中的是永春门,次西为重明门。《雍录》以南面为一门,名重明门。《唐两京城坊考》也以南面为一门,并以"重福,《禁扁》作嘉福"为根据,以南门为嘉福门。

北面一门,《长安志》与《唐两京城坊考》作元德门。《长安志图·唐宫城图》绘有两门,位于正中的北门,无署名;北面偏西门,名安礼门。实则安礼门为太极宫的北门之一,而不是东宫的北门。

西面一门,隋初称建春门,后改通训门,天宝时,因"凤凰飞集通训门,诏改曰凤凰门"。[9]其位置,《长安志图》以此门在东宫西宫墙的北部,而《唐两京城坊考》则以此门在其西宫墙的南部。

3.主要建筑

东宫内共有殿阁宫院二十多所,如明德殿、崇教殿、丽正殿光天殿、承恩殿、崇文馆、八风殿、射殿、崇仁殿、宜春宫、宜秋宫、命妇院、亭子院、山池院、佛堂院、鹰鹞院、长生院、宜春北苑等。宫内建筑的分布,按照中轴为主、左右对称的布局,分为三路。主要宫殿如明德殿、崇教殿、丽正殿、光天殿、承恩殿等,居于东宫的中部,其他殿院,左右对称,分布在东西两侧。三路之间,还筑有隔墙。新中

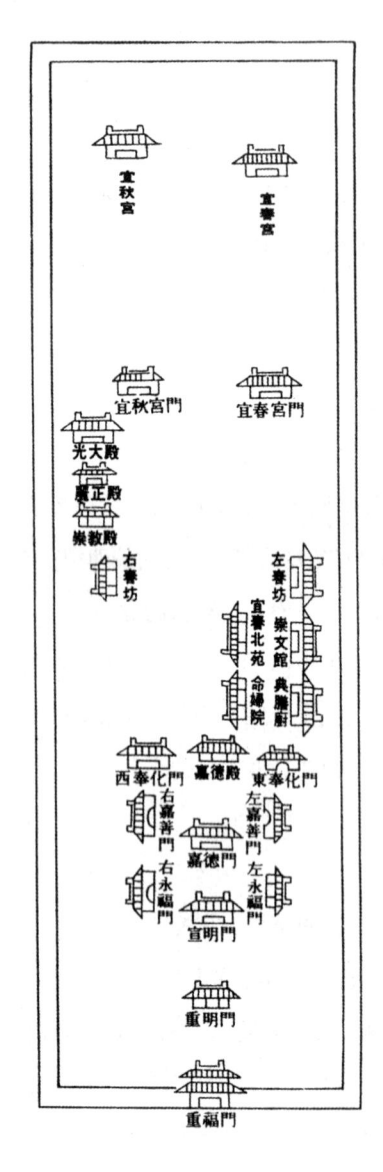

东宫图（嘉庆《咸宁县志》）

国成立后，经过考古探测已探查出中路与东路之间的隔墙墙基。[10]

东宫的建筑，十分华丽。贞观初年，原太子李承乾住在东宫，仍"营造曲室，累月不止"。当时太子左庶子于志宁上书谏道："今所居东宫，隋日营建，睹之者尚讥其侈，见之者犹叹其华。何容此中更有修造？财帛日费，土木不停，穷斤斧之工，极磨砻之妙？"[11]可见，东宫内的建筑多是隋初营建，而且极为豪华。

东宫内的主要建筑有：

明德殿 位东宫中部正南，为入宫第一大殿。隋时称为嘉德殿，唐初改名显德殿，后因中宗李显为太子居东宫时，避其名讳，改称明德殿。

明德殿为东宫正殿，是皇太子在东宫内接见群臣和举行重大政治活动的地方。武德九

136　　　　　　　　　　唐都长安

年（626年）八月九日，太子李世民在高祖李渊逊位后，在此殿举行登基仪式。当时亦在此殿听政，直到贞观三年（629年）四月，太上皇李渊由太极宫徙居大安宫后，太宗李世民才去太极宫中听政。此后，太宗仍日引诸卫将卒数百人习射于显德殿庭，"上亲临试，中多者赏以弓、刀、帛，其将帅亦加上考"，"由是人思自励，数年之间，悉为精锐"。[12]

崇教殿　又名弘教殿，位于明德殿北，为东宫内第二大殿。此殿为皇帝或太子举行宴会之处。如武德九年（626年）九月，太宗在此殿宴会旧府佐僚及学士。贞观十七年（643年）十一月二十八日，太子李治因皇太孙诞日，在此殿宴请宫僚。

丽正殿　位于东宫北部，具体位置文献记载说法不一。《唐两京城坊考·西京宫城图》绘此殿在东宫中部崇教殿正北，《长安志》卷六记此殿在东宫中部西偏右春坊之北，《雍录·唐东宫图》则绘此殿在东宫北部偏东。《长安志·东宫》"丽正殿"注："开元改为集仙殿，十三年又改集贤殿。"

丽正殿为东宫重要宫殿之一。唐初太子李世民曾居住此殿。贞观二年（628年）六月，文德皇后生李治于此殿。开元二十五年（737年）十二月七日，玄宗贞顺皇后武氏卒于兴庆宫后，曾移殡此殿。

丽正殿也是宫内的藏书殿与修书殿。开元六年（718年），以缮写四库书藏贮于此殿。其书分为四部，以甲乙丙丁为次，列经史子集四库。其本有正有副，轴带帙签，皆异色以别之。玄宗并令褚无量等人在此丽正殿修书，以修书学士为丽正殿学士。

崇文馆　《唐两京城坊考·西京宫城图》绘此殿在东宫中部丽正殿西侧，《雍录·唐东宫图》绘此殿在东宫前部西侧。太宗贞观十三年（639年）置，名崇贤馆，高宗上元二年（675年）八月，因避太子李贤名，改称崇文馆。

崇文馆为皇太子在东宫读书就学之地，因此，唐代在此馆设"崇贤馆学士"或"崇文馆学士"，以侍讲于宫中。崇文馆又是唐代皇家贵族子弟学校。唐制规定："崇文馆生二十人，以皇族缌麻以上亲，皇太后、皇后大功以上亲，宰相及散官一品功臣，身食实封者，京官职事从三品中书黄门侍郎之子为之。"[13]

崇文馆也是宫内秘籍图书校理之处。《玉海》卷一六五引《两京记》云，东宫"有崇贤（文）馆，明皇居东宫，馆中起书阁，重复以著典籍"。[14]因此，崇文馆学士为东宫属官，掌经籍图书、教授诸生和侍读太子等职。

宜春北院 又称宜春院或宜春苑。位于东宫东北隅宜春宫之北，为东宫后廷苑林。天宝（742—756年）中置。

宜春北院也是唐玄宗教习宫女乐舞伎艺之处。开元二年（714年），唐玄宗在大明宫梨园中置院，亲为教习太常乐工300人专习法曲及各种乐舞技艺，称之为"皇帝梨园弟子"。此外，天宝中又选宫女数百人在此东宫宜春北院教习其乐舞伎艺，此虽不在梨园，但亦称其为"梨园弟子"。曾在兴庆宫勤政务本楼前一歌止喧的许和子，就是宜春院伎人。

左、右长林门 东宫两宫门名。又称宏礼门、嘉福门，武德九年（626年）改称重光门、宣明门。据南宋程大昌《雍录·唐东宫图》所绘，左、右长林门均位于东宫中部东侧。唐初太子李建成私募四方骁勇及长安恶少2000人为宫甲，分屯于左、右长林门，号"长林兵"。

三、掖庭宫

1.范围

掖庭宫位于宫城的西部，亦为宫城三大组建部分之一。掖庭宫与太极宫、东宫同建于隋初，是宦官机构与宫女居住和犯罪官僚家属妇女配没入宫劳动之处。《长安志》载："掖庭宫，盖高祖所起，宫人教艺之所也。"

掖庭宫的范围，东与太极宫西墙相界，南接皇城，西即宫城西城墙，北临西内苑。位置大体在今西安城南自西五台（莲湖路以南），北到自强西路以北，东自洒金桥与西北三路附近，西至今玉祥门西城墙之间。

掖庭宫南北与宫城齐，即二里二百七十步，合1485米。实测为1492.1米，两者大体一致。其东西宽度，各文献记载不一。《长安志》载："掖庭宫宫城东西四里（合2160米）。"[15]《长安志图》载："掖庭宫广一里（合529米）。"[16]《唐两京城坊考》载："掖庭宫东西不及一里。"[17]而元人骆天骧《类编长安志》载："掖庭宫东西广一里一百一十五步（合998.25米）。"[18]以上文献记载中的差异，经过新中国成立后中国科学院考古研究所西安唐城发掘队的考古实测才得到澄清。经实测，掖庭宫东西长702.5米[19]，与《类编长安志》一里一百一十五步（合698.25米）基本相符。由此可知，《长安志图》东西广一里之数，只是一个概数；《长安志》所说东西四里，实际上指的只是太极宫与东宫的东西宽度；而《唐两京城坊考》不足一里之说是错误的。

从考古实测来看，掖庭宫南北长1492.1米，东西宽702.5米，周长4.3公里，面积约为1平方千米，其平面形制为一个南北长、东西短的纵长方形，于宫城中次于太极宫与东宫，是面积最小的一部分。

2.宫门

掖庭宫由于是宦官机构与宫女的居处，实际上是太极宫的一个从属部分，因此，其宫墙四周，只有东西门，而无南北门。

掖庭宫东面有二门，南为通明门，北为嘉猷门，二门东通太极宫。西面一门，称西门，靠近北部，门对修德坊。贞观二年（628年）九月，唐太宗命释放三千宫女所出之西门，即是此门。

3.建筑布局

掖庭宫的建筑布局，可分为三个部分。

中部地区为宫女居住区，也是犯罪官僚家属妇女配没入宫劳动之处。中部地区的房舍建筑，史无明文记载。《唐两京城坊考》掖庭宫中列有一"众艺台"，注云："《长安图志·杂说》云：掖庭东北垣上有一方台，考之于志，恐所谓宫人教艺之所，名众艺台者也。"[20]

掖庭宫的北部，据吕大防《隋都城图》所绘，为太仓之地，并也确曾在此地区出土过贞观十四年（640年）和二十二年（648年）唐太仓的"和籴粟窖砖"。[21]

掖庭宫的西南部为内侍省所在地。1978年5月，曾在西安城内西五台以西，距今西安西城墙240米处，发现了"光化二年（899年）岁次己未六月癸亥朔二十七日己丑建"的《大唐重修内侍省之碑》[22]，位置恰在原掖庭宫的西南，从而证明这里确曾是内侍省无疑。高宗龙朔三年（663年）以后，唐朝皇帝多由西内移居大明宫处理朝政，内侍省亦随之徙于大明宫西侧右银台门内。

内侍省的名称，隋唐时期屡有变更。隋初称内侍省，炀帝时改为长秋监；唐武德四年（621年）改为内侍监，龙朔二年（662年）改监为省，武则天垂拱元年（685年）改为司宫台，中宗神龙元年（705年）后，复称内侍省。

内侍省是"内侍奉，宣制令"[23]的宦官机构，下属有六局：掖庭局，掌宫禁女工之事；奚官局，掌奚隶工役、宫官之品与宫人医药死葬之事；宫闱局，掌侍奉宫闱、出入管钥之事；内仆局，掌皇后车乘之事；内府局，掌宫中财物与供物之事；太子内坊局，掌东宫财需之事。唐初之时，宦官人数不多，地位也很低，仅限于宫内侍奉。而到中宗时，宦官势力逐渐发展，当时"超授阉官七品已上及员外者千余人"。[24]玄宗开元、天宝之时，已是"品官黄衣以上三千人，衣朱紫者千余人"。[25]特别是到了肃宗以后，宦官开始掌握军权，干预政事，不仅"天下事皆决于北司"[26]，而且"即人主废置亦在掌握中"[27]。德宗以后的11个皇帝，其中顺宗、宪宗、敬宗3帝死于宦官之手；穆宗、文宗、武宗、宣宗、懿宗、僖宗、昭宗7帝，均为宦官所立。因此，内侍省实际上成为唐代后期的最高政权机构。

内侍省在唐代也被作为处死犯罪宗亲之处。太宗第5子齐王李祐，曾"赐死内侍省"。[28]

关于内侍省中的建筑，史籍中无记载。据1978年5月发现的《大唐重修内侍省之碑》碑文中有"况于此省，有功臣两堂"之句，可知

宫女图(一)(1960年陕西乾县唐永泰公主墓出土壁画)

宫女图（二）（唐永泰公主墓出土壁画）

内侍图（1971年陕西乾县懿德太子墓出土壁画）

内侍省中，有如太极宫中表彰功臣、图写真容的凌烟阁与功臣阁一类，也建有称颂宦官的功臣两堂。此外，碑文中也记述了昭宗光化二年（899年）六月重修内侍省的情况，"遂筑遗基，征诸故事，前后厅馆，东西步廊，启彼重阁，联其华室，大小相计凡五百余间"[29]，可见当时内侍省中厅馆阁室建筑之多。

四、宫城的防卫

宫城是封建皇帝居处和统治中心所在地，因此，防卫极其严密。除了有高大坚固的宫城城墙，前有皇城拱卫，后有龙首原、西内苑与禁苑地区依恃之外，还在宫城内外，屯驻有大量的禁军进行防守。

唐代驻守中央的禁军，有南衙、北衙之分。凡驻守在宫城与禁苑中的禁军，称为北衙兵，如左右龙武军、左右神策军、左右神武军，合称"北衙六军"。加上左右羽林军、左右神威军，总称为"北衙十军"，玄宗天宝年间，其人数约达十万人之多。

驻守在皇城内外，并负责宫城、皇城及京城守卫的是南衙兵，有左右卫、左右骁卫、左右武卫、左右威卫、左右领军卫、左右金吾卫、左右监门卫、左右千牛卫，合称"南衙十六卫"。其中有的驻守在宫城的两侧，如左金吾卫驻在宫城东侧的永兴坊西南隅，右金吾卫驻在宫城西侧的布政坊东北隅。另外，在宫城之西的修德坊驻有右神策军营，在皇城之西的颁政坊设有右军巡院，等等。总之，禁军的内外布防以及从东西两侧的屯防，都加强了对宫城的军事防卫。

此外，为了皇帝的安全，唐统治者严禁百姓接近宫城。《唐律疏议》(以下简称《疏议》)卷七《卫禁律》规定,凡登高临视宫中者,处徒刑一年;擅自阑入宫城门者,处徒刑二年;越宫垣者,流三千里;而敢越殿垣者,无问出入,俱至绞刑。

注释

[1]《管子·度地》。

[2]《长安志·唐宫城》。

[3] [5] [19]中国科学院考古研究所西安唐城发掘队:《唐代长安城考古纪略》,《考古》1963年第11期。

[4]《玉海·唐三宫》。

[6]《长安志·十六宅》。

[7]《唐两京城坊考·东宫》。

[8] [10]马得志、杨鸿勋:《关于唐长安东宫范围问题的研讨》,《考古》1978年第1期。

[9]《唐两京城坊考·宫城》注。

[11]《旧唐书·于志宁传》。

[12]《资治通鉴》卷一九二"武德九年"条。

[13]《玉海·唐崇文馆》。

[14]《玉海·崇贤馆》。

[15]《长安志·掖庭宫》。

[16]《长安志图》卷上。

[17] [20]《唐两京城坊考·掖庭宫》。

[18]《类编长安志·掖庭宫》。

[21]陆耀遹:《金石续编》卷四。宿白:《隋唐长安城和洛阳城》,《考古》1978年6期。

[22] [29]保全:《唐重修内侍省碑出土记》,《考古与文物》1983年第4期。

[23]《新唐书·百官志·内侍省》。

[24]《旧唐书·中宗纪》。

[25]《旧唐书·宦官传》。

[26]《资治通鉴》卷二四五"大和九年"条。

[27]《廿二史札记》卷二〇。

[28]《新唐书·太宗诸子》。

第六章

三大内

宫城内的太极宫、郭城以北龙首原上的大明宫和郭城内的兴庆宫,被称为"三大内"。太极宫因在大明宫之西,称西内,亦称西宫;大明宫在东北的龙首原上,称东内,或称北内;兴庆宫在南,称南内。三大内不仅建筑极为宏伟壮丽,而且是唐代不同时期政治活动的中心。

唐长安城中有太极宫、大明宫、兴庆宫三大宫殿区，称为"三大内"。其中太极宫因在大明宫之西，称西内，亦称西宫；大明宫在东北的龙首原上，称东内，或称北内；兴庆宫在南，称南内。三大内不仅建筑极为宏伟壮丽，而且是唐代不同时期政治活动的中心。

一、西内太极宫

1.规模

太极宫营建于隋初。隋称大兴宫，唐睿宗景云元年（710年），改称为太极宫。[1]因其为唐京的正宫，故又称为"京大内"。

太极宫位于宫城的中央，南接皇城，北抵西内苑，东界东宫，西界掖庭宫。故址在今西安城的西北部，即南至西安城内莲湖路以南80米，东至北大街附近，西至西北三路附近，北至城北自强西路以北处。

太极宫的面积，史无明文记载。《长安志》与《唐两京城坊考》仅有宫城范围数，而无其中太极宫面积数。据考古实测，探得太极宫东西宽1285米，南北长1492.1米，[2]面积约1.9平方千米。平面形制为一南北略长、东西略短的纵长方形。太极宫的面积，约相当于北京明清故宫0.7平方千米的2.7倍。

2.宫门

太极宫四面各开有宫门。东、西两面宫门数与门名，文献记载均相同。其中东面一门，名通训门；西面二门，名通明门与嘉猷门。

北面宫门之数，文献记载说法不同。宋人宋敏求《长安志》与清人徐松《唐两京城坊考》载为二门，中为玄武门，偏东为安礼门；元人李好文《长安志图·唐宫城图》绘为一门玄武门。

南面宫门之数及门名、位置，文献记载亦各异。《大唐六典》（以下简称《唐六典》）载为三门，中为承天门，偏东为长乐门，偏西为永安门。《长安志》载为四门，中为承天门，偏东依次为长乐门、广运门，偏西仅一门为永安门。《唐两京城坊考》载为五门，中为承天门，偏东依次为长乐门、永春门，偏西依次为广运门、永安门。

承天门　建于隋初。初称广阳门，文帝仁寿元年（601年），称昭阳门；唐武德元年（618年）五月，称顺天门；中宗神龙元年（705年）二月，始称承天门。

承天门位于太极宫南墙的中部，门址在今西安城内莲湖公园莲湖池南岸偏东的承天阁处。门的基址大部分已被挖土破坏，经考古探测其东西残存部分尚长41.7米，已发现3门道。中间门道宽8.5米，西侧门道宽6.2米，东侧门道宽6.4米，门道的进深为19米。门址底下皆铺有石条或石板，建筑极其坚固。由于门址东侧已被破坏，向东是否还有门道，已不可得知。[3]

承天门上建有高大的楼观，门外左右有东西朝堂，门前有广三百步、宽约441米的东西横街宫廷广场，南面有直对朱雀门、明德门，宽150—155米的南北直线大街（即承天门街与朱雀门大街），作为都城的中轴线，位置居中而十分重要。

承天门为太极宫正门，是封建皇帝举行"外朝"大典之处。"若元正、冬至，陈乐设宴，会赦宥罪，除旧布新，当万国朝贡使者、四夷宾客，则御承天门以听政。"[4]如隋文帝受平陈师献俘、唐太宗册李治为皇太子、睿宗即帝位、玄宗受吐蕃宰相尚钦藏献盟书等，都在此举行大朝会。

承天门楼也是皇帝欢宴群臣之处。先天二年（713年）九月十九日，玄宗宴王公百僚于承天门，并向楼下抛撒金钱，许百官争拾。[5]故唐人张祜《退宫人》诗中说："开元皇帝掌中怜，流落人间二十年。长说承天门上宴，百官楼下拾金钱。"

长乐门　太极宫南宫门之一。位于承天门次东。此宫门亦为入太极宫重要宫门之一。开元十年（722年）十月，左领军卫兵曹权楚璧发动兵变，即是从长乐门攻入西内的。唐朝皇帝亦在此门楼举行重要政治活动。如武德二年（619年）六月十二日，突厥使来告始毕可汗之丧，唐高祖在长乐门为其举哀。唐末昭宗被宦官囚于大明宫少阳院而得以获释复位后，于光化四年（901年）四月二十二日，登太极宫长乐门，大赦天下，改元天复。

永春门　太极宫南宫门之一。《唐两京城坊考》载其为太极宫南面最东门，位于承天门、长乐门之东。《太平御览》卷一八三、《长安志》与吕大防《长安城图》、李好文《长安志图》则以永春门为东宫的南宫门之一。

广运门　太极宫南宫门之一。《长安志》与《长安志图》载此门为太极宫南面最东门；《唐两京城坊考》载其为太极宫南面偏西门之一，位于承天门之西，永安门之东。但也有学者认为广运门为东宫南面三宫门之一，位于正门重明门之西。[6]

永安门　太极宫南宫门之一。《唐六典》《长安志》载其位于承

唐西内图
（《关中胜迹图志》）

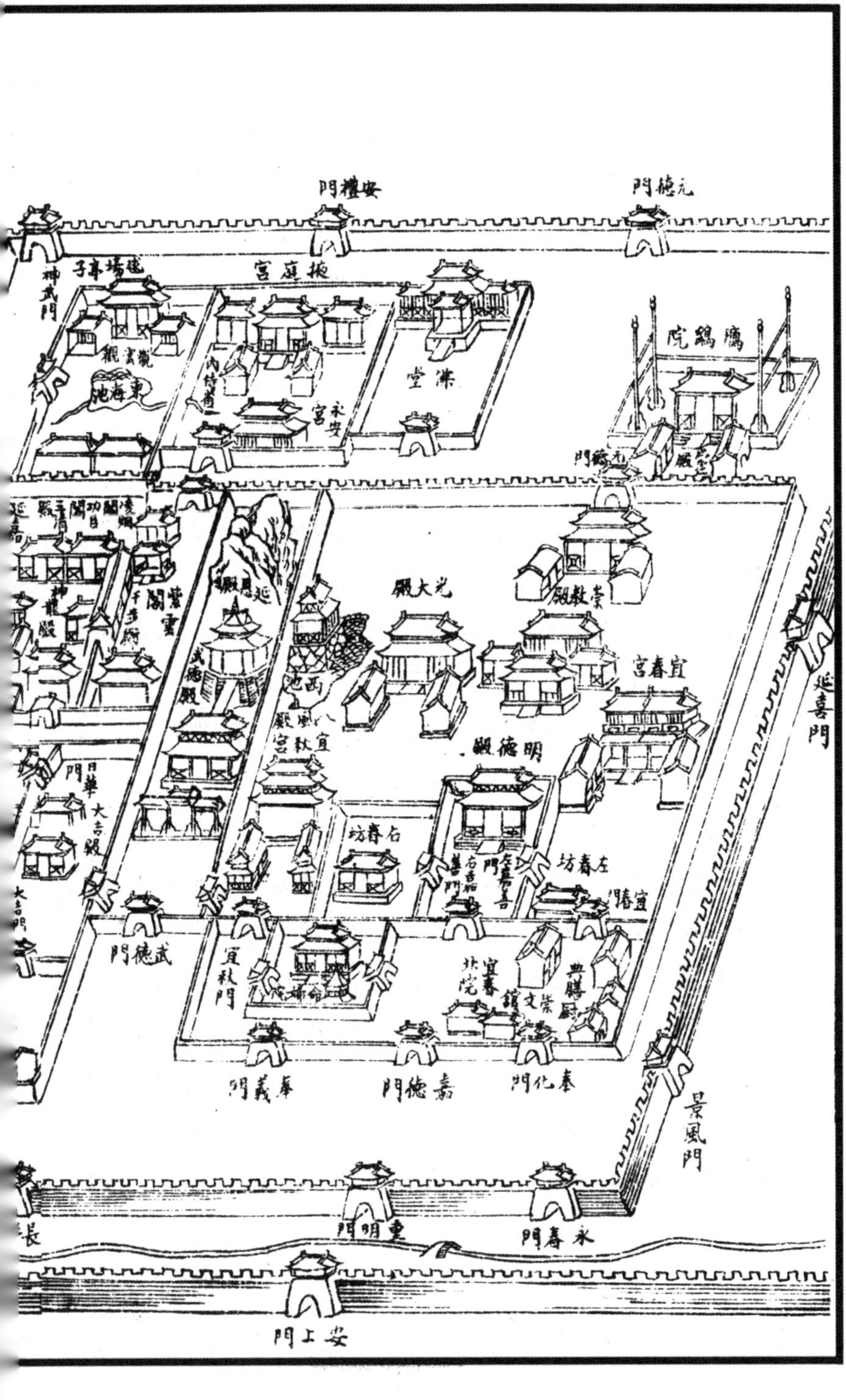

安禮門
元德門
毬場亭子
掖庭宫
神武門
凝雲觀
東海池
内侍省
永安宫
淑堂
鷹鷂院
元德門
凌煙閣
功臣閣
延嘉殿
神龍殿
紫雲閣
千步廊
延恩殿
光大殿
崇教殿
武德殿
西池
宜春宫
延喜門
日華門
大吉殿
宜秋宫
明德殿
右春坊
左春坊
嘉善門
宜春門
大吉門
武德門
宜秋門
命婦院
宜春北院
崇文館
典膳廚
奉義門
嘉德門
奉化門
景風門
重明門
永春門
長
安上門

天门次西,《唐两京城坊考》载其为南面最西门,位于广运门次西。此门为皇后常出入宫所走之门。凡册立皇后,册使至此门下车;外命妇入朝,也由此门而入。皇后死后的灵柩发引与仪仗亦经此门。

通训门 太极宫东面宫门,东与东宫相通。建于隋,初称建春门,后改为通训门。天宝年间因有凤凰飞集此门,诏改名为凤凰门,亦称凤集门。《唐两京城坊考·西京宫城图》绘此门在太极宫东墙偏南处。

通明门 太极宫西宫门之一。位于太极宫西宫墙的南端附近,西与掖庭宫相通,尤近于宦官机构内侍省。

嘉猷门 太极宫西宫门之一。位于太极宫西宫墙北段,西与掖庭宫相通,尤近于宫女习艺与配没妇女劳作的众艺台。

玄武门 太极宫北宫门之一。位于宫墙北面中部偏西,北临西内苑。门上建有门楼。武后神龙三年(707年)七月,太子李重俊欲诛韦后与安乐公主,领禁兵攻入西内,兵围玄武门楼失败后,同年八月,改玄武门名为神武门,楼名为制胜楼。

玄武门地据龙首原余坡,地势较高,俯视宫城,如在掌内,且为禁军屯防重地,是宫城北面重要门户。唐初武德九年(626年)六月四日,秦王李世民诛杀太子李建成、齐王李元吉的"玄武门之变",就发生在此处。玄武门楼亦是皇帝盛张百戏、欢宴群臣进行娱乐之处。武德元年(618年)五月,高祖李渊令太常寺借长安百姓妇女裙襦五百余袭,"拟五月五日于玄武门游戏"。[7]贞观十四年(640年),太宗"宴群臣及河源王诺曷钵于玄武门,奏倡优百戏之乐"。[8]特别是景龙三年(709年)二月二日,中宗登玄武门楼观宫女分朋拔河为戏，并"遣宫女为市肆，鬻卖众物，令宰臣及公卿为商贾，与之交易，因为忿争，言辞猥亵。上与后观之，以为笑乐"。[9]

3.布局

太极宫在建筑布局上，有以下三个特点。

其一，根据我国古代宫室建筑"前朝后寝"的原则，太极宫内以朱明门、肃章门、虔化门等宫院墙门为界，把宫内划分为前朝和内廷前后两个部分。朱明门、虔化门以外，属于"前朝"部分，其中以承天门、太极殿为主，是皇帝举行大典活动和主要听政视事之处。因此，在太极殿的东侧设有门下内省、宏文馆、史馆，西侧设有中书内省、舍人院，为宰臣和皇帝近臣办公的处所，以备皇帝随时顾问和根据皇帝旨意撰写文书诏令。朱明门等宫院门墙以内，属于"内廷"部分，所谓"北入虔化门，则宫内也"。[10]其中两仪殿、甘露殿等殿院及山水池、四海池，则为封建皇帝进行日常统治活动及与后妃居住的生活区域。

其二，全宫在布局上，以中轴部位突出主要建筑，如承天门、太极殿、两仪殿、甘露殿等主要宫殿宫门，南北排列，处于全宫的中部，其他殿院与阁门分于两侧，左右对称。这就从建筑布局手法上，突出了这些象征封建皇权统治的殿门位居中心的重要地位。

其三，依据古代帝王宫室的三朝制度进行布局。据《周礼·秋官·朝士》郑玄注："周天子诸侯皆有三朝：外朝一、内朝二。"即外朝在库门外，是举大典、询众庶之处；内朝有二，一名治朝，或称中朝，是处理政事之地；一称燕朝，或称内朝，是帝王与宗人集议及退接晤大夫之处。太极宫在布局上即按照此制度，以宫门承天门为外朝，以太极殿为中朝，以内廷地区的两仪殿为内朝，其他殿阁则从属于此，分别列置于左右。

4.主要建筑

太极宫是都城长安第一处大的宫殿群，《旧唐书·地理志》载其有殿、亭、观三十七所；[11]《长安志图·唐宫城图》题记称"有殿、阁、池、庭、门、阙四十余"。而据《长安志》与《唐两京城坊考》两书统计，太极宫有殿、阁、楼、观五十余所，宫门二十余座。

太极宫由正南门承天门入内，经嘉德门、太极门，正中为太极殿。殿前东隅有鼓楼，西隅有钟楼（《永乐大典·阁本太极宫图》记钟楼在东，鼓楼在西）。殿院两廊有左右延明门，左延明门外有门下内省、史馆（唐初，隶秘书省著作局。贞观三年移于太极宫门下省北。大明宫成，移入东内门下省东。开元二十五年，徙史馆于中书省）与宏文馆；右延明门外为中书内省与舍人院。太极殿之北，经朱明门、两仪门，入内为两仪殿。殿院阁门之东，有万春殿、立政殿、大吉殿、武德殿；殿院阁门之西，有千秋殿、百福殿、承庆殿。两仪殿后，依次为甘露殿、延嘉殿、承香殿。其东有神龙殿、功臣阁、凌烟阁、东海池、凝云阁、凝阴殿、毬场亭子。宫的东北隅，有紫云阁、昭庆殿、山水池阁、千步廊等。其西有安仁殿、归真观、彩丝院、望云亭、鹤羽殿、南海池、西海池与北海池。宫的西北隅，有淑景殿、咸池殿、薰风殿、就日殿、山池院、千步廊等。另有三清殿、观云殿、新殿、相思殿、昭德殿、临湖殿、长乐殿、嘉寿殿、临照殿、望仙殿、翔凤殿、乘龙殿等多处殿阁建筑。

其中主要的殿阁池榭，有以下几处。

太极殿　　位承天门正北，为太极宫内第一大殿。建于隋初，隋称大兴殿，唐武德元年（618年）五月二十一日，改名为太极殿。殿名取自《易·系辞上》："易有太极，是生两仪，两仪生四象，四象生八卦。"取"太极"为天地万物本源之义。

太极殿为太极宫正殿，是皇帝举行"中朝"听政之地。唐初，每逢朔（初一）、望（十五）之日，永徽二年（651年），改每五日一度，皇帝均临此殿会见群臣视朝听政。唐初高祖李渊及太宗"贞观之治"君臣论政的许多著名故事，都发生在这里。另如皇帝登基及册封皇后、皇太子、诸王、王妃、公主大典与宴百官贡使等，也多在此殿举行。

太极殿在长安三内诸殿中，地位最尊。高宗龙朔以后，虽然皇帝多移居于大明宫和兴庆宫，然遇登基或殡葬等大礼大事，如德宗、顺宗、宪宗、敬宗等即帝位，代宗、德宗等葬仪，都要移在此殿进行。

太极门　　太极宫殿院门。位于太极殿前，为太极殿殿院的正前门。隋因殿名称大兴门，后改为乾福门。唐贞观八年（634年）改称太极门。门内东隅有鼓楼，西隅有钟楼（据《永乐大典·阁本太极宫图》，钟楼在东，鼓楼在西）。皇帝出入宫，都要经太极门。时有鼓祝奏太和之乐。每逢元正大典，户部以各州进贡之物陈列于太极门东。

朱明门　　太极宫宫院门。位于太极殿正北两仪殿之前。此门为太极宫前廷与后宫之间东西向隔界院墙的正门。门左右院墙开有百官入内朝的东西上阁门，左为虔化门，右为肃章门。朱明门正北即为内朝正殿两仪殿。

虔化门 太极宫宫院门。位于太极殿北与两仪殿前之间东西隔院界墙的东侧。门上建有楼观，西与肃章门左右对称。门内为内朝后宫区，是皇帝内朝处理政务及与后妃、未成年的小王、未出嫁的公主、宦官、宫女的生活区，非有恩许，大臣与其他人是不能入此阁门的。

虔化门也是宫内处理政务之处。隋大业十三年（617年），李渊克大兴城，隋恭帝授其为大丞相，以武德殿为丞相府，李渊每日在虔化门处理政事。龙朔二年（662年）五月，唐高宗令太子每日诣虔化门"听进止"，即令太子在此虔化门处理政务，断决大臣所奏之事或进或止，是否可呈皇帝处分。

肃章门 太极宫宫院门。位于太极殿北两仪殿前隔界院墙的西侧，在朱明门之西。高宗为太子时，萧德言为其侍读；及即位，特恩许其乘舆至此肃章门引见。景龙元年（707年）七月，太子李重俊拥兵入宫，索上官婉儿，叩此肃章门欲入禁内。景龙四年（710年）六月三十日，李隆基领兵入太极宫诛韦后与安乐公主，驸马武延秀被擒后斩于此门。唐制，凡册三品以上内命妇，皆在此门举行仪式。

两仪殿 位于太极殿之北，为太极宫内第二大殿。建于隋初，隋称中华殿，唐贞观五年（631年），改名为两仪殿。文宗大和二年（828年）八月，修葺两仪殿与甘露殿，共房172间，可见其殿院之大。

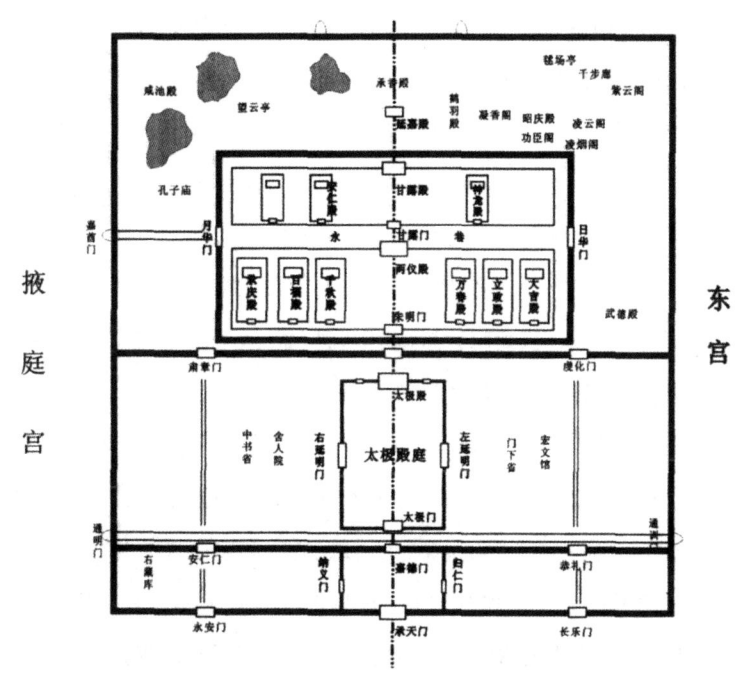

唐太极宫布局示意图

  两仪殿是皇帝举行"内朝"之处,"常日听政视事,则临此殿"。[12]内朝因在禁内,只有少数大臣可以入内与皇帝商谈国是。同时,内朝不摆仪仗,不甚讲求烦琐的朝仪,大臣的举止也比较随便。

  两仪殿也是皇帝在内廷欢宴大臣与贡使之处。贞观八年(634年)三月,太宗在此殿宴西突厥使者;十六年(642年)十月,又在此殿宴吐蕃使者。太宗还多次在此殿宴五品以上官,并奏九部乐。十七年(643年)四月七日,唐太宗在此殿立晋王李治为皇太子。

  高宗以后,皇帝虽多移居大明宫、兴庆宫,但遇帝后之丧,亦多殡于此殿。如宪宗元和十一年（816年）三月，皇太后死于兴庆宫咸宁殿，而发丧于西内西仪殿。

甘露殿　位于太极宫内廷中后部，在两仪殿正北，为太极宫内第三大殿。此殿为皇帝在内宫读书与书写之处。殿内北墙列置书架，架前桌上置有银砚、碧镂牙管，银函中放置纸物。中宗时，令学士入侍于甘露殿，以备皇帝随时顾问。唐人李峤《甘露殿侍宴应制》诗云："月宇临丹地，云窗网碧纱。御宴陈桂醑，天酒酌榴花。水向浮桥直，城连禁苑斜。承恩恣欢赏，归路满烟霞。"

唐代中期以后，甘露殿成为安置太上皇的养老之处。肃宗乾元三年（760年）二月，太上皇李隆基被迫由兴庆宫迁居西内后，就住在此殿，直到上元二年（761年）四月，死在太极宫中的神龙殿。

武德殿　位于两仪殿之东，东与东宫隔墙相邻，有"东殿"之称。此殿为西内重要宫殿之一，地位仅次于太极殿与两仪殿。隋文帝曾在此殿宴会西突厥达头可汗使者，并在此殿举行朝会宣布废前太子勇为庶人。隋末李渊曾以此殿为其丞相府。唐初，齐王李元吉居于此殿后院。贞观十六年（642年），唐太宗欲以此武德殿为宠儿李泰魏王府，魏徵谏阻而止。唐高宗曾命李安期、李义府、许敬宗在此殿修书。开元之初，唐玄宗就居住此殿并在此听政。唐僖宗后期居于并死在此殿。唐昭宗在武德殿先后举行过改元为龙纪、大顺、景福、乾宁的大典。

承庆殿　亦称承乾殿。位于西内中部两仪殿之西。建于隋。唐初武德五年（622年）秦王李世民徙居西内苑弘义宫之前，就居于此殿。承庆殿亦为皇帝受朝理讼之处。《新唐书·武平一传》载，中宗宴两仪殿，令胡人唱合笙，武平一上书谏说："两仪、承庆殿者，陛下受朝听讼之所。比大飨群臣，不容以倡优媟狎亏污邦典。若听政之暇，苟玩耳目，自当奏之后廷可也。"从武平一的奏语，可以看出承庆殿地位的尊严。景龙二年（708年）七月，中宗曾在此殿录过囚徒。景云二年（711年）九月，睿宗在此殿宴接见过吐蕃使者。

弘文殿　亦称宏文殿。位于太极殿院东侧。唐太宗李世民在此殿藏经、史、子、集四部群书二十余万卷。并于此殿之侧置弘文馆，以贤良文学之士虞世南、褚亮、姚思廉、欧阳询、蔡允恭、萧德言等，以本官兼学士，更日宿值于此殿。太宗每于听政之隙，与其在弘文殿讲论古今之议，商榷政事。

弘文馆　亦称宏文馆。唐武德四年（621年）置，初名修文馆，九年（626年）改称弘文馆。中宗神龙元年（705年）改称昭文馆，次年改为修文馆。玄宗开元七年（719年）复称弘文馆。位于太极殿院东侧，近弘文殿。此馆为唐代中央一个藏书修书机关与贵族子弟学校。馆置学士，掌详正图书，教授生徒，并参议朝廷礼仪制度。设馆主一人，总领馆务。有学生30人，称弘文生，主要招收京官职事三品以上、中书门下侍郎及皇亲国戚子孙入学，从学士受经史书法。高宗龙朔以后，皇帝多移居大明宫，亦在大明宫宣政殿院东侧门下内省之东，置有弘文馆。

百福殿　位于两仪殿西百福门内。此为太极宫便殿之一。武德九年（626年）三月，高祖在此殿宴见各地来京的朝集使。贞观六年（632年）正月，太宗在此殿宴请少数民族使者与三品以上官员。高宗曾命赵弘智在此殿讲《孝经》，并曾令皇太子在此虑囚，向囚犯讯察决狱情况。睿宗为太上皇时，曾住在这里，后死在此殿。另大明宫亦有百福殿，位于东内西北隅三清殿附近。

神龙殿 位于后廷甘露殿东。此为西内寝殿之一。《唐六典》卷七："甘露殿左曰神龙门，其内曰神龙殿。"因中宗神龙年间（705—707年）居住于此殿，故称。睿宗景云元年（710年）六月，安乐公主与韦后合谋毒死中宗于此殿。后太上皇李隆基移居西内后，亦死于此殿。

相思殿 位于后廷玄武门内。此为西内便殿之一。贞观十七年（643年）闰六月，薛延陀真珠可汗使其侄突利设来长安纳币并献馔食，唐太宗大宴群臣与突利设于相思殿，并设十部乐。《册府元龟》卷七十九记述这次相思殿宴见盛况云："盛陈宝器，奏《庆善》《破阵》乐并十部之乐，及橦木、跳丸、舞剑之技。"

凌烟阁 位太极宫后廷东部凝阴殿南，建于太宗贞观时期。

凌烟阁为功臣画像阁。贞观十七年（643年）二月二十八日，由太宗亲为赞词，褚遂良题额，阎立本画像，共绘画开国功臣长孙无忌、杜如晦、魏徵、尉迟敬德等24人图形挂于凌烟阁中。凌烟阁内分为三隔，内层画的功高宰辅，中间为功高侯王，外层为功臣。画像都面北而挂，以体现为臣向君之礼。

太宗之后的皇帝，多仿效此故事。如代宗广德元年（763年）七月，又绘功臣郭子仪、李光弼等画像；德宗贞元五年（789年）九月，绘褚遂良、李晟等27人图像；宣宗大中二年（848年）七月，绘唐初以来"堪上凌烟阁功臣"李岘、王珪、戴胄、岑文本、马周及马燧、李憕等37人图像。"立阁图形，荣号凌烟"[13]，是唐朝和古代王朝褒奖功

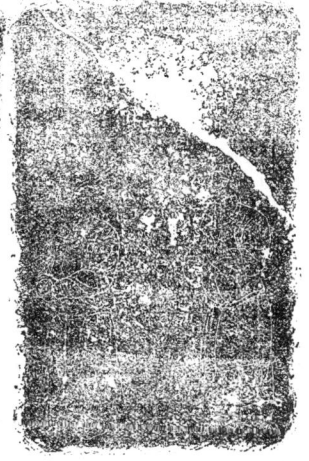

《凌烟阁功臣图》(一)　　　　　《凌烟阁功臣图》(二)

臣的一种重要形式。现陕西省麟游县文化馆藏有宋人游师雄摹刻的唐凌烟阁功臣画像残石。

凌烟阁为一阁楼式建筑，极为崇高壮丽。唐人刘公兴《望凌烟阁》诗中写道："画阁凌虚构，遥瞻在九天。丹楹崇壮丽，素壁绘勋贤。霭霭浮元气，亭亭出瑞烟。近看分百辟，远揖误群仙。图列青云外，仪刑紫禁前……"

海池　太极宫后宫地区有四海池，分东西南北，因其池大，故名海池。

东海池在玄武门以东，凝云阁之侧，系由龙首渠引浐水注入而成；北海池在玄武门以西，西海池在凝阴阁北，南海池在咸池殿东，此三池都是由清明渠引城南潏水分注而成。

四大海池是太极宫中以水面湖色为主的风景区。史传秦王李世民发动"玄武门之变"时，高祖李渊正泛舟于海池。

5.在西内听政的皇帝

唐代时期，在太极宫中居住听政的皇帝主要有以下几位。

高祖　武德元年（618年）五月，李渊受禅建唐，即听政于太极宫。武德九年（626年）八月逊位，仍居此宫。至贞观三年（629年）四月徙居大安宫。计在西内12年。

太宗　武德九年（626年）八月，李世民即帝位，是为太宗。初在东宫听政，贞观三年四月太上皇由西内徙居大安宫后，始在太极宫听政，至贞观二十三年（649年）五月病死翠微宫含风殿。计在西内共21年。

高宗　李治从贞观二十三年（649年）五月即位，先在太极宫听政。龙朔三年（663年）四月由太极宫徙居大明宫。除去东都洛阳之外，计在西内共约9年。

中宗　从神龙二年（706年）十月，中宗由洛阳归长安，至景龙四年（710年）六月被韦后鸩杀于神龙殿，均在太极宫听政。计在西内约4年。

睿宗　睿宗自景云元年（710年）六月即帝位，延和元年（712年）八月逊位，均在太极宫听政，计约2年。后亦居西内，至开元四年（716年）六月死于百福殿。

玄宗　玄宗自先天元年（712年）八月即位，至开元二年（714年）六月徙居大明宫，计在西内听政约2年。退位后，乾元三年（760

年)二月,由南内徙西内,居于甘露殿,后死于神龙殿。

僖宗　僖宗先在东内听政。文德元年(888年)二月出奔凤翔返归京师后居于西内。同年三月,死于武德殿。

昭宗　昭宗自文德元年(888年)三月即位,至天祐元年(904年)正月东迁洛阳,在位17年,除去三次出奔,皆在长安,多在西内听政。

6.发生在太极宫的事变

隋唐时期,太极宫(隋称大兴宫)作为隋代与唐初皇帝居住的宫室与政治活动中心,经历了以下多起政治事变。

隋文帝武德殿废黜太子勇　开皇元年(581年)二月十三日,杨坚取代北周静帝登上帝位,建立隋朝,是为隋文帝。登基之日,隋文帝即颁布诏书,封长子杨勇为皇太子,次子杨广为晋王,其他皇子也都封王。太子杨勇,小名睍地伐,好学,喜词赋,性宽仁和厚。北周时,历任洛州总管、上柱国、大司马,领内史御正,统领禁军。入隋立为太子后,参预国政,多所建议。然其性奢侈,多内宠,不得母后独孤氏喜爱。后又因冬至时,百官至太子东宫朝贺,勇穿太子衮冕法服张乐以受贺,渐受文帝猜忌。其弟杨广,善于矫饰仁孝,伪作俭朴,每帝后至其所,广悉匿藏美姬妾于别室,留老丑妇人示前,以矫装其不好声色。杨广私与大臣杨素合谋,素常在帝后前称晋王"孝悌恭俭,有类至尊",而捏造太子勇图谋不轨。文帝轻信谗言,不辨真假,于开皇二十年(600年)十月十五日,在大兴宫(唐太极宫)武德殿戎服阵兵,召集百官,宣布废太子勇及其诸子为庶人。同年十一月,立晋王杨广为皇太子。

杨勇被废为庶人后，先禁于内史省（唐称中书省），后移禁东宫高墙之内，并由新太子杨广看管。杨勇蒙冤被废，心有不平，要求面见父皇申诉，杨广千方百计阻拦，不使文帝闻知。"勇于是升树大叫，声闻帝所，冀得引见。"然而杨素却对文帝说："勇情志昏乱，为癫鬼所著，不可复收"，"帝以为然，卒不得见"。[14]

仁寿四年（604年）正月，文帝病卧仁寿宫（在今陕西麟游县），发现杨广调戏后宫陈夫人，品行不正，不足于托付帝业大事，欲再召勇行废广立勇时，杨广派遣心腹太子左庶子张衡入帝寝殿，伪为侍疾，将文帝杀害，"血溅屏风，冤痛之声闻于外，崩"。[15]随后，杨广又矫称文帝之诏，赐故太子勇死，将杨勇缢杀于长安东宫。文帝死后，杨广即皇帝位于仁寿宫，是为隋炀帝。

李渊代隋　隋大业十三年（617年）时，由于隋炀帝的暴虐统治，农民大起义已席卷全国。由李密、翟让领导的河南瓦冈军，窦建德领导的河北起义军与杜伏威、辅公祏领导的江淮起义军，屡败官军，隋炀帝在江都惶恐不安，隋王朝的统治即将崩溃。此时，隋太原留守李渊于同年五月十五日，杀掉了副留守王威、高君雅，在太原起兵反隋。李渊乘虚进兵关中，于同年十一月九日攻占了隋都大兴城。

李渊为了免遭隋军的讨伐攻击，表面上仍以隋为旗号，在大兴城遥尊隋炀帝为太上皇，扶持炀帝13岁的孙子杨侑为傀儡皇帝，于同年十一月十五日在长安大兴宫大兴殿（唐太极殿）即帝位，是为隋恭帝。李渊自为大都督内外诸军事、尚书令、大丞相，进封唐王，掌握军政大权。其丞相府就设在大兴宫武德殿，李渊于宫内虔化门听政视事。

义宁二年（618年）三月，隋炀帝在江都被宇文化及勒死。消息传到长安后，李渊逼年幼的隋恭帝于五月十四日禅位于唐，逊居旧邸。五月二十日，李渊即位于太极殿，改元武德，建立了唐朝，是为唐高祖。次年五月，逊位的杨侑死去，年仅15岁。

玄武门之变　唐初，高祖李渊封长子李建成为皇太子，次子李世民为秦王，四子李元吉为齐王。太子住东宫；秦王先住太极宫两仪殿之西承庆殿，武德五年（622年）后迁居西内苑弘义宫；齐王住太极宫两仪殿之东武德殿后院。当时，皇子之间为争夺皇位的继承权斗争日渐激烈。由于次子李世民从晋阳起兵，及在建唐后削平群雄统一全国的战争中，战功显赫，功劳卓著，并且有一批谋臣猛将，形成秦王府政治集团，从而威胁着李建成的太子地位。于是李建成联结四弟齐王元吉，形成对立的东宫政治集团，与秦王李世民展开明争暗斗。

李建成为了铲除李世民，一方面私自召募四方骁将及长安恶少二千人为东宫甲士，驻屯东宫左、右长林门，号为"长林兵"。并募邠州突厥兵三百人藏于东宫中，准备攻打秦王府。另一方面欲谋收买秦府骁将尉迟敬德、段志玄等人，并借李渊之手驱逐李世民左右手房玄龄与杜如晦等谋士，企图削弱和瓦解秦王府集团。李建成还趁召李世民饮酒之机，使李世民中毒吐血，并向高祖进谗言，对秦王进行陷害。李世民也不断蓄积力量，加意提防。

武德九年（626年），双方斗争日趋激烈。六月初，李世民以秦王府在西内苑弘义宫临近宫城北门玄武门的有利地理条件，并暗中收买了原为李建成心腹的玄武门守将常何，先发制人，于六月四日率领尉迟敬德、侯君集、张公谨、刘师立、公孙达武、独孤宏云、杜君绰、郑仁泰、李孟尝9名秦府将领，埋伏于玄武门内，准备截击李建成。李建成自恃东宫兵多将勇，又有心腹常何守卫玄武门，便和四弟元吉毫无戒备地策马直赴玄武门进宫。当行至玄武门内附近的临湖殿时，始觉有变，两人即拨马便回。这时，埋伏在玄武门内的李世民等秦府将领跃马冲出，张弓齐射，李世民一箭射死李建成。李元吉走马东奔，被射落马下。这时，李世民坐骑走入林下，马缰缠绊，亦坠落马下。元吉赶来夺弓，尉迟敬德见状骑马前来相救，元吉逃向武德殿，结果被尉迟敬德赶上射死。消息传至东宫，太子党羽薛万彻、冯立、谢叔方等人率东宫二千精兵向玄武门杀来，双方展开激战。由于秦府将领和玄武门常何守兵寡不敌众，玄武门几次即将被攻陷。在此危急时刻，尉迟敬德手持建成、元吉首级宣示，东宫兵见大势已去，遂走散而去。李世民派尉迟敬德手持长矛至正在后宫海池中泛舟游乐的高祖跟前，称太子作乱，已被秦王诛杀。高祖大惊失色，无可奈何，只好下命国军大事一律由秦王处分。三天后，立李世民为皇太子。八月正式传位李世民。这次太极宫玄武门流血的皇位继承权之争，史称"玄武门之变"。

李重俊兵败玄武门　神龙二年（706年）七月，唐中宗立第三子李重俊为皇太子，韦皇后以其非己所生，欲废太子，谋立其女安乐公主为皇太女。又唆使驸马武崇训与其父清野王武三思及婕妤上官婉儿凌辱太子，呼其为奴。李重俊不堪其辱，于神龙三年（707年）七月六日，联络羽林军将军李多祚、李思冲、李承况等人，发动兵变，矫制发羽林军及千骑兵三百余人,先奔赴外郭城西北隅休祥坊南门之西武宅,杀死武三思、武崇训及其亲党十余人。然后太子与李多祚从太极宫南面而进,至两仪殿西南肃章门斩关而入,叩阁搜捕韦后、安乐公主与上官婉儿。韦后与安乐公主及上官婉儿仓皇拥中宗登宫城北门玄武门楼躲避,并急召羽林军百余人于楼下列守自卫,另有兵部尚书宗楚客、左卫将军纪处讷拥兵二千余人屯于太极殿前,闭门自守。

太子率兵攻至玄武门楼下时,李多祚因皇帝在楼上,不敢贸然进攻,误失良机。这时中宗在楼上凭栏对楼下兵变军士诏抚说:"汝辈皆朕宿卫之士,何为从多祚反!苟能斩反者,勿患不富贵。"[16]于是楼下太子兵倒戈一击,杀死李多祚、李承况等人,余众溃散。此时,跟随太子发动兵变的左金吾大将军成王李千里与天水王李禧,率兵攻打太极殿西的右延明门,遇宗楚客、纪处讷所将兵顽强抵抗,因寡不敌众,亦遭失败。太子李重俊见玄武门楼兵败,急率亲从百余骑出宫向南逃奔终南山,至鄠县西十余里,仅剩从属数人。日暮之时,李重俊憩于林下,为其左右所杀。中宗令以李重俊首级献于太庙,并以祭武三思、武崇训之柩。这次事变后,同年八月,中宗、韦后令改太极宫玄武门名为神武门,楼名为制胜楼。

唐中宗被弑神龙殿 唐中宗李显,又名哲。高宗第七子,武后生。历封周王、英王,永隆元年(680年)立为太子。弘道元年(683年)十二月高宗崩,李显即帝位。次年二月,被武后废为庐陵王,徙于房州(治今湖北房县)。圣历元年(698年)复为太子。神龙元年(705年)十一月武则天在洛阳病重时,再次被宰相张柬之等拥立复位,是为中宗，并改周复唐国号。

唐中宗于神龙二年（706年）十月从洛阳返回长安，住太极宫神龙殿。在位期间，怠于政事，纵皇后韦氏、女安乐公主及武三思擅权，刑政错乱，诛杀功臣，滥封官爵，广建佛寺，恣意淫乐，不恤民疫。景龙四年（710年），安乐公主欲其母韦氏临朝称制，而求立己为皇太女，于是与韦后合谋，于同年六月二日，进鸩酒毒死中宗于神龙殿，时年55岁。中宗死后，韦后亲总庶政，临朝称制。

李隆基西内诛韦后 景龙四年（710年）六月二日韦后与安乐公主合谋毒死唐中宗后，扶立年仅16岁的中宗第四子温王李重茂即帝位，而韦后临朝称制，亲总庶政，仿武后所为。为巩固其统治，召诸府折冲兵五万人分屯长安，列为左右营，以诸韦子侄分统。并引用其亲信党人，分握政柄。又谋加害中宗之弟相王李旦和其妹太平公主。在此情势下，相王第三子临淄王李隆基和其姑母太平公主联络羽林军将领葛福顺等人，与之密谋，欲先发制人，诛韦讨乱。同年六月二十日夜，李隆基、葛福顺等人率万骑军，秘密伏兵于太极宫北墙外西内苑，突然向玄武门发动进攻，杀守门军将韦璿、韦播、高嵩等人。为了瓦解对方军心，葛福顺对守门军士说："韦后鸩杀先帝，谋危社稷，今夕当共诛诸韦，马鞭以上皆斩之，立相王以安天下。敢有怀两端助逆者，罪及三族。"[17]结果守门羽林兵放下武器，欣然听命参加诛韦。入玄武门后，分兵攻白兽、玄德等门，斩关而进，合兵于凌烟阁前。这时韦后闻变惶惑走入飞骑营，为飞骑兵所杀，献首级于李隆基。安乐公主方照镜画眉，亦为军士所杀。接着斩韦党武延秀于肃章门外，斩内将军贺娄氏于太极殿西。上官婉儿被执见李隆基，斩于旗下。这时，李隆基令关闭宫城门及京城门，分遣万骑兵收捕诸韦亲党。及至天明，定乱成功。六月二十四日，太平公主促少帝李重茂传位于相王。时少帝犹坐在太极殿御座上不动，太平公主说："天下已归心相王，此非儿座。"遂将少帝从龙椅上提了下来，随即相王李旦即帝位于承天门楼，是为睿宗。六月二十七日，册封李隆基为皇太子。景云三年（712年）八月三日，睿宗传位于皇太子。李隆基因平乱有功，登上帝位，是为玄宗。

唐玄宗粉碎太平公主政变　高宗女太平公主自与其侄李隆基共谋，于景龙四年六月诛韦后与安乐公主，并拥立睿宗后，自恃有功，权倾天下。时宰相七人，五出其门，遍树党羽，掌握禁兵，左右朝政，文武之臣，大半趋附。一家三子为王，封邑至万户。田园第宅，遍于京师，珍宝山积，供帐声伎同于皇帝。由于太平公主觊觎帝位，与其党羽窦怀贞等人密谋，欲加害太子李隆基。玄宗即位后，太平公主密谋政变，企图于先天二年（713年）七月四日派遣羽林军入太极宫杀死玄宗。此谋为侍中魏知古告发，玄宗先发制人，提前一天，于七月三日，令龙武将军王毛仲，取闲厩马及三百余人，出武德殿，至虔化门，然后召太平公主死党左羽林大将军常元楷、知右羽林将军李慈，斩于门下，接着擒拿其党羽中书舍人李猷、右散骑常侍贾膺福及萧至忠、岑羲等，斩于承天门外朝堂前。太平公主惊闻谋败，逃亡南山，三日方出，被擒回长安，赐死于其宅。玄宗一举粉粹了太平公主密谋策划的太极宫未遂政变，巩固了帝位，稳定了政局，为"开元之治"奠定了基础。

权楚璧兵变西内　开元十年（722年）九月十一日夜，左领军兵曹权楚璧与原兵部尚书李迥秀之子李齐损,乘玄宗巡幸东都洛阳之际,在长安发动兵变。权楚璧伪称年仅10岁的侄子权梁山为唐襄王原少帝李重茂之子,拥立其为光帝,欲求继统皇位。权楚璧与李齐损拥左屯营兵数百人,从皇城东面景风门而入,斩关而入太极宫南面偏东的长乐门,攻至太极殿前东北的恭礼门,求索西京留守王志愔,而终未获得。第二天黎明,屯营兵自溃而散,兵变失败,羽林军斩权楚璧与李齐损,传首东都。王志愔经此兵变,惊怖而死。事后,唐玄宗从洛阳派遣河南尹王怡来京师长安宣慰。这次发生在太极宫的兵变,仅一夜之间即被平定。

二、东内大明宫

1.营建

大明宫是唐朝初期新建的一处宫殿区。贞观八年(634年)十月,太宗李世民为备太上皇"清暑",由"百官献贸以助役",开始营建。太宗贞观八年七月,"上屡请上皇避暑九成宫(即隋之仁寿宫,在陕西麟游县),上皇以隋文帝终于彼,恶之。冬十月,营大明宫,以为上皇清暑之所"。[18]但是,宫还未建成,上皇李渊就于次年五月病死在大安宫。

大明宫的大规模营建,是在高宗龙朔(661—663年)时期,"龙朔二年,高宗染风痹,恶太极宫卑下,故就修大明宫"。[19]营建的费用,主要是征收关内道"延、雍、同、岐、幽、华、宁、鄜、坊、泾、虢、绛、晋、蒲、庆等十五州率口钱,修蓬莱宫"。同时,还于龙朔三年（663年）二月二十五日，"减京官一月俸，助修蓬莱宫"。[20]经过这次大规模营建，大明宫便基本建成。

此后，大明宫仍有多次增建葺修。玄宗开元元年（713年），"先是，修大明宫未毕，夏五月庚寅，敕以农务方勤，罢之以待闲月"[21]，可见这时期还在继续修建。此后元和十二年（817年）闰五月，"新造蓬莱池周廊四百间"；次年二月，又创修麟德殿右廊，并浚龙首池，起承晖殿。[22]敬宗宝历二年（826年）正月"以诸军丁夫二万入内穿池修殿"等亦多次营建。[23]不过这些工程，都是在贞观、龙朔时期营建的基础上进行的。

大明宫曾多次易名。太宗贞观八年（634年）初建时，称永安宫；次年正月，改称大明宫。高宗龙朔二年（662年），称蓬莱宫；咸亨元年（670年）三月，又改称含元宫。武后长安元年（701年）十一月，复称大明宫。因大明宫位置在太极宫东北，故又称东内或北内，亦称"北阙"，如白居易《晚从省归》诗云："朝回北阙值清晨，晚出南宫送暮春。"又如秦韬玉《天街》诗云："烟光正入南山色，气势遥连北阙春。"唐人诗中所说的"北阙"，即指大明宫。

大明宫作为都城长安一处新的宫殿区，自龙朔三年（663年）四月高宗由西内迁此居住听政以后，唐代的政治活动中心，就由太极宫移至大明宫，成为唐代时期的主要朝会之处。

2.规模

大明宫位于郭城外的东北处，"在禁苑，东偏旧太极宫后苑之射殿，据龙首山，南接都城之北，西接宫城之东北隅"[24]。遗址在今西安城外东北龙首原处，其东部南段约在今太华南路，东部北段在今龙首北路东端西斜至西马旗寨之南；西至今坑底寨村与建强路；南近今自强东路东段，北至今玄武路之南。唐大明宫东南隅的东内苑，遗址约在今太华南路与建华路之间。

大明宫的规模与形制，史书记载与考古实测也有出入。据《唐

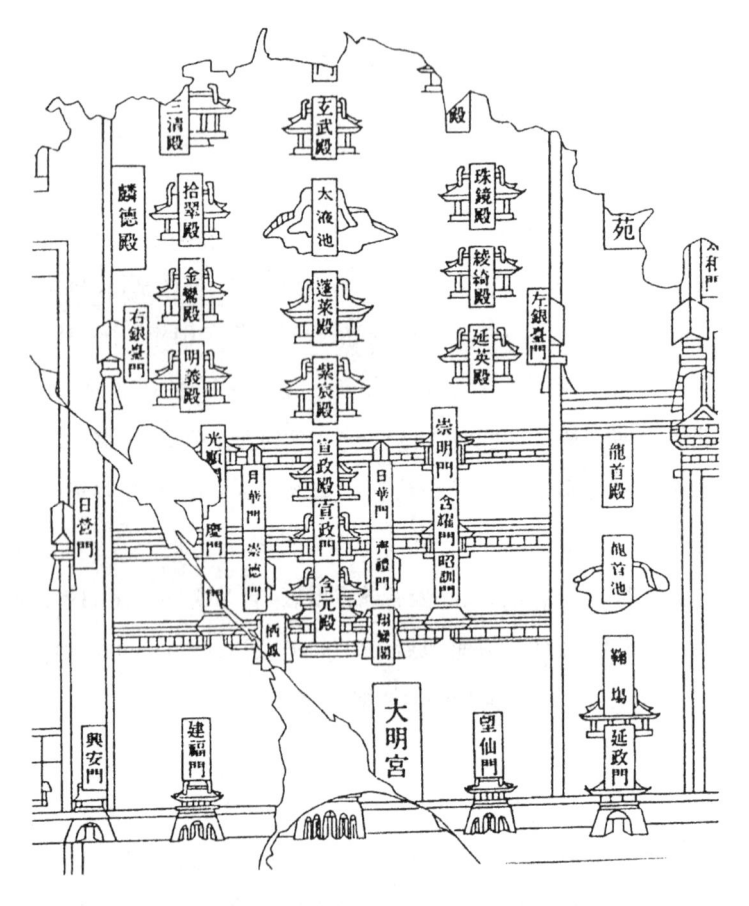

（宋）吕大防《唐长安城图》石刻残块大明宫部分

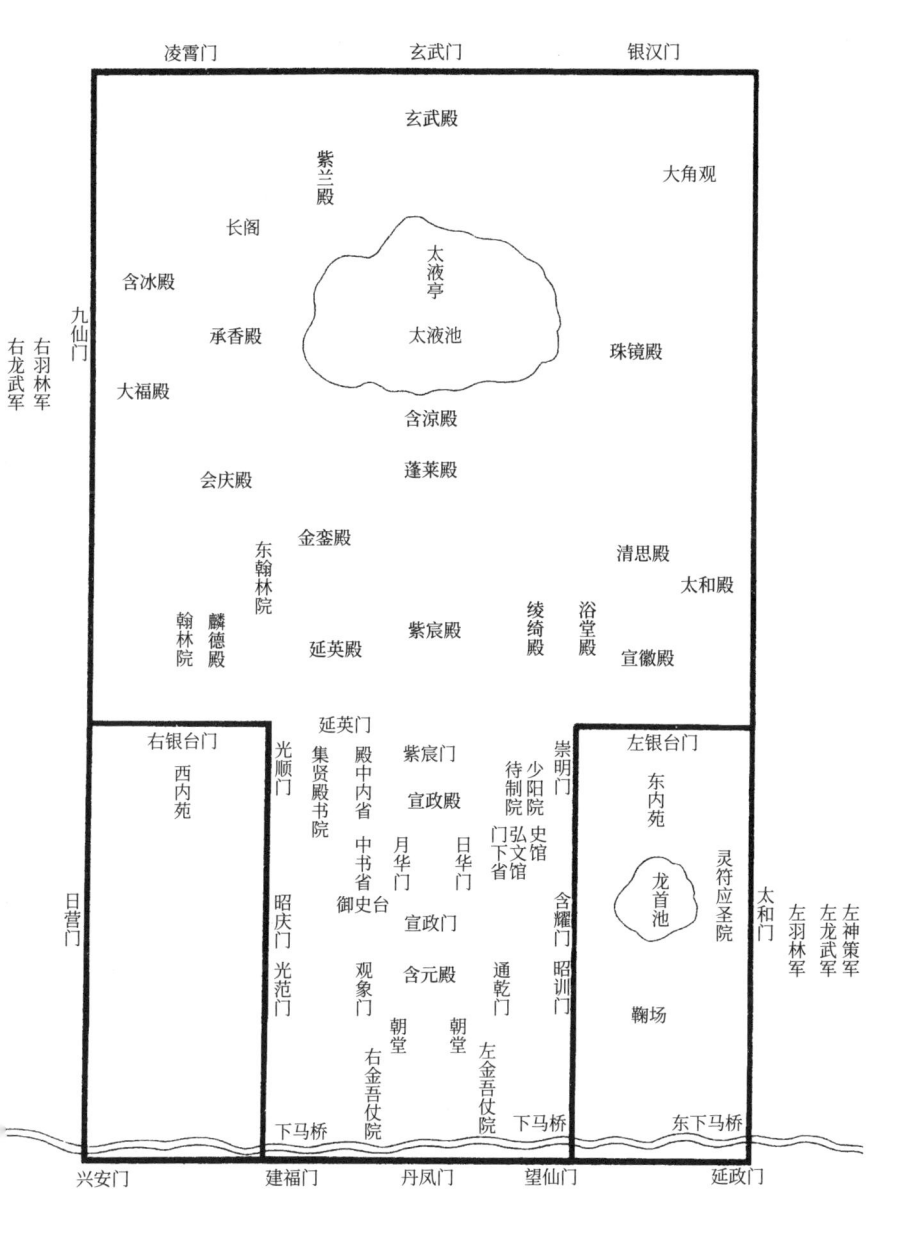

大明宫图（《唐两京城坊考》）

第六章 三大内

六典》《长安志》《唐两京城坊考》的记载，大明宫南北五里（合2619米），东西三里（合1587.6米）。《长安志图》则记为："大明宫城广二里百四十八步（合1276.9米），纵四里九十五步（合2256.4米）。"[25]而考古实测，大明宫西墙长2256米，北墙长1135米，南墙为郭城北墙东部的一段，长1674米，东墙的北部偏西12度多，由东墙东北角起向南（偏东）1260米，转折向正东，再304米，又折向正南长1050米，与宫城南墙相接。周长7628米，面积为3.3平方千米，平面形制是一南宽北窄的楔形[26]，为长安三大内中规模最大的一处宫殿区，约相当于北京明清故宫0.7平方千米的4.7倍。

以上关于大明宫宫城四周范围，文献记载数据与考古实测数据相比，除《长安志图》所记南北四里九十五步（合2256.4米），与实测数据相同外，其余数据都不相符。另外，从《长安志图·唐大明宫图》与图来看，可以明显看出，东墙南部向东突出的部分，应属东内苑的范围。因此，向东突出的东墙，实则是东内苑的东墙，而非大明宫的东墙。又次，从大明宫的平面形制看，文献记载均为规则的纵长方形，而实测为一南宽北窄的楔形。大明宫在实际上之所以不能采取传统的规则长方形，东墙北部向西偏斜，这主要是受地形条件的限制。根据实测和其周围的地形看，东墙北部的偏斜可能是因龙首原至含元殿以东，即折向东北，在今太华南路北段马旗寨、余家寨一带，地势渐趋低下。东墙的北部如不西偏，而是正南北的话，则北部的城垣就恰恰处于龙首原折向北去的西麓之下，这样原高墙低，对宫廷的防卫来说是不利的。

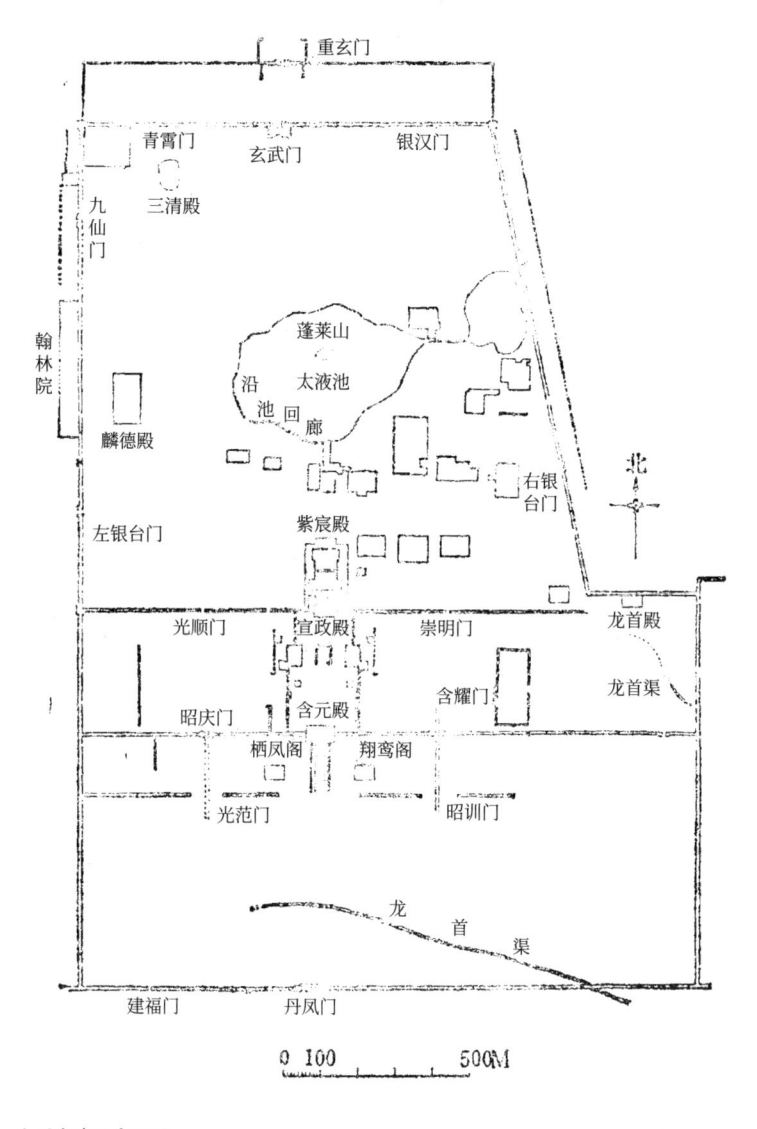

大明宫遗址实测图

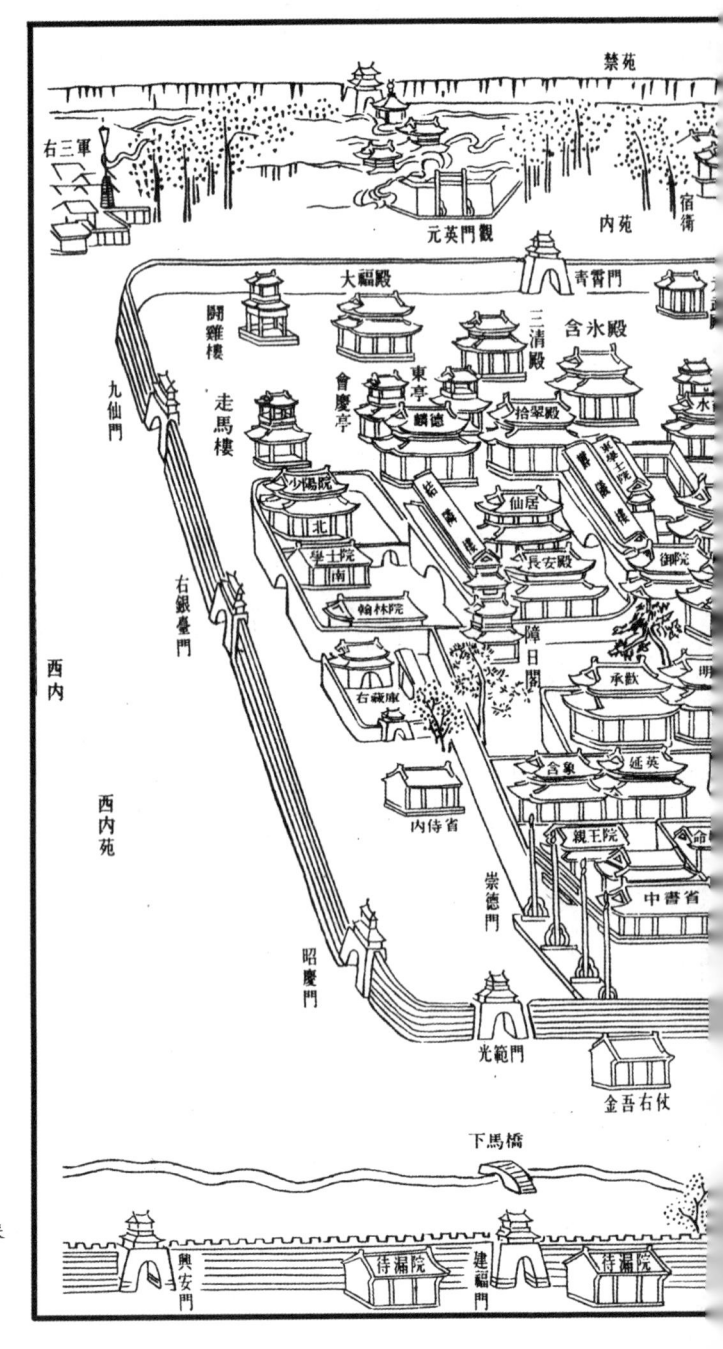

大明宫图
(雍正《陕西通志》)

唐都长安

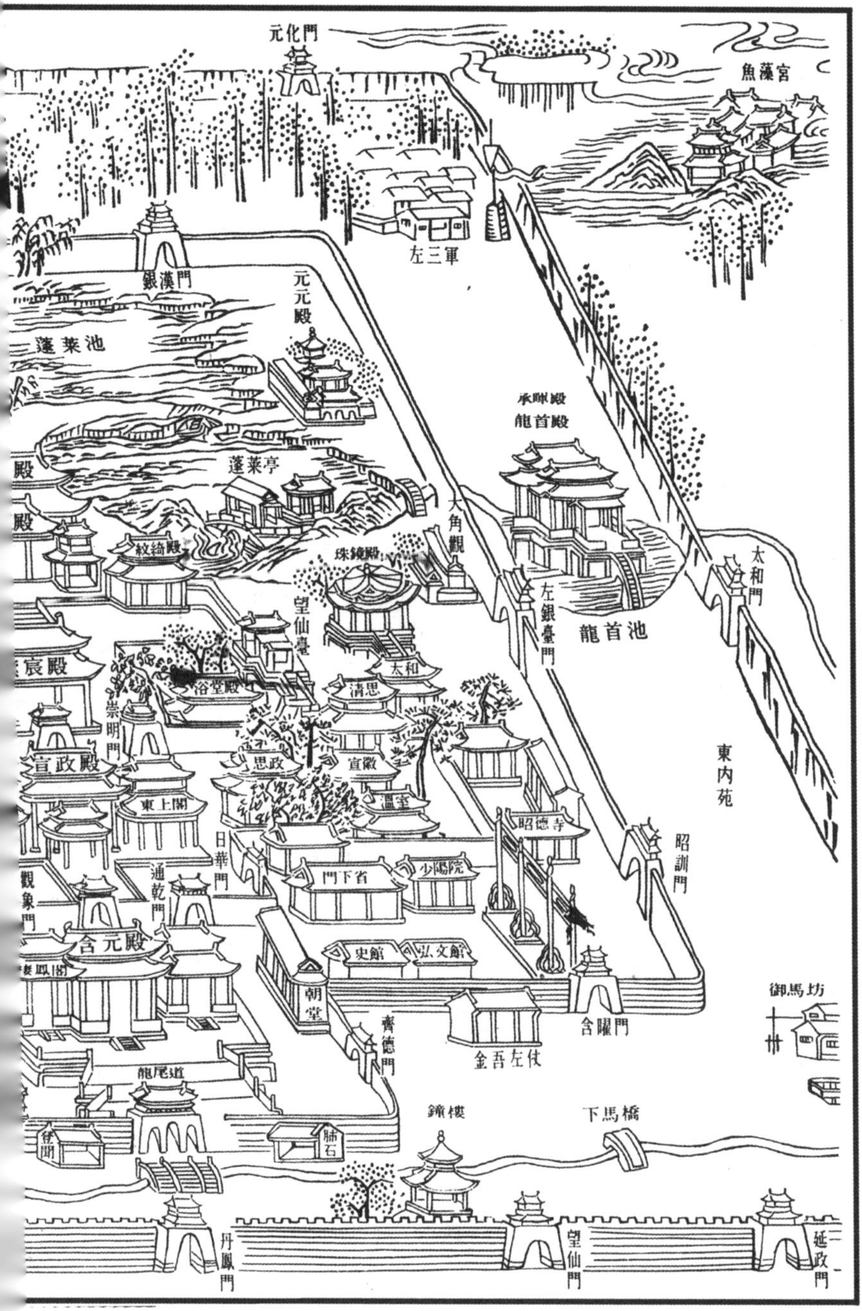
元化門
魚藻宮
左三軍
銀漢門
蓬萊池
承暉殿
龍首殿
蓬萊亭
殿
殿
大角觀
珠鏡殿
左銀臺門
太和門
望仙臺
龍首池
宸殿
浴堂殿
太和
清思
崇明門
思政
宣徽
宣政殿
東上閤
溫室
東內苑
昭德寺
昭訓門
日華門
通乾門
門下省
少陽院
觀象門
含元殿
史館
弘文館
朝堂
御馬坊
齊德門
含耀門
金吾左仗
龍尾道
鐘樓
下馬橋
登聞
肺石
丹鳳門
望仙門
延政門

3.宫城与宫门

大明宫环筑有宫城。宫城城墙除在各城门的两侧及转角处内外表面砌砖之外，一般都是板筑夯土之墙。城基的宽度，据考古探测，除南面是沿用郭城北墙基宽9米左右外，其他三面墙基均宽13.5米，深1.1米。城墙筑在城基中间，两边比城基各窄进1.5米左右，底部宽10.5米，构筑十分坚固。在城墙转角处，外侧两边15米之内，均加宽2米多，有的内侧也同样加宽。这说明在转角处的城墙之上，昔日可能有角楼之类的建筑。

另外，在宫城北部之外，东、西、北三面都构筑有平行于宫城墙的夹城，东夹城为偏西11度，与东城略差。夹城亦为板筑土墙。北面夹城距宫城墙宽160米，东西两面夹城距宫城墙宽55米。[27]此三段夹城可能筑于宪宗元和二年（807年）六月。[28]夹城的修筑，在宫城的后部，配合宫城墙共同构成严密的防卫体系结构。

大明宫宫城之门，史书记载多不相同。《唐六典》记宫城有十一门。其中南面五门：中为丹凤门，东有望仙门和延政门，西有建福门和兴安门；东面一门，为左银台门；西面二门：南为右银台门，北为九仙门；北面三门：中为玄武门，东为银汉门，西为青霄门。《长安志》记为八门，除南面五门与《唐六典》所记相同外，东、西、北三面各为一门，东为太和门，西为日营门，北为玄武门。

史书记载中的分歧，通过考古发掘得到了澄清。1959年经过对大明宫的考古勘探和发掘，城门之数与《唐六典》所记相同。[29]

丹凤门　唐大明宫正南门。位于大明宫南墙的中部，在长安北郭城墙自东向西2670米处。建于高宗龙朔二年（662年）。初称丹凤门,肃宗至德三年(758年)正月改称明凤门,后又复其原称。遗址在今西安东北面城墙外自强东路东段笃臣巷与童家巷之间正北处。

丹凤门北对宫内正殿含元殿,门上建有楼观。据探测,其门址基座东西长74.5米,南北长33米,由东西墩台和5个门道、4个隔墙组成。[30]由于是5个门道,唐人亦俗称其为"五门"。白居易《早朝贺雪寄陈山人》诗中有"待漏五门外,候对三殿里"之句,此处所说"五门",即指丹凤门。今残存遗址为一东西长49.6米,南北宽29米,高2米的土丘。经考古发掘,此遗址为丹凤门残存的西部3个门道。门道皆净宽8.5米(如果按两侧夯土隔墙之间的距离计算,则宽达9.4米),南北进深为33米(地表残存最多为24米)。2010年1月在其旧址处仿唐原制重建了门下开5门洞,门上楼观为东西面阔11间、进深5间的极其高大宏伟的丹凤门。

丹凤门和含元殿相配合,是皇帝在东内举行登基、改元、大赦等"外朝"大典之处。如肃宗改元为乾元、上元,德宗的登基大典,都是在丹凤门楼举行的。元和十五年(820年)二月五日,穆宗登基之后,"御丹凤楼,大赦天下。宣制毕,陈俳优百戏于丹凤门内,上纵观之"。[31]唐人张籍《赠姚合》诗中有"丹凤城门向晓开,千官相次入朝来"之句,就描写的是含元殿早朝时文武千官由丹凤门依次而入的情况。

丹凤门楼也是唐朝皇帝宴见各国来使与各民族贡使之处。如开元七年(719年)三月,玄宗在丹凤楼宴见突厥首领;十八年(730年)十一月,玄宗又在丹凤楼同时宴见突骑施与突厥使者,二使在座次上相互争长。突厥使者说:"突骑施小国,本突厥之臣,不可居我

丹凤门遗址

丹凤门复原图

上。"突骑施使者说："今日之宴，为我设也，我不可以居其下。"玄宗命设东、西幕，突厥使者在东，突骑施使者在西，从而平息了二使的纷争。

唐代时期，凡有大赦，多在丹凤门楼举行隆重的"金鸡释囚"仪式。大赦之日，先由尚书省刑部所属之卫尉在丹凤门楼南竖金鸡于竿。其竿长七尺，上缚木作雄鸡，高四尺，黄金饰首，口衔绛幡长七尺，承以彩盘，维以绛绳。宫门之右，置以长三尺的㧱鼓，待大理寺及府县押囚徒至，集百官与百姓于楼前。仪式开始时，先由宫人穿着红色衣服、头戴鸡冠的绛帻鸡人，学鸡长鸣数声，然后㧱鼓大作，擂鼓千声，接着宣读皇帝大赦之令，于是就地释放囚徒。唐人杨巨源《元日含元殿下立仗丹凤楼下宣赦相公称贺》诗中有"丹凤楼前歌九奏，金鸡竿下鼓千声"之句。

丹凤楼也是唐末黄巢农民军宣告建立大齐农民政权之处。僖宗广明元年（880年）十二月五日，黄巢率领农民起义军攻占长安城，僖宗连夜逃出长安，躲奔四川。十二月十三日，黄巢在长安大明宫含元殿即皇帝位，然后"登丹凤楼，下赦书，国号大齐，改元金统"[32]，在丹凤门楼，正式宣告大齐农民政权的建立。

望仙门 大明宫南宫城门之一。位于丹凤门次东430米左右。考古试掘只揭露出望仙门城门遗址东墩台以西部分，遗址东西宽33—35米、南北长19米左右，可能为3个门道，门道东西宽度5米左右。据宋人吕大防《唐长安城图》石刻残块大明宫部分图中所绘，望仙门下开3门道，门上建有楼观。德宗贞元十二年（796年）八月曾增修望仙门。敬宗时又造门侧看楼10间，文宗即位后毁之。穆宗每三日必去望仙门或九仙门、晨辉楼,观看角抵诸戏。望仙门与建福门同为百官早朝前于宫门外待漏入宫之门。文宗大和时,京中动乱,金吾大将军陈君赏固守此门。

延政门　大明宫南宫城门之一。位于望仙门之东,南对长乐坊,北入即东内苑,实际上是东内苑的南门。据吕大防《唐长安城图》大明宫部分所绘,此门下开1门道,上建楼观。

建福门　大明宫南宫城门之一。位于丹凤门次西415米。该门遗址东西宽约37米,南北长约19米,有3门道,门道宽度均为5米左右。吕大防图中亦绘此门下开3门道。门内有下马桥,桥跨龙首渠支流。建福门与望仙门为百官早朝入宫之门。"初,百官早朝,必立马建福、望仙门外。"[33]据唐京城之制,长安诸宫城门与坊市门,每日昏而关闭,五更开启,皆有定时。原先大明宫早朝前,宰相等候于建福门外光宅坊太仆寺的车坊,其他各官则在光宅坊寻处避风寒以待漏。宪宗元和元年(806年),在光宅坊建百官待漏院,百官早朝入宫之前,各据官品在此避风霜,并供小息,以等候宫门开启。

兴安门　位于大明宫南面西城之外,在大明宫与西内苑之间,为早于大明宫之前的隋初而建。据考古实测,兴安门东距大明宫西南角60米,距建福门260米,距丹凤门680米。遗址东西宽约39米,南北长约20米,有3门道(据宋吕大防《唐长安城图》大明宫部分所绘,此门为1门道),门道宽度均为5米左右。门上建有楼观。《唐六典》卷七"兴安门"条注载,此门"南当皇城(应为郭城)之启夏门,旧京城入苑之北门。开皇三年开"。门外原有一座竹亭,不知建于何时,元和六年(811年)五月,宪宗诏令拆除。

唐大明宫建成后，兴安门既为郭城北面入苑之门，又是翰林学士与应召官员从南面就近入右银台门进出东内之门。唐代亦多在此门楼举行献俘活动，如宪宗元和元年（806年）十月，平西蜀献俘刘辟；二年（807年）十月，平浙西献俘李锜；十二年（817年）十一月，平淮西献俘吴元济；十四年（819年）二月，平山东献俘李师道及大和三年（829年）五月斩李同捷等，宪宗、文宗都是在此兴安门楼举行仪式活动的。[34]

左银台门　大明宫东宫门。位于东城墙的中部，在紫宸殿之东，西与右银台门相对。《长安志图·唐大明宫图》绘此门于东宫城墙与东内苑的界墙处，《唐两京城坊考·西京大明宫图》则绘此门在东内苑的北墙处。下开1门道，据探测，门道宽约6米，进深约13米。《旧唐书·宣宗纪》大中二年（848年）"正月"条载，"神策军修左银台门楼"。而从此门基座之宽及遗址堆积瓦石看，也可证明门上建有门楼。门设兵卫，有仗舍。

右银台门　大明宫西宫城门之一。位于西城墙的中部，在紫宸殿之西，东与左银台门相对。下开1门道，门道宽5.9米，上建门楼，基座长18米，进深12.5米。门内临宫内翰林院与麟德殿。《玉海》卷一七〇"唐左右银台门"条载，"（文宗）大和九年九月，幸右银台门，观门楼兴工"。大和九年（835年）十月，因修曲江紫云楼与彩霞亭成，文宗亲赐新造紫云楼、彩霞亭匾额，左军中尉仇士良以百戏迎于右银台门。由于此门南近城区，并且接近皇帝日常宴见与举行娱乐活动的麟德殿，及皇帝随时要召对议事的延英殿，因此，臣下不由南面正门进宫，就多经此门进出。

九仙门　　大明宫西宫门之一。位于西城墙的北部，在右银台门北750米，距宫城西北角245米。下开1门道，门上有楼，其建筑形制、大小与左右银台门相同。门外驻屯有右神策军、右龙武军、右羽林军，号称"右三军"。门外即为禁苑地区。代宗、顺宗即帝位前夕，曾在此九仙门接见百官。顺宗于贞元二十一年（805年）正月即帝位后，于同年三月一日，在此释放掖庭教坊女乐六百人，令其亲属领回。穆宗也常来此门观看角抵诸戏。

玄武门　　大明宫北宫城中门。位于北城墙中部略偏西处，西距宫城西北角538米，东距宫城东北角597米。下开单门道，门上有楼。据考古探测，玄武门基座平面呈长方形，东西长34.2米，南北宽16.4米。德宗贞元五年（789年）正月与八年（792年）正月，两次修葺玄武门。《长安志·大明宫》玄武门注："德宗造门楼，外设两廊，持兵宿卫，谓之北衙。"

大明宫玄武门建制独特，是一组三门重设周筑垣墙的防卫性建筑结构。在玄武门的南北两侧，还各建一门。北为重玄门，位玄武门正北160米处，下开单门道，构造形式与玄武门基本相同。据考古探测推定，重玄门的原状为门道用木柱承梯形梁架；城墩顶上建平坐，平坐上建面阔5间、进深2间的单层单檐庑殿顶城楼；城墩左右城墙的内侧（南侧），各有一条登上城楼的漫道；城墙外侧南北矩折的夯土墙上覆以短椽，施以瓦顶。在重玄门城墩左右各有一段长27.5米的城墙，城墙东西两端再接以宽3.5米的夯土墙。这道夯土墙在重玄门两侧东西相距140米处向北矩折，在相距135米处向南矩折。南折的墙直抵玄武门两侧的城墙，南北长160米。[35]南为内重门，位玄

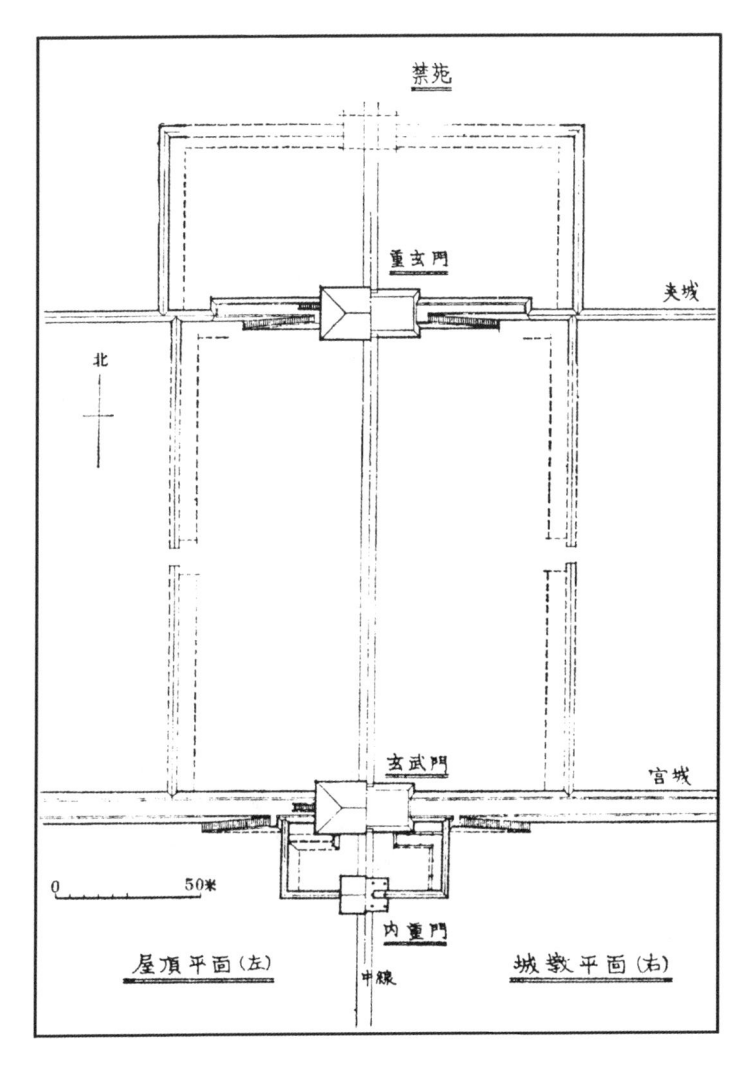

大明宫玄武门与重玄门平面图（傅熹年《唐长安大明宫玄武门及重玄门复原研究》）

唐大明宫玄武门与重玄门复原图（傅熹年《唐长安大明宫玄武门及重玄门复原研究》）

武门之内20米处。此门较小,由3间平房构成,中间的1间为门道,与玄武门、重玄门相通,上无楼观建筑。此门与玄武门之间的东西两侧,均筑有围墙。重玄门与内重门,都是玄武门的防卫性体系建筑。

银汉门 大明宫北门之一,位于玄武门之东,相距385米。据考古发掘,此门很小,仅为2.2米宽的缺口,门道两侧各砌厚0.35米的砖壁。从此门如此狭窄及无基无础情况推测,门上可能没有门楼等建筑。[36]

凌霄门 又称青霄门,大明宫北门之一,位于玄武门以西355米处。据考古探测,此门大小和形制,与银汉门相同。

凌霄门多和大明宫政变有关。宝应元年(762年),肃宗将死,张皇后召太子豫欲废而立越王系,宦官程元振、李辅国伏兵此门,卫护太子,得免于难。

德宗贞元三年(787年),唐宗室李广弘联络殿前射生将韩钦绪等,密谋同年十月十日起事,以击鼓于凌霄门为号,后因阴谋败露,未能得逞。

4.布局

总的看来,大明宫在建筑布局上,受到了以下条件的限制:其一,"大明宫地本太极宫之后苑东北面射殿"[37]。唐太宗开始营建大明宫,是在此射殿的基础上进行扩建的,因而宫内的布局,受到了原先建筑物的一定限制。其二,大明宫地处龙首原之上,宫内的建筑只能因山原的起伏之势而建,布局规划受到了地形条件的一定限制。其三,大明宫的营建,经过了贞观时期和龙朔时期两次大的工程,时隔三十年，逐步扩充而成。起初仅为避暑之离宫，后来才发展为皇帝听政的东大内。因而在建筑布局上，很难有一个完整严密的规划。正因为如此，大明宫的平面形制，并不是传统的规矩的方形或长方形，而是北窄南宽的楔形；宫内有些建筑的排列，也不十分规整；殿阁的建筑坐向，也不都是坐北向南的。

尽管大明宫的建筑受到以上条件的限制，但它的规划布局仍具以下的特点。

其一，大明宫的基本布局，仍采取"前朝后寝"的传统殿堂建筑原则。宫内的建筑，以紫宸门为界，划分为前朝和后廷前后两大部分。紫宸门以前，属于"前朝"地区，其间有丹凤门、含元殿、宣政殿等建筑，是皇帝举行"外朝"大典和"中朝"听政视事之处；紫宸门以内，属于"后寝"地区，为皇帝"内朝"常日听政视事与在内廷引见个别亲信大臣及皇帝与后妃的居寝之处。

其二，大明宫虽然由于龙首原地形条件的限制，宫内建筑的排列不如太极宫那样规整严格，但以中轴部位安排主要建筑的布局思想，仍然十分明显。如丹凤门与含元殿、宣政殿、紫宸殿三大殿，由南向北同处于全宫的中轴地区。特别是含元殿、宣政殿、紫宸殿三殿，依龙首原地势的起伏，南北相沓，都建在山原的高处，如《雍录》所载："唐大明宫尤在高处，故含元殿基高于平地四丈。含元之北为宣政，宣政之北为紫宸，地每退北，辄又加高，至紫宸则极矣。"[38]这种以中轴部位和在原冈地段安排主要建筑的做法，既突出了三大殿象征最高封建统治的中心重要地位，又使这些宫殿建筑更加巍峨高耸和雄伟壮观。

其三，在大明宫北部的内廷地区，以中部的太液池为界，又分为东西两个大的活动地区。太液池以西，以麟德殿、金銮殿和翰林院等为主，是皇帝在内廷引对僚臣、举行宴会和观乐赏戏之处；太液池以东，以蓬莱殿、浴堂殿、绫绮殿等为主，主要是皇帝与后妃的生活区。

其四，大明宫附设有防卫性的布局结构。如在宫城的南部，增设了三道东西向平行的宫墙。第一道宫墙在含元殿前120米处；第二道宫墙与第一道宫墙相距145米，东西与含元殿齐；第三道宫墙在含元殿以北300米处，东西与宣政殿齐。[39]三道宫墙的修筑，不仅使大明宫前朝部分在布局上有前、中、后的内外之分，而且宫墙层层相隔，利于防卫。同时，在大明宫宫城北部的东、西、北三面，各修有防卫性的复墙夹城。此外，宫内的含元殿、麟德殿多采取对阁连廊的建筑形式，形成了一组组严密的防御体系。大明宫这种防卫性的布局和建筑结构，是与其独处都城城垣之外，需特加防护警卫有关。同时，这也反映了当时武则天谋夺政权和为巩固其统治，注重于内防的时代特点。

5.主要建筑

据《长安志》与《唐两京城坊考》所载，大明宫中有殿、阁、门、院及楼、观、亭、台等各种建筑不下百余处，是唐长安三大内中规模最大、建筑物最多的一处皇家宫殿区。

大明宫从丹凤门入内，中部从南而北有含元殿、宣政殿、紫宸殿（称"东内三大殿"）、蓬莱殿、含凉殿。东侧有金吾左仗院、通乾门、门下内省、宏文馆、史馆、待制院、少阳院、绫绮殿、浴堂殿、宣徽殿、温室殿、太和殿、清思殿、珠镜殿、会昌殿等；西侧有金吾右仗院、观象门、中书内省、殿中内省、御史台、命妇院、延英殿、含象殿、麟德殿、金銮殿、学士院、翰林院、承欢殿、长安殿、会庆殿、大福殿、承香殿、三清殿、拾翠殿、仙居殿、含冰殿等；北部后廷有太液池、太液亭、长阁、大角观、紫兰殿等。其中主要建筑如下。

含元殿　大明宫正殿。位于丹凤门内正北，为大明宫第一大殿。初建于高宗龙朔二年（662年），竣工于次年龙朔三年四月。初称含元殿，唐李华《含元殿赋》道其殿名寓意说："含元建名，易乾坤之说，曰：含宏光大。又曰：元亨利贞，括万象以为尊。"武后长安元年（701年）十二月改称大明殿，神龙元年（705年）二月复称含元殿。含元殿自高宗龙朔时期建成后，后又经代宗大历年间（766—779年）与德宗贞元二年（786年）二月等多次葺修。

含元殿是一组包括殿堂、两阁、飞廊、大台、龙尾道及殿前广场的建筑群。[40]主殿含元殿位于中心三层大台之上，处在龙首原的南沿，殿基高出地面15.6米。殿庑东西宽76.8米，南北长43米。殿面阔11间、进深4间，周环围廊。殿外四周，有宽5米余的"玉阶"三级。在主殿的东南和西南各30米处，建有高程约与殿堂相同并向外伸出的阁楼，东名翔鸾阁，西名栖凤阁。殿阁之间以飞廊相互连接，如李华《含元殿赋》云："左翔鸾而右栖凤，翘两阙而为翼。"殿前有"南去丹凤门四百余步（约合588米），东西广五百步（约合735米）"[41]，极为宽阔的殿前广场。整个建筑，结构严密，主次分明，雄伟壮丽，气势恢宏。

含元殿为大明宫主殿,与丹凤门楼相配合,是皇帝在东内举行"外朝"大典之处。凡元正、冬至、登基、改元、册封、大赦、受贡、献俘等大典,皇帝都要登临此殿举行盛大朝会。《唐语林》卷八记载:"每元朔朝会,禁军御仗,宿于殿庭。金甲葆戈,杂以绮绣。文武缨佩,蕃夷酋长皆序立。仰观玉座,若在霄汉。"又唐人王维《和贾至舍人早朝大明宫之作》诗云:"绛帻鸡人报晓筹,尚衣方进翠云裘。九天阊阖开宫殿,万国衣冠拜冕旒。"张祜《元日仗》诗云:"文武千官岁仗兵,万方同轨奏升平。上皇一御含元殿,丹凤门开白日明。"崔立之《南至隔仗望含元殿香炉》诗中说:"千官望长至,万国拜含元。"罗邺《岁仗》诗云:"玉帛朝元万国来,鸡人晓唱五门开。"等,都是描写含元殿朝会盛况的。含元殿遗址在今西安城外东北含元殿村之南。

龙尾道 大明宫含元殿升殿的阶道。由于含元殿屹立于龙首原南沿之上,殿基高出地面15.6米,为了百官上朝的方便,便修有升殿的斜坡砖石阶道。此升殿阶道,从丹凤门北望,如龙行而垂其尾,故称龙尾道。

关于龙尾道的位置与形制,有一个逐渐探明认知的过程。1959—1960年的考古发掘没有条件揭露殿址以南的三层大台和殿前广场,当时仅根据3条探沟,推测龙尾道为3条,并且可能设在殿南正中。1995—1996年的考古发掘全面揭露了殿阶级以南东西120米的范围。含元殿前第一层大台南壁的包壁砖和散水基本连成一线,未发现从南面正中通往大台的阶道痕迹,龙尾道设在殿南正中已不可能。而在殿前西面栖凤阁下墩台的东侧,发现一条坡道。这条坡

含元殿遗址

含元殿复原图

唐都长安

道的走向为南北向，略向东偏斜。与这条坡道相对称的第一层大台东部的南伸部分，因被国民党时期的战壕破坏殆尽，已无法探知翔鸾阁下墩台西侧坡道的遗迹。[42]

《雍录·龙尾道》引唐人韦述《两京新记》："含元殿左右有砌道盘上，谓之龙尾道。"《长安志》卷六"大明宫含元殿"亦有此记载。又唐人康骈《剧谈录》载："含元殿左右立栖凤、翔鸾二阁，龙尾道出于阁前，去南门二里。"白居易《早朝》诗有"双阙龙相对，千官雁一行"之句，韦庄《灞陵道中作》诗亦有"青龙夭矫盘双阙，丹凤褵褷隔九重"之句。故根据考古发现与历史文字记载，可知含元殿前的龙尾道共两条，起自殿前广场平地，沿东西两阁内侧阶坡而上，经三层大台，迂回登到殿上。

龙尾道旁依含元殿前三层大台，坡道亦为三层。每层斜坡，各有砖砌的小的阶级。《雍录·含元螭头》载："盖含元殿南疏阶升殿，凡为三大层，自下而上。其下二层，皆培土铺砖为坡，陁斜道不疏小阶。其铺砖处，逶迤屈曲，凡七其转。"遇有含元殿朝会，群臣升殿朝见皇帝，东西引班即从两侧的龙尾阶道对上。由于龙尾道坡长阶高，也成为一般年迈大臣朝见的畏途。大中十二年（858年）正月，宣宗在含元殿上受尊号为"圣敬文思和武光孝皇帝"。当时太子少师柳公权年已八十，从坡下步行登至殿前，力已委顿，误听封号为"光武和孝"，结果被御史弹劾，罚了一季俸。故白居易在题名为《龙尾道》的诗中写道："穷冬月末两三日，半百年过六七时。龙尾趁朝无气力，牛头参道有心朝。"

翔鸾阁 大明宫含元殿前对阁之一。位于含元殿前东南30米

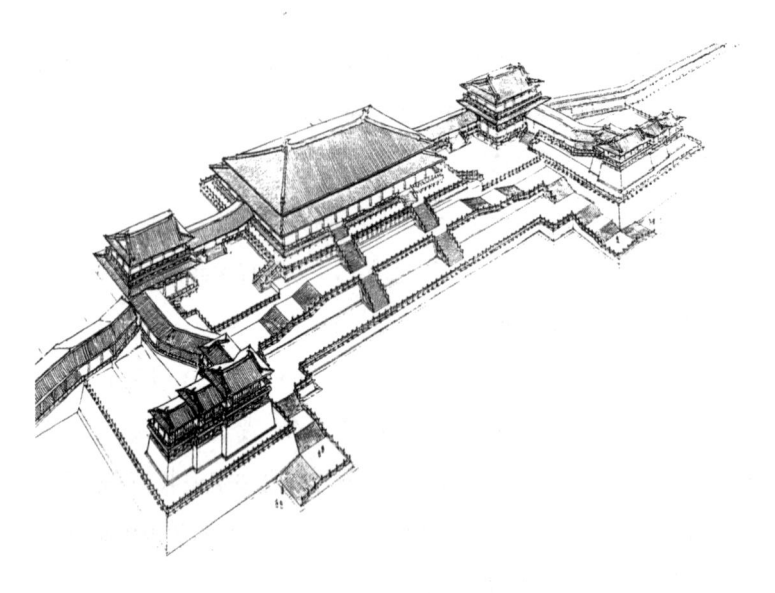

含元殿龙尾道复原图（杨鸿勋《唐长安大明宫复原再论》）

处，西距栖凤阁150米。高台建筑，高程约与含元殿相同。形制与门阙相似，故亦称东阁或东阙，按唐代宫廷建筑制度，含元殿前的两阁应是三出阙的样式，即高大的母阙，其外侧连接着两个高度和大小递减的子阙。母阙的北侧以南高北低的飞廊与含元殿相接。[43]阁前置有东朝堂。阁下即为宽阔的殿前广场。经考古发掘，翔鸾阁现仅残存其母阙及东面的一个子阙。母阙夯土基部平面呈长方形，东西长18.4米，南北残宽12.6米。子阙夯土南北宽1.9米，北壁向南收进1.7米，东西残长4.1米。翔鸾阁与栖凤阁既为拱卫主殿含元殿的防卫性建筑结构，又因其阁下为极为宽阔的殿前广场，故皇帝常在此举行大型乐舞比赛、演出或阅军活动。如上元元年（674年）九月八日，高宗临翔鸾阁观酺，时京城长安、万年两县及太常音乐演出，分为东西两朋，使雍王贤主东朋，周王显主西朋，角胜为乐。至德三年（758年）正月，肃宗又在此翔鸾阁讲习武事。

栖凤阁 大明宫含元殿前对阁之一。位于含元殿前西南30米，与翔鸾阁东西相对。高台建筑。建筑形制同于翔鸾阁，只是方向相反，子阙位于母阙西侧。栖凤阁以飞廊与主殿含元殿连接。阁前有西朝堂。《旧唐书·肃宗纪》载，至德三年正月十七日"大阅诸军于含元殿庭，上御栖凤阁观之"。

朝堂 皇宫正朝殿楼之前百官待朝与治事之所。唐长安"三大内"皆置有东西朝堂：太极宫东西朝堂在承天门外左右；大明宫东西朝堂在含元殿翔鸾阁与栖凤阁前，开元十四年（726年）取永嘉坊与胜业坊之半置为兴庆宫朝堂。朝堂作为百官待朝之处，每逢元正、冬至、大朝贺等"外朝"大典朝会之前，百官要先在朝堂按品秩序立，文官在东朝堂，武官在西朝堂，由监察御史传点毕，再分领百官入殿。皇帝郊祀圆丘出宫时，从祀诸官依文东武西之制待于东西朝堂。驾出，诸官上马从行。礼毕回宫，诸官复随至朝堂，待帝驾入，方各散去。《资治通鉴》卷二百三十六载，顺宗永贞元年（805年）七月，"太子见百官于东朝堂，百官拜贺"。同时，朝堂也是宣敕册命之处。凡册命太子、诸王、大臣等，皆于朝堂宣布册命，受册者立于朝堂受命。唐代时期，各民族首领或国外使者来京，先由鸿胪卿引自朝堂奏明，经拜见后，方得就馆。使者返回时，朝廷赏赐之物，亦在朝堂颁给。唐代皇帝还曾在朝堂宴会过邻里故旧、新任县令、朝集使、举人、选人、群臣及突厥使、新罗王子、凯旋将士等。朝堂也是违法犯纪官员待罪之处。唐制，凡大臣上朝有被御史弹劾者，要立即俯偻而出，立于朝堂待罪。至德二年（757年）十月，肃宗返回长安，居大明宫，令所有曾胁从于安禄山的叛臣官员，脱帽赤足，立于朝堂待罪。此前，天宝三载（744年）五月，长安令柳升以坐赃之罪，玄宗令"于朝堂决杀之"。另外，朝堂亦是受讼理冤狱之处。贞观元年（627年）五月，唐太宗曾敕中书令、侍中于西内朝堂受讼，处理冤狱。次年八月，唐太宗还亲临西内朝堂，"亲临冤屈"。德宗建中元年（780年）三月，于东内朝堂别置三司，成立由大理寺、刑部与御史台组成的特别法律审查机构，以处理冤狱。开元十三年（725年），宰相张说为御史中丞所诬，玄宗诏令查办，张说之兄左庶子张光，诣大明宫东朝堂割耳称冤。

依照古制，长安"三大内"左朝堂前置肺石，右朝堂前置有登闻鼓。西内承天门外东侧与东内翔鸾阁下东朝堂前所置之"肺石"，因其色赤如肺，故名。百姓有冤，可以立于肺石之上喊冤，由御史受状以闻。宋人沈括《梦溪笔谈》载："唐长安故宫阙前有唐肺石尚在，其制如佛寺所击响石，甚大，可长八九尺，形如垂肺，即秋官大司寇以肺石达穷民者也，原其义乃伸冤者击之。"西内承天门外西侧与东内栖凤阁下西朝堂前所置之"登闻鼓"，冤者可以击鼓，由御史受状以闻。《唐六典·刑部》："冤滞不达，听挝登闻鼓。"如大和九年（835年）六月，京兆尹杨虞卿因其家人口出"妖言"，而被御史台下狱。其弟等"挝登闻鼓称冤"，得文宗原宥，令放杨虞卿回归私第。

左右金吾仗院　宫内金吾卫士仗舍，以左右金吾卫分置左右院。左右金吾卫职司宫廷禁卫；若皇帝御正殿，则分兵守卫诸殿门，以所属为内厢宿卫仗。左右金吾仗院，即左右金吾卫将军在宫内屯兵办公之所。唐自高宗龙朔以后，君主定居大明宫，左右金吾仗院也就随之设在大明宫正殿含元殿前之东西两侧。东侧为左金吾仗院，西侧为右金吾仗院。其中左金吾仗院在文宗时，曾发生过流血事变。文宗大和九年（835年），朝官与日益膨胀势大的宦官势力斗争激烈，十二月二十一日，左金吾卫将军韩约与宰相李训等合谋，谎报左金吾仗院石榴树上夜降甘露，欲诱使大宦官仇士良、鱼弘志等前去观看，埋伏兵甲，乘机诛除。不料事机不密，伏兵外露，宦官劫持文宗回奔，结果酿成众多朝官被杀的"甘露之变"。又德宗兴元元年（784年），李晟破朱泚，收复长安，曾屯兵于大明宫金吾右仗院。

通乾门　大明宫宫院门。位于含元殿东侧，坐北向南，在前廷第二道宫院墙东部，与含元殿西侧的观象门左右相对。李华《含元殿赋》："羲和弭节于通乾，望舒停景于观象。"据考古发掘，此门位置在含元殿殿阶基以东5米处，门址为长方形，东西宽7.7米，南北长15.1米。

通乾门为从含元殿院进入第二殿院"中朝"大殿宣政殿的南面东侧之门。皇帝每朔望中朝宣政殿听政，百官则序班于此门与观象门外，等候引进。《唐会要》卷二十五载，宣政殿朝日，百官在"通乾、观象门外序班，武次于文，至宣政门。文由东门而入，武由西门而入，至阁门亦如之"。

观象门　大明宫宫院门。位于含元殿西侧，坐北向南，在前廷第二道宫院墙的西部，与殿东侧通乾门同为从含元殿院进入宣政殿的南面西侧之门。《唐会要》卷六十载："在栖凤阁南，望殿中侍御史从观象门出，若从天降。"由此可知，观象门与通乾门距含元殿不远，夹殿而立，且与含元殿同处于龙首原南沿高台之处。

宣政门 唐长安大明宫宣政殿殿院门名。位于含元殿之后，宣政殿之前。《太平御览》卷一八三引韦述《两京新记》："宣政门，门设外屏。"此门作为宣政殿院的正门，只有在皇帝临御宣政殿中朝听政，或立太子、册公主、拜大官、布大政时，才临时打开，非一般人所能进出的。《唐会要》卷三十载，永隆二年（681年）正月十日，高宗以太子初立，欲大宴百官及命妇于宣政殿，并引九部伎及散乐自宣政门入。时太常博士袁利贞上疏，"臣以为前殿正寝，非命妇宴会之处；象阙路门，非倡优进御之所。望请命妇会于别殿，九部伎从东门入；散乐一色，伏望停省"，"上从之，改向麟德殿"。由此可见，宣政门地位的尊崇与重要。1957年至1959年考古工作者在对大明宫的考古发掘中，在宣政殿南130余米处，发现有些小片的夯土基址，但多已断续不接，疑宣政门址或在此处。

宣政殿 位于含元殿正北300米处，为大明宫第二大殿。高宗龙朔二年（662年）建，亦在龙首原高台之上。据考古探测，殿址东西长近70米，南北宽40余米，规模与含元殿基本相同。

宣政殿为皇帝举行"中朝"之地，凡朔望朝会、大册拜、布大政，则临御此殿。如乾元元年（758年）正月，上皇李隆基之授国玺；贞元二十一年（805年）正月德宗崩，会群臣宣皇太子即位遗诏，及代宗之改元广德，穆宗、敬宗之受尊号，都是在此殿举行仪式。唐人薛逢《宣政殿前陪位观册顺宗宪宗皇帝尊号》诗云："楼头钟鼓递相催，曙色当衙晓仗开。孔雀扇分香案出，衮龙衣动册函来。金泥照耀传中旨,玉节从容引上台。盛礼永尊徽号毕,圣慈南面不胜哀。"即描绘了宣政殿册号大典的盛况。

宣政殿亦是皇帝召见朝集使、贡使与试制举人之处。贞元七年(791年)至元和三年(808年),皇帝每年五月二日于此殿大会群臣。京官九品以上,外官因朝集在京者,一律就列。大历六年(公元771年)四月一日,代宗亲临此殿试制举人时,"至夕,策未成者,令太官给烛,俾尽其才"。[44]

紫宸门　唐长安大明宫紫宸殿殿院门名。位于宣政殿正北,南距宣政殿约30米。门前设有外屏,又有东西廊庑。紫宸门为内朝正殿紫宸殿院的正门,每遇大事,皇帝常临此门会见大臣。如元和十一年(816年)三月皇太后崩,宪宗分命朝臣告哀于天下,并见群臣于紫宸门外庑下。元和十五年(820年)正月宪宗崩,穆宗立,见宰臣于紫宸门外。长庆四年(824年)正月穆宗崩后,敬宗也着缭服见群臣于紫宸门外。敬宗即位年方16岁,夜好嬉游,又喜木作,烦于理政,往往群臣早朝立班紫宸门外,日高敬宗犹不坐朝,致使年老体弱之臣不能久持而踣倒。

紫宸殿　位于宣政殿正北约95米处。建于高宗龙朔二年(662年)。紫宸殿与含元殿、宣政殿合为"东内三大殿"。

紫宸殿位居龙首原向北的最高处,因此,如同含元、宣政两殿,殿前亦建有升殿的阶道。《雍录》载:"含元殿墀高于平地四十尺,则四丈耳。是含元虽高,犹未据极也。故其后两殿相重,为宣政,为紫宸,地转北则阶愈高,愈高则其升殿也,不容不为峻道。"[45]由于宫殿高耸,阶墀艰难,文宗大和五年(831年)二月,宰相路隋至紫宸殿奏事，因年老体衰，攀至塈顶，不免仆之于地。

紫宸殿是大明宫的内衙正殿，皇帝日常一般议事多在此殿。唐人李拯《退朝望终南山》诗云："紫宸朝罢缀鸳鸾，丹凤楼前驻马看。惟有终南山色在，晴明依旧满长安。"姚合《酬田卿书斋即事见寄》诗中也写道："幽斋琴思静，晚下紫宸朝。"由于入紫宸殿必须经过前面宣政殿左右的东西上阁门，故入紫宸殿又称为"入阁"。

麟德殿　位于大明宫西北部隆起的高地上，西距宫城墙约90米。因建于高宗麟德年间（664—665年），故名。殿坐北向南，由前殿、中殿、后殿组成。由于三殿南北前后毗连，因而又称为"三殿"。殿面宽11间，进深17间。其中以中殿为主殿，面阔11间、进深5间。前殿面阔同中殿，进深4间，前附副阶1间。后殿面阔同前，后面另附有面阔9间、进深3间的建筑物。殿基南北长130.41米，东西宽77.55米。三殿面积近5000平方米，约为明清北京故宫太和殿面积的3倍。在后殿的两侧，东西各建有一楼，东为郁仪楼，西为结邻楼。二楼的前面，又各建一亭，称为东亭、西亭。楼、亭与后殿之间，以回廊相接。这种三殿相连独具特点的建筑风格，对楼对亭与殿连廊相接的严密结构，反映了我国古代劳动人员的聪明智慧和唐代时期我国建筑技术新的发展。

麟德殿为大明宫的便殿之一，皇帝常在此殿会见宰臣、召对大臣以及宴见各国使节与少数民族首领。"凡蕃臣外夷来朝，率多设宴于此，至臣下亦多召对于此也。"[46]白居易《早朝贺雪寄陈山人》诗中说："待漏五门外，候对三殿里。"就是皇帝常在这里召对朝臣的写照。长安元年（701年）与三年（703年），武则天在此殿两次宴见日本使节粟田朝臣真人。贞元七年（791年）正月、十年（794年）九月，德宗多次在此殿宴见南诏及渤海靺鞨、牂柯等少数民族及其地区的贡使。唐代皇帝，如德宗、宪宗、穆宗等，每逢寒食节，都要在此殿大宴百僚。兴元元年（785年）七月，德宗从兴元（今陕西南郑）返回京师长安后，每间日都要宴勋臣于麟德殿。大历三年（768年）五月十五日，代宗在此殿大摆酒筵，一次宴剑南神策军将士三千五百多人。

麟德殿也是皇帝在内廷赏乐观看百戏与打毬击鞠进行娱乐活动的地方。德宗曾在此殿设九部乐，并内出舞马为舞。宪宗曾在此殿，"大合乐，凡三日"。穆宗曾"观杂伎乐于麟德殿，欢甚"。[47]在体育活动方面，玄宗"尝三殿打毬"。[48]敬宗曾令左右军、教坊、内园在此殿分朋驴鞠，并进行角抵比赛。激烈之处，致有碎首折臂的，至一更二更方罢。

麟德殿也曾进行宗教活动，设过道场。上元二年（761年）九月三日皇帝诞日，肃宗在此殿置办道场，以宫人为佛菩萨，武士为金刚神王，召大臣为之围绕膜拜。贞元十二年（796年）四月九日，德宗令沙门、道士及儒官，讨论三教于麟德殿。元和九年（814年）二月，宪宗令沙门、道士三百五十人斋会与较论于麟德殿。会昌元年（841年）六月，道士赵归真等在此设九天道场。武宗临此殿，于九天坛亲受法箓。

麟德殿也发生过流血事变。宝应元年（762年）四月，太子李豫在此殿以武力收捕了潜伏在此殿的越王系等百余人，并全部处死，从而粉碎了张皇后、越王系等谋废皇太子的阴谋。

麟德殿遗址

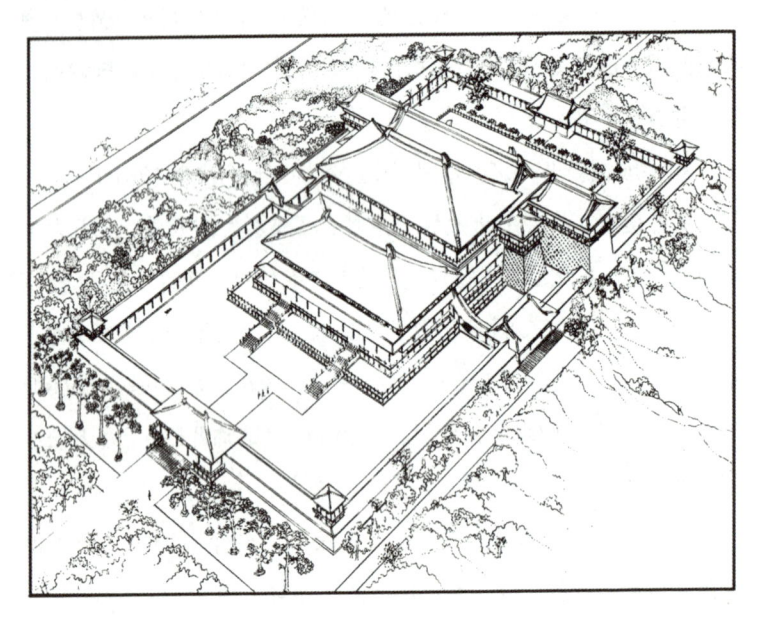

麟德殿复原图（刘致平、傅熹年《麟德殿复原的初步研究》）

麟德殿遗址在今西安城北龙首北路东段路北。

郁仪楼与结邻楼　同为麟德殿东西两侧的翼楼。麟德殿建制独特，不仅居中大殿前、中、后三殿相连，殿面特大，而且在后殿的东西两侧，各建有一楼与一亭，楼、亭与殿以回廊相接，形成一组对楼对亭对称的整体。

郁仪楼在后殿的东侧，结邻楼在后殿的西侧。二楼得名于日月并辉之义。《七圣纪》："郁仪，日精；结邻，月精也。"《黄庭经》注："郁仪，奔日之仙；结邻，奔月之仙。"又《雍录·结邻郁仪楼》云："郁仪者，羲和也；结邻者，常娥也。"二楼分列东西，犹如羲和、嫦娥在侧，日月同辉。据考古发掘，郁仪楼与结邻楼，在后殿的东西两侧，各有东西向的夯土台基一座，台基靠近殿址的一端，与殿基的第一层台基相连接，距殿两侧的回廊外壁（即第二层台基）仅2.5米左右。二楼均建在一座夯土台基之上。台基的平面为长方形，南北宽10米，东西长26.3米，估计其上面均建有面宽5间、进深2间的单檐歇山式的阁楼建筑。

郁仪楼与结邻楼，既是麟德殿殿楼活动的两室，而且两楼之下的东西二院，也是观看乐舞百戏演出或打毬击鞠的两处大活动场地。《玉海》卷一六〇引《两京新记》："三殿者，麟德殿也。一殿而有三面，故名。亦曰二院，结邻、郁仪楼，即三楼之东西廊也。"

延英殿　唐长安大明宫便殿之一。其位置所在有两种说法。北宋人宋敏求《长安志》、吕大防《长安城图》及南宋人赵彦卫《云麓漫钞》，皆据唐人李庚《西都赋》"东则左阁当表，延英耽耽"之说，认为延英殿在紫宸殿的东边。而《唐六典》《唐会要》与南宋程大昌《雍录》、王应麟《玉海》及清人徐松《唐两京城坊考》，则认为延英殿建在紫宸殿的西边。经对唐代史实考证，两说中，延英殿当在紫宸殿西边为正确。关于延英殿的建殿时间，史料记载亦说法不一。《雍录·延英殿》："初有大明，即有是殿。"认为延英殿建于贞观八年（634年）或龙朔年间（661—663年）。《玉海》卷一六〇引韦述《两京新记》，说是建于开元时期。宋人钱易《南部新书》认为"（唐肃宗）上元中，长安东内始置延英殿"。延英殿初建于贞观或龙朔时之说，史无佐证；而玄宗开元时始在延英殿召见宇文融、杨玚两大臣，则见于新旧《唐书》宇文融、杨玚两人本传。据此可知，延英殿当是玄宗开元时所建。

延英殿是皇帝在内廷引对朝臣、议论政事的主要殿所。从代宗时起，皇帝每有咨度，或宰臣有所奏启，即在此殿召对，称为"延英召对"。开始仅限于召对宰相，以后扩大到群臣。而且，初无定时，一般是间日一次，并用单日。但若皇帝认为必要或宰臣有所奏对，亦可双日开殿。以后凡皇帝不御正殿，就在延英殿视政。如《册府元龟》卷一〇七载，德宗"贞元元年，七月，蝗。八月甲子，诏不御正殿，奏事悉于延英"。延英召对殿内不列仪仗，礼仪从简，君臣之间比较随便，臣下也可以得以尽言。

延英召对有待制、次对、巡对之分。贞元七年（791年）定制，凡皇帝御延英殿听政，令诸司长官两人奏其本司之事，听候皇帝诏旨制令，称为待制；皇帝因事随时引对其他诸臣，称为次对；而每日以常参官中引见两人，访以政事，称为巡对。

中唐以后，由于皇帝日常多在延英殿议论朝政，故凡遇国丧或喜庆大事，臣下也多到延英殿殿院正门延英门向皇帝表示奉慰或奉贺。如《旧唐书·代宗纪》载，广德元年（763年）三月，"玄宗、肃宗归附山陵。自三月一日废朝，至于晦日，百僚素服诣延英门通名起居"。又《唐会要·节日》载，大和七年（833年）十月十日文宗诞日"庆成节"，是日"群臣诣延英门奉觞，上千万寿"。

光顺门　大明宫宫院门。位于宫内中部西侧，东与紫宸门齐，为进入内廷的西偏门。当时许多人来光顺门上书或进物，特此在光顺门设置了甀（小匣），以供上书人投书。龙朔三年（663年）十月，高宗诏皇太子五日一至光顺门，监诸司奏事，小事决之。另据唐仪制，凡元正、冬至，百官及命妇皆至光顺门朝贺皇后。如高宗仪凤三年（678年）正月四日，百官与各族酋长朝天后于光顺门。肃宗乾元三年（760年）正月四日，外命妇朝皇后于光顺门。又代宗女嘉丰公主与普宁公主出嫁，有司具册礼于光顺门。开元十七年（729年），大臣裴光庭撰《瑶山往则》与《维城前轨》各一卷而献，玄宗令皇太子与诸王于光顺门与裴光庭相见致谢，"以重其讽诫之意"。德宗礼遇郭子仪，特许其乘肩舆自光顺门入内。元和十四年（819年）正月，宪宗令开光顺门，亲迎法门寺佛骨到后宫供养。《旧唐书·穆宗纪》载，元和十五年（820年）七月五日，穆宗下诏说："今月六日是朕载诞之辰，奉迎皇太后于宫中上寿。""其日，百僚、命妇宜于光顺门进名参贺，朕于光顺门内殿与百僚相见，永为常式。"

崇明门　大明宫宫院门。位于宫内中部东侧，西与紫宸门齐。此门西临皇太子日间处理政务之所东少阳院，故太子活动多与崇明门有关。如太子新立及元旦等喜庆节日，百官皆来崇明门贺太子；国有不幸，百官又来此慰太子。文宗大和八年（834年）十月十七日，皇太子与太师相见前一日，开崇明门。开成三年（838年）四月，文宗敕令师保宾客、詹事、左右春坊等东宫官属及五品以上官，每至朔、望日诣崇明门谒见皇太子。

少阳院　大明宫内皇太子居所。唐初，高祖、太宗在太极宫时，皇太子居于宫城东侧东宫。自高宗龙朔以后，诸帝定居大明宫，皇太子亦随之移居大明宫少阳院。大明宫少阳院建有两处，一处在中部东侧崇明门西门下内省附近，此为太子日间处理政务之所。长庆二年（822年）十二月，穆宗御紫宸殿册封皇太子，皇太子步自崇明门，至紫宸殿跪拜受册，乃归于崇明门幕殿。此崇明门附近的太子幕殿，即太子日常处理政务的少阳院。另一处少阳院在宫内中部西侧内廷金銮殿西翰林院北，此为皇太子居寝之所。《资治通鉴》卷二三三"贞元三年（787年）八月"条载，李泌对德宗说："太子自贞元以来常居少阳院，在寝殿之侧，未尝接外人，预外事，安有异谋乎！"此位于内廷"寝殿之侧"的太子居处，即是太子居寝之所的少阳院。

金銮殿　大明宫便殿之一。位于后廷蓬莱殿西南的龙首原坡冈上，殿前有升殿的金銮坡。《雍录·金銮坡》载："金銮殿者，在蓬莱殿正西微南也。龙首山坡陇之北，至此余势犹高，故殿西有坡。"此殿为皇帝在内廷召对臣下与议决大事之处。《新唐书·李白传》载，天宝初李白至长安，贺知章见其文，"言于玄宗，召见金銮殿，论当世事，奏颂一篇"。李绅《忆夜直金銮殿承旨》诗中说："墨宣外渥催飞诏，草布深恩促换题。"《资治通鉴》卷二三六记永贞元年（805年）正月二十三日，"德宗崩，苍猝召翰林学士郑絪、卫次公等至金銮殿，草遗诏"，议立顺宗李诵。同年三月，顺宗以久病不愈，"召翰林学士郑絪、卫次公、李程、王涯入金銮殿，草立太子制"。

长安殿 大明宫便殿之一。位于后廷西侧金銮殿南偏西，蓬莱殿西。安史之乱中，太庙被焚，移其神主于东内长安殿。至德二载（757年）十二月四日，上皇李隆基入大明宫见百僚后，诣长安殿谒九庙神主。

浴堂殿 大明宫便殿之一。位于中部东侧紫宸殿之东，绫绮殿以南。《雍录·浴堂殿》："馆本唐图则有浴殿，而殿之位置乃在绫绮殿南也。绫绮者，《长安志》曰在蓬莱殿东也。"唐时学士多召对于此殿。如宪宗元和时，翰林学士李绛于浴堂殿北廊奏对，极论中官纵恣、方镇进献之事。文宗时，柳公权为翰林书诏学士，"每浴堂召对，继烛见跋，语犹未尽，不欲取烛，宫人以蜡泪揉纸继之"。浴堂殿也是皇帝在东内的寝殿之一。德宗常居此殿。贞元十二年（796年）九月，德宗对裴延龄说："朕所居浴堂殿，一栋将压，念易之，未能也。"

三清殿 唐长安太极宫与大明宫均有三清殿，为祭祀道教尊神玉清元始天尊、上清灵宝道君、太清太上老君之殿。传说此三神居于天外仙镜，即玉清、上清、太清，称三清境，故殿以三清之名命之。唐代时李唐皇帝以道教尊祖李耳为始祖，对道教大加推崇，在长安及全国各地遍建道观。太极宫三清殿在宫城东北隅凌烟阁侧。宝历二年（826年），敬宗曾命道士于三清殿修道场。大明宫三清殿位于东内西北隅，是一座高台建筑，殿基高出地面14米。基坛规模宏大，平面形状呈长方形，南北长73米，东西宽47余米。基坛向上有收

三清殿遗址

分，上部的面积近3000平方米。遗址上有大量白灰墙皮堆积其上，说明基坛上有庑殿楼阁式样建筑。由平地筑起的这样大型高台建筑，在大明宫内是唯一一处。[49]大明宫三清殿遗址在今西安城北郊坑底寨村东。

蓬莱殿　大明宫后廷便殿之一。高宗龙朔二年（662年）造。据考古勘探，在紫宸殿以北（偏东）60米，于龙首原北沿处，有面积较大呈正方形的殿址一处。其南侧中间有突出的台基，类似门阶之类。据其位置推测，可能是蓬莱殿殿址。[50]

蓬莱殿亦为皇帝在后廷引对朝臣之处。宝应元年（762年），代宗立，召翰林学士李泌至，令舍于蓬莱殿书阁，以便随时顾问。大历十三年（778年），泾原节度使段秀实来朝，召对蓬莱殿。代宗问以安边之策，秀实划地以对。文宗在蓬莱殿观书，召问许康佐、李训。宝历元年（825年）八月，敬宗在蓬莱殿会沙门道士。

清思殿　大明宫寝殿之一。位于宫城东部左银台门内西北120余米处。敬宗时建。《旧唐书·薛存诚传》载："敬宗荒恣，宫中造清思新殿，用铜镜三千片，黄、白金薄十万番。"可见其殿楼建筑之豪华。殿前有可供打马毬的宽阔广场。筑有殿院，称清思院。经考古勘探，此殿殿址仅存基坛部分。基坛的平面形状接近方形，东西宽33米，南北长28.8米。殿堂广约7间、进深约5间。[51]

清思殿为皇帝起居生活的寝殿。长庆四年（824年）正月二十二日，穆宗服金石之药中毒死于此殿。同年四月十七日，长安染坊匠张韶等百余人从左银台门攻入东内，时敬宗正在清思殿前打马毬，张韶挥兵大呼，入至清思殿，登御榻而食。

宣和殿　大明宫便殿之一。此殿为皇帝召见姻亲家属与曲宴戏乐之处。元和十五年（820年）九月九日，穆宗以重阳节在宣和殿宴舅氏郭钊兄弟及贵戚、主婿等。宝历二年（826年）五月一日，敬宗在宣和殿会见内人（宫中的女伎艺人）亲属一千二百人，并于教坊赐食。同年九月十三日，敬宗大合宴于宣和殿，并陈百戏演出，3日方罢。

温室殿　大明宫便殿之一。位于后廷东部宣徽殿前。李庚《西都赋》有"左阁当辰，延英眈眈。宣徽洞达，温室隅南"之句。汉未央宫亦有温室殿，为防寒保温的暖殿。殿内以椒涂壁，被以文绣，香桂为柱，殿中温暖，帝后冬季居住。大明宫温室殿当如汉制。

中和殿 大明宫便殿之一。元和十五年（820年）正月二十七日，宪宗因服金石之药中毒死于此殿。长庆四年（824年）二月二十七日，敬宗于中和殿击毬；同月二十九日，敬宗又大合乐于中和殿，极欢而罢。

思政殿 大明宫便殿之一。位于宫城中部西偏延英殿南。《玉海》卷一百六十引宪宗册文曰："编书辨谤，创殿思政。"可知思政殿建于宪宗元和年间（806—820年）。

思政殿亦为皇帝引对朝臣之处。元和十五年（820年）正月二十七日，穆宗于即位之日，即召翰林学士段文昌、杜元颖、沈传师、李肇及侍读薛放、丁公著，对于思政殿。长庆元年（821年），右补阙高钊以累陈时政得失，穆宗召对于思政殿，面赐绯袍。敬宗亦在此殿召对过崔郾、韦处厚等人。天复元年（901年）十一月四日，昭宗独坐思政殿，翘一足，一足踢阑干，庭无群臣，旁无侍者，宦官韩全诲逼帝去凤翔。昭宗不得已，只好与皇后妃嫔诸王百余人，上马出门，恸哭而去。

命妇院 唐长安大明宫殿院之一。命妇为古代受有封号的贵族妇女。宫廷中妃嫔等称内命妇，包括皇帝正一品贵妃、淑妃、德妃、贤妃至正八品采女，及皇太子正三品良娣至正九品奉仪等。宫廷外臣僚的母、妻，及已婚的大长公主、长公主、公主、郡主等称外命妇。外命妇封号从其夫爵高低而定。唐制，一品为国夫人，三品以上为郡夫人，四品为郡君，五品为县君，其下又有乡君。命妇享有各种仪节上的待遇和元正、冬至、寒食等节庆时入宫朝参皇后等礼节上的荣誉。大明宫命妇院位于宣政殿西侧集贤殿附近。《唐会要》卷六十四

《集贤院》："西京在(大明宫)光顺门大衢之西,命妇院北,本命妇院之地。开元十一年分置,北院全取命妇院旧屋。"

会宁殿　唐长安大明宫便殿之一。位于后宫地区,为皇帝寝殿与在后宫娱乐之处。贞元二十一年(805年)正月,德宗病逝于此殿。《资治通鉴》卷二四六载,文宗开成四年(839年)十月十九日,"上幸会宁殿作乐,有童子缘橦一夫来往走其下如狂。上怪之,左右曰:'其父也。'"文宗泫然流涕曰:"朕贵为天子,不能全一子!"言其太子永于开成三年(838年)十月暴死。

望仙观　又称望仙台。唐长安大明宫道教楼观建筑之一。武宗崇尚道教,迷信神仙之术,会昌三年(843年)五月因道士赵归真之请,在大明宫中建望仙观。位于宣政殿东北清思殿之西。台高观耸,其势中天,临高欲望神仙。宣宗即位,杀道士赵归真,而罢望仙台院。大中八年(854年),复命葺修。右补阙陈嘏等面论其事,宣宗立罢之,以其院为文思院。

太液池　位于大明宫北面的中部,在龙首原北坡的平地低洼处。凿于太宗贞观或高宗龙朔时期,宪宗元和十二年(817年)闰五月又加浚修,并在池周围建造回廊400间,使其绿水弥漫、殿廊相连,成为一处著名的以人工湖为中心的宫苑风景区。由于池中有垒石积土而成的蓬莱山,故又名蓬莱池。

太液池面积约173000平方米,分东西两部分,中间以渠道相通。据考古探测,西池面积较大,东西长500米,南北宽320余米,位于宫城北部的中间,为太液池与蓬莱山园林池色的主景部分。东池面积较小,南北长220米,东西宽150余米。池的东边距宫城东墙仅5

米许,位于宫城北部偏东处。

关于太液池的水源,有两种说法。一说来自南面的龙首渠水。元人骆天骧《类编长安志》卷六载:"(龙首渠)北流,经长乐坡西北,灌凝碧、积翠,西北入大明宫后,灌太液池。"又《陕西通志·唐东内图》及清人王森文《汉唐都城图》中所绘,太液池也是引自龙首渠水。另一说认为来自大明宫北面的禁苑之水。一些考古工作者认为,由于龙首山从中阻挡,南面的龙首渠水,无法穿越高达10余米的山原流入宫北,因此认为太液池的水源,来自大明宫以北,或引自当时禁苑中的漕渠,或引自禁苑中的鱼藻池。[52]但从地形上看,太液池位于龙首原北坡的上部,水位为398米,而苑中漕渠水位为387米,鱼藻池更在其北,水位更低,似难引水上坡成为太液池的水源。

为了探明太液池的进出水道,考古工作者在2002年秋季发掘中,对太液池西北面水渠及发掘区西北130米和500米处该水渠延伸部分进行了发掘和分段水平高程的测量。解剖结果和测量数据表明,该水渠底部由西北向东南区池口方向逐渐降底,在长550米的范围内高差达1.06米,故可以确定太液池西北角的水道为进水渠无疑。由此,20世纪50年代末钻探发现的太液池东边的渠道,可推定为出水渠道。[53]

太液池中盛植莲花,每逢盛夏,池水荡漾,荷花盛开,皇帝与臣僚在此观赏景色和划船游乐。池中还有鱼,当时东内皇帝赐宴,"皆蓬莱池鱼脍"。[54]

太液池中的蓬莱山上建有太液亭,皇帝常在此亭举宴游赏,并召对学士讲论诗书。长庆三年(823年),穆宗曾召对李绅于此亭,李绅《忆春日太液池亭候对》诗云："宫莺报晓瑞烟开，三岛灵禽拂水回。桥转彩虹当绮殿，舰浮花鹢近蓬莱。草承香辇王孙长，桃艳仙颜阿母栽。簪笔此时方侍从，却思金马笑邹枚。"穆宗还曾在此太液亭，召侍讲学士韦处厚等讲《毛诗》《尚书》。大和四年（830年）七月，文宗也在此亭召对翰林学士郑覃等人。后文宗命纂集《尚书》君臣事迹，令工匠画于太液亭上，以备观览。开元后期，唐玄宗命在太液池西岸筑一百尺高台，称"望月台"，以与贵妃在此登台望月。

6.在东内听政的皇帝

大明宫是唐都长安的主要宫殿区，自高宗龙朔以后，唐代皇帝多居住于此宫听政，政治活动中心也就由西内转移到东内。在东内居住听政的皇帝有以下几位。

高宗 高宗自龙朔三年（663年）四月由太极宫徙居大明宫，除去以后五幸东都洛阳之外，凡在长安，都居住于大明宫，计11年左右。

武则天 龙朔三年与高宗同由太极宫徙居大明宫，后临朝称制，天授元年至神龙元年（690—705年）代唐为周，仍以长安为都，而主要政治活动在东都洛阳，但凡返还长安，则居于东内大明宫。

玄宗 自开元二年（714年）六月由太极宫徙居大明宫，至开元十六年（728年）正月移仗兴庆宫听政，其间除去三幸东都洛阳6年外，凡在长安，则居住听政于大明宫，计约8年。

肃宗 自至德二载（757年）十月入居大明宫，至宝应元年（762年）四月死于东内长生殿，计在大明宫5年。

代宗 自宝应元年即位，至大历十四年（779年）五月崩于东内紫宸内殿，均在大明宫居住听政。

德宗　自大历十四年五月即位，至贞元二十一年（805年）正月崩于东内会宁殿，均在大明宫居住听政。

顺宗　贞元二十一年正月即位于西内太极殿，同年二月移居大明宫，八月逊位，以太上皇徙居南内兴庆宫，计在大明宫听政6个月。

宪宗　自永贞元年（805年）八月即位于东内宣政殿，至元和十五年（820年）正月死于东内中和殿，计在大明宫居住听政共15年。

穆宗　从元和十五年正月至长庆四年（824年）正月，均在东内大明宫居住听政，计约4年。

敬宗　长庆四年正月即位于西内太极殿，二月移居大明宫听政，至宝历二年（826年）十二月崩，居住听政于大明宫，计约3年。

文宗　自宝历二年十二月即位于东内宣政殿，至开成五年（840年）正月崩于东内太和殿，均在东内大明宫居住听政，计约14年。

武宗　自开成五年正月即位，至会昌六年（846年）三月服食金石之药崩，均在大明宫听政，计约6年。

宣宗　自会昌六年三月即位，至大中十三年（859）八月崩，均在东内大明宫居住听政，计约14年。

懿宗　自大中十三年八月即位，至咸通十四年（873年）七月，在位15年，主要在东内大明宫居住听政。

僖宗　自咸通十四年七月即位，至文德元年（888年）三月死于西内武德殿，在位15年，除两次出奔，凡在长安，主要居住听政于大明宫。

昭宗　自文德元年三月即位，至天祐元年（904年）正月迁往洛阳前，主要在长安太极宫居住听政。其中曾于光化元年（898年）至三年（900年），一度居住听政于大明宫；光化三年十一月，昭宗被废，幽禁于东内少阳院，至天复元年（901年）正月反正。

7.发生在大明宫的事变

大明宫作为唐都长安的主要宫殿区，高宗龙朔以后，先后有16个唐朝皇帝在此居住和处理朝政，时间长达160余年之久。在此期间，大明宫发生的政治事变主要有：

凌霄门之变　这是唐肃宗末年，由宦官李辅国和程元振等人为扶立太子李豫而发动的一次宫廷政变。

宝应元年（762年）四月十六日，唐肃宗病卧大明宫长生殿，张皇后无子，害怕肃宗长子皇太子李豫曾随肃宗河西称帝功高难制，便召肃宗次子越王李系入大明宫麟德殿，密谋废太子而更立越王系，并在长生殿后埋伏甲兵200人，矫诏召太子入，以便乘机除去。

不料张皇后此谋被宦官李辅国、程元振侦知，两人素与太子李豫关系密切，便率禁军屯守在大明宫北宫墙西门凌霄门，等太子到，即将太子护送至玄武门外的飞龙厩中，并派兵保护。是夜，李辅国、程元振率禁军先至麟德殿，收捕了越王系等百余人，又率兵到长生殿，幽禁了张皇后及其党羽数十人，并被全部杀死。唐肃宗经此惊吓，于四月十八日崩于长生殿，李辅国、程元振等遂迎太子李豫于九仙门，召见群臣，行监国之礼。二十日，正式即帝位于柩前，是为唐代宗。

这样，张皇后欲在大明宫中谋废并诛杀太子，不料谋泄，反而在宫廷政变中失败而身遭其害。

朱泚兵变　唐德宗建中四年（783年）八月，淮宁节度使李希烈反叛朝廷，以三万兵围攻襄城（今属河南）。德宗急令东方各道出兵讨伐，并调泾原（治所在今甘肃泾川县北）兵解襄城之围。是年十月二日，泾原节度使姚令言率五千泾原兵路经长安，军士冒着寒风大雨，多携带子弟亲属而来，原本希望在长安得到赏赐后，可令子弟亲属挟赐物返归泾原。但到达京师长安后，德宗竟一无所赐。次日，军至长安以东浐水岸边，京兆尹王翃前来犒师，也仅供一顿粗粝饭食，结果激起众怒，引起泾原兵哗变。哗变军士扬言："吾辈将死于敌，而食且不饱，安能以微命拒白刃邪！闻琼林、大盈二库，金帛盈溢，不如相与取之。"[55]于是泾原兵回师长安，直冲至大明宫丹凤门前。德宗闻讯，急与太子、少数诸王、公主和宦官百余人，在四百名军士的护卫下，离开大明宫，出禁苑北门，向奉天（今陕西乾县）逃跑。

德宗出逃后，叛军攻进大明宫，登上含元殿，呼叫着"天子已出，宜人自求富！"遂大掠府库。长安一些居民，也乘乱入宫盗取库物。叛军头子姚令言难以控制局面，遂推举原为泾原节度使现在长安晋昌坊家中闲居的朱泚为首领。朱泚入居含元殿，自称权知六军。十月八日，朱泚在大明宫宣政殿即皇帝位，建国号为大秦，年号为应天，并杀李唐宗室留在京城的郡王、王子、王孙77人，署置百官。十日，朱泚率叛军进攻奉天城，将唐德宗围困在城中达月余。正在此危急之时，朔方节度使李怀光率勤王军前来救援，朱泚兵败，退守长安。兴元元年（784年）正月一日，朱泚在长安改国号为汉，自称汉元皇帝，改元天皇。是年三月，唐军开始反攻，李晟率神策军连败叛军。三月二十八日，李晟军绕至城东浐河附近，从禁苑东墙南门光泰门攻入，入大明宫，屯军于含元殿前，军署就舍于右金吾仗院。朱泚见大势已去，率随从千余人败退西走，奔往泾川。沿途部众尽散，剩骑兵数百人。当走至彭原（今甘肃庆阳）时，被部下刺死。至此，泾原兵变平息。七月，流亡10个月的唐德宗回到了长安。

永贞革新之败　安史之乱以后，唐朝外有藩镇割据，内有宦官专权，朝政腐败，民不聊生，政治上亟需革故鼎新，进行改革。

贞元二十一年（805年）正月，唐德宗崩。苍猝之间，召翰林学士郑絪、卫次公等在大明宫金銮殿议继承大统之事，郑絪等力排宦官"禁中议所立尚未定"之说，议决由太子李诵即位，是为唐顺宗，改元永贞。李诵在宫中20多年，经常关心朝政，比较了解民间疾苦。即位之后，起用自己为太子时深明治国之道的老师王叔文为翰林学士、王伾为翰林待诏。王叔文、王伾联合韦执谊、柳宗元、刘禹锡、吕温、陆质、李景俭、韩晔、韩泰、陈谏、凌准、程异等人，在顺宗的支持下，实行政治改革，称为"永贞革新"。

永贞革新针对时弊与社会矛盾，改革的主要内容，一是加强中央集权，抑制地方藩镇割据势力。将浙西观察使李锜兼领的转运盐铁使财政大权收归中央；拒绝剑南节度使韦皋兼领三川以扩大势力的要求等。二是打击宦官势力，罢除掠夺、侵扰人民的"宫市"与五坊小使。并派右金吾大将军范希朝为左右神策京西诸城镇行营节度使，以度支郎中韩泰为其行军司马，以削夺由大宦官俱文珍把持的神策军兵权。三是惩贪暴，贬逐了贪赃残暴的唐宗室京兆尹李实为通州刺史。四是停止苛征，减轻剥削，除常贡之外，免去了其他"羡余""月进""进奉"。此外，还释放宫女300人、教坊女乐600人还家，等等。

"二王"的这些改革，缓和了社会矛盾，使唐王朝的危机统治，一时出现了转机，但却遭到大宦官与藩镇势力的反对。同年八月，宦官俱文珍串通一些地方节度使，以顺宗久病不愈为口实，逼其退位，而拥立太子李纯即位，是为唐宪宗。宪宗即位后，尽废顺宗朝政，大宦官俱文珍对改革派实行打击报复，贬王叔文为渝州司马，放逐了王伾。不久王伾死于开州。第二年，王叔文被处死。与此同时，先后将参与改革的刘禹锡、柳宗元、韩泰、韩晔、陈谏、凌准、程异、韦执谊八人贬为远州司马，史称"二王八司马事件"。永贞革新至此宣告失败。

张韶大明宫起义 长庆四年（824年）四月十七日，少府监织染署染坊役夫张韶，因不堪忍受唐王朝对服役工匠的残酷剥削，遂联络染工百人，将兵器藏匿在柴草车中，从大明宫东面左银台门而进，准备当夜在大明宫中举事起义。不料，当柴车进入左银台门时，守门士兵见其车重而生疑，前来盘问搜查。张韶见状，立即与其徒众抽出兵器杀死守门兵，呼喊着冲进宫中，杀向禁廷。这时，即位不久的唐敬宗正在左银台门附近的清思殿院击毬为乐，宦官见张韶率众挥刀杀入宫中，急忙逃回清思殿，紧关殿门。敬宗闻讯，惊恐万状，先欲逃向宫城西面右军营中躲藏，左右劝说："右军远，不若就近躲左军。"这时，左神策军中尉马存亮赶来，背负敬宗狼狈逃向东内苑左军营中。这时张韶率众斩关而入，打开殿门，进入清思殿，坐御榻而食。是夜，唐左神策军将康艺全与右军兵马使尚国忠奉命率军入宫围剿。经过激烈战斗，张韶等工匠终因寡不敌众而被杀。部分工匠逃匿于禁苑中，天亮以后也被俘获。这次发生在大明宫中的染工起义，一夜之间即被镇压平息。事后，染坊使田晟、段政直也因对染坊役夫管理失职，而被流配至最为边远的天德（治所在今内蒙古乌拉特前旗东北）。

"打夜狐"敬宗之死　唐敬宗李湛，穆宗长子。生于元和四年（809年）六月。长庆二年（822年）十二月，被立为皇太子。四年（824年）正月穆宗崩，李湛16岁于枢前即帝位，是为唐敬宗。

敬宗即位后，日事游宴、击毬、奏乐，大肆赏赐教坊乐官，亲昵群小，大臣罕得进见。性好土木营建，自春及冬，兴作相继。其年少荒嬉，尤好深夜亲自出外捕猎狐狸，宫中人称之为"打夜狐"。宝历二年（826年）十二月八日，敬宗夜猎还宫，余兴未尽，又与宦官刘克明、田务澄、许文端及击毬军将苏佐明等28人一起饮酒。敬宗酒酣，入室更衣，殿上烛忽灭，刘克明、苏佐明两人将敬宗杀于室内。敬宗在位2年，死时年方18岁。第二天，宦官刘克明矫诏以敬宗叔父绛王李悟主持政务。枢密使王守澄、杨承和、中尉魏从简闻讯后，率禁兵入大明宫，杀死宦官刘克明及苏佐明、绛王李悟，拥立穆宗第三子江王李昂入宫即帝位，是为唐文宗。

甘露之变　这是唐文宗时期，发生在大明宫中的一起朝官与宦官两大势力的流血斗争。

唐初时期，宦官人数不多，地位也很低下，无权过问军政大事。

但到唐中期玄宗时，宦官激增三千多人，而且地位提高，其中三品以上和五品以上的多达千余人。而从肃宗时起，宦官逐渐典领禁兵，于是北司（宦官）势力超过了南衙（朝官）。宦官不仅可以预政，而且可以废立皇帝。如唐文宗的祖父宪宗、哥哥敬宗都死于宦官之手，他的父亲穆宗和他本人都由于宦官的拥立才当了皇帝。

宦官势力的发展，激化了统治集团内部的矛盾，南衙与北司之间的斗争日渐激烈。唐文宗深恶宦官专权乱政，决心依靠朝官削夺宦官权力，改变宦官专横跋扈的局面。大和九年（835年）九月，文宗以郑注为凤翔节度使，李训为宰相，欲内外结合以除掉宦官势力。

经过一番密谋和布置，同年十一月二十一日，唐文宗在大明宫紫宸殿上朝，百官依班而立。这时左金吾大将军韩约来报："左金吾厅后面的石榴树上夜降甘露，是天降吉祥的征兆。"说完以后，韩约手舞足蹈给皇帝叩头。宰相李训、舒元舆也率百官拜贺，并且请皇帝立即亲往观赏。文宗欣然同意，于是坐上龙辇出紫宸殿，向南经宣政殿，升坐含元殿，先叫宰相李训去看。许久李训方回，说："甘露已经看不清了，暂时先不要宣布。"文宗示意大宦官仇士良、鱼弘志率领宦官再去探看。仇士良到了含元殿前东侧的左金吾仗院时，忽然有风将院内幕布吹起，看见里面藏有甲兵，且听到其中有兵器碰击之声，知道情况有变，大祸临头，于是急忙返身跑回含元殿，令宦官抬着文宗从殿后出去。李训进行阻挡，拦住乘舆对文宗说："臣奏事未毕，陛下不可入宫。"结果被宦官拳击其胸而倒地，宦官抬着皇帝进入宣政门，将大门关闭。宰相李训知道事败，换穿小吏绿衫，化装出宫而逃。这时，宦官派遣左右神策军各500人入宫，杀散伏兵，朝官株连而死者有六七百人。仇士良又分兵掩闭大明宫各门，进行搜索，横加屠戮。所有诸司吏卒，及附近商贩，被杀死者又千余人。李训逃至周至被部下所杀，郑注在凤翔亦被斩首。这次发生在大明宫中欲翦除宦官势力而失败的流血事变，史称"甘露之变"。

黄巢称帝大明宫　唐末广明元年（880年）十一月，黄巢率领农民起义军攻占了东都洛阳，兵力发展到60多万。接着挥兵西向，十二月二日占领潼关，乘胜进入关中，五日兵临长安城下。是日，唐僖宗仅率福、穆、泽、寿4王及妃嫔数人，在神策兵500人护卫下，匆匆从长安城西面金光门出逃，奔向四川。当日午后，黄巢率农民军从春明门开进长安城。起义军甲骑如流，浩浩荡荡，军纪严整，秋毫无犯，百姓夹道聚观。起义军将领尚让告谕长安百姓说："黄王起兵，本为百姓，非如李氏不爱汝曹，汝曹但安居无恐。"十二月十三日，黄巢在大明宫含元殿正式即皇帝位，然后登临丹凤门楼，下赦书，建国号大齐，改元金统，在长安建立了大齐农民政权。中和三年（883年）四月，在官军的围剿下，黄巢率农民军退出长安，经蓝田出武关，转战于河南。

昭宗复位　唐昭宗李晔，懿宗第七子，僖宗同母弟。初封寿王。僖宗死，被宦官杨复恭等扶立为帝。时朋党倾轧，宦官擅权，藩镇跋扈。乾宁三年（896年）七月，凤翔节度使李茂贞率岐军兵逼长安，昭宗出逃华州。在华州又受军阀韩建挟持，至光化元年（898年）八月始得返京。

昭宗从华州返回长安后，基于对宦官专权和藩镇跋扈的愤恨，曾与宰相崔胤策划，谋除宦官，振兴朝廷。宦官刘季述、王仲先闻讯后，加意防范，合谋废立。光化三年（900年）十一月，一天昭宗去禁苑中打猎，至夜酒醉未醒，宫门关闭，不去上朝。刘季述率禁兵千余人破门而入，陈兵于殿庭，召宰相崔胤与百官联名上表，请太子监国，说："主上所为如是，岂可理天下！废昏立明，自古有之，为社稷大计，非不顺也。"[56]于是将昭宗囚于少阳院，穴墙以通饮食。接着，又矫诏令太子李裕即皇帝位。昭宗被囚少阳院，门锁熔铁凝固，一针一线不得入内，时天气大寒，被囚妃嫔与公主衣单，号哭之声闻于外。天复元年（901年）正月初二，宰相崔胤在宣武节度使朱全忠支持下，联合左神策指挥使孙德明和右军清远都将董彦弼等先后擒杀了王仲先和刘季述，从少阳院释放昭宗出来复位，贬李裕为德王。这次由宦官在大明宫发动废立皇帝的又一次宫廷政变，至此平息。

三、南内兴庆宫

1.营建

兴庆宫是唐都长安城三大宫殿区之一。位于长安外郭东城春明门内偏北一坊。遗址在今西安城东南约1公里处。方位范围东至今仁厚庄与西安理工大学，西至今兴庆西路，南至今咸宁西路中段，北至今东关长乐坊街之南，现在的兴庆宫公园就是它的一部分。

兴庆宫是唐代中期营建起来的一处宫殿区。其地原为百姓居住的隆庆坊。武则天大足元年（701年），临淄郡王李隆基等从幸西京，与其兄弟宁王宪、申王㧑、岐王范、薛王业赐宅于此，号为"五王子宅"。后来李隆基当了皇帝，开元二年（714年）七月，诸王兄弟请献

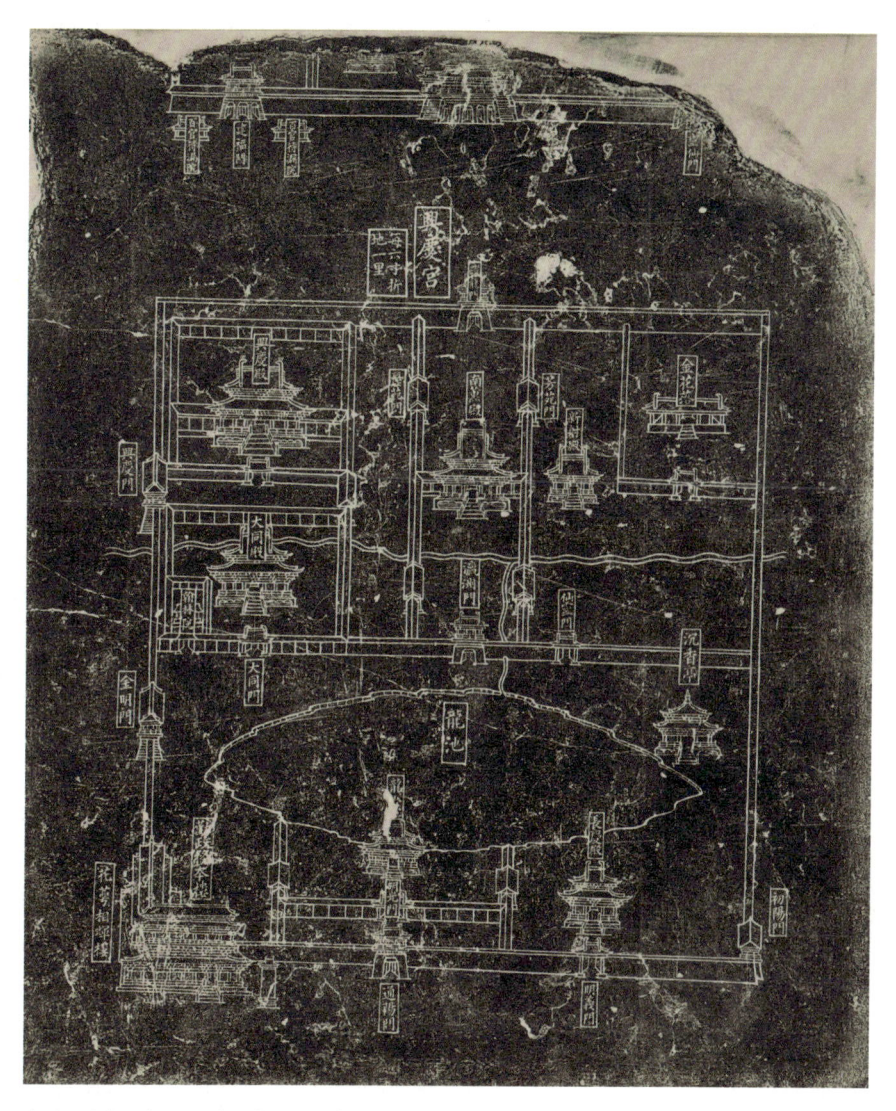

宋刻兴庆宫图（北宋元丰三年吕大防等绘，现藏西安碑林博物馆）

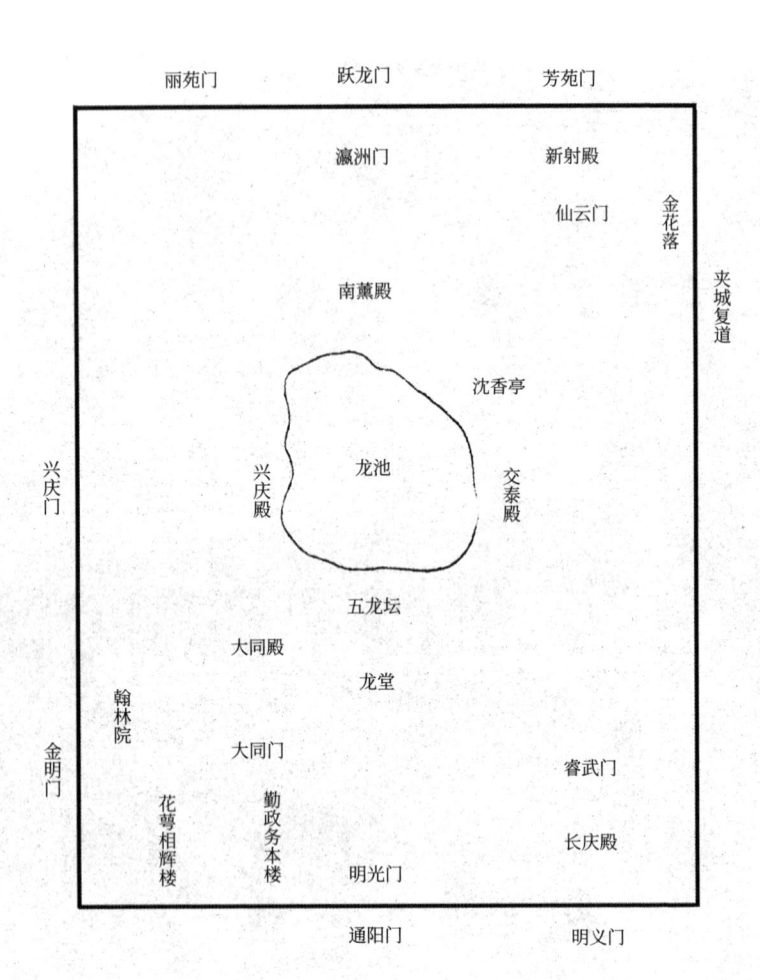

兴庆宫图（《唐两京城坊考》）

宅为宫,于是同年九月,玄宗就在此大兴土木,营建宫室。此宫因本坊为名,讳隆为兴,称兴庆宫;又以其位置在南,亦称南内或南宫。

兴庆宫自开元初建为离宫之后,接着又不断扩大宫城的范围,建造了许多殿台楼阁。开元八年(720年),新造勤政务本楼与花萼相辉楼;开元十四年(726年),"取永嘉、胜业两坊之半增广之";[57]开元二十四年(736年)"毁东市东北角,道政坊西北角,以广花萼楼前";[58]天宝十载(751年)四月二十一日,兴庆宫"造交泰殿成",等等。经此多次扩建葺修,兴庆宫便成为长安城又一处大的宫殿区。

2.宫城与宫门

兴庆宫宫城,初筑于开元二年(714年)。后在天宝十二载(753年)十月十七日,又"和雇华阴、扶风、冯翊三郡丁匠,及京城人夫一万三千五百人,筑兴庆宫城,并起楼,四十九日毕"。[59]宫城为夯筑土墙。据考古探测,西、北两面城墙基宽5米左右;东墙基宽约6米;南城墙有两重,内侧墙基宽5米,上部宽4.4米,勤政务本楼即建在这一道城墙之上。外重墙相距20米,墙基宽3.5米左右。[60]

宫城的范围,东西宽1080米,南北长1250米,周长4660米,面积1.35平方千米,平面形制是一南北略长的纵长方形。它是长安城三大内面积最小的一处宫殿区,然而仍较明清北京故宫大近2倍。

兴庆宫的宫门数,史书记载有所不同。据徐松《唐两京城坊考》所载,唐兴庆宫西、南、北共开七门,东面无门。其中西面二门,北为兴庆门,南为金明门;南面二门,西为通阳门,东为明义门;北面三门,中为跃龙门,东为芳苑门,西为丽苑门。而据阁本宋刻《兴庆宫

兴庆宫图（雍正《陕西通志》）

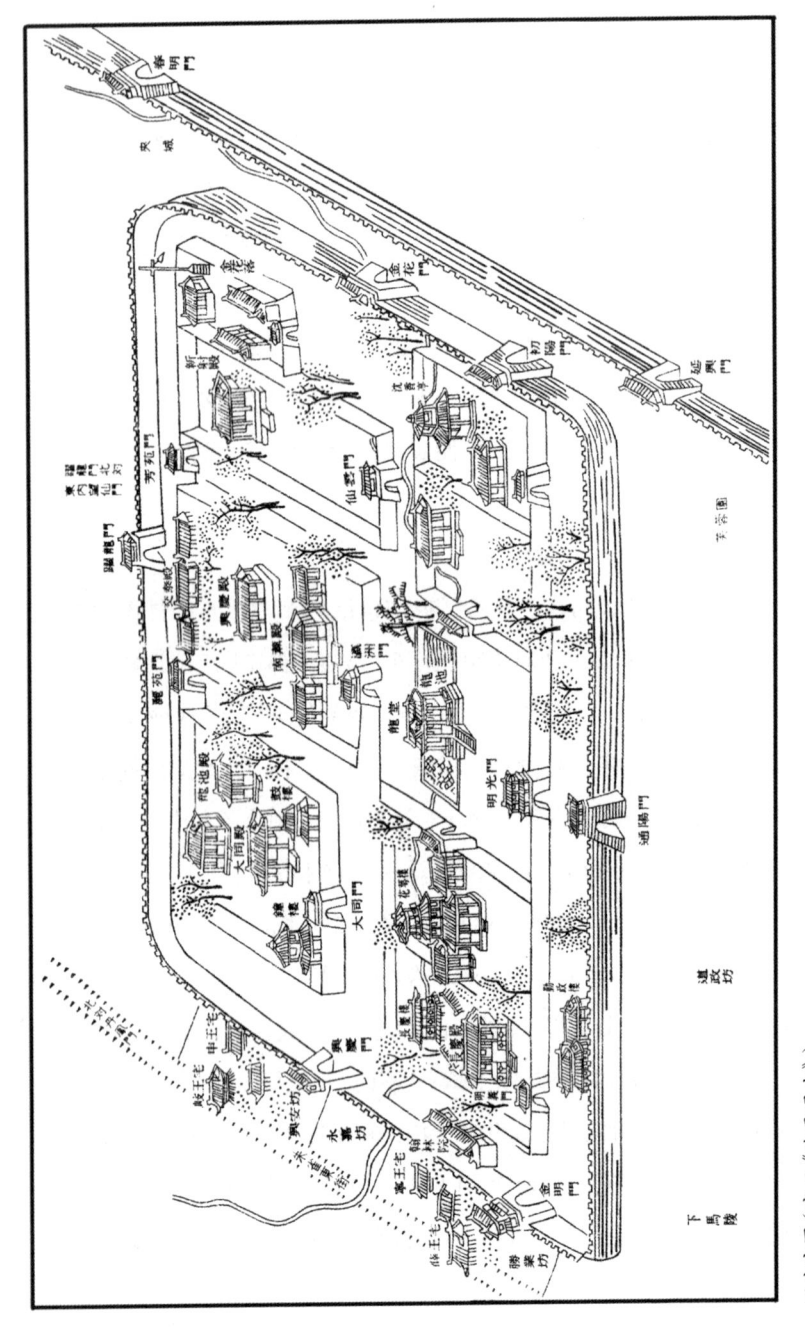

图》所绘,兴庆宫东墙有初阳门,但北面仅有跃龙门一门。

兴庆门 兴庆宫正门。位于宫城西墙中部偏北。宫门西向,上建楼观。开元十六年(728年)正月,玄宗御此门楼,大宴群臣。开元二十九年(741年)九月二十四日,玄宗在此门楼,亲试明《老》《庄》《文》《列》四子举人姚子彦、元载等。

金明门 兴庆宫西宫门之一。位于兴庆门之南,南距宫城南壁373米。门址为20平方米的正方形,面积400平方米。上建楼观。门内有翰林院,偏北为大同门,其内为大同殿。开元时,宰相张说因患足疾不能面见玄宗,曾写表令其子于金明门奉进。乾元元年(758年)八月五日,上皇李隆基诞日,大宴百官于金明门楼。

通阳门 兴庆宫南宫门之一。位于宫城南墙偏西。东距明义门520米,西距宫城西壁345米。门址东西宽41米,南北长32米。[61]上建楼观。门内之北有明光门,其内为龙堂。

明义门 兴庆宫南宫门之一。位于宫城南墙偏东,东距宫城东壁125米。上建楼观。门内北临长庆殿。

跃龙门 兴庆宫北宫门之一。位于宫城南墙中部。门上建有楼观。门内南对瀛洲门和南薰殿。天宝十三载(754年)三月十日,玄宗在此门楼张乐宴群臣。

芳苑门 兴庆宫北宫门之一。位于跃龙门之东。上建楼观。《唐六典》卷七与阁本《兴庆宫图》,均记此门在跃龙门内东侧,徐松《唐两京城坊考·兴庆宫图》则将芳苑门画在北宫城墙跃龙门东侧一线。

丽苑门 兴庆宫北宫门之一。位于跃龙门之西。上建楼观。《唐六典》卷七与阁本《兴庆宫图》，均记此门在跃龙门内西侧，徐松《唐两京城坊考·兴庆宫图》则将丽苑门画在北宫城墙跃龙门西侧一线。

初阳门　兴庆宫东宫门。徐松《唐两京城坊考·兴庆宫图》无此门。阁本宋刻《兴庆宫图》以此为东宫城门，位于宫城东墙的南端。考古探测中亦见此门遗址，东西宽16.5米，南北长23.5米。

3.布局

兴庆宫内的建筑与布局，与西内太极宫和东内大明宫相比较，具有以下特点。

其一，兴庆宫内的主要建筑，如宫城正门兴庆门，正殿兴庆殿及勤政务本楼、花萼相辉楼等，其位置的排列分布缺乏规律。这些主要建筑既没有按照传统的宫殿建筑布局原则，使其南北处为一线，区分为外朝、中朝与内朝，而且没有居于全宫的中轴线部位上。其中宫城的正门兴庆门，不在宫城的南面而在西面；正殿仅有一处，即兴庆殿，也不与宫城正门兴庆门处在一条直线位置上，而是偏处于宫城的西北隅；主要处理政务之处的勤政务本楼与花萼相辉楼，偏处于宫城的西南隅。其他殿、阁的分布，也没有采取左右对称的原则进行排列。

其二，兴庆宫内的布局，也没有采取传统的"前朝后寝"的原则。宫城之内以中部的东西隔墙划分为南北两部，北部为宫殿区，南部为园林区。整个宫城宫殿建筑较少，而以园林为主，但在南部的园林区中，却有主要处理政务的楼殿，即勤政务本楼与花萼相辉楼。

其三，兴庆宫内的建筑，如勤政务本楼、花萼相辉楼、兴庆殿、大同殿、南薰殿、长庆殿等，都是楼式建筑，因而比起西内和东内来，宫殿建筑更为高大和豪华。

这些特点，一方面是因为兴庆宫起初仅为离宫，并且是由"以宅为宫"经多次扩建形成的，因而缺乏皇宫的传统布局考虑；另一方面，宫内多楼式建筑和以园林为主，这既体现了唐朝中期社会经济的繁荣发展，又反映了唐玄宗日益追求玩乐享受的时代特点。

4.主要建筑

兴庆宫内有殿、楼、阁、亭、门等建筑二三十所。从西面正门兴庆门入内，有兴庆殿；向南大同门内有大同殿；向东瀛洲门内有南薰殿；再向东仙云门内有新射殿、金花落等。由西面金明门入内，有翰林院。西南隅有花萼相辉楼、勤政务本楼。由南面通阳门入内，有龙堂、五龙坛、兴庆池（即龙池）。池东有交泰殿，殿西北有沉香亭。由南面明义门入内，有长庆殿。此外，又有咸宁殿、义安殿、荣光殿、明光楼、明光门、宜天门、承云门、飞轩门、玉华门和风门等多处建筑。其中主要的建筑是：

兴庆殿　位于兴庆宫内的西北隅，为南内的正殿。天宝十三载（754年）二月八日，玄宗曾在此殿举行仪式，接受群臣所上"开元天地大宝圣文神武孝德证道皇帝"的尊号。

勤政务本楼　兴庆宫的主要殿楼之一。位于宫城西南隅的南墙处。始建于开元八年（720年），后又经开元二十四年（736年）、元和十四年（819年）、大和三年（829年）多次重修扩建。楼二层，南向。据考古探测，楼建在南面内侧宫墙的中间。楼址呈长方形，东西宽

26.5米，南北长19米，广5间、进深3间，面积达500余平方米。楼基中间的5间，正中的1间宽4.9米，为通行的门道。其两侧（各2间）的4间，向外与宫墙相接。从楼基的形制看，有如一座城门楼式的建筑。[62]玄宗以勤于政事、励精图治之意，取名为勤政务本楼。

勤政务本楼相当于兴庆宫的正殿，凡改元、大赦、受俘等大典活动及平日听政，多在此楼进行。公元742年正月，玄宗就是在此楼宣布改元为天宝的。天宝十三载（754年）八月，玄宗在此楼制试举人，策外更试诗赋各一道，制举试诗赋自此始。每逢上元之夜，玄宗即登此楼观灯作乐，贵臣戚里也都借看楼观望。尤其是玄宗八月五日诞日千秋节，楼前更是热闹非凡。金吾及四军兵士，身披黄金甲，短衣绣袍，盛列旗帜，陈仗而立；太常设乐，教坊大陈山车、旱船、寻橦、走索、丸剑、角抵百戏，又引大象、犀牛、舞马入场为戏。唐人王建《楼前》诗云："天宝年前勤政楼，每年三日作千秋。飞龙老马曾教舞，闻著音声总举头。"《太平广记》卷一六四载，由于勤政楼临近宫墙，玄宗在楼欢宴举乐，"纵士庶观看百戏竞作"，以致"人物喧咽，金吾卫士白棒雨下，不能制止"。勤政务本楼遗址在今西安兴庆宫公园内西南隅。

花萼相辉楼　位于宫城西南隅靠近西墙处。建于开元八年（720年），开元二十四年（736年）六月又加增广。花萼楼因与胜业坊宁王宪宅、薛王业宅，安兴坊岐王范宅、申王㧑宅邸第相望，故取《诗经·小雅》"常棣，燕兄弟也"之义，以花与萼相依，比喻兄弟亲爱，相互扶助，题名为"花萼相辉楼"，以敦其兄弟友悌之情。

花萼相辉楼建筑极为高大豪华。王诬《花萼楼赋》载："于城

勤政务本楼遗址

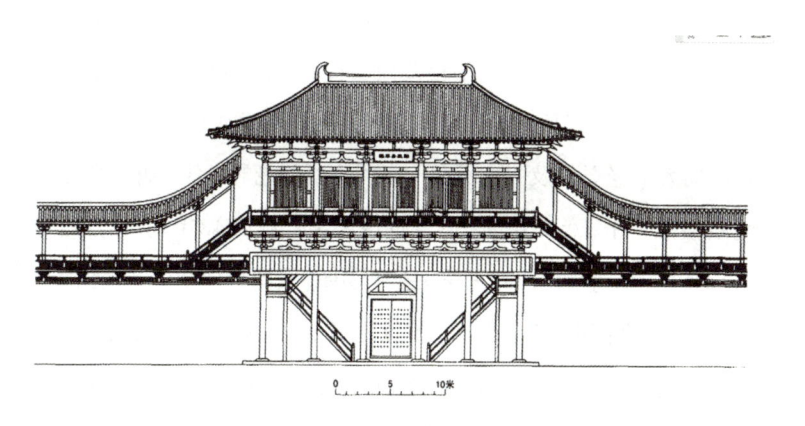

勤政务本楼正面图(窦培德、罗宏才《唐兴庆宫勤政务本楼花萼相辉楼复原初步研究》)

第六章 | 三大内

之陬，建此飞楼，横逦迤而十丈，上峻嶒而三休，仰接天汉，俯瞰皇州。"楼内更是"金铺珠缀，画拱交映，飞梁回绕，藻井倒垂"。楼壁上有宁王所绘的《六马滚尘图》，玄宗尤爱其中的玉马花骢。

花萼相辉楼是玄宗常日与诸王兄弟进行欢宴之处。每逢千秋节诞日，玄宗还在此楼下大宴百僚。天宝年间，玄宗常在此上元观灯。时陈鱼龙百戏，花灯缤纷，灯烛如昼，且有宫女在灯下踏歌为舞。故唐人张说有"花萼楼前雨露新，长安城里太平人。龙衔火树千灯艳，鸡踏莲花万岁春"的诗句。花萼相辉楼的遗址在今西安兴庆宫公园内。

大同殿 兴庆宫中祀奉道教始祖老子神像之殿。开元初建，文宗大和三年（829年）十月修葺。位于宫城西北隅，殿坐北向南，周筑殿院，院正门向南，称大同门。殿前左右建有钟楼与鼓楼。殿壁有名画家吴道玄所绘《嘉陵江三百里风光图》。相传天宝中，玄宗命其往蜀道写山水风貌，目识心记而归，在兴庆宫大同殿画嘉陵江三百余里山水，一日而毕。其所描绘蜀道怪石崩滩，若可扪酌。殿中供奉老子神像，其中有开元十七年（729年）蜀州新津县兴尼寺殿柱木文隐起的太上老君像及天宝元年（742年）所得老君玉像。唐玄宗常在此殿接见道士、斋戒并修功德。据说天宝七载（748年）三月乙酉与八载六月，大同殿柱产有玉芝。王维写有《大同殿柱产玉芝，龙池上有庆云，神光照殿，百官共睹，圣恩便赐宴乐，敢书即事》诗："欲笑周文歌宴镐，遥轻汉武乐横汾。岂知玉殿生三秀，讵有铜池出五云。陌上尧樽倾北斗，楼前舜乐动南薰。共欢天意同人意，万岁千秋奉圣君。"唐人尉迟偓《中朝故事》载，每岁三月上巳日（三日），许宫女与

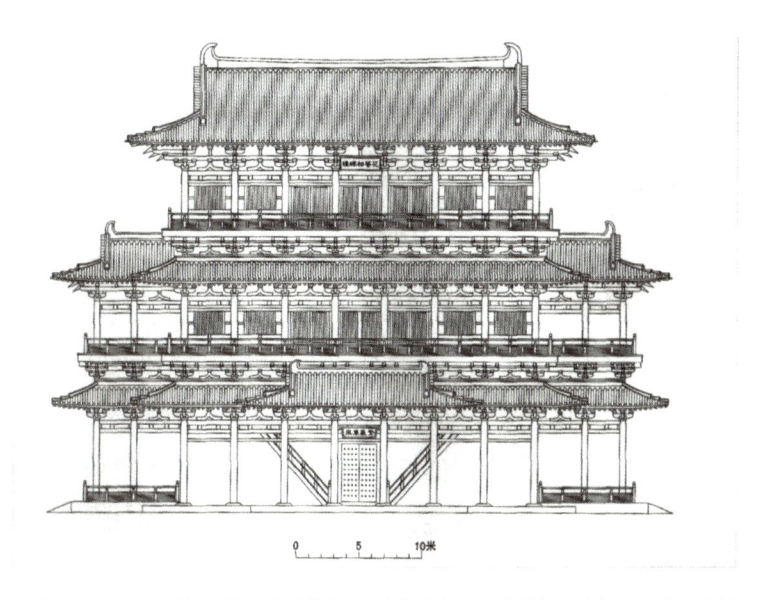

花萼相辉楼正面图（窦培德、罗宏才《唐兴庆宫勤政务本楼花萼相辉楼复原初步研究》）

花萼相辉楼复原图（窦培德、罗宏才《唐兴庆宫勤政务本楼花萼相辉楼复原初步研究》）

其亲人在大同殿前相见。

长庆殿 唐长安兴庆宫便殿之一。此殿位置史书记载不一。《唐六典》卷七"兴庆宫"条载："宫之南，曰通阳门。""通阳之西，曰花萼楼；楼西曰明义门，其内曰长庆殿。"据而认为，长庆殿在南面宫门通阳门及花萼楼之西，位于宫西南隅。又《长安志》卷九云："通阳门东曰明义门，门内曰长庆殿。"是以长庆殿位于宫东南隅。《唐两京城坊考》亦同此说。实际上，明义门为宫城南面的偏东门，在通阳门之东而不在其西，故位于明义门内的长庆殿应在宫东南隅。据考古探测，长庆殿南距明义门100米。殿址东西宽52米，南北长29米。楼式建筑。安史乱后，上皇李隆基自蜀返回长安后，闲居兴庆宫，常置酒于长庆殿楼，南俯宫外大道春明门街，徘徊观览。

南薰殿 唐长安兴庆宫便殿之一。位于宫城北面瀛洲门内，南临兴庆池。《唐六典》卷七："（兴庆宫）宫之北，曰跃龙门……南走龙池，曰瀛洲门，内曰南薰殿。"此殿为玄宗与杨贵妃及从臣在南内临池观景并举宴赏乐之处。

龙堂 唐长安兴庆宫龙池（兴庆池）祭龙的祠堂。据《唐两京城坊考·西京兴庆宫图》所绘，龙堂在兴庆池南明光门之北。因此池地原为玄宗李隆基的隆庆坊藩邸，为龙潜之地。又附会说此池常有云气，并有黄龙出现，是李隆基登上龙椅当皇帝的预兆，故又称此池为龙池。开元十六年（728年）于龙池旁置此龙堂。每逢仲春之日，或天旱祈雨，则在此堂奏乐祭龙。如德宗于贞元十三年（797年）四月壬戌（七日），宪宗于元和十二年（817年）四月，都以天旱不雨，亲来兴庆宫龙堂祈雨。

咸宁殿　唐长安兴庆宫便殿。唐天宝以后，咸宁殿成为安置退位的太上皇或皇太后养老居住的寝殿。《旧唐书·顺宗纪》载，宪宗元和元年（806年）正月"甲申，太上皇（顺宗）崩于兴庆宫之咸宁殿"。又《旧唐书·宪宗纪》载，元和十一年（816年）三月，"皇太后崩于兴庆宫之咸宁殿"。

义安殿　唐长安兴庆宫便殿。穆宗恭僖皇后王氏，生敬宗。穆宗崩后，敬宗尊其母为皇太后。文宗即位之初，号其为宝历太后，后徙居兴庆宫义安殿。大和八年（834年），文宗诏云："今宝历太后居义安殿，宜准故事称义安太后。"

积庆殿　唐长安兴庆宫便殿。唐穆宗贞献皇后萧氏，生文宗。穆宗崩，文宗尊之为皇太后，原居大内（太极宫）。武宗时，徙居于景色优美的兴庆宫积庆殿，因号积庆太后。

合炼院　唐长安兴庆宫道士炼丹炉院。玄宗崇信道教，为求长生不老，在兴庆宫中设合炼院，由供奉道士为其开炉合炼丹药。此院毁于安史之乱中，后玄宗自蜀返归长安退居于兴庆宫，又营此合炼院。《旧唐书·肃宗纪》载，乾元元年（758年）四月二十七日，"上进炼石英金灶于兴庆宫"。即肃宗进上皇炼石英金灶以炼取丹药于此兴庆宫合炼院。据传天宝三载（744年），合炼院曾产芝草。见《册府元龟》卷二四与《全唐文》卷三一一孙逖《为宰相贺合炼院产芝草表》。

睿武门　唐长安兴庆宫宫门之一。位于宫东南隅长庆殿之北。上元元年（760年）七月，李辅国以"上皇居兴庆宫，日与外人交通，陈玄礼、高力士谋不利于陛下"为由，得肃宗允许，逼上皇李隆基由兴庆宫迁西内太极宫时，至此睿武门，李辅国将射生500骑，露刃遮道。李隆基惊，几坠于骑。

沉香亭　位于兴庆池的东北，因亭用沉香木结构而成，故名。沉香亭是唐玄宗和杨贵妃置宴赏花娱乐之处。亭前遍植名花异草，其中有红、紫、浅红、通白四本木芍药，还有晨为纯赤、午为浓绿、暮为深黄、夜为粉白，一日四变其色的珍贵名花。每当百花盛开之时，玄宗即偕杨贵妃来此亭前游赏。李白《清平调》："名花倾国两相欢，常得君王带笑看。解释春风无限恨，沉香亭北倚阑干"就是描写的这种情景。

兴庆池　位于兴庆宫偏南的中部。据考古探测，兴庆池东距宫

沉香亭

东壁80米,西距宫西壁80米,南距宫南壁216米,北距瀛洲门124米。故址在今西安兴庆宫公园内。

兴庆池原为隆庆坊一块低凹之地,武后垂拱初年时,因雨水积涝逐渐成池,以后又引龙首渠水入灌,池面日益滋广。中宗时期,池周已弥漫数顷,深数丈,"广袤五七余里"。据考古探测,兴庆池东西最宽为915米,南北最长为214米,东偏北9度,面积达182000平方米,[63]是一个椭圆形的大水池。

兴庆池初因坊名称隆庆池,后因李隆基与其兄弟五王在此隆庆坊居住,又俗称五王子池。隆庆坊改建兴庆宫后,池则称兴庆池。又因为附会此池常有云气,并有黄龙出现,故亦称为龙池。

兴庆池是南内以大水面湖色为中心的风景区。池中荷菱藻芡弥望,岸旁细柳垂杨,周围青草丛生,岸南还有一种心红叶紫的草,可以闻而醒酒,名为"醒酒草"。唐朝帝后常在池边结彩为楼,观景游赏,或在池中泛舟为戏。唐人蔡孚有《享龙池乐章》诗:"帝宅王家大道边,神马龙龟涌圣泉。昔日昔时经此地,看来看去渐成川。歌台舞榭宜正月,柳岸梅洲胜往年。莫言波上春云少,只为从龙直上天。"

5.在南内听政的皇帝

南内兴庆宫主要是唐玄宗开元、天宝时期政治活动的中心,以后成为退位皇帝闲居之处。在南内居住的皇帝计有以下几位。

玄宗 玄宗在开元十六年(728年)以前,先后在太极宫与大明宫听政。"(开元)十六年正月三日,始移仗于兴庆宫听政。"[64]退位后,从至德二载(757年)十二月至上元元年(760年)七月,闲居于兴庆宫。计在南内约32年。

顺宗　永贞元年（805年）八月，顺宗退位，由大明宫移居兴庆宫，至元和元年（806年）正月崩于咸宁殿，计在南内居住约半年。

注释

[1]《唐两京城坊考·宫城》。《长安志·唐西内》作中宗神龙元年改称。

[2] [3]中国科学院考古研究所西安唐城发掘队：《唐代长安城考古纪略》，《考古》1963年第11期。

[4]《唐两京城坊考·宫城》。

[5]《旧唐书·玄宗纪》。

[6]辛德勇：《唐两京城丛考》，第84页。

[7]《旧唐书·孙伏伽传》。

[8]《玉海·唐宴蛮夷玄武门》。

[9]《旧唐书·中宗纪》。

[10]《资治通鉴》卷一九四"贞观十年十一月"条注引《唐六典》。

[11]《旧唐书·地理志》载，太极宫"正门曰承天，正殿曰太极，太极之后殿曰两仪。内别殿、亭、观三十五所"。

[12]《长安志·唐西内》。

[13]李庚：《西都赋》。

[14]《资治通鉴》卷一七九"开皇二十年"条。

[15]《资治通鉴》卷一八〇"仁寿四年"条注。

[16]《资治通鉴》卷二〇八"景龙元年"条。

[17]《资治通鉴》卷二〇九"景云元年"条。

[18]《资治通鉴》卷一九四"贞观八年"条。

[19][37]《雍录·唐东内大明宫》。

[20]《唐会要·大明宫》。

[21]《资治通鉴》卷二一〇"开元元年"条。

[22][28]《唐会要》卷三〇《杂记》。

[23]《旧唐书·敬宗纪》。

[24][41]《唐两京城坊考·大明宫》。

[25]《长安志图》卷上。

[26][27][28][36][39][50]中国田野考古报告集：《唐长安大明宫》，科学出版社，1959年版。

[30]中国社会科学院考古研究所西安唐城工作队：《西安市唐长安城大明宫丹凤门遗址的发掘》，《考古》2006年第7期。

[31][47]《旧唐书·穆宗纪》。

[32]《资治通鉴》卷二五四"广明元年"条。

[33]《雍录·待漏院》。

[34]《玉海·唐兴安门》。

[35]傅熹年：《唐长安大明宫玄武门及重玄门复原研究》，《考古学报》1977年第2期。

[38]《雍录·汉唐宫殿据龙首山》。

[40][42]安家瑶：《唐大明宫含元殿龙尾道形制的探讨》，载《新世纪的中国考古学》，科学出版社2005年版。

[43]中国社会科学院考古研究所唐城工作队：《唐大明宫含元殿遗址1995—1996年发掘报告》，《考古学报》1997年第3期。

[44]《旧唐书·代宗纪》。

[46]《雍录·宣政紫宸螭头》。

[48]《雍录·唐翰苑位置》。

[45]《类说》卷七引《教坊记》。

[49][51]马得志：《唐长安城发掘新收获》，《考古》1987年第4期。

[53]中国社会科学院考古研究所、日本独立行政法人文化财研究所奈良文化财研究所：《唐长安城大明宫太液池遗址发掘简报》，《考古》2003年第11期。

[54]《玉海·唐太液池》。

[55]《资治通鉴》卷二二八"建中四年"条。

[56]《资治通鉴》卷二六二"光化三年"条。

[57]《唐两京城坊考·兴庆宫》。

[58][64]《唐会要·兴庆宫》。

[56]《唐会要·城郭》。

[60][61]马得志：《唐长安兴庆宫发掘记》，《考古》1959年第10期。

[62] [63]陕西省文物管理委员会：《唐长安城地基初步探测》，《考古学报》1958年第3期；马得志：《唐长安兴庆宫发掘记》，《考古》1959年第10期。

第七章

三苑

　　三大内有"三苑"：西内苑在西内太极宫以北，故又称北苑；东内苑是东内大明宫的一处风景园林区，位置在大明宫的东南隅；禁苑为隋之大兴苑，位于都城之北，规模极大。三苑内不仅建有多处亭台殿阁、池榭园林，是三处大的皇家风景游赏区和狩猎区，而且三苑在都城北部以层层相包之势，起着多层外郭城的作用，从而拱卫着宫城。

唐都长安大内有三苑：西内苑、东内苑与禁苑。三苑是皇家的风景园林游赏区和狩猎区，均在都城之北。

一、西内苑

1.范围

西内苑在西内太极宫以北，故又称北苑。贞观十七年（643年）四月，唐太宗将觊觎皇太子之位的魏王泰"幽于北苑"[1]，即在此处。

《长安志》载西内苑的范围，"南北一里，东西与宫城齐"。[2]实际上大明宫修建后，其西南隅的西苑之地亦属西内苑，故西内苑的范围有所扩大，是"东出于宫城之东，而近东偏者，南北亦不止一里也"。[3]

三苑外围环筑有苑墙，用以隔绝百姓。苑墙四面开有苑门。西内苑东、西、北三面各一门，南面二门。东面叫日营门，又称东云龙门；西面叫月营门，又称西云龙门；北面叫重元门，又称鱼粮门；南面的苑门，即是太极宫北面的玄武门与东宫北门元德门。

2.建筑

西内苑入玄武门以东，有观德殿、含光殿、看花殿、拾翠殿、歌武殿、冰井台、樱花园等；玄武门以西，有永庆殿、翠华殿、大安宫、广远楼、通过楼、祥云楼等。其中的主要建筑如下。

观德殿　建于隋初，在玄武门之东。此殿为皇帝与僚臣在苑中宴乐之地。如总章元年（668年）十月二日，唐高宗"御玄武门之观德

三苑图（《长安志图》）

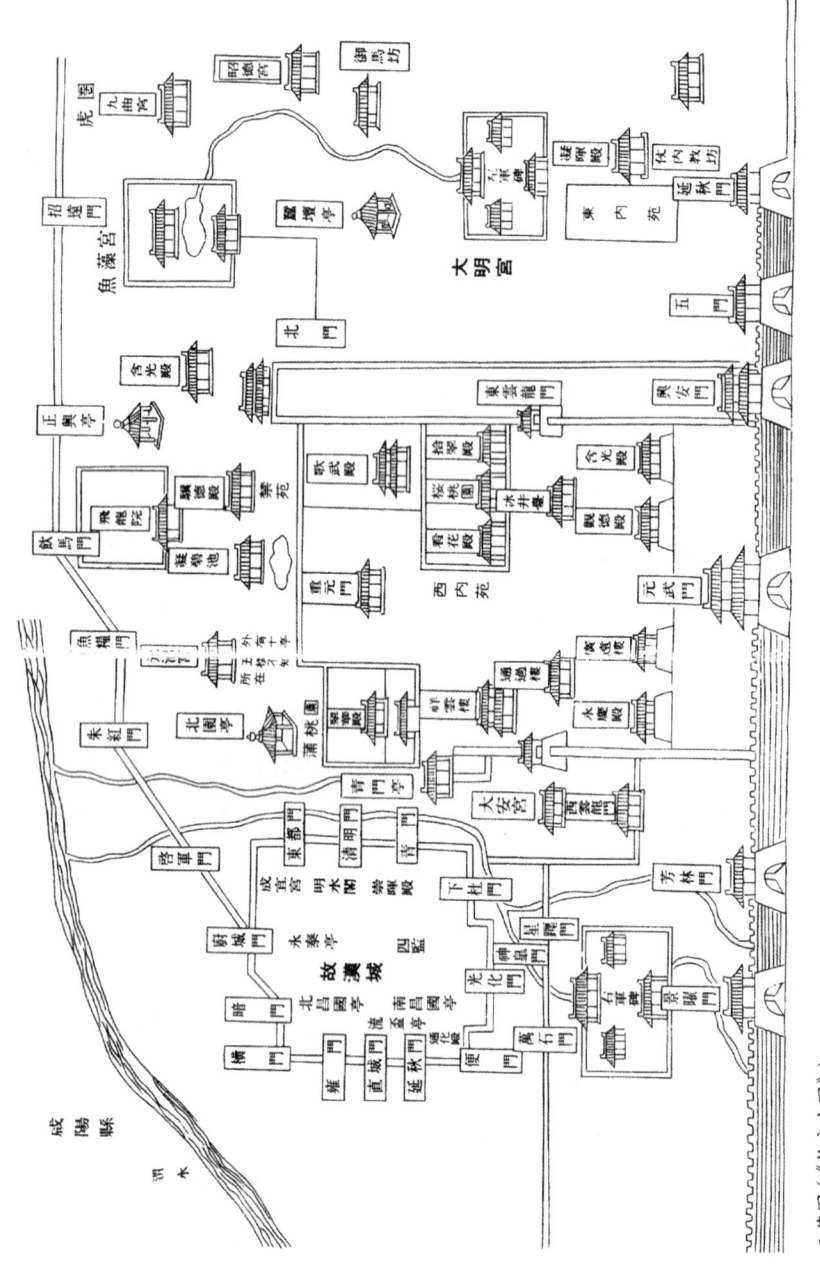

三苑图（《唐两京城坊考》）

第七章 | 三苑

殿宴百官，设九部乐，赐帛"。此殿也是举行射礼之处。如贞观十六年（642年）三月三日，唐太宗"赐百僚大射于观德殿"；永徽三年（652年）三月三日，唐高宗"幸观德殿，赐群官大射"。此外，永徽三年六月议建明堂时，高宗"令于观德殿前依五室、九室两议张设，上观之"。[4]

含光殿　据元人李好文《长安志图·唐禁苑图》中所绘，唐长安三苑中有两座含光殿：一在禁苑中鱼藻宫之西，二在西内苑中东南隅。西内苑中的含光殿，位于观德殿之东。高宗总章元年十二月，曾在此殿举行献俘活动。这里还建有大型毬场，是帝王与百僚们在苑中骑马击毬娱乐之处。1956年冬，曾在此处发现一块石志。石志呈正方形，长、宽均为53.5厘米，石心较周围磨制光滑，长、宽均是31厘米，上刻"含光殿及毬场等，大唐大和辛亥岁乙未月建"之文，即唐文宗大和五年（831年）十一月所建，从而证明这里确曾是西内苑中含光殿及毬场的所在地。同时，从唐代前期这里早有含光殿之名及发掘中见含光殿之下压有唐代早期建筑情况看，说明这里早有含光殿与毬场，大和五年只是在以前基础上进行一次大的重修。[5]

飞霜殿　位于西内苑南面玄武门之北。该殿建在龙首原南坡处，地形高敞，殿阁三层。殿前引水为洁渌池，周围树以白杨、槐、柳为主，浓荫相接，是盛夏以涤炎消暑之处。《玉海》卷一百五十九引《实录》载，贞观二十年（646年）七月二十一日，唐太宗"宴五品以上于飞霜殿，丝竹递奏，群臣上寿，赐绫锦"。

看花殿　唐长安西内苑殿之一。据《长安志图·唐禁苑内苑图》所绘，看花殿位于苑城中部偏东，在冰井台西北，樱桃园之西。殿院

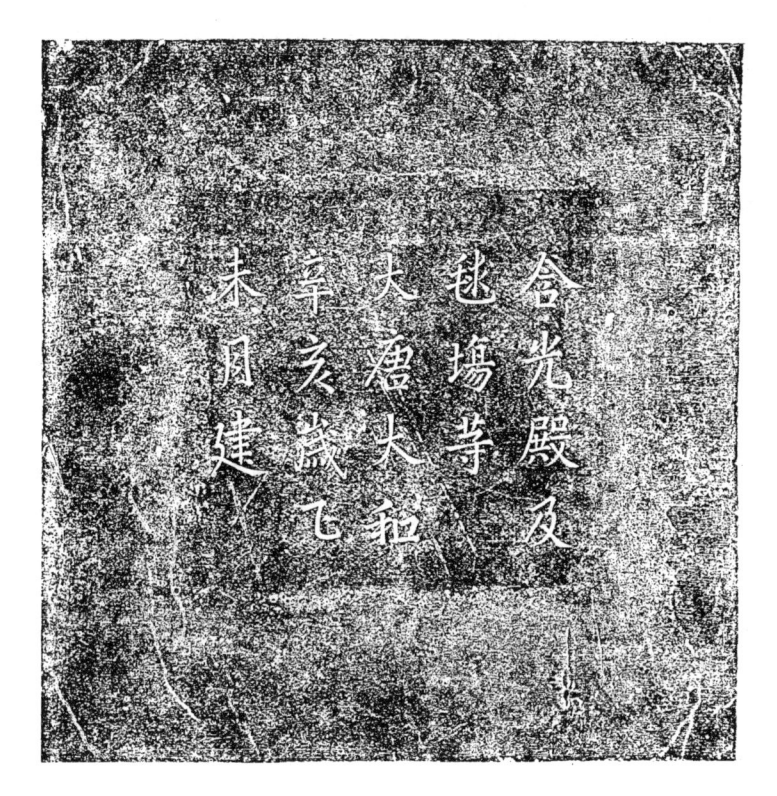

含光殿石志拓本

盛植名花奇卉，为帝后与侍臣苑中赏花游乐之处。

樱桃园　唐长安西内苑园林之一。位于苑城中部偏东，在冰井台之北，拾翠殿之西，以园中樱桃树成林而得名。景龙四年（710年）四月六日，中宗至此园游玩，引中书门下五品以上诸司长官及学士在此园置酒张乐，并命公卿于马上摘樱桃。

大安宫　位于西内苑西南隅西云龙门之北。初名弘义宫。高祖武德五年（622年）七月，以秦王李世民有克定天下之功，特降殊礼，在西内苑西侧别建弘义宫，令秦王居之。玄武门之变后，高祖禅帝位于秦王。贞观三年（629年）四月四日，高祖以弘义宫有山林胜景，颇为雅好，加之李世民即位后久居东宫显德殿听政，便从西内太极殿徙居弘义宫，并更名为大安宫，取太上皇安居之意。

大安宫内建有大安殿、仁政殿、翠华殿、戢武殿、垂拱殿、祭酒台、蓬莱阁等建筑。自太上皇居此宫后，太宗曾多次来该宫问安、献物与侍宴。

大安宫作为太上皇李渊的养老之宫，制度尚嫌卑小。贞观六年（632年）马周上疏说："臣伏见大安宫在宫城之西，其墙宇宫阙之制，方之紫极，尚为卑小。臣伏以东宫皇太子之宅，犹处城中，大安乃至尊所居，更在城外。……而蕃夷朝见及四方观听，有不足焉。臣愿营筑雉堞，修起门楼，务从高显，以称万方之望，则大孝昭乎天下矣。"太宗见疏后，"深纳之"。[6]可见贞观六年之后，大安宫在原来的基础上，又有所扩建和增筑。

戢武殿　唐长安西内苑殿之一，位于大安宫内。贞观三年（629年）四月太上皇李渊徙居大安宫后，太宗率公卿大臣至大安宫谒太上皇于戢武殿，置酒为欢。

垂拱前殿　唐长安西内苑殿之一，位于大安宫内。贞观九年（635年）五月六日，太上皇李渊崩于此殿。

翠华殿　唐长安西内苑大安宫殿名。《玉海》卷二十九载，武德七年（624年）四月七日，高祖宴王公亲属于翠华殿，"帝赋诗，王公递上寿，赐帛各有差"。

二、东内苑

1.范围

东内苑是东内大明宫的一处风景园林区,位置在大明宫的东南隅,《雍录》载:"东内苑在大明宫东,直南,而出亦与丹凤门齐。"[7]

东内苑的范围,"南北二里,东西尽一坊之地"。[8]在三苑之中面积最小。其平面形制是一个南北长、东西窄的纵长方形。遗址约在今西安城外东北,东至建华路,西至太华南路,南起纱厂东街之南,北至八府庄之间。

东内苑东、南、北三面各有一门。东面是大明宫东面的太和门,南面是大明宫南面东偏的延政门,北面是大明宫的左银台门。

2.建筑

东内苑中部有龙首池,池北有龙首殿,池东有灵符应圣院,池南有凝晖殿、内教坊、毬场亭子殿等。此外,苑内另有看乐殿、小儿坊、御马坊等。

龙首池　位于东内苑中部。其池之水,引自龙首渠北支的渠水。"大明(宫)之东有苑,苑有池,龙首渠水自城南而注入于此。"[9]宪宗元和十三年(818年)二月,对龙首池加以疏浚。池北有龙首殿,池南有鞠场。先天二年(713年)三月十一日,唐玄宗以天旱在此祈过雨。[10]开成元年(836年)三月二十一日,文宗"幸龙首池,观内人赛雨,因赋《暮春喜雨》诗"。[11]据《旧唐书·文宗纪》载,大和九年(835年)七月,"填龙首池为鞠场"。可知唐后期,龙首池已填平为鞠场而不复存在。

龙首殿　唐长安东内苑殿名。位于苑中龙首池北侧,因前临龙首池而得名。大和九年八月四日,"上幸左军龙首殿",文宗曾来此殿游玩。

承晖殿　唐长安东内苑殿名。《资治通鉴》卷二百四十载,元和十三年(818年)正月,宪宗"命六军修麟德殿。右龙武统军张奉国、大将军李文悦,以外寇初平,营缮太多,自宰相,冀有论谏;裴度因奏事言之。上怒",二月"于是浚龙首池,起承晖殿,土木浸兴矣"。《旧唐书·裴度传》载,其殿"雕饰绮焕,徙佛寺花木以植于庭。有程异、皇甫镈者,奸纤用事,二人领度支盐铁,数贡羡余钱,助帝营造"。

灵符应圣院　唐长安东内苑道教建筑。武宗崇信道教,于会昌元年(841年)三月在东内苑龙首池之东建灵符应圣院,以供奉道教始祖老子李耳及其"灵符"。

三、禁苑

1.范围

唐禁苑为隋之大兴苑,位于都城之北。其范围"东距浐,北枕渭,西包汉长安城,南接都城,东西二十七里,南北二十三里,周一百二十里"[12],规模极大。特别是西面将汉长安故城包并在内,这不仅扩大了禁苑的范围,而且可使隋唐帝王利用汉故都城旧有之殿堂,作为游乐的场所。

禁苑在唐三苑中虽然规模最大,但是,它较汉代上林苑却要小得多。汉上林苑的范围，东至蓝田，西至周至、户县，南至秦岭以北，北至渭河以北，方圆三百四十里。隋唐苑囿地区的相对缩小，不仅在于防御上更加有效，而且是都城附近地区农业经济发展的必然要求。

禁苑环筑有苑墙，四面共开有十门。南面三门，这就是郭城北面偏西的三个城门，东为芳林门，中为景曜门，西为光化门。东面二门，偏北为昭远门，偏南为光泰门。西面二门，偏北为元武门，偏南为延秋门。北面三门，西为永泰门，中为启运门，东为饮马门。其中主要苑门是：

芳林门　唐长安禁苑南面偏东门。位于宫城之西，在都城北郭西段城垣之上。建于隋，隋称华林门。门南对郭城南面安化门，门上建有楼观。芳林门与唐代政治活动多有关系。武德九年（626年）六月四日，秦王李世民伏兵太极宫北面玄武门，发动兵变准备诛杀太子李建成与齐王李元吉时，高士廉率兵卒至此门，准备与李世民合兵进击。《新唐书·徐齐聃传》载，唐高宗时令崇文馆学士徐齐聃"侍皇太子讲，修书于芳林门"。唐末，沈云翔等10人因从此门入内交结中官而得名，号称"芳林十哲"。

芳林门因距宫城最近，为皇帝与近臣入禁苑的主要之门。高宗曾令高官学士乘马由此门至禁苑芳林园摘食樱桃。景龙四年（710年）正月初八立春，中宗曾令侍臣自此门入苑，至望春宫迎春。同年二月二十九日，中宗令中书门下供奉官五品以上、文武三品以上并诸学士等，自芳林门入，集于梨园毬场分朋拔河为戏。元和三年（808年）四月二日，宪宗御芳林门张乐。门址约在今西安城西北郊红庙坡南星火路中段。

光泰门　唐长安禁苑东垣偏南门，门外临浐水，为禁苑东面重要门户。德宗兴元元年（784年）朱泚之乱，李晟收复京城，陈兵于此门外，与叛军大战，并从光泰门入禁苑驱逐朱泚出长安。僖宗中和三年（883年）四月十日夜，河东节度使李克用率军镇压黄巢农民起义军，也是从光泰门进入长安城的。门址约在今西安城东北郊米家崖附近。

延秋门　唐长安禁苑西面偏南门。《长安志图·唐禁苑图》以此门画在汉长安故城西面偏南原章城门位置上。天宝十五载（756年）六月十三日，安史叛军逼近长安，唐玄宗是夜就是从延秋门出西逃的。德宗时，李晟等人进攻入据长安的朱泚，浑瑊曾屯军此门。僖宗广明元年（880年）十二月黄巢农民军攻占长安，唐诸道兵进攻黄巢，泾原节度使程宗楚又由此延秋门进兵。门址约在今西安城西北郊西雁雀门村附近。

2.建筑

禁苑是京畿地区皇家的主要风景园林区与行猎区。苑中坡原起伏，林木繁盛，潭池相接，并有宫、殿、院、亭二三十处。其中主要建筑有：

望春宫　位于禁苑东边龙首原上，临浐水西岸。南北二座，南望春宫为隋初文帝时所建，炀帝时改称长乐宫；北望春宫为唐玄宗开元二十六年（738年）正月建。韦述《两京新记》云："西京禁苑内有望春宫，在高原之上，东临灞浐。"望春宫皆为楼亭式建筑，故亦称为南北望春楼或南北望春亭。宫外另建有升阳殿、放鸭亭，是一处

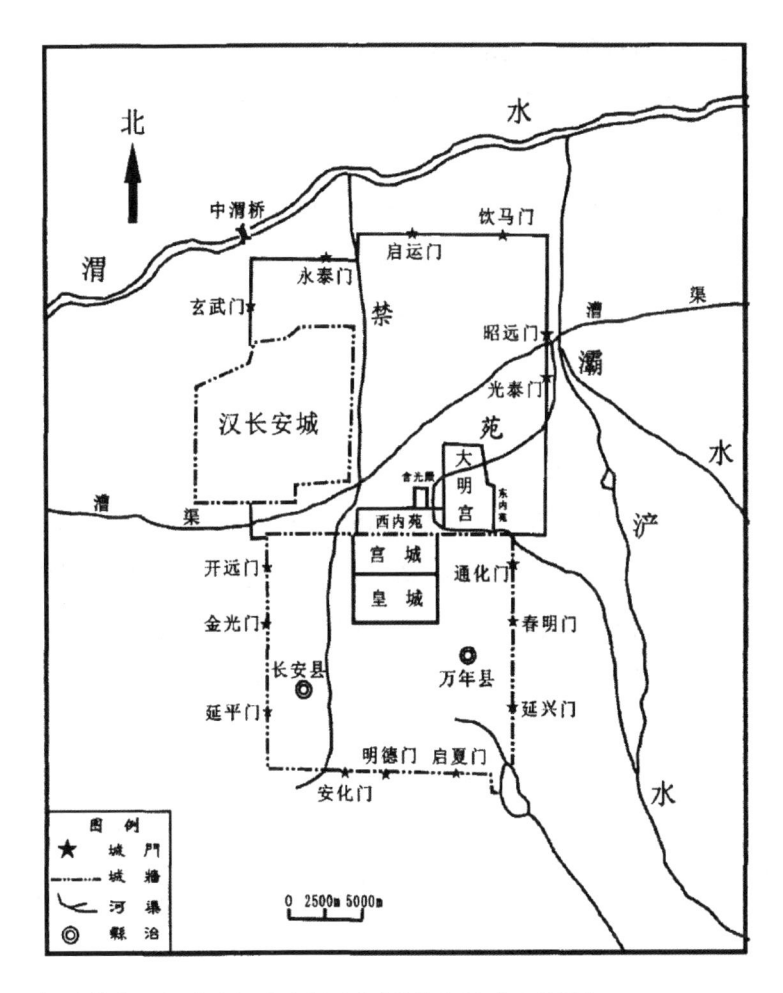

唐长安禁苑位置示意图(王建国《隋唐长安禁苑的历史地理研究》)

第七章 | 三苑

以浐河水色与宫亭建筑为特色的风景区。

望春宫因位于长安禁苑的最东处，每逢二月立春日，皇帝令大臣到此举行迎春活动。同时，望春宫景色优美，皇帝亦常来此游幸赏春，唐人对此多有吟咏。李景让有《望春宫赋》。崔日用《奉和圣制春日幸望春宫应制》诗云："东郊风物正熏馨，素浐凫鹥戏绿汀。凤阁斜通平乐观，龙旂直逼望春亭。光风摇动兰英紫，淑气依迟柳色青。"苏颋同名诗云："东望望春春可怜，更逢晴日柳含烟。宫中下见南山尽，城上平临北斗悬。"

望春宫亦与唐代的政治军事活动有关。天宝九载（750年）十月，安禄山入京，行至今临潼戏水，杨国忠兄弟姊妹皆往相迎，冠盖蔽野。玄宗也亲至望春宫以待。乾元元年（758年）七月，郭子仪破安史叛军于河上，擒安守忠以献，肃宗亲临望春楼以待。建中二年（781年）二月，发兵屯关东，德宗临御此望春楼誓师。

长乐宫 隋唐长安禁苑（隋称大兴苑）中南望春宫的又称。古长安地区有二长乐宫，一为汉长乐宫，汉高帝五年（前202年）九月至七年（前200年）二月，由丞相萧何主持在秦兴乐宫基础上营修而成。位于汉长安城东南部，面积约6平方千米。此宫为汉初高帝听政之处，后为皇太后居住的宫室。隋唐时期汉长安故城西包入禁苑之内，但从《长安志图·三苑图》看，隋唐时此汉长乐旧宫已不存在。二是隋唐禁苑中南望春宫的又称。隋唐长安禁苑东部浐水西岸，有南北二望春宫。南望春宫为隋文帝时建，北望春宫为唐时建。南望春宫在隋炀帝时改称长乐宫，此名与望春宫并称，相沿于唐。如《旧唐书·高祖纪》载，义宁元年（617年）七月，李渊从太原起兵，九月渡河入陕，"冬十月辛巳，至长乐宫"。又武德五年（622年）三月，秦王李世民破刘黑闼于河北洺水，"夏四月庚戌，秦王还京师，高祖迎劳于长乐宫"。唐初所说长乐宫，即禁苑东部浐水西岸隋文帝时所建之南望春宫而炀帝时改称之长乐宫。此长乐宫也与长安东郊长乐坡得名有关。长安东郊十一里有一条东西长坡，因前临浐水，原名浐坂。隋时因站在坡上东望，可见近在眼前的浐水西岸的南望春宫，后更名为长乐宫，故改名长乐坡。元人骆天骧《类编长安志·坡坂》"长乐坡"条引《十道志》云："旧名浐坂，隋文帝恶之，改曰长乐坡，盖汉长乐宫在其西北。"其实，改名长乐坡的原因，不是因其西北四五十里处曾有而隋时已不存在的汉长乐宫，而是因坡前东面数里有可望见的隋建南望春楼又名长乐宫。其次，更坡名的时间，应在隋炀帝时而非隋文帝时，这是因为在炀帝时才将南春望宫更名为长乐宫。

升阳殿 唐长安禁苑殿名。位于禁苑东南浐水西岸望春宫附近，因其在长安之东最早见到太阳升起之处，故名。宝历元年（825年）闰七月，敬宗诏度支进铜30斤、金箔十万，修大明宫清思院新殿与禁苑升阳殿图障。敬宗时还在升阳殿东增置亭沼，多聚水禽，称之为放鸭亭。此放鸭亭于大和元年（827年）四月遭文宗所毁。升阳殿地据长安之东重要战略位置，《旧唐书·僖宗纪》载，中和三年（883年）四月，杨复光率唐诸道兵与黄巢农民军战于苑东，官军"自望春宫蹙杀，至升阳殿合围"，农民军败退出长安。

广运潭 唐天宝元年（742年），陕郡太守领江淮租庸使韦坚，修复关中漕渠，在咸阳修筑堤堰，导渭、灞、浐三河之水注入漕渠，东至永丰仓下复与渭水相通，用以转输漕粮。又于禁苑之东浐水西岸望春楼下挖凿水潭，用以停泊漕运船只。次年，潭成。潭中常聚泊着二三百艘江淮漕船，船各以牌署其郡名，如广陵郡、丹阳郡、晋陵郡、会稽郡、南海郡、豫章郡、宣城郡、始安郡、吴郡等，篙工、舵师皆头戴大笠，穿宽袖衫、芒屦，着南方吴、楚之地服装，满载江淮各地向京师进奉的粮米及土产宝货奇物，首尾相接，连樯数里。唐玄宗率百官坐在望春楼上观看。时陕县尉崔成甫率领数百妇女，皆鲜服靓装，齐声高唱《得宝歌》。崔成甫自衣缺胯绿衫，锦半臂，偏袒膊，红罗抹额，站在第一船作号头领唱。歌词云："得宝弘农野（弘农，县名，治所在今河南灵宝县东北故函谷关城。"得宝"事指天宝元年玄宗遣人在弘农函谷关尹喜台处得道教始祖太上老君李耳的"灵符"），弘农得宝耶！潭里船车闹，扬州铜器多。三郎当殿坐，看唱得宝歌。"伴随歌声，丝管齐奏，鼓吹大作。玄宗大悦，特赐潭名为"广运潭"。由于关中漕渠的疏通和广运潭的开凿，漕运大增，每年由关东输向关中京师的粮米由原来的一二十万石增至四百万石。但此广运潭发挥漕运作用的时间有限。《雍录·望春亭》载："天宝元年韦坚因古迹堰渭水绝浐灞为潭，东注永丰仓下（永丰仓在渭水入黄河处），以便漕运，名广运潭。未几，浐灞二水沙泥冲壅，潭不可漕。付司农掌之，为捕鱼之所。"广运潭址约在今西安市东北郊浮沱寨及其以东地区。

鱼藻宫　在禁苑的北部。因宫建在鱼藻池边，故名。这里也是以池面水色为主的一组风景区。德宗贞元十三年（797年）七月、宪宗元和十五年（820年）八月，多次修浚鱼藻池，池深一丈四尺。皇帝与僚臣常在此宫举行欢宴，或观划船竞渡为戏。德宗曾在此"张水戏彩舰"，还在"池底张锦引水被之，令其光艳透见也"。[13]穆宗亦"观竞渡、角抵于鱼藻宫"。[14]唐人王建《宫中三台词二首》诗云："鱼藻池边射鸭，芙蓉园里看花。日色柘袍相似，不著红鸾扇遮。池北池南草绿，殿前殿后花红。天子千年万岁，未央明月清风。"鱼藻宫、鱼藻池约在今西安城东北郊琚珥冢南、杨家庄西北一带。

九曲宫　唐长安禁苑宫名。位于禁苑东北隅，在鱼藻宫东北，昭德宫之北，北临虎圈，去宫城十二里。宫中有殿舍山池。

咸宜宫　位于禁苑西北隅汉长安故城东北部，汉城旧宫，唐代因其旧址增修，去宫城二十一里。开元十五年（727年）七月四日礼部尚书苏颋卒，时玄宗游咸宜宫，将出猎，闻颋丧出，中路还宫。

光启宫　唐长安禁苑宫名。《新唐书·黄巢传》载，中和三年（883年）四月，黄巢农民军败弃长安，官兵入城，争货相攻，并放火烧毁长安，苑中唯此宫存。

层观　或称西楼。位于禁苑西部，高层楼阁建筑。贞观十年（636年）十一月建。唐太宗文德皇后逝于贞观十年六月，十一月二十日葬于昭陵。史载"上念后不已，于苑中作层观，以望昭陵"。有故事说，太宗尝引魏徵同登此层观高楼，使视昭陵。魏徵熟视之后说："臣昏眊，不能见。"太宗为其指示之。魏徵回答说："臣以为陛下望高祖献陵（在今陕西三原县东北），若昭陵，则臣固见之矣！"[15]贞观十七年（643年）正月魏徵病逝，陪葬昭陵。唐太宗失去此股肱大臣，十分悲伤，《资治通鉴》载："上登苑西楼（原注：长安禁苑之西楼也），望哭尽哀。"太宗对侍臣说："人以铜为镜，可以正衣冠；

以古为镜，可以见兴替；以人为镜，可以知得失。魏徵没，朕亡一镜矣！"[16]疑此禁苑西楼，即贞观十年十一月太宗为望文德皇后昭陵于苑中所造的层观。在禁苑中起层观亦西楼，是因为禁苑位处城北龙首原上，地势最高，可以登高望远；而昭陵位于长安西北方向的礼泉县九嵕山，故此层观或西楼，建于禁苑的西部，便于就近观望。

狩猎出行图（1971年陕西乾县唐章怀太子李贤墓出土壁画）

观鸟捕蝉图（1971年陕西乾县唐章怀太子李贤墓出土壁画）

白华殿 唐长安禁苑殿名，位于禁苑东南隅近光泰门处。建中四年（783年）十月，泾原兵变朱泚据长安时，朱泚自大明宫含元殿徙居于禁苑中此白华殿。次年五月，李晟率军攻进光泰门，占据白华殿，大败叛军，收复长安。殿址约在今西安城东北郊百花村一带。

梨园 位于禁苑西南光化门正北。园以梨树成林而得名。园中有梨园亭，并建有毬场。《旧唐书·中宗纪》载，景龙四年（710年）二月二十九日，中宗令中书门下供奉官五品以上、文武三品以上并诸学士等，"自芳林门入集于梨园毬场"，分朋拔河为戏，"帝与皇后、公主亲往观之"。当时"韦巨源、唐休璟衰老，随垣踣地，久之不能兴，上及皇后、妃、主临观，大笑"。[17]梨园毬场中，还常常举行打马毬的激烈比赛。唐禁苑梨园旧址在今西安城西北郊白家口村附近。

蚕坛亭　唐长安禁苑亭之一。位于禁苑偏东鱼藻宫之南，坛高四尺，周回三十步。蚕坛亭为皇后亲祀先蚕之所。先蚕为传说中始教民育蚕之神。唐制，皇后于每年季春三月时，亲率内外命妇至禁苑蚕坛亭祭祀先蚕，以示勤勉蚕桑之事。

桃园亭　唐长安禁苑之南去宫城四里处有桃花园，园中有亭名桃园亭，此为观赏桃花艳放景色之处。景龙四年（710年）三月五日，中宗游宴于桃花园。张说《侍宴桃花园咏桃花应制》诗云："绮萼成蹊遍箓芳，红英扑地满筵香。莫将秋宴传王母，来比春华奉圣皇。"张说另一首《桃花园马上应制》诗中有"林间艳色骄天马，苑里秾华伴丽人"之句。

临渭亭　唐长安禁苑亭之一。位于禁苑之北，临于渭水。景龙四年（710年）三月三日，中宗幸临渭亭修禊饮，赐群官柳棬以辟恶。唐时皇帝多来此游幸赏景，侍臣应制多有诗咏，宋之问等有《奉和九日幸临渭亭登高应制得欢字》诗，李适、李峤、苏颋等有《游禁苑陪幸临渭亭遇雪应制》诗，阎朝隐、韦元旦、卢藏用、马怀素、窦希玠等有《奉和九日幸临渭亭登高应制》诗，其中窦希玠诗中有"銮舆巡上苑，凤驾瞰层城。御座丹乌丽，宸居白鹤惊"之句。

凝碧池　唐长安禁苑池名。《长安志图·唐禁苑图》绘凝碧池在西内苑之北,骥德殿之西。宝历二年(826年)六月,敬宗临幸凝碧池观鱼,令兵士千余人于池中取鱼,大者送入新池。东都洛阳禁苑中亦有此池名,安禄山据洛阳时,曾大宴于凝碧池。

此外,禁苑中还有昭德宫、元沼宫、汉未央宫、含光殿、骥德殿、飞龙院、虎圈、明水园、葡萄园、坡头亭、祯兴亭、神皋亭、七架亭、青门亭、流杯亭及青城桥、龙鳞桥、栖云桥、凝碧桥、上阳桥等多处苑囿建筑。

以上三苑内不仅建有多处亭台殿阁、池榭园林,是三处大的皇家风景游赏区和狩猎区,而且三苑在都城北部以层层相包之势,起着多层外郭城的作用,从而拱卫着宫城。尤其是三苑地处龙首原高地,外有苑墙,内屯禁军,成为攻防长安城的一个重要战略要地,因此《雍录》云:"凡此三苑也者,地广而居要,故唐世平定内外祸难,多于苑中用兵也。"[18]如李世民发动"玄武门之变",李隆基入宫诛韦后及德宗时李晟驱逐朱泚出长安,都是利用了苑中的有利地形而取得成功的。

注释

[1]《资治通鉴》卷一九七"贞观十七年"条。

[2]《长安志·内苑》。

[3]《唐两京城坊考·西内苑》注。

[4]《玉海·观德殿》。

[5]中国田野考古报告集:《唐长安大明宫》,科学出版社1959

年版。

[6]《旧唐书·马周传》。

[7]《雍录·唐三苑说》。

[8]《长安志·禁苑》。

[9]《雍录·汉唐宫殿据龙首山》。

[10]《玉海·龙首池》。

[11]《旧唐书·文宗纪》。

[12]《唐两京城坊考·三苑》。

[13]《雍录·鱼藻宫》。

[14]《玉海·唐鱼藻宫》。

[15]《资治通鉴》卷一九四"贞观十年"条

[16]《资治通鉴》卷一九六"贞观十七年"条。

[17]《资治通鉴》卷二〇九"景云元年"条。

[18]《雍录·唐三苑说》。

第八章

坊里与人口

隋初大兴城营建之时,坊数与位置的设计就被赋予了一定的寓意。皇城两侧南北排列一十三坊,"象一年有闰";皇城正南东西四列坊,"以象四时";南北九坊,"取则《周礼》王城九逵之制"。唐长安城中的坊里之数,随着都城建设的发展,先后有三次增减变化。总之,隋唐长安城坊里的布局,排列规律,赋有寓意,是我国古代坊里之制最为规范化的一座都城。

唐长安城继承和发展了前代都城市民居住区按坊里划分的制度，在外郭城中列置诸坊，作为都城百万人口住宅的分布区。这种坊里的区划、布局与其结构有着严密的制度。

一、坊里之数

唐长安城内的坊里，是由外郭城中的东西向十四条大街，南北向十一条大街，相互交叉，彼此分割区划而成的。这些被区划的棋盘式网格地段，隋文帝时称"坊"，隋炀帝时改称"里"[1]，唐代时又称"坊"[2]，或以"坊""里"并称。

唐长安城中的坊里之数，随着都城建设的发展，先后有以下三次增减变化。

起初，按外郭城的全部面积，以东西十四条大街和南北十一条大街相互交叉来分割，本可以区划为一百一十坊另两市（每市各占两坊之地）。并且，在分布上以朱雀大街为中界，街东与街西数目相等，各有五十五坊另一市。但在隋初营建大兴城时，都城东南隅的曲江及其以北一带，虽然占有两坊之地，实际上却没有设坊（参见《唐两京城坊考·西京外郭城图》）。如《雍录》载："隋营京城，宇文恺以其地在京城东南隅，地高不便，不为居人坊巷，而凿之为池。"[3]这样，东城区的五十五坊减去二坊，仅五十三坊，与西城区五十五坊合计，全城总数是一百零八坊。这是隋初至唐初时期长安城中的坊里之数。

唐高宗龙朔二年（662年），由于大明宫的再次修建，为了开辟一条宫前南北大街，将郭城东北部丹凤门前的翊善坊与永昌坊从中

第八章｜坊里与人口　　269

辟开，使其各为二坊，分为光宅、翊善、永昌、来庭四坊。这样，东城区由五十三坊增加二坊，共五十五坊。与西城区五十五坊合计，全城共一百一十坊。这是龙朔二年以后至唐中期开元初时，长安城中的坊里之数。

唐玄宗开元二年（714年），由于在东城区原隆庆坊营建了兴庆宫，从而使东城区五十五坊失去一坊，余五十四坊。兴庆宫虽然后来还向周围的胜业坊、永嘉坊、道政坊有所增广，但并没有再引起坊数的变化。这样，东城区的五十四坊与西城区的五十五坊合计，全城共为一百零九坊。这是开元二年以后长安城中的坊里之数。

总之，长安城中的坊里总数，在不同时期曾有三次变化，先后为一百零八坊、一百一十坊与一百零九坊。而坊数的变化，都是由东城区坊里之数的增减而引起的。

另据南宋赵彦卫《云麓漫钞》卷八引吕大防《长安图题记》云："宣宗修宪宗遗迹，于夹城中开便门，自芙蓉园北入青龙寺，俗号新开门。自门至寺，开敦化以北四坊各为二。"由此认为宣宗时为辟新开门至青龙寺通道，分敦化以北四大坊为八小坊，长安城坊里之数增加了四坊。

吕大防《长安图题记》所载宣宗时长安新增四坊之说似难成立。这是因为新开门位于都城东南隅，外傍郭城东墙，为唐代帝王从夹城去往游幸芙蓉园的入口；而青龙寺位于新昌坊南门之东，靠近郭城东墙延兴门处。新开门与青龙寺，都在或靠近郭城东墙南段处，南北相去，几为直线。从新开门北去新昌坊青龙寺，原先就有三条既有并最为便捷的通道。第一条是入新开门，中经夹城复道北走，入延兴门抵新昌坊而达。这也是帝王为使其行踪不为人窥见的首选通道。第二条是从新开门就近沿东郭城墙内壁宽20余米的顺城路北行直走，抵延兴门内大街，即可达新昌坊青龙寺。第三条是敦化坊及其以北各坊的东西中部，原就有通南北坊门并相互为之贯通的南北街。从新开门经入敦化坊南门北走，亦可直抵新昌坊南门，东去即达青龙寺。这样，从新开门至新昌坊青龙寺，原先已有临近而又最为便捷的三条现成通路，故唐宣宗无须再"开敦化以北四坊各为二"。因而宣宗时分敦化以北四坊各为二从而新增四坊之说，就不能成立。北宋史学家宋敏求著《长安志》，不采信同时代的吕大防《长安图题记》此分四坊之说，并指斥其说。如《长安志》卷九"立政坊"注云："按《长安图》此坊分为谈宁坊，非是。"同卷"敦化坊"注云："按《长安图》及分为长和坊，非是。"

二、坊里布局

长安城中的坊里，虽然是由外郭城中的东西向与南北向通衢大街自然交叉分割而成的，然而，它的区划分布，却是按照一个完整的规划设计思想布局的。

首先，坊里在排列上，采取以朱雀大街为中轴，左右对称的形式。朱雀街以东，东西五个纵列，南北一十三个排坊，共五十五坊另一市；朱雀街以西，亦为东西五个纵列，南北一十三个排坊，共五十五坊另一市。街东与街西，坊里的数目、位置及其形制，面积的大小，都是彼此对等、左右均称的。因此，坊里的分布，井然有序，十分规律而又整齐。

其次,坊里在布局上,隋初大兴城的营建大师宇文恺,还给坊数与位置的设计赋予一定的寓意。其中皇城两侧南北排列一十三坊,"象一年有闰";皇城正南东西四列坊,"以象四时";南北九坊,"取则《周礼》王城九逵之制"。[4]

总之,唐长安城坊里的布局,排列规律,赋有寓意,是我国古代坊里之制最为规范化的一座都城。

三、坊里名称

长安城中的坊里,各有坊名,其位置排列的顺序如下。
朱雀街东第一纵列,从北而南,共九坊:

兴道坊　开化坊　安仁坊
光福坊　靖善坊　兰陵坊
开明坊　保宁坊　安义坊

此数坊中坊名有变化者有:

(1)兴道坊于中宗景龙三年(709年),以避驸马都尉武攸暨父名之讳,改称瑶林坊。睿宗景云元年(710年),复其旧称。

(2)安仁坊,本名安民坊,高宗永徽元年(650年),因避太宗李世民名讳,改称安仁坊。

朱雀街东第二纵列,从北而南,共九坊:

务本坊　崇义坊　长兴坊

永乐坊　靖安坊　安善坊

大业坊　昌乐坊　安德坊

此数坊中坊名有变化者有：

（1）务本坊于中宗景龙三年（709年），以避驸马都尉杨慎交父嘉本名讳，改称玉楼坊。睿宗景云元年（710年），复其旧称。

（2）永乐坊，《旧唐书·裴度传》称为平乐坊，传中有"度平乐里第，偶当第五岗"之句。

（3）靖安坊，"靖"或作"静"。如《旧唐书·武元衡传》称其为静安坊，传中有"元衡宅在静安里"之句。

（4）大业坊，本名宏业坊，中宗景龙中（707—710年），避孝敬皇帝（高宗第五子，武则天所生长子李弘，谥孝敬皇帝）名讳，改称。

朱雀街东第三纵列，从北而南，共十五坊：

翊善坊　光宅坊　永昌坊

来庭坊　永兴坊　崇仁坊

平康坊　宣阳坊　亲仁坊

永宁坊　永崇坊　昭国坊

晋昌坊　通善坊　通济坊

此数坊中坊名有变化者有：

（1）光宅坊本属翊善坊之地，来庭坊本属永昌坊之地，置大明宫后,因开丹凤门街,遂辟此二坊各为东西两坊。

（2）《长安志》记永兴坊与崇仁坊之间,又有一广化坊,此系将朱雀街东第四纵列第三排安兴坊,后改称广化坊误记于此。清人徐松《唐两京城坊考》中,已将其序列更正过来。

（3）崇仁坊,据徐松考订,异名为昌化坊。

（4）晋昌坊,因晋、进同义,故《长安志》又作进昌坊。

朱雀街东第四纵列,从北而南,共十一坊另一市:

长乐坊　大宁坊　安兴坊
胜业坊　东　市　安邑坊
宣平坊　升平坊　修行坊
修政坊　青龙坊　曲池坊

此数坊中坊名有变化者有:

（1）长乐坊因北对大明宫延政门,后改名为延政坊。

（2）安兴坊,后改为广化坊。

（3）胜业坊,本名宜仁坊,武德初,坊中立胜业寺,其坊因此改名。

（4）宣平坊,"平"或作"政",称宣政坊。

（5）修行坊,本名修华坊,武后时避讳,改称修行坊。睿宗景云元年(710年)复其旧称,后又改之。

（6）修政坊,古"修""循"通用,亦称循政坊。

朱雀街东第五纵列,从北而南,共十坊及兴庆宫、曲江芙蓉园:

入苑坊　兴宁坊　永嘉坊
兴庆宫　道政坊　常乐坊
靖恭坊　新昌坊　升道坊
立政坊　敦化坊　曲江芙蓉园

此数坊中坊名有变化者有：

（1）入苑坊，玄宗先天（712年）以后，皇子幼则居内，年长即在本坊分院而居，称为十六王宅，或十六宅。

（2）兴庆宫，本为隆庆坊，开元二年（714年）置宫，因本坊为名，讳"隆"改"兴"，名兴庆宫。

（3）靖恭坊，或作静恭坊。

（4）敦化坊，一作敦教坊。

朱雀街西第一纵列，从北而南，共九坊：

善和坊　通化坊　丰乐坊
安业坊　崇业坊　永达坊
道德坊　光行坊　延祚坊

此数坊中坊名有变化者有：

（1）善和坊，《长安志》中此坊坊名缺失，《唐两京城坊考》中疑此坊名为光禄坊。元人骆天骧《类编长安志》列此坊名为善和坊。

（2）通化坊，《长安志》中坊名缺失，《唐两京城坊考》坊名亦缺失，注中云疑为殖业坊。《类编长安志》列此坊名为通化坊。

(3)崇业坊,据《唐会要·观》载,开皇二年(582年)移故汉城玄都观"至安善坊",故此坊旧名疑为安善坊。

(4)光行坊,本名光显坊,因避中宗名讳,于长安年间(701—704年)改称光行坊,一作光仁坊。

朱雀街西第二纵列,从北而南,共九坊:

  太平坊 通义坊 兴化坊
  崇德坊 怀贞坊 宣义坊
  丰安坊 昌明坊 安乐坊

此数坊中坊名有变化者有:

(1)崇德坊,本名弘德坊,避孝敬皇帝弘之名讳,神龙初改称。

(2)怀贞坊,武后以母号太贞夫人,改名怀贤坊。神龙元年(705年),复其旧称。

(3)丰安坊,《长安志》卷九记其名为安丰坊。

朱雀街西第三纵列,从北而南,共十三坊:

  修德坊 辅兴坊 颁政坊
  布政坊 延寿坊 光德坊
  延康坊 崇贤坊 延福坊
  永安坊 敦义坊 大通坊
  大安坊

此数坊中坊名变化者有:

(1)修德坊,本名贞安坊,武后避其母太贞夫人讳,改称。

(2)布政坊,本名隆政坊,避玄宗名讳,改称。

朱雀街西第四纵列,从北而南,共十一坊另一市:

安定坊　休祥坊　金城坊

醴泉坊　西　市　怀远坊

长寿坊　嘉会坊　永平坊

通轨坊　归义坊　昭行坊

此数坊中坊名有变化者有:

(1)醴泉坊,本名承明坊。隋文帝开皇二年(582年),缮筑此坊,因掘得七眼甘泉浪井,饮者疾愈,因以名坊。

(2)长寿坊,隋旧名广恩坊,因避炀帝杨广名讳,改称。

(3)永平坊,本名永隆坊,后避玄宗李隆基名讳,改称。

(4)昭行坊,本名显行坊,因避中宗李显名讳,于长安年间(701—704年)改称。

朱雀街西第五纵列,从北而南,共十三坊:

修真坊　普宁坊　义宁坊

居德坊　群贤坊　怀德坊

崇化坊　丰邑坊　待贤坊

永和坊　常安坊　和平坊

永阳坊

此数坊中坊名有变化者有：

（1）义宁坊，本名熙光坊，隋恭帝义宁元年（617年）改称。

（2）崇化坊，本名弘化坊，避孝敬皇帝李弘名讳，改称。

（3）永和坊，本名淳和坊，元和初，避宪宗李淳名讳，改称。

四、坊里范围

长安城中各坊里的范围，因其位置的排列而有所不同。如果除去后来因开辟丹凤门街与扩充兴庆宫引起其周围一些坊里，如光宅、翊善、永昌、来庭及胜业、安兴、永嘉、道政诸坊范围变化之外，全城其他坊里范围的大小，大体上分为以下五类。

其一，皇城正南，朱雀街东西两侧的内二纵列十八坊，范围相对最小。《长安志》载其范围"南北各三百五十步（约合514.5米）"，"东西三百五十步（约合514.5米）"。[5]而据考古实测，此二纵列十八坊南北长500米至590米，东西宽558米（街西）至562米（街东）。

其二，皇城正南，朱雀街东西两侧的外二纵列十八坊，范围较前渐次为大。《长安志》载，其范围"南北长三百五十步（约合514.5米）"，"东西四百五十步（约合661.5米）"。考古实测数南北长仍为500米至590米，东西宽683米（街西）至700米（街东）。

其三，皇城以南，以上四列坊之外的东西两侧六列四十八坊，范围又较前渐大。《长安志》载，其范围"南北长仍为三百五十步（约合514.5米）"，"东西各六百五十步（约合955.5米）"。考古实测数南北长仍为500米至590米，东西宽1020米至1125米。其中朱雀街东第三列坊，东西宽1022米；第四列坊，东西宽1032米；第五列坊，东西宽1125米。朱雀街西第三列坊，东西宽1020米；第四列坊，东西宽1033米；第五列坊，东西宽1115米。

其四，宫城东西两侧的十二坊，范围又较前为大。《长安志》载，其范围"南北各四百步（约合588米）"，东西宽仍为"六百五十步（约合955.5米）"。此数坊因被现代建筑所压，无考古探测数据。

其五，皇城东西两侧的十二坊范围最大。《长安志》载，其范围"南北各五百五十步（约合808.5米）"，东西宽仍"六百五十步（约合955.5米）"。考古仅实测了其中的居德坊，探得南北长度位838米，东西宽度为1115米。[6]

唐长安城坊里范围表

位置＼范围	文献记载（《长安志》） 南北	文献记载（《长安志》） 东西	考古实测 南北	考古实测 东西
皇城以南朱雀街两侧内二纵列十八坊	三百五十步，合514.5米	三百五十步，合514.5米	500米至590米	558米（街西）至562米（街东）
皇城以南朱雀街两侧外二纵列十八坊	三百五十步，合514.5米	四百五十步，合661.5米	500米至590米	683米（街西）至700米（街东）
皇城以南东西两侧六列四十八坊	三百五十步，合514.5米	六百五十步，合955.5米	500米至590米	1020米至1125米
宫城东西两侧十二坊	四百步，合588米	六百五十步，合955.5米		
皇城东西两侧十二坊	五百五十步，合808.5米	六百五十步，合955.5米	（居德坊）838米	（居德坊）1115米

第八章 | 坊里与人口

从以上文献记载与考古实测的情况看，与长安城坊里范围大小分为五类的趋势是一致的。然而，二者比较，考古实测数往往较文献记载数为大；同时，文献中记朱雀街东与街西对称坊里范围数彼此相等，而考古实测朱雀街东则较街西坊里的东西宽度为大。出现以上两者差异的原因，第一，是因为考古实测并非坊墙之间的范围，而是坊墙之外街与街之间的距离，因而实测数有所增大。第二，又因为朱雀门并不在皇城南面的正中而是位置稍偏西，因而实测朱雀街东较街西坊里的宽度自然要大。第三，外郭城坊里因排列位置而在范围大小上，之所以会有如此五种区别，这既有布局设计上的原因，也受客观条件的限制。如皇城正南的四列坊范围之所以较小，是因为设计者们要把向南距郭城之间划分九坊，以象"王城九逵"，从而其南北长度受到限制；而东西宽度又受到"以象四时"安置四列坊的限制。其中，又由于皇城南面三门的间距较短，而朱雀大街又极宽敞，所以，朱雀街两侧内二列十八坊较外二列十八坊范围更小。皇城以南另外东西六列四十八坊，范围之所以相对较大，是因为郭城南面两侧，各距东西城墙较宽的缘故。宫城、皇城东西两侧的坊里范围更大，是因为这里南北只划作四坊，以与南面九坊合为十三排坊，"象一年有闰"；而东西只划作三坊，以与南面三列坊取直，范围自然增大。其中又由于皇城南北长度大于宫城南北长度，因而皇城东西两侧坊里的范围，也就最大。

五、坊里结构

1.坊墙

唐长安城中的坊里是一种封闭式的建筑，坊里的四周，环筑有坊墙，彼此加以分隔。坊墙缮筑于隋初，均为夯筑土墙。据对群贤坊、怀德坊、胜业坊、居德坊及长兴坊的考古探测得知，坊墙墙基厚度一般为2.3米至3米。坊墙的位置，都建在临近坊外各街两旁的沟边，距离约2米。有的距离更小，如怀德坊的坊墙，距离街侧沟边仅1.5米。[7]

由于坊墙都是土墙，常常因受雨水冲刷而破坏倒塌。如天宝十三载（754年）九月，长安多雨，"京城坊市墙宇，崩坏向尽"。[8]唐朝政府曾多次下令修补坊墙。贞元四年（788年）二月，德宗敕"京城内庄宅使界诸街坊墙，有破坏，宜令取两税钱和雇工匠修筑"。[9]

由于每个坊里外围都环筑以坊墙，从而使长安城在外观上，宛如大城之中又套筑了许多小城。长安城这种封闭式的坊里围墙建筑，不仅使坊内居民生活极为不便，而且使坊外四面极为宽敞的通衢大街，愈显得空荡而单调。

2.坊门

长安城中的坊里，由于四面环围坊墙，因而开有坊门，以便居民出入。坊门又都装有门扉，由专职门吏掌管，负责按时开关。这些门板，有的是拆除汉城旧物安装的，如城西北隅的修真坊，"今坊之南门门扉，即周之太庙门板也"。[10]对于因年深日久损坏了的坊门，唐朝政府也注意随时修补。大历八年（773年）七月，代宗下诏云："京城内诸坊、市门，至秋成后，宜令所由勾当修补。"[11]

长安城坊门的设置，有其严格的制度，大体上分为两种情况：

其一，位于皇城正南的四列三十六坊，"每坊但开东西二门"，而无南北门。这是因为这些坊里位于宫城、皇城的正面，不开南北坊门，有利于最高统治者的安全和防卫。同时，出于都城设计者的唯心主义厌胜之术，认为"北出即损断地脉"，"不欲开北街泄气，以冲城阙"。[12]"隋文帝多忌讳，故有司希意为此也。"

其二，除皇城正南三十六坊之外，长安城中其余各坊"每坊皆开四门，有十字街，四出趣门"。[13]即其余各坊，都开有东、西、南、北四坊门。

至于坊门的建筑，都不甚高大。其门楣之上，书有本坊坊名。坊门之内，有门吏直宿的房舍。坊门两侧的墙壁或门扉之上，可以张贴政府发布的各种文告，甚或私人亦可因事而贴榜。故白居易在题名为《失婢》的诗中，有"宅院小墙库，坊门帖榜迟"的诗句。

长安城坊里筑墙设门的目的，在于加强对居民的严密防范和行政管理，出于都城治安的政治需要。所谓"坊有墉，墉有门，遁亡奸伪，无所容足"，[14]及"隋文立坊之制，启闭有时，盗窃可防也"。[15]从坊里的建筑结构制度上，可以反映出隋唐时期封建社会内阶级矛盾的发展和政治统治的加强。此外，唐制规定，若霖雨不止，则关闭坊市北门以祈晴。《资治通鉴》卷二百八"神龙元年七月"条载："至使里巷谓坊门为'宰相'，言朝廷使之变理阴阳也"。

六、坊内街曲与分区

1.街曲

长安城坊里内的街衢之制,可以分为两类。位于皇城正南的四纵列三十六坊,因只有东西坊门而无南北坊门,故坊内中部仅有一条连通两门之间的东西向横街。这种坊街之制,由对皇城南长兴坊的考古探测中,仅发现有东西向的街道,而未发现南北向的街道,得到了进一步的证实。除此三十六坊之外,其他各坊中部都有东西向和南北向的十字大街。这些大街按其街向,分别称为东街、西街、南街和北街。

各坊里内的东西横街或十字大街都直通坊门,而且街道笔直,坊街宽度一般在15米。

坊里内除了通衢大街之外,还有许多小的街道,称为"曲"或"巷",与之相通。这些小的曲、巷路面较窄,唐人称之为"狭斜"。如卢照邻《长安古意》诗中有"长安大道连狭斜,青牛白马七香车"之句。曲巷的宽度,一般为2米多。[16]曲巷各有其名称,有按方位称呼的"南曲""中曲""北曲"[17],有按其长度称呼的"短曲"[18]"小曲"[19]"深巷"[20]"永巷"[21],有按街树称呼的"柳巷"[22],有按当地大户族姓命名的"薛曲"[23],有按不同民族聚居命名的"高丽曲"[24],也有按坊人职业命名的"毡曲"[25]。此外,平康坊中还有以王公贵族常骑马鸣珂经过而命名的"鸣珂曲",胜业坊中有通往古刹而称的"古寺曲"等。

2.分区

长安城坊里内部,由于十字街与十字巷的交叉,遂将坊里按方位划分为十六区,这可以从文献资料的记载与考古发掘遗址方面得到证实。

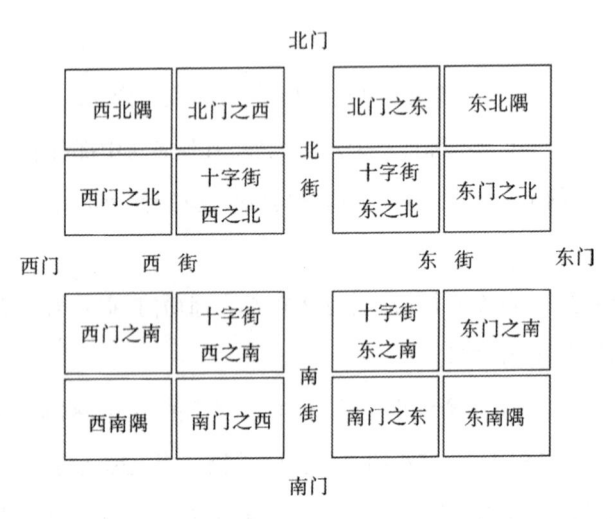

	西北隅	北门之西	北	北门之东	东北隅	
	西门之北	十字街西之北	街	十字街东之北	东门之北	
西门	西	街		东	街	东门
	西门之南	十字街西之南	南	十字街东之南	东门之南	
	西南隅	南门之西	街	南门之东	东南隅	

隋唐长安坊里分区图

首先,叙述唐长安城坊里内部住宅分布的文献,如《两京新记》《长安志》《唐两京城坊考》等,在谈到坊内某住宅某建筑的方位用语,是分以下四类情况叙述的。

第一类,(东南、西南、东北、西北)隅;

第二类,北(南)门之东(西);

第三类,西(东)门之南(北);

第四类,十字街东(西)之南(北)。

根据以上四类方位用语，正好将坊内划分为十六区。[26]特别是《两京新记》的作者韦述，是唐开元、天宝时期人，且身在长安，他采取这种坊内方位分类，一定会有现实的根据。

其次，新中国成立后考古工作者在对长安永宁坊遗址的考古发掘中，除发现坊内十字大街之外，还发现有十字交叉的小巷。在对其他坊里的勘探中，也发现有这样的小巷遗迹。这和《两京新记》等文献所记的情形完全符合，证明了长安城坊里内是由十字大街和十字小巷划分为十六区。

最后，从日本平城京的建制可以得到印证。日本的平城京是模拟中国隋唐时期长安与洛阳的都城制度建立起来的。平城京的坊，分为十六町，即十六区，这也印证了唐长安城坊内划分为十六区的事实。

七、房第建造

1.建造制度

长安城士庶第宅房舍的建造，依其身份、地位的不同，在门向的设置，房屋的间数、架数等方面，都有严格的规定和制度。

首先，在住宅门向的设置上，唐朝政府规定，凡三品以上官，或为"坊内三绝"者可以向坊外临街开门，其他官吏与一般百姓的住宅，都必须向坊内开门。这样，在长安城内通衢大街的两旁，尽是王公贵族的朱门高楼。如唐代诗人所描写的那样："长安多大宅，列在街东西"，"长安十二衢，家家朱门开"，"大宅满六街"。而在坊内，则多是"穷巷掩双扉"的矮门陋屋。从坊内坊外住宅的门向上，形成了贫富高下明显的阶级等级差别。

其次，在住宅门、厅的大小与间数、架数上，也有着严格的等级规定。大和六年（832年）六月，文宗在颁布的《营缮令》中规定：王公以下，舍屋不得施重栱藻井；三品以上，堂舍不得过五间九架，厅厦两头门屋，不得过五间五架；五品以下，堂舍不得过五间七架，厅厦两头门屋，不得过三间两架；六品七品以下，堂舍不得过三间五架，门屋不得过一间两架；非常参官，不得造轴心舍，及施悬鱼对凤瓦兽通栿乳梁装饰；庶人所造堂舍，不得过三间四架，门屋一间两架，仍不得辄施装饰；士庶公私第宅，皆不得造楼阁临视人家，等等。[27]

至于当时住宅建造的形式，特别是贵族官僚的第宅，多采取具有明显的中轴线和左右对称的平面布局。如从敦煌壁画中可以看出，隋唐时期贵族的宅院，有在两座主要房屋之间用具有直棂窗的回廊连接为四合院，也有房屋与门置不完全对称，但由于用回廊组成庭院，则仍然一致。房屋的朝向多采取南向，以便冬季阳光照入室内而抵御严寒，夏天又可以利用东南风取凉。房舍的建筑多用较厚的外墙和屋顶，建筑外观厚重庄严，并适宜于北方气候的特点。至于长安百姓住宅的建造形式，与贵族官僚第宅用回廊连接的大四合院建制不同，而是多采取以房屋围绕构成的狭小四合院，或是仅用木篱茅屋围成简单的三合院，布局简单，造型粗糙。

唐朝政府为了维持长安城内房舍建造的封建等级制度，曾多次颁布禁令，禁止违制建造。大和六年的《营缮令》中还规定："诸营

院落马厩（敦煌莫高窟第85窟壁画 晚唐）

舍宅，于令有违者，杖一百，虽会赦令，皆令改正，其物可卖者听卖。若经赦百日不改去及不卖者，论如律。"[28]为了严肃禁令，唐朝政府在都城也着实处理了一些违制建筑。如邠宁节度使马璘在长兴坊建造第宅，"重价募天下巧工营缮，屋宇宏丽，冠绝当时"。因其逾制，大历十四年（779年）七月，代宗下令毁之。另外，对于向坊外临街开门之户，也严加详审。大和五年（831年）七月，文宗诏令非三品以上官或三绝者，"向街门户，悉令闭塞"。[29]

2.权贵的豪华住宅

唐初之时，长安王公贵族第宅建造尚受约束，较少逾制。如唐太宗时宰相温彦博死后，因宅无正房，只能殡于别室，太宗急令赶快为他建一正堂,以使其"寿终正寝"。贞观十七年(643年),太宗也因宰相魏徵宅屋简陋,宅无正堂,命以修建小殿之材为其营构正屋。高宗时,宰相李义琰也宅无正堂,其弟岐州司功参军李义璡给他送来了建造堂屋的木料,他怕违制招祸,拒绝说:"以吾为相国,岂不怀愧?更营美室,是速吾祸,此岂爱我意哉!"竟不营构,任其木料放置雨霖腐坏而弃之。

然而到了武则天时期,"王侯妃主京城第宅,日加崇丽"。[30]豪门贵族,达官贵人,无视朝廷的等级规定和禁令限制,凭权依势,在长安大营第宅,逾制兴造。武则天的从姊子宗楚客,在醴泉坊造一新宅,"皆是文柏为梁,沉香和红粉以泥壁,开门则香气蓬勃。磨文石为阶砌及地,着吉莫靴者,行则仰仆",以致武则天女太平公主感叹地说:"看他行坐处,我等虚生浪死。"[31]中宗的女儿安乐公主与长宁公主,在长安"竞起第舍,以侈丽相高,拟于宫掖,而精巧过之"。[32]其中安乐公主在"金城坊造宅,穷极壮丽,帑藏为之空竭"。[33]

天宝时期,京师权贵第宅,已极奢靡。杨国忠、杨铦与韩国夫人、秦国夫人、虢国夫人凭借贵妃得宠,在长安"竞开第宅,极其壮丽,一堂之费,动逾千万。既成,见他人有胜己者,辄毁而改为"。[34]其中杨国忠"于宣义里构连甲第,土木被绨绣,栋宇之盛,两都莫比"。[35]唐玄宗为安禄山在亲仁坊营造第舍,命令"但穷极壮丽,不限财力",还对派去督役的中使说:"善为部署,禄山眼孔大,毋令笑我。"[36]

这一时期,不仅豪门权贵大崇栋宇,就是一般的富人也争相效尤。当时长安的富豪王元宝,家中常以金银叠为屋,壁上以红泥泥之。宅中置一礼贤堂,"以沈檀为轩槛,以碱砆甃地面,以锦文石为柱础,又以铜线穿钱甃于后园花径中,贵其泥雨不滑也",从而被人称为"王家富窟"。[37]

安史之乱以后,长安营建制度大坏,"大臣宿将,竞崇栋宇,无复界限,力穷乃止,人谓之'木妖'"。[38]代宗时宰相元载,在安仁坊与大宁坊,"开南北二甲第,室宇宏丽,冠绝当时"。[39]其中尤以代宗时邠宁节度使马璘为甚,其长安长兴坊宅,重价募天下巧工营缮,一堂之费,计钱二十万贯,他室与此相差无几。中书令郭子仪宅占亲仁坊四分之一,"堂高凭上望,宅广乘车行"[40],是一处占地宽广、建筑豪华的大宅。白居易《伤宅》诗中写道:"谁家起甲第,朱门大道边。丰屋中栉比,高墙外回环。累累六七堂,栋宇相连延。一堂费百万,郁郁起青烟。……主人此中坐,十载为大官。"就是描写当时长安城中达官贵人竞相营构的豪华第宅。直至唐末,情况依然如此。唐末罗隐《秦中富人》诗中说:"高高起华堂,区区引流水。粪土金玉珍,犹嫌未奢侈。"

应该指出的是,长安城中豪门贵族的第宅,许多都是侵占民产修建起来的。中宗女成安公主,"夺民园,不酬直"。[41]景云二年(711年),睿宗女金仙公主与玉真公主在辅兴坊分别建造金仙女冠观和玉真女冠观,"逼夺民产甚多"[42],迫使当地百姓迁徙流离,呼嗟于道路。由此可见,长安城中豪门权贵的甲第大宅,是建立在广大百姓丧产失业基础上的。

八、住宅分布

长安城内士庶住宅的分布，因其地区的差别而有所不同。

首先，就都城南北地区比较来看，"缘近北诸坊，便于朝谒，百官第宅，布列其中，其间杂以居民，栋宇悉皆连接"。[43]因而北部地区人口密集，官宅居多。而南部地区，尤其是靠近城南的四坊，由于所处偏远，俗称"围外"，居民比较稀少。隋文帝为不使城南过于空旷，令其诸子蜀王秀宅归义坊，汉王谅宅昌明坊，秦王浩宅道德坊，蔡王智积宅敦化坊，用以控制和充实城南一带。但终因这里地处偏远，直到唐代时，"虽时有居者，烟火不接，耕垦种植，阡陌相连"。[44]地处郭城东南地区的升道坊，极为荒僻，这里"尽是墟墓，绝无人住"。《旧唐书·代宗纪》载，大历四年（769年）八月，郭城西南延平门附近的长寿坊，甚至有猛虎出没于其中。《旧唐书·文宗纪》载，大和四年（830年）十一月，也有一头熊闯进了郭城西南角永阳坊的庄严寺。

其次，就都城北部东西地区比较来看，也有很大差别。城东北地区，因靠近三内，官僚第宅密集。其中王府集中在入苑坊和胜业坊，入苑坊有十六王子分院居住，从而号称为"十六王宅"；胜业坊有薛王业宅、宁王宪山池院等。公主第宅集中在崇仁坊，坊内先后有太宗女东阳公主宅、中宗女长宁公主宅、玄宗女太华公主宅、德宗女义阳公主宅及宪宗女岐阳公主宅等。安仁坊则多是亲王外家，如宁王宪外祖父刘延景宅、薛王业舅父王昕宅皆在此坊。翊善坊与来庭坊，"皆逼近东内，故多阉人居之"[45]，如高力士宅在翊善坊，其假父内侍高延福宅在来庭坊。位处皇城与东市之间的平康坊，入北门向东的三曲，为妓女所居之地，当时的名妓杨妙儿、王团儿、王苏苏等就住在此南曲之中，京都侠少，萃集于此，时人称此坊为"风流薮泽"。城西地区，多为百姓住宅和富商大贾聚居之地。

九、长安人口

长安城的人口之数，史载阙如，一般估计约有百万人口。

其一，依据唐人诗文的记载。

在唐代诗人的笔下，多次描写长安有百万人口。岑参《秋夜闻笛》诗云："长安城中百万家，不知何人吹夜笛。"韩愈《出门》诗云："长安百万家，出门无所之。"元稹《遣兴十首》中也写道："城中百万家，冤哀杂丝管。"诗中虽然说的是"家"，而不是"口"，这可以看作为了押韵，在文学上的借用之语。除诗中多次提到百万人口之外，另据贞元十九年（803年），韩愈在《论今年权停选举状》中，也提到"今京师之人，不啻百万"，"都计举者，不过五七千人，并其僮仆畜马，不当京师百万分之一"。这和前述唐人诗中对长安百万人口的提法，是一致的。这些身在长安的当代人的估计，当是有一定根据的。

其二，根据长安城内人口的统计。

长安城内由长安、万年两县分治，朱雀街西归长安县治，朱雀街东归万年县治。据《长安志·西市》载："长安县所领四万余户，比万年为多，浮寄流寓不可胜计。"即两县合计，大约共领八万余户。以唐律禁止子孙与祖父母、父母别籍异财分家另过的规定(《唐律疏议·户婚律》:"诸祖父母、父母在,而子孙别籍、异财者,徒三年。")来看,平均每户人口在十口以上。白居易《自咏五首》诗中更有"一家五十口"的提法。故长安、万年两县所领八万余户,口数约在八十万人。

除此之外,再加上居住在京师的皇族、宦官、宫女、禁军、僧尼、国子生、少数民族、入京应选科举、各地驻京朝集使邸办公人员、各民族朝觐使团,以及各国使者、商人等,"浮寄流寓,不可胜计"之人,人数也在二三十万之多。

因此,长安人口约在百万人,也是有一定根据的。

其三,根据坊里居住人户的推算。

长安城各坊究竟居住多少人户,也史无记载。不过,从开元八年(720年)六月二十一日,长安城因雨"京城兴道坊一夜陷为池,一坊五百余家俱失"[46]的史料中,得知兴道坊最少也有五百余户人家。兴道坊位于皇城以南朱雀街东第一纵列第一排坊,在今西安城南西后地及其以西地区。它虽因靠近皇城,人口居住比较密集,然而其面积又属都城中最小的坊里。参照北魏洛阳城坊里户数"大者或千户、五百户"[47],长安城每坊平均八百人户,是有根据的。如此,全城一百一十坊,共约八万八千户。这与《长安志》所记长安、万年两县共领八万余户的数字,是相一致的。因此,长安城共有八万余户,共八十余万口居民,加上二三十万皇族、宦官、宫女、禁军、使者、商人、少数民族及其他浮寄流寓人口,长安城共有百万人口是可信的。

注释

[1]《隋书·百官志》载,炀帝时,"京都诸坊改为里"。

[2]《旧唐书·职官志》载:"两京及州县之郭内,分为坊。"

[3]《雍录·唐曲江》。

[4] [5]《长安志·唐京城》《唐两京城坊考·外郭城》。

[6] [7] [16]中国科学院考古研究所西安唐城发掘队:《唐代长安城考古纪略》,载《考古》1963年第11期。

[8] [46]《旧唐书·五行志》。

[9] [11] [29]《唐会要·街巷》。

[10]《唐两京城坊考·修真坊》。

[12] [13]《长安志·唐京城》。

[14]《长安志图》卷上。

[15]《雍录·唐都城内坊里古要迹图》。

[17]《北里志》。

[18]《剧谈录》卷上。

[19]《太平广记》卷四八四。

[20] 杜牧:《闲题》,《全唐诗》卷五二五。

[21]《唐两京城坊考·亲仁坊》注。

[22]《唐两京城坊考·宜平坊》注。

[23]《唐两京城坊考·胜业坊》注。

[24] (北宋)张礼:《游城南记》。

[25]《唐两京城坊考·靖恭坊》。

[26] 参见宿白《隋唐长安城和洛阳城》,《考古》1978年6期;马

德志《唐代长安与洛阳》,《考古》1983年6期。

[27] [28]《唐会要》卷三一《杂录》。

[30] [40]《唐语林》卷五。

[31]《朝野佥载》卷三。

[32]《资治通鉴》卷二〇九"景龙二年"条。

[33]《旧唐书·外戚传》。

[34]《资治通鉴》卷二一六"天宝七载"条。

[35]《唐两京城坊考·宣义坊》

[36]《新唐书·安禄山传》。

[37]《开元天宝遗事》卷下。

[38]《长安志·长兴坊》。

[39]《旧唐书·元载传》。

[41]《新唐书·李朝隐传》。

[42]《资治通鉴》卷二一〇"景云二年"条。

[43]《唐会要·百官家庙》。

[44]《长安志·开明坊》。

[45]《唐两京城坊考·来庭坊》。

[47]《历代职官表·五城》。

第九章

东市和西市

　　唐长安城根据前代都城将工商业店肆集中在固定地区的制度，在外郭城中部的东西两侧设置了两市。东市位于皇城外的东南，西市位于皇城外的西南。两市的位置一反中国古代都城"面朝背市"的传统原则，将市场区不设在宫城之北而设在其南。东市靠近"三大内"，受政治影响反不及西市繁荣。西市不仅是长安城的主要工商业区和经济活动中心，还是一个国际性的贸易市场。

唐长安城的工商业市场，设置在东市和西市。两市商贾云集，邸店林立，物品琳琅满目，贸易极为繁荣。这里是当时全国工商业贸易活动的中心，也是中外各国进行经济交流活动的重要场所之一。

一、市场位置

唐长安城根据前代都城将工商业店肆集中在固定地区的制度，在外郭城中部的东西两侧设置了两市。隋称东侧的为都会市，西侧的为利人市。唐代以其位置分别称为东市和西市。

东市位于皇城外的东南，在朱雀街东第四列第五、六排坊处，遗址约在今西安城外东南安西街与乐居场之间。西市位于皇城外的西南，在朱雀街西第四列第五、六排坊处，遗址约在今西安城外西南糜家桥与东桃园村之间。

长安城东西两市位置的安排，具有以下特点。

（1）两市的位置一反中国古代都城"面朝背市"的传统原则，将市场区不设在宫城之北而设在其南。这一变化，显然是受隋唐长安城整个布局的影响，即宫城处在都城最北部，而居民住宅区在宫城之南的缘故。

（2）东西两市各在朱雀街两侧相同的位置，左右对称，占地面积大致相等，体现了城市平面规划中的完整布局思想，使都城在外观上显得格外规整。

（3）东西两市各在皇城外的东南方和西南方，靠近皇城、宫城与都城的北部。这种安排在一定程度上是考虑到都城北部与中部人口比较密集和为皇室贵族官僚生活服务的实际需要。

（4）与前代都城市场规模相比，隋唐长安东西两市面积较前大为扩大。据《三辅黄图》卷二引《庙记》载，汉长安城九市各"方二百六十六步（约合391米）"，面积各为0.15平方千米。而隋唐长安城东西两市，"各方六百步（约合882米）"，面积各为0.78平方千米，较汉长安城每个市场大5倍。隋唐长安东西两市面积的空前扩大，与隋唐时期社会经济的发展繁荣、商品交流的扩大以及唐长安城拥有多达百万人口的实际生活品需要有关。

上述特点反映了隋唐长安城在城市布局建设上经验的成熟。当然，将工商业市场集中在固定的地区，对百万人口大都城的居民经济生活来说，终归是不方便的，也对商业贸易的进一步发展不利。

除东市、西市之外，唐代时期长安城中的商业市场，还有过中市、南市与新市。

中市　位于朱雀街东第二列安善坊及大业坊之北半部，面积约占一坊半，设置于高宗至武则天时期。据《长安志·安善坊》注载："高宗时，并此坊及大业坊之半，立中市，署领口马牛驴之肆，然已偏处京城之南，交易者不便。后但出文符于署司而已，货鬻者并移于市。至武太后末年，废为教弩场，其场隶威远军。"另据《唐会要·市》记载："（武则天）长安元年（701年）十一月二十八日，废京中市。"可以看出，中市为口马牛驴之肆，位置约在东西两市之间。这一方面说明了长安城内各类物品的交易，有其固定划分的市场地区；另一方面也反映了中市交易口马牛驴，与这里靠近城南，坊里中多为垦殖的农业需要有关。

南市　位置在安善坊。据《唐会要·市》载："天宝八载（749年）十月五日，西京威远营置南市。"而据《唐两京城坊考·安善坊》注载："按：威远军，当即在此坊。"因此，天宝时期的南市，就在高宗、武则天时期安善坊中市原先的位置。

新市　位置在城北芳林门南。据《唐两京城坊考·禁苑》记载："（宪宗）元和十二年（817年），置新市于芳林门南。"

唐都长安城内各市的设置，从其时间看，东市、西市设置于隋初，沿用于唐代。而中市、南市与新市都增设于唐代某一个时期，这是唐代长安城经济进一步发展的反映。从其位置看，东市、西市接近宫城皇城，位于人口密集之处，位置较为适中，因而长期相沿不改。而中市、南市与新市，或靠近城南，或在城北，位置都较偏远，交易不大方便，因此立市时间都不长，就逐渐废弃不置了。

二、市的建制

1.面积和形制

东市的面积，"南北居二坊之地"[1]，西市亦"南北尽两坊之地"[2]。两市的面积相同，在东西对称的位置上，各占南北二坊之地。

可是，市的实际范围，并不等于南北二坊的全部面积。这是因为市的围墙在不同程度上向内缩进的缘故。据《长安志》载，市外的北面街"广狭不易于旧"，市外东、西、南面"三街向内开，壮广于旧街"。[3]据考古探测，市北面向内缩进23米（约16步），其他三面各向内缩进73余米（50余步）。由于市墙各向内缩进，从而使市墙外的街道相应加宽。这样,市的实际范围就较南北二坊之地为小。从实际效用来看,在市外市墙与大街之间留出一段余地,以便于商业运输上的需要和市民入市前车马的停靠,这在商业市场的设计上,是必要的和合理的。

两市的面积与形制,文献记载为"各方六百步(约合882米)"。[4]即面积各为0.788平方千米,平面形制为四边相等的正方形。而据考古实测,东市南北长1000余米,东西宽924米,面积0.92平方千米;西市南北长1031米,东西宽927米,面积0.96平方千米。[5]实测两市面积大体相同,均较文献记载为大。市的平面形制,为南北略长、东西略短的纵长方形。

2.市墙

东西两市与长安城中的里坊一样,都是封闭式的建筑,市的四周,环筑有市墙。市的这种建筑结构,自然是和长安城实行严格的夜禁制度与市场管理制度有关。

据考古探测,东西两市四周的围墙,均为夯筑土墙。从对西市北面与东面残存墙基中探知,墙基宽(厚度)皆4米许。东市四周墙基保留尚好,墙基宽在6—8米不等,较西市墙基略厚。

市的四周,每面各开二门,两市各有八门。在对东市的探测中,发现了东市东街的北门,门宽4.5米,门上似建有门楼。市门有门吏管理,如同长安城内宫门、城门、坊门一样,早晚要随街鼓声而定时启闭。

3.市内街曲

东西两市之内,各有两条平行的东西大街和南北大街。四街在市的中央交叉成"井"字形,并且将整个市内地区划分成九个长方形。据考古实测,西市内四街宽16—18米。其中南北向二街之间相距309米,东西向二街之间相距327米,二者大体相等。北街距市的北墙336米,东街距市的东墙293米。东市内四街宽度将近30米,较西市之街宽约一倍。

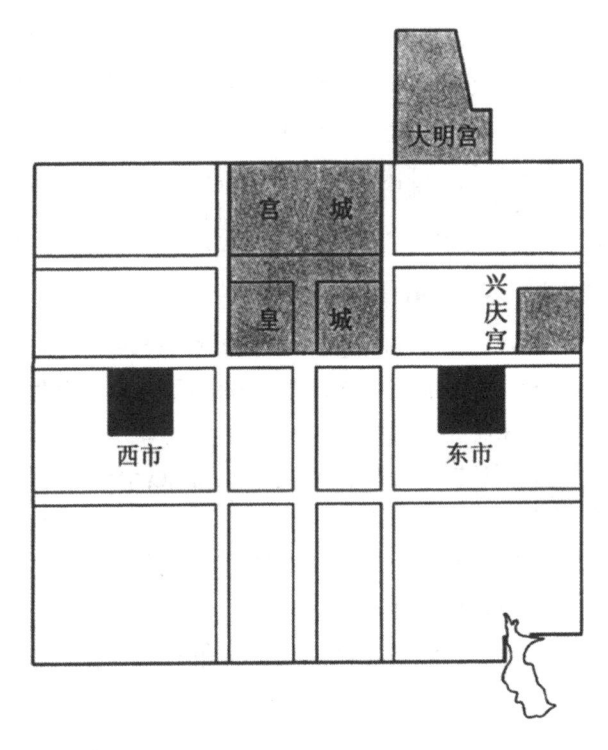

东西两市位置示意图

除市内四街之外，在两市的四周围墙内，还有沿墙平行的四条街道，顺墙街宽度都在14米许。

另外，在市内沿着各条大街，在每方之中，还有许多小的巷道。这样一来，市的规模虽大，但大街小巷相通，交通甚为方便。

市内街道的构造，也极为讲究。从对西市的考古探测中得知，在市内大街街面的中部，底填石子后经夯打，路面极其坚硬，宽约14米，上有车辙遗迹，证明是车马行道。路面的两侧，有与街平行的两条水沟。水沟分早晚两期修建，上下重叠在一起。早期水沟较深较窄，工程不甚坚固，大约沟深2.1米，沟底宽0.75米，上口宽0.9米。沟壁未砌砖，但在两壁上均附有木板，外面紧竖有立柱，用以加固，防止沟壁坍塌。晚期水沟较浅较宽，较为坚固，沟深0.65米，底宽1.1米，口宽1.2米，底和两壁均砌之以砖。在两旁水沟的外侧，有宽约1米的人行道。另外，在一些小的曲巷行道下面，还有砌砖的暗排水道，引水通向大街两侧的沟内。[6]由此可以看出，两市内街道的分布，街面的构造以及排水设施，都是经过缜密地考虑而进行设计的。

4.店铺开设

两市之内都临街设店。当时各市因东西向和南北向四条大街将市内交叉分割，划分为九个长方形，每方的四面均临大街，店铺就沿街设在各方的四周。在每方之内一些小的曲巷中，也有临路开设的店铺。如《太平广记》记载："唐开元中，吴郡人入京应明经举，至京因闲步坊曲……于东市一小曲内，有临路店数间，相与直入，舍宇甚整肃。"[7]这样临街设店，四面立邸，既便于交通和货物进出装卸，又便于招揽顾客，进行贸易。

市内店铺，有大有小。据1961年对西市北街南边一部分房址遗迹发掘的情况看，遗迹都是临街而设、沿街毗连的，但房址规模都不甚大，最长的也不到10米，约合三间；最小的只4米许，仅是一间铺面的样子。它们的进深为3米多。[8]店铺门面不大，可能是由于西市商业繁荣，店铺十分密集，因而各店铺门面相对有所限制。这一点也可以从唐统治者对两市店铺规模的限制上得到反映。景龙元年（707年）十一月，中宗下诏说："两京市诸行，自有正铺者，不得于铺前更造偏铺。"[9]不过，1961年对西市房址遗迹的发掘，仅局限于北街南边一处，很难反映西市和东市店铺的全貌。实际上，两市中一些大的商号店铺，规模绝非一两间或两三间大小。如《乾䐈子》记载，西市中经营法烛生意的工商业主窦乂，他在西市秤行之南，以3万钱购得"十余亩坳下潜污之地"，填平后，"遂经度造店二十间，当其要害，日收利数千，甚获其要……号为窦家店"。[10]窦乂不惜以3万钱重价购买10余亩坳下潜污之地，又不惜工费填池为店，说明了当时市内地皮已相当昂贵。而因为其店"当其要害"，就可以"日收利数千"，也反映了西市交易量之大和商业的繁荣。同时，造法烛的窦家店尚且有二十间店房，那其他一些腰缠万贯、势倾朝市的大商人，决不至只有两三间店面了。

另外，市中的店铺，有工商业者私家所有的，也有长安城中的贵族官僚出资营建以出赁取利的。如玄宗在《禁赁店于利诏》中说：

南北卫百官等,如闻昭应县两市,及近场处,广造店铺,出贷与人,于利商贾,莫甚于此。自今已后,其所货店铺,每间月估不得过五百文,其清资官准法,不可置者,容其出卖,如有违犯,具名录奏。[11]

开元二十九年(741年)正月,又有"禁九品已下清资官置客舍邸店车坊"[12]的记载。这些店铺,由贵族官僚营建,赁给商人,课金极高,以致玄宗不得不多次下诏禁止,或为之规定每月赁价。

5.建仓修池

唐代时期,东西两市的建置,在隋代的基础上有了进一步的发展。这主要是建仓与修池。

建仓 唐高宗永徽六年(655年)八月,"京东西二市置常平仓"。[13]显庆二年(657年)十二月三日,"京常平仓,置常平署官员"。[14]

唐朝政府在京师东西两大市场之内各建置常平仓,这在经济上和政治上都有着重要的意义。首先它可用以调节粮价。政府在市场以雄厚的粮食、食盐储备作为后盾,随时籴入粜出以平准粮价,从而稳定物价,打击囤积居奇的不法商人,所谓"夫常平者,常使谷价如一,大丰不为之减,大俭不为之加"。两市中的常平仓,就是针对当时"以大雨道路(漕运)不通,京师米贵"[15]的问题而设立的。事实上,两市中的常平仓,对平抑物价发挥了一定的作用。如德宗建中三年(782年)九月,户部侍郎赵赞上言说:"伏以旧制,置仓储粟,名曰常平。军兴以来，此事寖废……自陛下登极以来，许京城两市置常平，官籴盐米，虽经频年少雨，米价未腾贵。"[16]其次，是置仓储粮，备荒赈恤。如肃宗乾元三年（760年）二月，"京兆米贵，令中使于西市煮粥以饲饿者"。[17]这里西市煮粥赈济所开之仓，就是常平仓。另如元和六年（811年）二月，宪宗下诏说："如闻京畿之内，旧谷已尽，宿麦未登，宜以常平义仓粟二十四万石，贷借百姓……容至丰年，然后征纳。"[18]

修池 唐代时期，在东市的东北隅与西市的西北隅，都开渠引水，凿有大的潴水池，称之为"放生池"。

关于东市放生池的水源问题，《长安志》中记载："分浐水渠自道政坊东入城西流，注此池。"[19]但在考古探测中，通向道政坊处并未见有水渠的遗迹，而另在放生池的东北角通向兴庆宫的兴庆池处，发现有一宽约6米的渠道，这证明放生池水源可能来自兴庆池。[20]而兴庆池"本是平地，垂拱、载初后，雨水流潦成小池。后又引龙首渠支分溉之，日以滋广。至神龙、景龙中，弥亘数顷，深至数丈"。[21]由此可知，东市放生池的开凿，当在武则天垂拱、载初（685—690年）以后，其水源直接引自兴庆池。当然，兴庆池的水源亦来自龙首渠，即引自浐河之水的浐水渠。

关于西市放生池的开凿，一说是"（武则天）长安中（701—704年），沙门法成所穿，支分永安渠以注之"。[22]在对西市的考古探测中，也发现有永安渠流经西市的遗迹。其渠经西市东侧流入，沿西市南大街北侧向西伸延，长约140米，宽约34米，深约6米，横贯于市内，这大约即是流向放生池的永安渠支渠道。另一说是"太平公主于西市掘池,赎水族之生者置其中,谓之放生池"。[23]这两种说法尽管不同,但西市放生池是在武则天中期时开凿,却是一致的。

两市之中所谓"放生池",实则是潴水池。由于两池都有供水渠道,水源充足,因此池大水多。如东市之池,"俗号为海池"。[24]故其池决不是单为"放生"而凿,实际上是为了两市商业上的运输,以及为提供两市的用水而开凿的。

除了"放生池"之外,为了运输和供水的需要,唐玄宗时还曾在市中另外修渠置潭。先是"先天(712年)中,姜师度于长安中穿渠,绕朝堂、坊、市,无所不至"。此渠当流经东市与西市。但此渠"于后水涨则奔突,水缩则竭涸"[25],功效不大。其后于天宝二年(743年),又有京兆尹韩朝宗分潏水"入自金光门,置潭于西市之西街,以贮材木"。[26]

东、西两市在唐代建仓凿池置潭,以解决两市的用水和商业运输的需要,这反映了唐代时期长安城中东、西两市的工商业,较隋代有了进一步的发展。

三、贸易的繁荣

长安城中的工商贸易,以东市、西市为中心,早在隋代就已有相当发展。《隋书·地理志》载:"京兆王都所在,俗具五方,人物混淆,华戎杂错。去农从商,争朝夕之利,游手为事,竞锥刀之末。"到了唐代,随着社会经济的进一步发展而更加繁荣。

1. 东市

东市是长安城中手工业生产与商业贸易的中心地之一。这里店铺毗连，商贾云集，工商业十分繁荣发达。市内生产和出售同类货物的店铺，分别集中设立在同一区域，叫作行。堆放商货的货栈，叫作邸。邸既为商人存放货物，又替他们代办大宗的批发交易。当时，东市"市内货财二百二十行，四面立邸"。东市由于靠近三内，周围多达官显贵住宅，故市中"四方珍奇，皆所积集"[27]，多上等奢侈品，这是它在商业上不同于西市的一个特点。

据文献记载，东市有铁行、笔行、肉行、善卜者、卖胡琴者、赁驴人、琵琶名手、货锦绣彩帛者、印刷业、饆饠店、酒肆、饭馆、凶肆等。

东市的工商业，不仅分门别类，多达二百二十行，而且各行业的经营，都有相当的规模。有故事说，德宗一次临时召见吴凑，命为京兆尹，要他立即上任。吴凑赶紧骑快马请客，待客人到府，酒筵已经摆好。有客人问："酒筵怎么准备得这样快？"府吏回答说："两市日有礼席，举铛釜而取之，故三五百人之馔，常可立办也。"[28]三五百人的大筵席，可以立即办好，可见当时东市与西市中饮食业经营的规模之大。

但是，东市商业的发展不如西市。据《长安志》记载："万年县户口，减于长安。又公卿以下居止，多在朱雀街东，第宅所占勋贵。由是商贾所凑，多归西市。西市有口焉……自此之外，繁杂稍劣于西市矣。"[29]

东市靠近三内，周围多是勋贵官僚第宅，而其商业反却不如西市，其原因主要在于受到政治上的种种影响和限制。唐统治者视商贾为"贱类"，以工商为末利，严禁百官入市。贞观元年（627年）十月、二年十二月，太宗多次颁布禁令："五品以上，不得入市"[30]，"禁五品以上过市。"[31]大历十四年（779年）六月，德宗又诏"禁百官置邸贩鬻"。[32]有故事说，朝官张衡，令史出身，位至四品，将入三品，"因退朝，路旁见蒸饼新熟，遂市其一，马上食之，被御史弹奏。则天降敕：'流外出身，不许入三品'，遂落甲"。[33]可见封建统治者既要依靠工商业满足其物质生活的享受，又自视清高，对工商业卑视，加以种种限制。

尽管东市的商业在高宗龙朔以后发展受到了一些影响，但据日僧圆仁所见，武宗会昌三年（843年）六月二十七日，"夜三更，东市失火，烧东市曹门以西十二行四千余家，官私钱物金银绢药总烧尽"。[34]其中被烧十二行就有四千余家，平均每行三百三十余家。如此推算，东市共有二百二十行，该有工商之户七万三千多家。当然，这个记载可能失实，但也反映出直到唐代中后期，东市之内仍然店铺鳞比，财货丰积，商业继续保持着一定的盛况。

2.西市

西市较东市更为繁荣，是长安城的主要工商业区和经济活动中心，而五行中的金，于位为西，故唐人又称西市为"金市"。"市内店肆，如东市之制。"[35]不过西市的店铺和行业，见之于文献记载的，远较东市为多。如其中有大衣行、鞦辔行、油靛店、经营法烛的窦家店、秤行、绢行、鈌行、酒肆、帛肆、凶肆、衣肆、食店张家楼、卖药人、卖饮子药家、药行、饼团子店、柜坊、烧炭曝布商、卖钱贯者等。

另外，从1960年至1962年对西市的三次考古发掘中，曾从西市北街出土了不少陶、瓷器残片及铁钉、铁棍和小铁器残片，南街中部出土了大量梳、钗、笄等骨制装饰品，并有两件骨制的标识书籍的"牙签"与大量的骰子，也有少许金饰品。这些遗物反映了这一带店铺经营的性质或为铁行，或为首饰店、珠宝店和骨器手工作坊。

西市之内除了坐庄开店的商铺之外，还有许多在市内随处叫卖或摆摊设点的小商贩。如西市以西怀德坊的东门之北，住有一富商张通，"通妻陶氏，常于西市鬻饭，精而价贱，时人呼为陶寺"。[36]《白行简纪梦》载："长安西市百肆，有贩粥求利而为之平者，姓张，不得名，家富于财，居光德里。"[37]可以看出，这些人都是在西市中，流动卖饭粥而发了财的小摊贩。

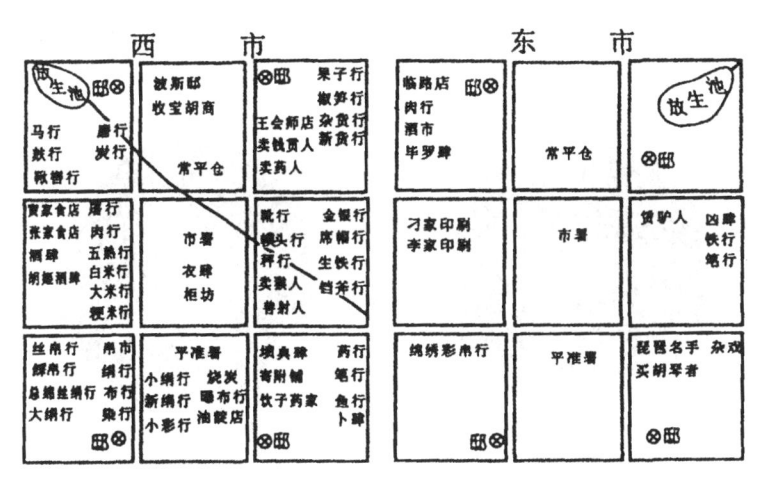

唐长安城东、西两市内部形态结构（史念海主编《西安历史地图集》）

西市的贸易极为繁盛。仅一卖饮子药家，虽仅百文一服，所用也不过数味寻常之药，但由于各种疾病，饮之即愈，故店家虽"日夜剉斫煎煮，给之不暇。人无远近，皆来取之，门市骈罗，喧阗京国，至有赍金守门，五七日间，未获给付者，获利甚极"。[38]一卖饮子药家生意尚且如此兴隆，西市中其他行业店铺贸易繁盛之况可知。

西市还是一个国际性的贸易市场。这里有来自中亚、南亚、东南亚及高丽、百济、新罗、日本等各国各地区的商人，其中尤以中亚与波斯（今伊朗）、大食（即阿拉伯帝国）的"胡商"最多，他们多侨居于西市或西市附近一些坊里。这些外国的客商以带来的香料、药物卖给中国官僚，再从中国买回珠宝、丝织品和瓷器等，因此，西市中有许多外国商人开设的店铺，如珠宝店、货栈、酒肆等。

《南部新书》载："西市胡人贵蚌珠而贱蚍珠，蚍珠者蚍所吐尔，唯胡人辨之。"[39]关于西市胡人善于辨识珠宝，《寺塔记》曾载有这样一段故事：平康坊菩萨寺寺主元竟将一长数寸，形如朽钉之

波斯萨珊朝库思老二世（590—628年在位）银币（正、背面）
（1965年陕西西安市长安县天子峪唐代塔基出土，直径3.1厘米，重3克）

物,"携至西市,示于商胡",经胡商鉴定,此物为价值一千万之宝骨。[40]《续玄怪录》载一老者约杜子春说:"明日午时,候子于西市波斯邸。"[41]波斯邸即波斯人开的货栈。至于许多西域姑娘为之歌舞侍酒的胡姬酒肆,则时有少年光顾。故李白《少年行》就有"五陵少年金市东……笑入胡姬酒肆中"的诗句。

西市的胡人胡商,在唐中期有了明显的增加。大历十四年(779年)七月以前,"回纥留京师者常千人,商胡伪服而杂居者又倍之"。[42]胡商人数达数千人之多。宪宗时,波斯等国来的摩尼教僧人,也主要活动于西市。"摩尼至京师,岁往来西市,商贾颇与囊橐为奸。"[43]正因为西市是一个国际性的大贸易市场,胡商、胡人、胡店很多,所以,这里"胡风""胡俗"很盛,大有"胡化"之感。

西市商业的发展,到唐后期达到了极盛。这不仅从这一时期西市店铺的密集、行业的众多、胡商人数的增加得到反映,还可从这时西市路旁水沟及曲巷排水管道的砌砖重修,以及凿池置潭,提供市内用水和加强商业运输设施等得到证明。

两市除了物品、牲畜的交易之外,还立有人市进行奴婢买卖。在唐代,奴婢地位极其低下。唐律中公开规定:"奴婢贱人,律比畜产"[44],"诸买奴婢、马牛驼骡驴,已过价不立市券,过三日笞三十;卖者,减一等"[45]。《唐六典·两京诸寺署》中,具体规定了长安与洛阳市场中卖买奴婢的手续:"凡卖买奴婢牛马,用本司本部公验以立券。"[46]昭宗在《改元天复赦》中说:"旧格买卖奴婢,皆须两京市署出公券,仍经本县长吏引验正身,谓之'过贱',及向父母见在处分,明立文券,并关牒太府寺。"[47]从而规定,凡买卖奴婢,皆由

彩绘胡人牵驼俑
（唐 高45厘米，1974年陕西咸阳市契苾明墓出土）

彩绘釉陶载物驼俑
(唐　高43厘米,长42厘米,1971年陕西礼泉县郑仁泰墓出土)

市场管理机构市署先立契约,再经有司查验,方为有效。这些规定反映了唐代奴婢地位的低下和长安东西两市中进行人口买卖的残酷事实。

唐长安城东西两市商业的发展,还表现在以下五个方面。

其一,随着商业的发展和需要,西市有以专卖穿钱绳为生的商人。《太平广记》载:"贺知章,西京宣平坊有宅,对门有小板门,常见一老人乘驴出入其间……询问里巷,皆云是西市卖钱贯王老,更无他业,察其非凡也。"

其二,东西两市出现了为大商人存放钱币的柜坊。如大商人窦乂,在西市中就有存钱很多的柜坊,"乂西市柜坊,锁钱盈余"。[48]开元时,"三卫乃入京卖绢",后"有白马丈夫来买,直还二万,不复踌躇,其钱先已锁在西市"。[49]

大商人为避免携带笨重的铜币,将现钱存放于柜坊,领取持帖作为信物。进行大宗交易时,无须支付现金,只需用持帖就可进行交易。当时商人存钱,存款人不但没有利息,反而还要向柜坊交付一定的柜租。唐代中期时,长安两市柜坊就已十分发达,因此,建中三年(782年)四月,德宗为解决军费不足,曾向长安柜坊征括僦柜质钱。

其三,在长安以及各地,还出现了在此地存钱持票,到他地兑现的"飞钱"。《新唐书·食货志》载:"宪宗以钱少,复禁用铜器。时商贾至京师,委钱诸道进奏院及诸军、诸使富家,以轻装趋向四方,合券乃取之,号飞钱。"飞钱类似现在的汇票,可以避免长途携运钱币的麻烦,有利于商业交换,是当时商业发展的产物。

其四,由于商业的发展,长安城内出现了一些有钱的大商人。如高宗时,家住怀德坊的邹凤炽,"其家巨富,金玉资货不可胜数。常与朝贵往还,是势倾朝市,邸店田宅遍海内"。他曾面谒高宗,请买终南山中树,"山中每树估绢一疋,自云山树虽尽,而臣绢未竭"。[50]玄宗时,长安城中有一富商名王元宝,玄宗问其家财多少,王元宝回答说:"臣请以一缣系陛下南山一树,南山树尽,臣缣未穷。"致使玄宗亦为之惊叹,说:"朕天下之主,而元宝天下之富。"[51]另一富商任令方,拥资无算。开元二十二年(734年)三月,唐朝政府籍没其家财,得"资财六十余万贯"。[52]顺宗"永贞年(805年),东市百姓王布,知书藏镪千万,商旅多宾之"。[53]僖宗时,"上都巨富"王酒胡,曾一次出钱三十万贯助修朱雀门。以后修安国寺,皇帝命能舍钱一千贯者,撞钟一下,"王酒胡径上钟楼,连打一百下,便于西市运钱十万贯入寺"。[54]

以上所举是长安两市中一些腰缠万贯的大商人,敢于和皇帝一较富有。另有一些到长安贩卖货物的估客,更是富比王者,交接公侯,势倾朝市。

其五,随着长安城工商业的繁荣和城市人民生活的需要,大约从高宗以来,工商业在地区上就逐渐突破了两市的限制,在市外一些坊里中也出现了许多店铺。如平康坊有卖姜果的[55],宣阳坊有彩缬铺[56],长兴坊有馎饦店[57],宣平坊有卖油的[58],升平坊有卖胡饼的[59],延寿坊有卖金银珠玉的[60],卖白衫与卖白叠布(棉布),更是"邻比廛间"[61]。特别是崇仁坊的北街,北当皇城东面景风门,南出即是春明门大街,又与东市隔街相连,因此,这里店铺毗立,"一街辐辏,遂倾两市"。[62]西城区的延寿坊,西临西市,东近皇城,北当金光门大街,也被"推为繁华之最"。[63]另外,中唐以后,工商业还逐渐突破了定时贸易的限制,在一些坊里之中,甚至出现了夜市。如崇仁坊北街是"昼夜喧呼,灯火不绝,京中诸坊,莫与之比"。[64]与此同时,政府也放宽了对官吏入市与买物的限制。代宗时,一次宰相刘晏五鼓入朝,路经卖蒸胡之处,不仅"使人买之,以袍袖包裙帽底唼之",而且敢对同行官员赞不绝口,"且谓同列曰:'美不可言,美不可言'"。[65]

四、市场管理

隋唐政府对长安市场的管理极为重视。隋朝在司农寺之下,唐朝改在太府寺之下,各于东西市"井"字形中央地区,分别设立了市局与平准局等市场管理机构。《长安志》"东市"条载:"当中东市局,次东平准局。"同书"西市"条载:"市内有西市局……平准局。"《长安志图》卷上亦载:"市制:四面皆市人居之,中为二署,盖治市之官府也。"

市局又称市署,设令一人,从六品上;丞二人,正八品上。其职责是"掌财货交易、度量器物,辨其真伪轻重"。[66]

平准局,设令二人,从七品下;丞四人,从八品下。"平准令掌供官市易之事。丞为之贰。凡百司不任用之物,则以时出货。其没官物,亦如之。"[67]

二局对市场的具体管理,大致有以下几方面。

1.定时贸易

东西两市实行严格的定时贸易与夜禁制度。唐朝政府规定:"凡市,日中击鼓三百以会众;日入前七刻,击钲三百而散。"[68]另外,市的大门,有门吏专管,早晚要随六街鼓声而开闭。

2.管理交易

市署负责市场交易管理,办法是"以二物(秤、斗)平市,以三贾均市(贾有上、中、下之差)"。[69]即规定市场物品交易,必须用公平的秤、斗,对交易者所使用的斗、秤等度量器物,要进行检查验看,"辨其真伪轻重"。武宗会昌初年,京兆尹柳仲郢"置权量于东西市,使贸易用之,禁私制者"。当时有"北司吏入粟违约,仲郢杀而尸之,自是人无敢犯,政号严明"。[70]另外规定,凡官府在市场上购置物品,要公标样,不取高价、低价,而用中价。

同时,市署对市场上交易的弓矢、长刀及其他器物,都立有定样和要求,凡私人所造者必须确保质量,并需在器物上题有制作者姓名,才准许出售。对以粗制滥造和伪造品出售者,一律没官。又规定,凡卖买奴婢牛马,需经过市署公验立券。凡囤积居奇、高下其价、扰乱市场者,给以严惩。

3.平准物价

平准局负责供官市易之事,掌握市场上物价的涨落。若遇物价上涨,则由政府出物公卖;遇物价低落,则又买入,以调节物价,稳定市场。凡官府需要之物,由平准局负责购买。对于政府百司衙门不用之物及没官后的物品,也由平准局按时价出售。

市局和平准局的设立,对加强政府对市场的管理、调节物价和防止大商人垄断市场牟取暴利,都有一定的积极意义。但是,由于市局和平准局的官吏,往往假借职权敲诈勒索,又导致了统治欺压商民的负作用。如有一西市丞名魏伶,"养一赤嘴乌,每于人众中乞钱,人取一文而衔以送伶处,日收数百,时人号为'魏丞乌'"。[71]

五、商税与罢市

长安工商业的发展和经济的繁荣,刺激了封建统治者对金钱财货的贪欲,从而加重了对工商业者的掠夺。唐统治者对都城商民的盘剥手法,一是增加商税,二是宫市掠夺,而这些都激起了商民的强烈不满和反抗。

1.商税盘削

唐朝中期以后,封建统治者对商民的盘剥有增无减。本来在德宗建中元年(780年)杨炎推行的两税法中,规定商人除缴纳三十之一税外,不再征缴其他税捐。但是,两税法颁布不到一年,于建中二年(781年)五月,商税就增加了三倍,由原来的三十税一"增商税为什一"。

到了建中三年(782年)四月,政府又因为对河西叛镇朱滔、王武俊、田悦用兵,军费不足。当时,太常博士韦都宾、陈京以为"货利所聚,皆在富商,请括富商钱"[72],建议"借京城富商钱"[73]。规定商人只留万贯,其余钱财入官。度支杜佑也以"幸得商钱五百万缗",极表支持。于是德宗接受建议,在长安下了"借钱令"。

名为"借钱",实为强劫。当时"京兆尹、长安万年令,大索京畿富商,刑法严峻"。其中长安县尉薛苹更是"荷校乘车,于坊市搜索,人不胜鞭笞,乃至自缢,京师嚣然,如被盗贼"。[74]

尽管如此勒索,然搜刮所得仍不过八十万贯,与所需五百万贯相差甚远。于是京兆少尹韦祺又建议实行括僦柜质钱,规定凡长安各柜坊之钱和凡粟麦粜于市者,四取其一。经过严刑拷索,又得二百万贯。

同年六月,政府又想出新的搜刮办法,下令在京师征收间架税和除陌钱。所谓间架税,是指市民的住房要纳税,上等每间二千贯,中等每间一千贯,下等每间五百贯。所谓除陌钱,是指商人进行交易买卖时,每成交一贯钱,要纳税五十文。规定敢有匿钱百文者,杖六十,罚钱二千,并赏告者,给钱十缗。这种过细的搜求使得长安商民"愁怨之声,盈于远近"。

此后,唐朝政府对长安商民的盘剥有增无减。唐后期僖宗乾符二年(875年)正月,中尉田令孜"说上籍两市商旅宝货,悉输内库。有陈诉者,付京兆杖杀之"。[75]

2.宫市掠夺

唐德宗时期,常派出太监到市场上购买宫中所需之物,称为"宫市"。太监手不持文牒,但说皇帝诏命需要,即随意取物。他们或购物不如其价,以百钱强买人值数千钱物;或以破布败绸,染成红紫色,撕成破条子,当作酬价,"名为宫市,其实夺之"。据《唐会要》载:

> 贞元以后,京都多中官市物于廛肆,谓之宫市,不持文牒,口含敕命,皆以监估不中衣服,绢帛杂红紫之物,倍高其估,尺寸裂以酬价。市之经商,皆匿名深居,陈列廛闲,唯粗弱苦窳。市后又强驱于禁中,倾车乘,馨辇驴,已而酬以丈尺帛绢。少不甘,殴致血流

者……京师之人嗟愁。[76]

宫市不仅在长安东西两市进行掠夺,而且遍布于长安城内各处,"及要闹坊曲,阅人所卖物,但称宫市,则敛手付与,真伪不复可辨,无敢问所从来及论价之高下者"。[77]据说当时有一农夫以驴驮柴,来到长安市中,被宫市以数尺红绢劫掠而去,并强迫农夫以驴送柴到宫中。进宫又要索取进奉门户钱(言进奉所由门户,皆有费用)与脚价钱(谓使人负荷进奉物入内,有雇脚之费),最后农夫不得不把驴也赔了进去。

后来,又在"两市置'白望'数十百人"。[78]在市中左右望,白取人物。致许多人去市卖物,空手而回。白居易《卖炭翁》一诗,就深刻揭露了当时长安城中宫市、白望对民之害。

3.商民罢市

唐统治者的搜刮掠夺,激起了长安商民的强烈反抗,他们曾进行过多次的罢市斗争。建中三年(782年),由于德宗的借钱令和征取僦柜质钱,"长安为罢市"。[79]这次斗争,不仅两市及坊里之间所有店铺为之关门罢市,而且成千上万商民聚集街头拦住宰相马头控诉,其"势不可遏"。贞元八年(792年),裴延龄为司农少卿,再次搜刮长安商民,又引起罢市斗争。当时"搜求市廛,豪夺入献;追捕夫匠,迫胁就功。以敕索为名,而不酬其直;以和雇为称,而不偿其佣。都城之中,列肆为之昼闭。……天子毂下,嚣然沸腾"。[80]除罢市外,"商贾有良货,皆深匿之;每敕使出,虽沽浆卖饼者,皆撤肆塞门"。[81]

长安商民通过这些反抗斗争,取得了一定的成果。建中三年七月,德宗"以括率商户,人情不安",被迫废止了借钱令。兴元元年(784年),德宗又被迫罢除了间架、除陌等杂税。对于宫市,也稍加约束,贞元二十一年(805年)二月诏令宫市应"依时价买卖,不得侵扰百姓"。接着顺宗即位,最终罢除了宫市。

注释

[1] [3] [19] [24] [27] [29]《长安志·东市》。

[2] [22] [35]《长安志·西市》。

[4]《长安志·外郭城》。

[5] [8] [20]中国科学院考古研究所西安唐城发掘队:《唐代长安城考古纪略》,《考古》1963年第11期。

[6]参考上文,并见中国科学院考古研究所西安唐城发掘队《唐长安城西市遗址发掘》,《考古》1961年第5期。

[7]《太平广记》卷一九三。

[9] [30] [76] [81]《唐会要·市》。

[10]《唐两京城坊考·西市》。

[11]《全唐文》卷三二。

[12][52]《旧唐书·玄宗纪》。

[13]《旧唐书·高宗纪》。

[14] [15] [16] [18]《唐会要·仓及常平仓》。

[17]《西安府志》卷一二,引《册府元龟》。

[21]《唐两京城坊考·兴庆宫》。

[23]《隋唐嘉话》卷下。

[25] [33]《朝野佥载》卷四。

[26]《唐会要·漕运》。

[28]《唐国史补》卷中。

[31]《新唐书·太宗纪》。

[32][73] [74]《新唐书·德宗纪》。

[34][日]僧圆仁:《入唐求法巡礼行记》。

[36]《长安志·怀德坊》。

[37]《唐两京城坊考·光德坊》注。

[38]《太平广记》卷二一九。

[39]《南部新书》己卷。

[40]《酉阳杂俎》续集卷五。

[41]《太平广记》卷一六。

[42]《资治通鉴》卷二二五"大历十四年"条。

[43]《资治通鉴》卷二四〇"元和十二年"条胡三省注。

[44]《唐律疏议·名例律》。

[45]《唐律疏议·杂律》。

[46]《唐六典·太府寺两京诸寺署》。

[47]《唐大诏令集》卷五。

[48]《太平广记》卷二四三。

[49]《太平广记》卷三〇〇。

[50]陈子怡:《校正两京新记》。

[51]《独异志》卷中。

[53]《酉阳杂俎》前集卷一。

[54]《中朝故事》。

[55]《北里志》"张住住"条。

[56]《北里志》"王团儿"条。

[57]《太平广记》卷二七八。

[58]《太平广记》卷四一七。

[59]《太平广记》卷四五二。

[60]《太平广记》卷八四。

[61]陈鸿:《东城老父传》。

[62][64]《长安志·崇仁坊》。

[63]《杜阳杂编》卷下。

[65]韦绚:《刘宾客嘉话录》。

[66][68]《新唐书·百官志》。

[67][69]《旧唐书·职官志》

[70]《新唐书·柳仲郢传》。

[71]《朝野佥载》补辑。

[72]《资治通鉴》卷二二七"建中三年"条。

[75]《旧唐书·德宗纪》。

[77]《旧唐书·张建封传》。

[78] [79]《新唐书·食货志》。

[80]《旧唐书·裴延龄传》。

第十章

寺观

唐代由于中西交通的进一步打开,各种宗教都汇集于都城长安,唐统治者对其采取兼蓄并用统加提倡的政策,因而长安城内各种宗教同时并立。唐代长安城寺观林立,遍布于都城各处。其中一些著名寺观,至今仍存。

唐代是我国历史上宗教发展的兴盛时期,而都城长安则是全国宗教活动的中心。因此,这里各种宗教流行,寺观林立,宗教活动极盛。

一、长安寺观的兴废

1.隋初的兴建

长安城的寺观,多是隋初所建。这是因为隋文帝杨坚从小就受宗教影响极深,是一个"皈依三宝"以"重兴圣教"为己任[1]的佛门信徒。杨坚登上帝位以后,重视利用宗教进行思想统治。他曾对一个叫灵藏的和尚说:"律师度人为善,弟子禁人为恶,言虽有异,意则不殊。"[2]意思是利用宗教迷信"度人为善",与用暴力"禁人为恶",两者方法不同,但殊途同归,都可以收到消弭反抗加强统治的目的。同时,杨坚以阴谋手段篡夺北周政权,恐人心不附,有意"大崇释氏,以收人望"。[3]因此隋初营建新都大兴城时,就同时修建了许多寺观,如靖善坊的大兴善寺、崇业坊的玄都观、隆庆坊的禅林寺、居德坊的宝昌寺、新昌坊的灵感寺以及崇贤坊的大觉寺等。开皇三年(583年)文帝迁入新都大兴城后,大加鼓励官民私建寺观,"文帝初移都,便出寺额一百二十枚于朝堂,下制云:'有能修造,便任取之。'"[4]在隋初统治者提倡下,长安的寺院道观以这时所建的最多。到隋炀帝大业初时,长安已有僧寺一百二十,道观十。寺观的分布,几遍于都城的各个坊里。

2.唐代的增建

唐代时期，由于社会经济的繁荣和国家政治军事实力的增强，使唐王朝在经济上足以容纳寺院经济的扩张，在国势上足以吸引外国大僧东来布教，并有力量派遣和保护中国僧徒去西方求学，从而使长安的宗教在隋代的基础上有了进一步的发展。当时，皇帝、皇后、太子、公主营建佛寺、道观日益成风，如高祖在光德坊立慈悲寺、胜业坊立胜业寺；太宗在修德坊立宏福寺、通义坊立兴圣尼寺、颁政坊立证空尼寺；高宗为太子时在晋昌坊立大慈恩寺，后又在延康坊立西明寺、敦义坊立福田寺、安定坊立千福寺；韦后在靖善坊立酆国寺、务本坊立翊圣女冠观；中宗女长宁公主在崇仁坊立景龙观，新都公主在崇业坊立福唐观，以及睿宗女金仙公主与玉真公主在辅兴坊分别立金仙女冠观和玉真女冠观等。

由于帝后的倡导，王公贵族也都争相效尤，竞建佛寺。"中宗以来，贵戚争营佛寺，奏度人为僧，兼以伪妄，富户强丁多削发以避徭役，所在充满。"[5]一些大宦官也在长安广立寺观，如玄宗时高力士在来庭坊建宝寿寺，在兴宁坊建华封观。宝寿寺建成后，高力士邀百官到寺，大设斋会以示庆祝。当时"举朝毕集。击钟一杵，施钱百缗。有求媚者至二十杵，少者不减十杵"。[6]另如代宗时大宦官鱼朝恩为了讨好皇帝，在通化门外建章敬寺，为代宗母章敬太后修荐"冥福"。寺院"穷壮极丽，尽都之财，不足用，奏毁曲江及华清宫馆以给之，费逾万亿"。[7]由于唐封建统治集团的大力提倡和倾赞营建，长安的寺观较隋时更为增多。

唐代长安宗教活动的狂热，还表现在多次盛迎佛骨活动上。

长安之西今扶风县北法门镇有古刹法门寺，其寺"真身宝塔"地宫中，供养着佛祖释迦牟尼的佛指舍利。相传此塔地宫三十年一开，佛指舍利一出示人，则"令人生善"，岁丰人安。故唐太宗贞观五年（631年）时，曾开启地宫，出示舍利，时京邑内外，竞相赴此观看，日有千数人。不仅如此，高宗显庆四年（659年）十月、武则天长安四年（704年）冬、肃宗乾元三年（760年）、德宗贞元六年（790年）二月、宪宗元和十四年（819年）正月、懿宗咸通十四年（873年）四月等多次开启地宫，从法门寺迎佛骨到长安。而每次迎佛骨，从长安至法门寺三百里间，沿途僧俗用宝帐、香舆、幡花、幢盖，以事奉迎。特别是咸通十四年四月八日迎佛骨到长安后，导以禁军兵仗、公私音乐，沸天烛地，绵延数十里，士民夹道为彩楼及无遮会，竞为侈糜；懿宗登安福门楼，顶礼膜拜，流涕沾臆；又有僧人将艾点燃放在头上，谓之"炼顶"。艾火燃烧，痛不可忍，倒路号哭。佛骨舍利先在皇宫供养三日，然后送至长安诸寺巡回供养。这年七月，懿宗驾崩，僖宗即位。十二月，送佛骨回法门寺，皇帝、皇后、王公大臣和僧众赐给和奉献了大量金银珠宝，均随佛骨舍利入地宫供养。1987年4月3日因修法门寺塔打开地宫，除见有四枚佛骨舍利外，还发现有2889件金、银、铜、铁、珍珠、玳瑁、秘色瓷、水晶、宝石、玉石、绿松石、石刻、玛瑙、琥珀、木漆器、玻璃器等供养器以及大量的丝绸品和巨量佛经。当年奉献的供养品数量之多、规格之高，十分惊人。

3.道观的发展

唐代时期，由于中西交通的进一步打开，各种宗教都汇集于都

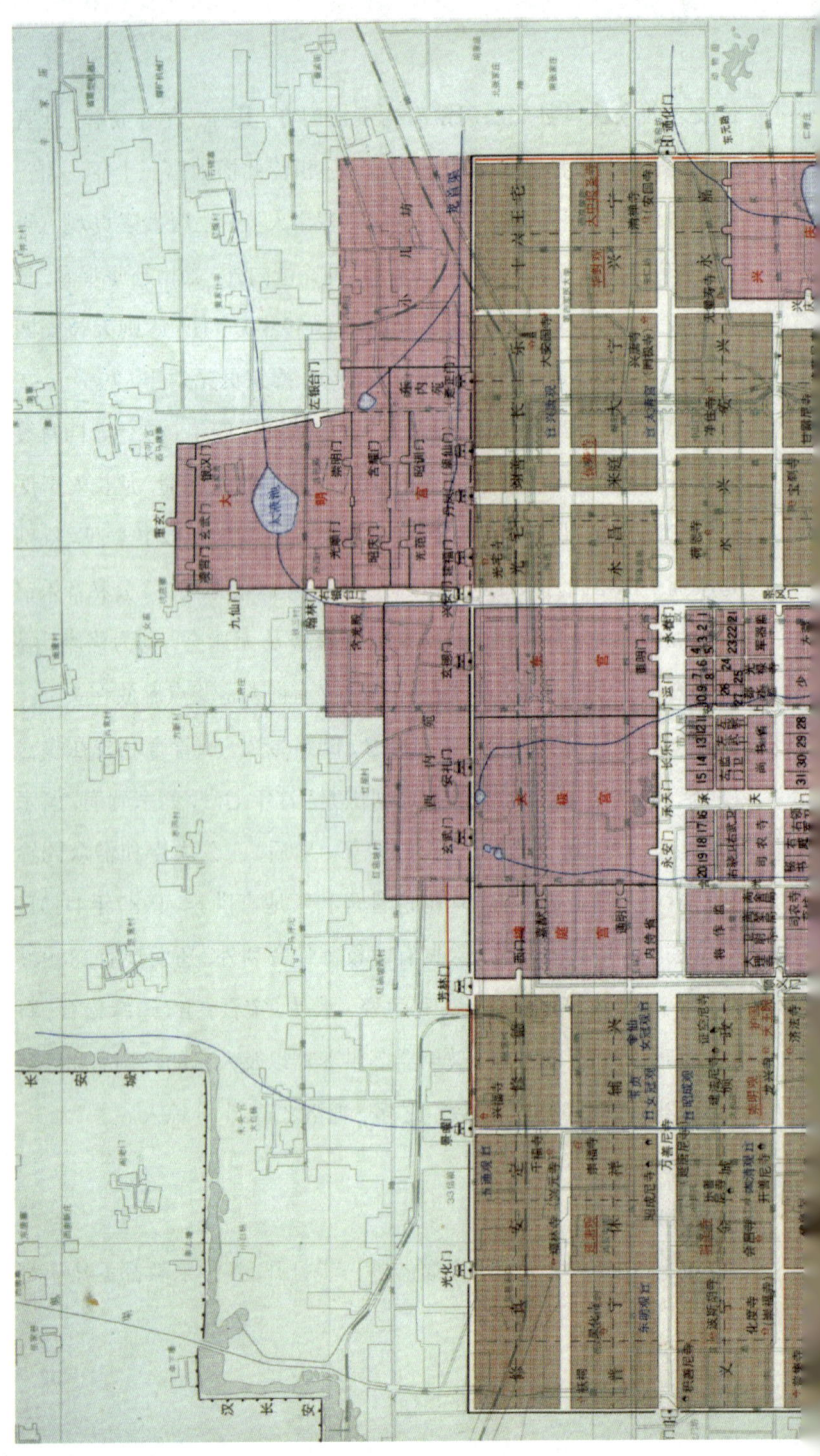

唐长安城寺观图(《西安历史地图集》,西安地图出版社1996年版)

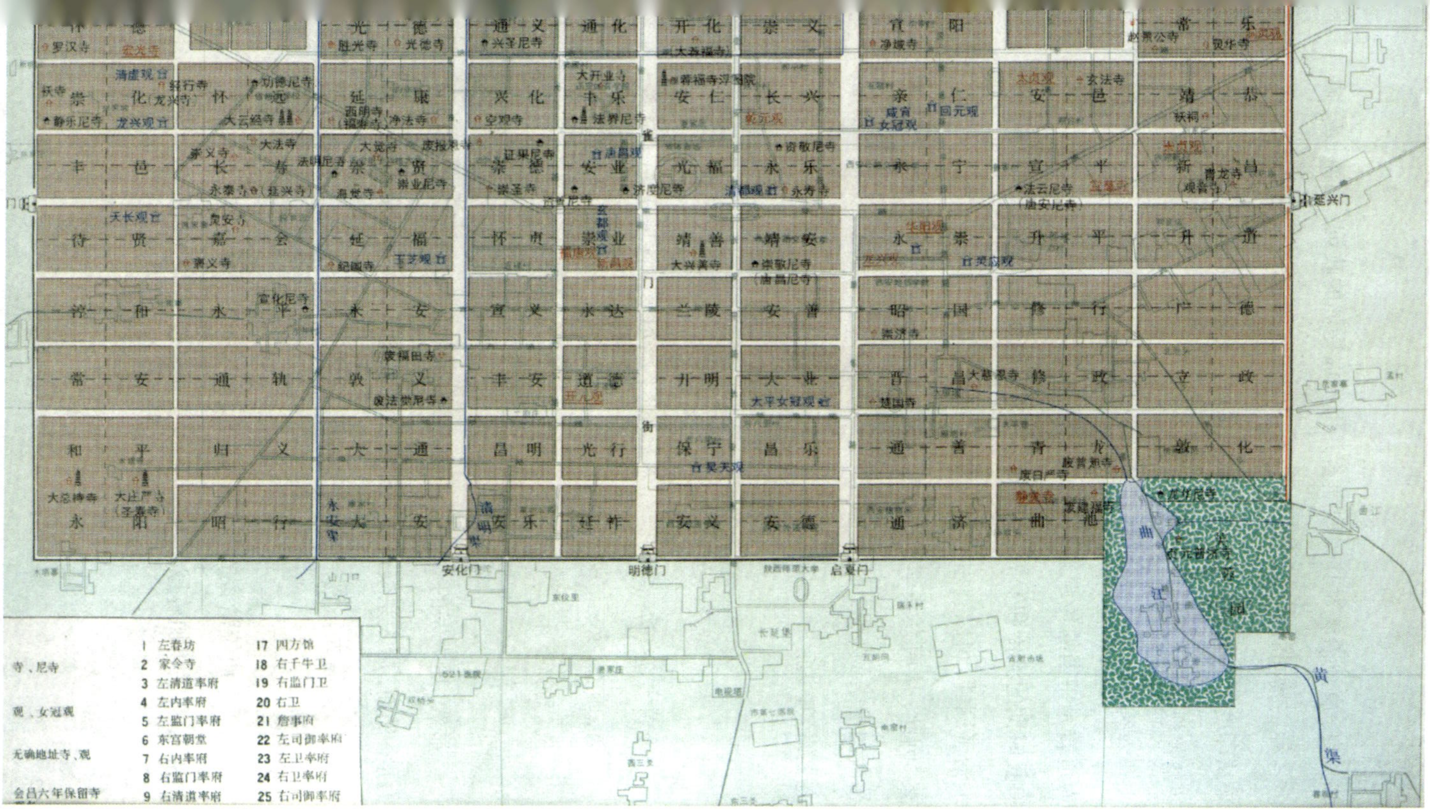

安化门
明德门
启夏门
延兴门
曲江
芙蓉园
黄渠
寺、尼寺
观、女冠观
无确址寺、观
会昌六年保留寺
1 左春坊
2 家令寺
3 左清道率府
4 左内率府
5 左监门率府
6 东宫朝堂
7 右内率府
8 右监门率府
9 右清道率府
17 四方馆
18 右千牛卫
19 右监门卫
20 右卫
21 詹事府
22 左司御率府
23 左卫率府
24 右卫率府
25 右司御率府

城长安，唐统治者对其采取兼蓄并用统加提倡的政策，因而长安城内各种宗教同时并立。其中不仅有中国传统的道教，还有自汉代以来从印度传入的佛教，以及南北朝至唐代从波斯传入的祆教、景教（基督教聂斯托利派）、摩尼教等。

在各种并立的宗教中，唐统治者最为尊崇的是道教。这不仅因为道教是中国的传统宗教，自春秋时期老子著《道德经》创立，已有长时期的流传和发展，同时，还因为道教创始人老子李耳与李唐统治者同姓，可以利用宗教的力量给自己的统治披上一层神权的外衣。因此，从唐太宗李世民时起，就攀亲附宗，以老子为始祖，对道教大加推崇。贞观十一年（637年）二月，唐太宗在《道士女冠在僧尼之上诏》中说：

> 朕之本系，起自柱下，鼎祚克昌，既凭上德之庆；天下大定，亦赖无为之功。宜有改张，阐兹玄化。自今已后，斋供行立，至于称谓，道士、女冠，可在僧、尼之前。庶敦本之俗，畅于九有；尊祖之风，贻诸万叶。[8]

显然，唐太宗的"尊祖"崇道，目的在于给李唐统治加上神权的力量。然而，唐太宗崇道并不排佛，相反，他认为佛教的治化作用甚至更大。如唐太宗说："今李唐据国，李老在前；若释家治化，则释门居上。"[9]

由于李唐统治者的"尊祖"崇道，高宗上老子尊号为"太上玄元皇帝"，玄宗再加尊号为"圣祖大道玄元皇帝"，并在长安及全国各地大建道观。开元二十九年（741年），玄宗令两京及诸州各建玄元皇帝庙一所。次年改庙名为太清宫，以四时祭祀老子。长安的三大皇宫中建有祭祀老子与道教尊神及举行道教活动的三清殿（太极宫、大明宫）、望仙殿（太极宫）、望仙楼、望仙观、望仙台（大明宫）、大同殿（兴庆宫）等。此外，在崇仁坊建有玄真观，平康坊建有万安观、嘉猷观，兴宁坊建有华封观，新昌坊建有崇真观，崇义坊建有新昌观，布政坊建有福祥观，等等。这是唐代长安城道观较隋代时增多的主要原因。

4.会昌禁佛的打击

唐代后期，佛教寺院经济势力有了进一步的膨胀和发展，当时"僧徒日广，佛寺日崇。劳人力于土木之功，夺人利于金宝之饰"。[10]与唐朝政府的矛盾日益加深。大和九年（835年）七月，因"僧尼猥多，耗蠹公私"，文宗下诏"所在试僧尼诵经，不中格者，皆勒归俗；禁置寺及私度人"。[11]到了武宗时期，禁佛活动大规模展开。会昌五年（845年）七月，武宗在并省天下佛寺的命令中规定上都长安两街各留两所佛寺：左街留慈恩寺与荐福寺，右街留西明寺与庄严寺。每寺留僧30人，后又减至10人。其他州县寺院及僧人也都得相应减少，计全国被废毁的寺院四千六百多所，招提、兰若达四万多处，还俗僧尼260500人，从而使佛教势力遭到一次毁灭性的打击。

武宗禁佛期间不仅打击了佛教势力，其他外来宗教如景教、祆教和摩尼教等也均遭打击。被勒令归俗的"大秦穆护、祆僧三千余人"。[12]遭受打击最甚的是摩尼教，当时"勒天下摩尼寺并废，京城女摩尼七十二人皆死,及在此国回纥诸摩尼等,配流诸道,死者大半"。[13]

武宗反佛而佞道,在长安大作道场,大筑道观。会昌元年(841年)六月,武宗请道士赵归真等81人在大明宫麟德殿建九天道场,武宗亲传法箓,度进士、明经为道士。会昌三年(843年),在东内禁中筑望仙观,并修望仙楼及廊舍539间。会昌五年(845年)正月,又在南郊建望仙台等。武宗还迷信道教的"长生之术",服用丹药,结果于会昌六年(846年)三月中毒而死,时年33岁。

武宗死后,宣宗继位,又恢复佛教。会昌六年(846年)五月敕令长安除原两街先留的两寺外,各再增置八寺。朱雀街东原留慈恩寺、荐福寺,再恢复兴唐寺、保寿寺、资圣寺、护国寺(原青龙寺)、保唐寺(原菩提寺)、安国寺(原清禅寺)、唐安尼寺(原法云寺)、唐昌尼寺(原崇敬寺),共十所。朱雀街西原留福寿寺(原西明寺)、庄严寺,再恢复千福寺、兴圣尼寺、崇福寺(原化度寺)、万寿寺(原永寿寺)、崇圣寺(原清国寺)、龙兴寺(原经行寺)、兴福寺(原奉恩寺)、延唐尼寺(原万善寺),亦十所。次年宣宗又敕令:"会昌五年所废寺,有僧能营葺者,听自居之,有司毋得禁止。"[14]宣宗虽一再敕令恢复佛寺,但由于会昌五年的废毁破坏,再加上唐后期中央政权力量的削弱、都城兵灾破坏的加剧,长安的佛寺已经很难恢复旧日之貌了。

二、著名寺观

唐代长安城寺观林立，遍布于都城各处。《长安志》载唐开元时期，长安有僧寺六十四，尼寺二十七，道士观十，女观六，波斯寺二，胡祆祠四，而"天宝后所增不在其数"。另据《唐两京城坊考》统计，唐代时期长安共有僧寺九十，尼寺二十八，道士观三十，其他女观、波斯寺、胡祆祠之数如上所记。其中许多著名的寺观享有盛名，有的一直保存到今天。

1.大慈恩寺与大雁塔

大慈恩寺位于唐长安城晋昌坊，在今西安和平门外城南八里处。寺创建于隋代，原名无漏寺，贞观二十一年（647年）唐高宗李治为太子时，为追念亡母文德皇后改建为大慈恩寺。此寺虽经会昌灭佛，一直保留不废。

大慈恩寺地占晋昌坊东半部，规模极大。寺院南临黄渠，水竹森邃，风景秀丽，为京都之最。寺内重楼复殿，琼宇精舍，共13院，房屋多达1897间。寺中有著名画家阎立本、吴道子、尉迟乙僧等人所作的多幅壁画。寺建成不久，从宏福寺迎请玄奘法师为寺上座，移住寺中东院翻译从印度带回的梵文经典，同时协助他译经的还有国内著名的学者和名僧数百人，为长安佛经三大译场之一。玄奘还在此寺创立了佛教的一大宗派——慈恩宗，使大慈恩寺在佛教发展史上更负盛名。

永徽三年（652年），玄奘为了安置从印度带回的经像，在高宗的资助下，仿照印度的建筑形式，在慈恩寺西院建造了一座五层佛塔。由于此塔砖表土心，后草木丛生，加之风蚀雨淋，逐渐颓坏。武则天长安元年（701年），由王公大臣施钱积资重建。新建之塔为七层，外为方形，立于高4.2米、边长25米的四方基座之上，塔高64米。塔身为立椎状，用砖砌成，磨砖对缝，坚固异常。塔下面两层为9间，三和四两层为7间，最上三层为5间，塔内有螺旋木梯，可盘旋而上。每层的四面各有1个拱券门洞，可以凭栏远眺。此塔气势雄伟，建筑坚固，是我国劳动人民的伟大创造。塔底层的四面门楣上，有精美的唐石刻建筑图式和佛像，传为唐代大画家阎立本的手笔。塔南面东西两侧的砖龛内，嵌有唐代著名书法家褚遂良书写的《大唐三藏圣教序》和《大唐三藏圣教序记》两碑，碑边有乐舞人形浮雕，是有价值的艺术品。

大慈恩寺塔从建成时起，就有"雁塔"之称，如当时人孙佺在《奉和九月九日登慈恩寺浮图应制》诗中说："一忻陪雁塔，还似得天身。"杨廉亦在同名诗中说："慈云浮雁塔，定水映龙宫。"该塔的得名，可能和佛祖释迦牟尼曾化身为鸽救生的故事有关。而唐人习尚雁，凡言鸟常以雁代之，故称慈恩寺塔为雁塔。至于称"大雁塔"，则

玄奘负笈图

大唐三藏圣教序碑

第十章 | 寺观

大唐三藏圣教序记碑

是为了与后建的荐福寺小雁塔相区别。由于此塔雄伟高耸,登临其上,京都的繁华景色可以收览无余,故文人学士游览于此,无不吟诗赞诵,宋之问的"凤刹侵云半,虹旌倚日边",岑参的"塔势如涌出,孤高耸天宫。登临出世界,磴道盘虚空。突兀压神州,峥嵘如鬼工。四角碍白日,七层摩苍穹",就是吟颂大雁塔的著名诗句。唐时新进士及第,曲江宴饮之后,例必登临此塔,并题名于壁留念,称为"雁塔题名"。

大雁塔经武则天长安年间重建后,在五代后唐长兴年间(930—933年),由西京留守安重霸再次修缮。明代嘉靖二十九年(1550年)又进行重修,在塔身唐砖之外,又紧砌了一层明砖用以加固,并缩小寺院规模,仅以雁塔所在的西院旧址为基础加以修葺。新中国成立后,人民政府对遗留至今的唐大慈恩寺和大雁塔修葺一新,成为中外游客的游览胜地。

大荐福寺位于唐长安城开化坊,在今西安城南门外西侧三里处。寺址原是唐太宗之女襄城公主的邸宅,唐睿宗文明元年(684年),高宗死后百余日为给高宗祈福而立为寺院。原名"大献福寺",武则天天授元年(690年)改名大荐福寺,寺额为武则天亲书。后中宗即位,大加营饰。寺内有唐代著名画家吴道玄、张璪、毕宏所作壁画。唐末因遭兵祸,荐福寺搬到街南安仁坊该寺塔院之中。

大荐福寺是唐代高僧义净翻译佛经之处。义净俗姓张,高宗咸亨二年(671年)从长安出发,至广州取海道赴印度求佛法,历时25年,于武周证圣元年(695年)返归洛阳,带回梵文经书400部。神龙二年(706年),义净入居长安大荐福寺主持译经,共译经书56部230

大雁塔

卷。开元元年（713年）义净圆寂于本寺。

小雁塔位于安仁坊西北隅，是中宗景龙年间（707—710年）由宫人出钱所建。塔院门北开，正与寺门隔街相对。塔呈正方形，十五级，底层每边长11.38米，每层开南北两门，内有楼梯可盘旋而上，为密檐式砖塔建筑。在底层南北弓形青石门楣上，刻有阴文的天人供养图像和蔓草花纹，雕刻极为精美。由于塔形秀丽玲珑，较慈恩寺大雁塔略小，故以小雁塔称之。

小雁塔自景龙年间建立，历唐、五代、宋、金、元，屹立完好无损。明宪宗成化二十三年（1487年）陕西地震，塔顶震毁两级，塔身震开裂缝，"塔自顶至足中裂尺许，明彻若窗牖，行人往往见之"。又经34年，至明武宗正德十六年（1521年），陕西再次地震，一夕之间，塔缝又复"神合"如故。塔身在两次地震中之所以裂而不倒，震而复合，除了因为塔身结构坚固之外，还因为塔基是夯土筑成的半圆球体，受震后的应力可以均匀分散。

1200多年前这种高大建筑物的防震结构，显示了我国古代建筑技术的高超和劳动者的聪明智慧。现小雁塔存十三级，高43.3米。

清康熙年间，荐福寺从陕西武功县移入金代明昌三年（1192年）所铸重两万多斤的大铁钟。过去寺僧每日清晨按律敲击，钟声悠扬，声闻数里。"雁塔晨钟"是著名的长安八景之一。

2.大兴善寺

大兴善寺位于唐长安城靖善坊，在今西安城南五里许小寨处。始建于晋武帝年间（265—290年），初名遵善寺。开皇二年（582

小雁塔

唐都长安

年），隋文帝"大崇释氏，以收人望，移都先置此寺"[15]，改名大兴善寺。唐中宗神龙年间（705—707年）一度改称酆国寺。睿宗景云元年（710年）复大兴善寺名。寺据"九五"冈原，地占全坊面积，规模极其宏伟。寺内有天王阁、大士阁、转轮藏经阁、大兴佛殿、行香院等，"寺殿崇广，为京城之最"。

大兴善寺在中国佛教史上占有重要的地位。隋开皇年间，印度高僧那连提黎耶舍、阇那崛多和达摩笈多等人先后来此寺翻译佛经，共译佛经59部278卷。笈多还在此寺传授密宗，影响极大。"隋时海内僧尼慕名相即者，达二十万。"[16]唐玄宗开元四年至八年间（716—720年），号称"开元三大士"的印度僧人善无畏、金刚智与不空先后在此寺翻译佛经、传授密宗，其中不空在这里译经500余部，有僧徒万众，被玄宗尊为灌顶国师。因此，大兴善寺为长安佛经的三大译场之一，是中国佛教密宗的起源地，亦是中印文化交流史上一个值得纪念的地方。

大兴善寺

大兴善寺在唐高宗总章二年（669年）曾遭火焚，后重新营建；武宗会昌禁佛时，又遭废毁。此后虽经宣宗时恢复，但因历代遭受兵火，殿宇多被焚毁。现寺内的钟楼、鼓楼及山门，皆为明清时所建。新中国成立后，经过1956年大规模的修葺，逐渐恢复了古寺的面貌。

3.青龙寺

青龙寺位于唐长安城新昌坊东南隅，在今西安城东南郊铁炉庙村北的高地上。创建于隋初开皇二年（582年），时营建新都，徙掘城中坟墓，葬之郊野，为了给亡灵祈求冥福，因置此寺，故名灵感寺。唐武德四年（621年）废。高宗龙朔二年（662年），太宗女城阳公主病，有苏州僧法朗诵读《观音经》，乞愿得愈，因奏请立为观音寺。睿宗景云二年（711年），以该寺在长安城东，以天象四宿中东为青龙，改名青龙寺。

青龙寺建在乐游原高冈之上，北枕高原，南望爽垲，可为登眺之美。唐诗人朱庆馀《题青龙寺》诗写道："寺好因岗势，登临值夕阳。青山当佛阁，红叶满僧廊。竹色连平地，虫声在上方。最怜东面静，为近楚城墙。"描绘了古寺高爽幽静的景色。

青龙寺是长安佛教密宗的重要传播之地。代宗大历年间（766—779年），不空三藏的密宗教徒惠果和尚主持此寺，宏宣"真言大教"。唐德宗时期，日本平安朝派遣入唐求法的"学问僧""请益僧"来长安，被称为"入唐八家"的日本僧人，有6人曾在青龙寺受法。其中空海在青龙寺拜惠果为师，在佛经、梵文、诗词、书法等方

空海纪念碑

惠果·空海纪念堂

第十章｜寺观

面均取得了很大成就。宪宗元和元年（806年），空海学成回国播教，成为"东密"的开山祖师。

唐代以后，青龙寺屡遭破坏，寺宇全毁。新中国成立后，从1963年到1980年，我国考古工作者对青龙寺遗址进行了勘查发掘。在中日人民的友好合作下，1982年5月，在青龙寺建成了"空海纪念碑"；1984年9月在青龙寺修建了"惠果·空海纪念堂"。1988年日本友人还在青龙寺种植了象征中日友好的樱花树。青龙寺的殿宇已在修复中。

4.宏福寺

宏福寺位于唐长安城修德坊西北隅，遗址在今西安城西北郊西安西站一带。原为唐右领军大将军彭国公王君廓宅。贞观八年（634年），唐太宗为母太穆皇后追冥福立为宏福寺。中宗神龙元年（705年），改名兴福寺。

宏福寺建成后，以著名的智首律师为上座，并广招天下名僧居之。贞观十九年（645年）正月七日，玄奘从印度取经回到长安，奉敕居住此寺西北禅院翻译佛经。《续高僧传·玄奘传》载，唐太宗对玄奘说："自法师行后，造宏福寺，其处虽小，禅院虚静，可为翻译。所领人、物、吏力，并与房玄龄商量，务令优给。"当时除玄奘主译之外，朝廷还广召硕学沙门50余人，分别担任证义、缀文、正字、证梵等职，协助译经。著名的《菩萨藏》《佛地经》《六门陀罗尼经》《显扬圣教论》等经书，及由玄奘口述、僧人辩机记述的《大唐西域记》，就是这个时期在宏福寺完成的。贞观二十二年（648年）十二月，玄奘离宏福寺移住大慈恩寺继续译经。高宗永徽三年（652年），又有地婆诃罗（日照）在宏福寺译《大乘显识经》《大乘五蕴论》等。

贞观二十二年玄奘移住大慈恩寺后，应玄奘之请，唐太宗为玄奘所译诸经亲自撰写了序文，即《大唐三藏圣教序》；皇太子李治亦为这篇《圣教序》写了一篇《大唐三藏圣教序记》。这两篇序文，于永徽四年（653年），由著名书法家中书令褚遂良书写，刻石于碑，立于大慈恩寺大雁塔下南门两侧左右龛内。为了纪念玄奘曾在宏福寺译经，宏福寺僧怀仁集择王羲之字迹，写《圣教序》与《圣教序记》，于咸亨三年（672年）十月刻载于石，立于宏福寺内。由于此碑之字为王羲之字迹，故又称《集王右军书圣教序碑》。又因此碑螭首方座，碑额刻佛像七尊，又称《七佛头圣教碑》。相传为刻此碑，僧怀仁曾以一两黄金换一字去收集王羲之的字，故此碑又称为《千金帖》。此碑于北宋时移藏于碑林，现为西安碑林博物馆中名碑之一。

5.西明寺

西明寺位于唐长安城延康坊西南隅，遗址在今西安城西南郊白庙村一带。显庆元年（656年），唐高宗为孝敬太子李弘病愈而立，名西明寺。宣宗大中六年（852年），改名福寿寺。

西明寺为长安名刹之一。寺广三百步，周围长数里。相传，本寺仿中印度舍卫国的祇园精舍而建造。全寺有10院，屋4000余间。廊殿楼台高耸入云，金铺藻栋，光彩夺目，院宇极其雄伟壮观。寺内多名家书画，其西明寺额，为玄宗时南薰殿学士刘子皋所书。入西门南壁，有杨廷光画神两铺。东廊东面第1间传法者图赞，褚遂良所书。第3间利防等、第4间昙柯迦罗，并欧阳通书。寺内还有章怀太子《西明寺钟铭》。寺内种植有牡丹,白居易《西明寺牡丹花时忆元九》诗中有"前年题名处,今日看花来。一作芸香吏,三见牡丹开"之句。

西明寺为唐代长安佛教重要道场与高僧驻锡之地。本寺建成后,朝廷下令遴选50位大德驻锡,以道宣为上座,神泰为寺主。玄奘法师于显庆三年至四年(658—659年),由大慈恩寺移居本寺译经,历时一年,时道宣亦参加玄奘译场。代宗永泰元年(765年)九月及德宗时,都曾在本寺设置道场和无遮大会,讲颂《仁王般若经》。建中至元和年间(780—820年),不空三藏的门人慧琳曾在此寺撰《一切经音义》百卷。另有名僧如道世、圆测、惠安等,以及日本空海、圆载等入唐求法,都曾住过本寺。东渡弘法的鉴真大师当年在长安,于景龙三年(709年),在太平坊实际寺(遗址在今西北大学校园内)就弘景律师受具足戒,后曾在西明寺从远智律师听讲《律疏》。故汤用彤《隋唐佛教史稿》中说:"综考僧传,长安寺庙名僧之最多者,当推慈恩、西明、宏福诸寺。"

6.大庄严寺

大庄严寺位于长安城内西南隅永阳坊的东部,遗址在今西安城西南郊十二里的木塔寨村处。

大庄严寺创建于隋初,文帝仁寿三年(603年)改名禅定寺。唐武德元年(618年),改名大庄严寺。后于宣宗大中六年(852年),又改名圣寿寺。隋与唐初,此寺香火极盛,"天下伽兰之盛,莫与于此"。[17]

大庄严寺所处地势较低。隋初宇文恺营建都城时,出于城市总体设计的考虑,奏请在此寺与其西面大总持寺各建一木塔。大庄严寺塔"崇三百三十尺,周回一百二十步,大业七年成"。[18]由于塔为木质结构,故寺又名木塔寺,地名后亦称木塔寨村。

大庄严寺在武宗会昌灭佛时,虽保留未废,但以后多遭破坏,早已无存。

7.罔极寺

罔极寺位于长安城内朱雀街东大宁坊东南隅,在今西安东关炮房街处。

罔极寺修建于中宗神龙元年(705年),是太平公主为其母武则天祈福而立。寺名罔极,系取《诗经》"欲报之德,昊天罔极"之义,有无穷、久远的含义。开元二十年(732年),改名为兴唐寺。武宗会昌灭佛时,此寺被废。后宣宗即位,罔极寺为长安首批恢复的寺院之一。

罔极寺规模宏大,殿堂雄伟,内有吴道玄、杨廷光、周昉、尉迟乙僧、董谔、尹琳、杨坦、杨乔等名人所绘壁画。寺内树木修茂,花卉繁盛,《酉阳杂俎》载:"长安兴唐寺,有牡丹一棵。元和中,著花二千一百朵。"

罔极寺是唐长安城中主要佛寺之一。唐代另一去印度求学取经名僧慧日法师,回长安后即在此寺弘扬佛教净土宗,连唐玄宗也来过这里听他说法。

唐代以后罔极寺多遭破坏。宋代曾改名大佛寺,明正统八年(1443年)重修后恢复原寺名。现寺仍存,占地约28亩,有山门3间,

罔极寺

金刚殿3间，大雄殿5间，睡佛殿3间及其他用房50多间。据传睡佛殿里的大型石佛是隋唐遗物。

8.兴教寺

兴教寺在今西安城南四十里的少陵原畔，是唐代樊川八大寺院之一。

兴教寺始建于唐高宗总章二年（669年），是唐朝著名僧人玄奘法师遗骨的迁葬地。玄奘曾先后在长安宏福寺、大慈恩寺、西明寺翻译佛经，高宗麟德元年（664年）二月初五逝世于陕西铜川玉华山玉华宫，享年65岁。玄奘先葬于长安城东浐河岸上的白鹿原，当时五百里内有百万多人为之送葬，3万多人宿在墓地，表达了长安人民对玄奘逝世的哀痛。总章二年玄奘骨灰迁葬少陵原畔，并在此建寺立塔以示纪念。

兴教寺玄奘塔

兴教寺内有三座砖砌的舍利塔,中间最高的五层塔为玄奘的葬骨塔。塔身为仿木结构的斗拱建筑形式,塔底层北侧镶有石刻《唐三藏大遍觉法师塔铭》。左右两侧的小砖塔,是玄奘的两个大弟子圆测(新罗王之孙)和窥基(尉迟敬德之侄)的墓塔。

兴教寺在唐大和二年(828年)修葺过一次。后世除三座砖塔外,寺内其他建筑均遭兵火破坏。现寺内为近代建筑,正院有前殿大雄宝殿,后殿为法堂。正院两侧各有一座跨院,西院名慈恩塔院,是玄奘师徒舍利塔处;东院名藏经院,内建藏经楼,藏有草本古经及近代影印藏经数千册。由于这里位处少陵原头,南望终南,前俯樊川,古朴幽静,风景如画,成为人们追念玄奘法师和风景游赏之地。

9.香积寺

香积寺在长安城南韦曲西南的神禾原上,距今西安城约三十四里。

香积寺建于唐中宗神龙二年(706年),是佛教净土宗门徒为安葬和祭祀该宗第二代祖师善导和尚而修建的。善导俗姓朱,山东临淄人,生于隋大业九年(613年),幼年出家,曾就学于山西并州(今太原)玄中寺的道绰大师。贞观十九年(645年),善导来长安招收门徒,倡导"净土法门",并著有《观无量寿佛经疏》(亦称《观经四帖疏》)等多种净土宗典籍。因此他被尊为"净土二祖"。善导死后,弟子怀恽等在此为其建寺立塔以示纪念。

香积寺院西北隅所建的善导塔,据善导的衣钵弟子怀恽所撰《隆阐法师碑》可知,它不是善导的灵塔,而是一座供养塔。"塔周回二百步,直上一十三级。"塔呈正方形,密檐仿木结构,全部砖砌,奇古峻美。此塔当时不仅用于佛事，而且"瞻星揆雾，或候日裁规"，还用作观星测雾、量日定时，有一定科学实用价值。据说大塔建成后，唐高宗李治曾赐舍利千余粒及百宝蟠花，令其供养，武则天也曾亲来此寺观仰。

香积寺地处潏河与滈河汇流处，面山临水，周围泉流激洒，风景十分秀美。唐代大诗人王维有诗云："不知香积寺，数里入云峰。古木无人径，深山何处钟。泉声咽危石，日色冷青松。薄暮空潭曲，安禅制毒龙。"从诗人的描绘中，可以看到幽静山村中古寺深藏的情景。

唐代的净土宗和日本的佛教有着渊源关系。善导著述的《观经四帖疏》于8世纪传入日本，日僧法然依据此立教，创立了日本净土宗，并广泛传播，故日本净土宗信徒都以香积寺为其"祖庭"。1980年3月，日本佛教界朋友给香积寺赠送了善导法师的木雕贴金像、法器及石灯笼等。同年5月14日，善导圆寂一千三百周年纪念日，"日中友好佛教净土宗之翼访华代表团"与日本139位僧人，同中国佛教界在香积寺隆重举行了纪念善导法师的法会。

香积寺原来的殿宇早已毁坏，寺内尚存唐代所建的善导塔和清乾隆时所建的3间大殿。善导塔颓损两级，现存十一级。塔呈正方形，下层每边长9.5米，逐层收分，第十层每边长5.1米，塔残高33米余。1979年，当地政府对香积寺进行了大规模修缮，计新建大雄宝殿5间、法堂5间及配殿、念佛堂、禅堂、山门等，现佛寺已具相当规模。

香积寺善导塔

10.华严寺

华严寺位于长安城南少陵原的半坡,距今西安城约三十里。建于唐德宗贞元十九年(803年)。它与牛头寺、杜公祠毗邻,前俯樊川,西对神禾原,南望终南山,风光如画。唐人岑参《题华严寺环公禅房》诗云:"寺南几十峰,峰翠晴可掬。朝从老僧饭,昨日崖口宿。锡杖倚枯松,绳床映深竹。东溪草堂路,来往行自熟。生事在云山,谁能复羁束?"唐宣宗《幸华严寺》诗云:"云散晴山几万重,烟收春色更冲融。帐殿出空登碧汉,退川俯望色蓝笼。林光入户低韶景,岭气通霄展霁风。今日追游何所似,莫惭汉武赏汾中。"可见华严寺景色之美与昔日寺院规模之大。

华严寺是中国佛教华严宗的发源地。初祖杜顺,原名法顺,俗姓杜,雍州万年县(今西安市)人,著有《华严法界观门》,开创了华严宗。唐太宗仰慕他的盛名,引入内宫隆礼崇敬,并赞称他为"帝心"。贞观十四年(640年),杜顺在长安南郊的义善寺圆寂,享年84岁。后又有四祖清凉在此寺弘传华严宗。清凉国师澄观,俗姓夏侯,越州山阴(今浙江绍兴)人,历经玄宗至文宗九朝,被尊为国师,赐号"清凉",著述300多卷,皆阐扬"华严"教义。清乾隆年间,少陵原一部分崩塌,华严寺内殿宇全被摧毁,仅存东西两座砖塔。两塔之间相距40米。东边的一座是华严初祖杜顺禅师塔,四面七层,高约13米,上层石刻有"严主"二字;第三层石刻有"无垢净光宝塔"6字。西边的一座是华严四祖清凉国师塔,六面五层,高7米,塔上石刻有"大唐清凉国师妙觉之塔"10字。两塔下层各有砖筑龛堂,内有石刻影像及像赞。民国十九年(1930年),朱子桥、康寄遥等居士曾

华严寺塔

补修两塔,并建佛殿3间。寺中原有的唐宣宗大中六年(852年)刻的《杜顺和尚行记碑》,已移放西安碑林博物馆保存。

11.迎祥观

迎祥观为唐长安城道观之一。位于崇仁坊西南隅,旧址约在今西安城文昌门内东侧开通巷一带。景龙二年(708年),中宗长女长宁公主舍宅而立,初名景龙观。开元二十九年(741年)正月,唐玄宗梦见老君李耳,告诉他有其像在京城西南百余里。于是玄宗便派尚书张九龄与道士萧元裕去访求，结果在周至县闻仙峪得到一座高三尺余的太上老君玉像。玄宗将此像安置在景龙观，并改观名为迎祥观。

迎祥观还因为有"景云钟"而著名。此钟为观内钟楼上所悬挂的大铜钟，高247厘米，腹围486厘米，口径165厘米，重约12000斤。钟身正面，为唐睿宗御书之钟铭。钟身上有32枚钟乳，上刻蔓草花纹，及飞天、龙、凤凰、狮子等浮雕，整个大钟由25块铸模铸成。因此钟系睿宗景云二年（711年）铸造，故称"景云钟"。钟声清脆洪亮，音韵优雅。今西安西大街北广济街南口东侧的迎祥观，系唐代以后所建。明初洪武年间（1368—1398年），景云钟徙挂于此迎祥观钟楼。据道光二十八年（1848年）《重修迎祥观钟楼碑记》载，景云钟系"明洪武年间，移置于楼。楼三层，高十丈许，钟悬于上层中央。顺治八年重修，有碑记"。明万历十年（1582年），陕西巡抚龚懋贤檄咸宁、长安县令将原建在西大街南北广济街口的钟楼，迁建于府城向东扩展后的城中心今址。据传，移建之初，曾将景云钟悬挂于此，但扣之不鸣，仍返其北广济街南口东侧迎祥观故所。现景云钟藏放于西安碑林博物馆。

12.太清宫

太清宫为唐长安城著名道观。位于大宁坊西南隅，旧址在今西安城朝阳门内南侧。唐朝皇帝以老子李耳为始祖，高宗乾封元年（666年）追号老子为太上玄元皇帝。天宝元年（742年）正月初八，陈王府参军田同秀上言："玄元皇帝降，见于长安丹凤门之通衢，以天下太平、圣寿无疆之言传于皇帝，并告赐灵符在尹喜之故宅。"玄宗遣使去函谷关尹喜台西得其灵符，于是在长安大宁坊置玄元庙，并令东都及诸州各置玄元皇帝庙一所。二月，玄宗亲享于新庙。同年九月，改玄元皇帝庙名为太上玄元皇帝宫。次年正月，追尊老子为"大圣祖玄元皇帝"。三月，改庙名为太清宫，东都庙名为太微宫，诸州庙名为紫极宫。长安太清宫中取太白山白石雕为老子像，圣祖殿内有名画家吴道玄所绘老子像。自此凡郊祀，必先朝太清宫，次日享太庙，第三日再祀南郊天坛。

13.玄都观

玄都观位于唐长安城崇业坊，在今西安城南五里许大兴善寺之西。隋文帝开皇二年（582年）移汉长安城通达观至新都大兴城，更名玄都观。由于宇文恺以崇业坊与靖善坊同处"九五贵位"之地，"不欲常人居之，故置此观及兴善寺以镇之"。[19]

玄都观是长安道教的主要庙观之一。玄宗开元时观中有道士尹崇，深通儒、道、佛三教，积儒书万卷。天宝年间有道士荆朏，深有道学，为时所贤，太尉房琯每执师资之礼，当代知名之士，无不游荆公之门。

玄都观内盛植桃树，为长安桃花游赏胜地，唐代政治家与诗人刘禹锡曾因以"玄都观里桃千树，尽是刘郎去后栽"的诗句，讽喻"永贞革新"失败后上台的当朝新贵，"语涉讥刺，执政不悦"，而再遭贬逐。

14.大秦寺

唐长安城中有波斯胡寺两所。一是先在醴泉坊后移于布政坊的旧波斯胡寺，属于祆教寺。二是在义宁坊的波斯胡寺，建于贞观十二年（638年），是唐太宗李世民为从波斯来的叙利亚传教士阿罗本所立的景教寺，后称大秦寺，即基督教寺，这是基督教在中国的最早流传之遗迹。唐德宗建中二年（781年）在该寺立著名的《大秦景教流行中国碑》。该碑高2.36米，宽0.86米，厚0.25米。碑额上刻十字架。碑文为景教士景净撰，朝议郎吕秀岩书，计1780字，详细记载了贞观时阿罗本来长安后，受唐太宗优遇，在京城立寺布教，高宗以后又在各州遍置景教寺的情况，是研究基督教在中国流传发展的宝贵资料。

长安义宁坊的大秦寺，在会昌五年（845年）武宗禁佛时亦遭废止。武宗的禁佛令中说："其大秦穆护等祠，释教既已釐革，邪法不可独存。其人并勒还俗，递归本贯充税户；如外国人，送还本处（鸿胪寺）收管。"[20]经此打击之后，虽然不久宣宗解除了禁令，大秦寺却一直未能恢复，基督教在中国的流传一度中断。

由于武宗会昌时大秦寺的废毁，原寺内的《大秦景教流行中国碑》也长期埋没，直到明末熹宗天启五年（1625年），才在原唐崇圣寺附近被发现。清光绪时期，丹麦人阿尔谟在西安曾以三千两白银重金收购此碑，欲盗出国外运往伦敦，引起清廷与陕西巡抚重视，将其截阻。碑石现保存在西安碑林博物馆。

15.祆祠

祆祠为祆教寺院。祆教即琐罗亚斯德教。传为公元前7至前6世纪由琐罗亚斯德创立，流行于古代波斯与中亚等地。奉《波斯古经》

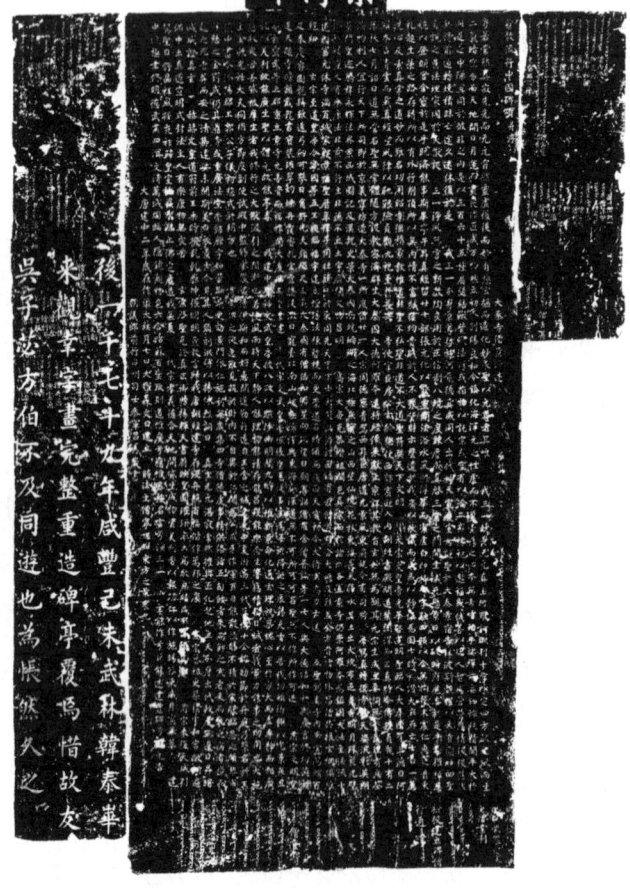

大秦景教流行中国碑

为经典。该教主张善恶二元论。认为火、光明、清净、创造、生是善端；黑暗、恶浊、不净、破坏、死是恶端。善端的最高神是阿胡拉·玛兹达，即智慧或主宰之神；恶端的最高神是安格拉·曼纽，即凶神。认为在善恶两端之争中，要求人们从善避恶，弃暗投明。而火则是善和光明的代表，而以礼拜"圣火"为主要仪式，故中国人又称其为火教、拜火教，或火祆教、祆教。此教南北朝时传入中国，首先在西域流行，后来北魏、北齐、北周的皇帝都曾奉祀。隋唐时东西两京都建立祆祠，并设立萨宝府（管理祆教的专门机构，隶属于祠部）和祀官，但当时信奉者多为来内地的西域少数族人，或为侨居中国的外国人。

唐长安城共建有祆祠5所。一在布政坊西南隅，称胡祆祠，武德四年（621年）立。萨宝府官即设在本祠。一在醴泉坊十字街南之东，称旧波斯胡寺。高宗仪凤二年（677年），波斯王毕路斯奏请在此设立。中宗景龙（707—710年）中，中书令宗楚客筑此寺地入其宅，遂移祠于布政坊西南隅胡祆祠之西；另3处祆祠分别在普宁坊西北隅、靖恭坊十字街南之西、醴泉坊西门之南，所立年代不详。这些都是在长安信奉祆教的西域人或波斯人进行宗教活动的寺院。唐武宗会昌五年（845年）毁佛时，祆祠亦遭废毁，被勒令还俗的祆教徒与景教徒达2000余人。新中国成立以后，曾在西安原唐普宁坊西北隅祆祠一带，发现了波斯银币、罗马金币、阿拉伯银币，以及波斯人苏谅妻马氏墓志等重要文物。

16. 大云光明寺

大云光明寺为唐长安城摩尼教寺院。摩尼教，旧译"明教""明尊教""末尼教""牟尼教"。伊朗古代宗教之一。公元3世纪由摩尼创立。在琐罗亚斯德教（祆教）二元论的基础上，吸收了基督教、佛教、诺斯替教等教派思想而形成了自己的独特信仰，崇拜大明神、神的光明、神的威力及神的智慧四大尊严。奉《彻尽万法根源智经》《净命宝藏经》《赞愿经》《婆布罗乾》为主要经典。以"二宗三际论"为根本教义。"二宗"，指光明与黑暗，认为世界存在光明与黑暗两大势力。"三际"，指光明与黑暗的斗争经过三个阶段。初际，光明与黑暗各有自己的王国；中际，黑暗侵入光明王国；后际，光明战胜黑暗，明暗各复其本位。摩尼教约于6至7世纪传入中国新疆地区。武则天延载元年（694年），波斯摩尼教高僧拂多诞来长安，开始播教。开元七年（719年），吐火罗（中亚细亚古国，在今阿富汗北部）王遣摩尼教高僧大慕阁来长安，请置法堂供奉传教。开元二十年（732年），唐朝政府只准回纥人信奉，禁止汉人入教。代宗时，回纥人在长安人数增多，于是大历三年（768年），应回纥人之请，在长安建立摩尼教寺大云光明寺。大历六年（771年），又准在荆州（今湖北江陵）、洪州（今江西南昌）、扬州（今江苏扬州）、越州（今浙江绍兴）等地各建一所。武宗会昌禁佛时，摩尼教亦遭废毁，长安女摩尼死者即达72人。其他各地的回纥摩尼教徒，也配流诸道，死者大半。

注释

[1]《大正藏》卷五二。

[2]《续高僧传》卷二一。

[3] [15]《长安志·靖善坊》。

[4]《长安志·颁政坊》。

[5]《资治通鉴》卷二一一"开元二年"条。

[6]《资治通鉴》卷二一六"天宝七载"条。

[7]《资治通鉴》卷二二四"大历二年"条。

[8]《唐大诏令集》卷一一三。

[9]《集古令佛道论衡》卷丙。

[10] [20]《旧唐书·武宗纪》。

[11]《资治通鉴》卷二四五"大和九年"条。

[12]《唐会要·议释教》上。

[13]《僧史略》卷下。

[14]《资治通鉴》卷二四八"大中元年"条。

[16]康哥遥:《大兴善寺纪略》。

[17] [18]《长安志·永阳坊》。

[19]《长安志·崇业坊》。

第十一章

风景区

唐代长安城周围山水条件优越,自然景色优美,加之人工精心经营,在都城内外形成了大小各具特色的风景区,如位于长安城东南隅的曲江池与芙蓉园、长安城西南的昆明池与定昆池、长安城以东骊山中的华清宫等,把长安城装点得四时景色如画。

长安城南对终南山，东临骊山，四周原起川伏，八水环流，城内渠道纵横，六坡蜿蜒，自然景色十分优美，加之人工的精心雕凿，从而在都城内外，形成了多处风景区。

一、曲江池与芙蓉园

曲江池位于长安城的东南隅，南北长而东西短，北小半在城内，南多半在城外，是都城地区最著名的风景区。

曲江池地处少陵原头的一块低洼地带，由于长期积水成池，自

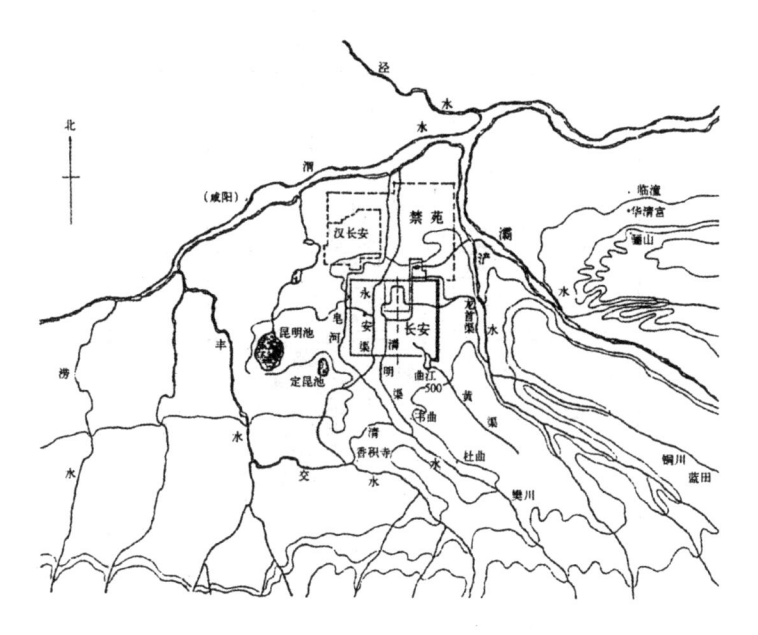

唐长安近郊平面图（周维权《中国古典园林史》）

然形成了一个湖泊。池中近西岸处又有一汉武泉，不断涌出泉水。这里因"其水曲折，有似广陵之江"，故名为曲江。

曲江池早在唐以前就是景色优美的风景区。秦称"隑洲"，意思说这里池岸弯曲，有水如长洲；汉称"曲洲"，并为宜春下苑，汉武帝曾多次来这里游赏。隋初营建大兴城时，"宇文恺以其地在京城东南隅，地高不便，故阙此地不为居人坊巷，而凿之以为池"。[1]又加以疏凿美化，有计划地将此处辟为都城的风景区。

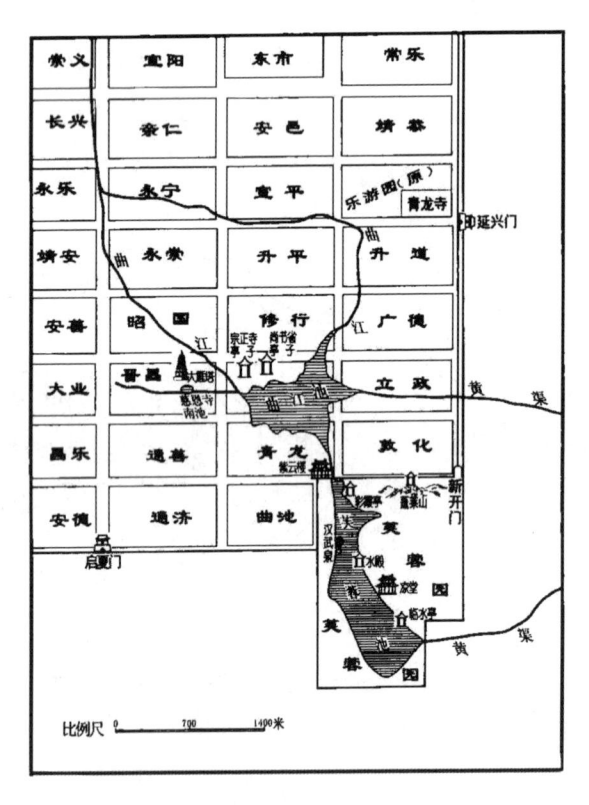

曲江园林布局示意图（李令福《古都西安城市布局及其地理基础》）

曲江池的大规模扩建营修在唐玄宗开元时期（713—741年）。当时，一方面开凿黄渠，从南山义峪引水北流注入池内，加大水量，使池面扩大到约七十万平方米；另一方面沿曲江池畔进行营建，"四岸皆有行宫台殿，百司廨署"。[2]"曲江亭子，安史乱前，诸司皆有，列于江浒。"[3]"曲江各置船舫，诸司农寺山池为最，船户户部为最。"[4]经过这次扩建营修，曲江沿岸宫殿连绵，楼阁起伏，垂柳成行，烟水明媚，成为胜境。它和邻近的芙蓉园、乐游原、慈恩寺与杏园一起，形成了以曲江为中心的风景游览胜地。

曲江池以大湖水面景色为主，池中水深波碧，加之四岸盛植的柳杏花卉和周围起伏不平的地形及鳞次栉比的高楼低宇，风景十分优美。尤其是入夏以后，"菰蒲葱翠，柳阴四合，碧波红蕖，湛然可爱"。[5]韩愈诗云："曲江千顷秋波净，平铺红云盖明镜。"这里一年四时游人络绎不绝，尤以中和（二月一日）、上巳（三月三日）和重阳（九月九日）三大节日为盛。唐人康骈《剧谈录》载：

  曲江池，本秦时隑洲，唐开元中疏凿为胜境。南即紫云楼、芙蓉苑，西即杏园、慈恩寺。花卉环周，烟水明媚，都人游赏，盛于中和、上巳节，即赐臣僚会于山亭，赐太常教坊乐。池备彩舟，唯宰相、三使、北省官、翰林学士登焉。倾动皇州，以为盛观。

三令节之外，凡二月新进士及第，例必设宴于曲江亭子，称为"曲江会"。而为了一睹新科进士的风采，"倾城纵观，钿车珠幕，栉比而至"，亦为曲江一大盛况。文人学士更是喜欢来此饮酒赋诗。他们放羽觞（酒杯）于曲流之上，使之随水飘泛，得者畅饮。长安八景之一的"曲江流饮"，即由此而来。

曲江池风景区的另一部分是其东岸的芙蓉园。据考古勘查，芙蓉园在曲江池的东部，园址在都城之外，周围约十四里。北宋张礼《游城南记》载，芙蓉园"隋离宫也，与杏园皆秦宜春下苑之地。园内有池，谓之芙蓉池"。芙蓉园本名曲江园，隋初"文帝恶其名曲，改名芙蓉，为其水盛而芙蓉富也"。[6]芙蓉，即莲花，说明这里以水面湖色与荷花争艳而著名。开元时期，芙蓉园又增修了紫云楼、彩霞亭等亭台楼阁，并对湖池园林加意修凿点缀，遂使园内"青林重复，绿水弥漫，帝城胜景也"。[7]唐人宋之问《春日芙蓉园侍宴应制》诗云："芙蓉秦地沼，卢橘汉家园。谷转斜盘径，川回曲抱原。风来花自舞，春入鸟能言。"描绘了芙蓉园极其优美的景色。芙蓉园为皇家的御园，唐称南苑，外围环筑苑墙，以与曲江池公共游览区分隔。没有皇帝特旨许可，甚至大臣们也是不能入内的。唐代诗人李绅在题为《忆春日曲江宴后许至芙蓉园》一诗中写道："春风上苑开桃李，诏许看花入御园。"显然，李绅是在参加了"曲江宴"后才奉诏入芙蓉园的，并以此为莫大的荣耀。

开元二十年（732年），唐玄宗为随时来此游赏而不为外人所知，沿东郭城壁专修了一条从兴庆宫通往芙蓉园的夹城。夹城南端城门名新开门，故址在今西安南郊新开门村。

曲江池、芙蓉园经过玄宗天宝十四载（755年）至代宗广德元年（763年）长达8年的安史之乱破坏后，沿岸的宫殿、楼阁、亭台、水榭大多颓毁，渠道干涸，杂草丛生，景色荒凉衰败。杜甫《哀江头》

(唐)李昭道《曲江图》

诗中云:"少陵野老吞声哭,春日潜行曲江曲。江头宫殿锁千门,细柳新蒲为谁绿?"羊士谔《乱后曲江》诗亦写道:"忆昔曾游曲水滨,春来长有探春人。游春人静空地在,直至春深不似春。"当时由于曲江、芙蓉园荒败不堪,游人稀少,皇帝也久不游幸其中,夹城南口新开门甚至时有走兽出没。如王建《外按》诗云:"夹城门向野田开,白鹿非时出洞来。"六七十年后,唐文宗李昂即位,他偶然读到杜甫的《哀江头》诗,凄然感怀,一心要恢复开元、天宝年间的曲江面貌,于是在大和九年(835年)二月令左右神策军各一千五百人掏曲江池,并仿旧故事再建紫云楼、彩霞亭。还敕令诸司衙门各于曲

(唐)张萱《虢国夫人游春图》

江创置亭馆,给予闲地,任其营造。经此恢复,曲江虽然仍为都城地区的主要风景游览区,但境况已大不如前。

唐朝末年,随着黄渠的断流和汉武泉的堵塞,加之战乱的破坏,曲江建筑倒塌,池底干涸。到北宋时已被辟为农田,池底仅存一个积存雨水的小陂塘,故宋人张礼在游慈恩寺时,"倚塔(大雁塔)下瞰曲江,宫殿乐游燕嬉之地,皆为野草,不觉有黍离麦秀之感"。[8] 昔日的曲江胜景已不复存在了。

现在,西安市人民政府为了适应城市人民生活的需要和旅游事业的发展,已重新仿建了大唐芙蓉园,并重新恢复修建新的曲江池风景区。

二、杏园与乐游原

都城东南隅的风景区，除曲江池、芙蓉园之外，还有杏园和乐游原。

杏园，位于朱雀街东第三列靠近城南的通善坊，北临大慈恩寺，东近曲江池。因园内盛植杏林，故名杏园，是一处著名的园林风景区。每逢早春之际，满园杏花盛开，都人多来此赏花游览。唐人姚合《杏园》诗云："江头数顷杏花开，车马争先尽此来。欲待无人连夜看，黄昏树树满尘埃。"由于游人来此园游赏时习惯折枝插花，因而杜牧《杏园》诗云："莫怪杏园憔悴去，满城多少插花人。"在杏园赏花游胜活动中，尤以二月新进士及第在此举行的探花宴为盛事。《唐摭言》载："唐进士杏园初会，谓之探花宴，择少俊二人为探花使，遍游名园，若他人先折得花，二人皆受罚。"武宗会昌时期，杏园宴聚一度停废，但不久以后，大中元年（847年）二月，宣宗恢复故例，"杏园任依旧宴集，有司不得禁制"。[9]

乐游原，位于朱雀街东第四列升平坊与第五列新昌坊一带，为一隆起的高原，因汉宣帝以此为乐游苑，并置乐游庙，故名乐游原。到了唐代，太平公主在此添造亭阁。后赐予宁、申、岐、薛诸王，再加兴造，遂成为以冈原为特点的自然风景游览胜地。这里地势高耸，登原远眺，四望宽敞，京城之内，俯视如掌。同时，它与南面的曲江、芙蓉园和西南的慈恩寺大雁塔相距不远，眺望如在近前，景色十分宜人。杜甫《乐游园歌》诗中说："乐游古园翠森爽，烟绵碧草萋萋长。公子华筵势最高，秦川对酒平如掌。"张说《三月二十日诏宴乐游园赋得风字》诗中也说："乐游形胜地，表里望郊宫。北阙连天顶，南山对掌中。"因此，都人来此游赏者络绎不绝。据《西京记》载，尤其是"每三月上巳、九月重阳，仕女游戏，就此祓禊登高，幄幕云布，车马填塞"。唐人李商隐《登乐游原》诗："向晚意不适，驱车登古原。夕阳无限好，只是近黄昏。"写下了流传千古脍炙人口的诗句。乐游原故址在今西安城郊东南铁炉庙村一带。

三、昆明池与定昆池

在唐长安城郊的西南，有两处以湖面景色为中心的风景区，这就是昆明池与定昆池。

昆明池，在唐长安城郊西南二十里的斗门镇一带。此处原为上古的灵沼和周代的滈池，当时水量不大，规模较小。汉武帝元狩三年至六年（前120—前117年），为了解决汉长安城蓄水供水和训练水军的需要，大加疏凿，引潏水、洨水灌注，扩大成湖，周回达四十里。

昆明池南界石匣，北至丰镐，东接五所寨，西抵斗门镇，东西南北相去各二十余里，烟波浩渺，水天相接，是一个规模极大的人工湖。池中有豫章台、灵波殿、石鲸，景色极其优美。汉代将此处划入上林苑，作为皇家游乐赏景之地。武帝本人也常来此游赏，并令宫女张凤盖，建华旗，作棹歌，杂以鼓吹，泛舟池中以为乐。还以昆明池仪象天汉，在池东西两岸安放男女二尊石像，以象牵牛、织女。这两尊石像，当地人称为石父、石婆，现在仍然保存在当地。

唐代时期对昆明池进行过多次疏浚。贞观中，唐太宗曾命浚修昆明池，并导沣、滈二水入堰注入池中。贞元十三年（797年）七月，德宗又命京兆尹韩皋充使浚修，追寻汉制，引洨水与沣水合流注入于池。大和九年（835年），文宗亦令京兆尹修浚。这样，昆明池又成了一个水波碧绿、景色优美的风景区。白居易《昆明春》诗有"昆明春，昆明春，春池岸古春流新。影浸南山青滉漾，波沈西日红奫沦"之句。唐代时由于昆明池已不在禁苑地区，上至官僚贵族，下及庶民百姓都可来此游赏。唐代后期，昆明池由于堤堰崩溃水源断绝而逐渐干涸。宋代时，这里已成为一片农田。昆明池近年已在原址重建恢复，现为西安近郊著名风景区。

定昆池，在唐长安城郊西南十五里处。景龙二年（708年）七月，安乐公主恃宠欲以昆明池为私沼，中宗不许，公主怒，于是以其西庄之地，并夺民田，用库钱百万亿，别掘一池，延袤四十九里。因欲以胜过昆明池，故取名定昆池。

定昆池以湖面景色为主，极尽人工之雕凿，"累石为山，以象华岳；引水为涧，以象天津（银河）。飞阁步檐，斜桥磴道，被以锦绣，画以丹青，饰以金银，莹以珠玉。又为九曲流杯池，作石莲花台，泉于台中流出，穷天下之壮丽"[10]。

定昆池起初为安乐公主的私人园池，中宗与百官慕其景色常去游赏。睿宗景云元年（710年）六月，安乐公主被诛，定昆池配没司农寺，一时任人游赏。当时"每日仕女游观，车马填噎"。因而这里也是长安近郊地区的风景游赏区之一。

四、骊山华清宫

骊山在长安城以东五十里,是秦岭山脉的一个支脉,海拔1256米,山上峰峦叠起,苍松翠柏,郁郁葱葱,景色十分秀丽,因山形似骊马,又呈纯青色而得名。山上有东绣岭、西绣岭、女娲谷、玉蕊峰、金砂洞、石瓮谷、走马岭、饮鹿槽、丹霞泉、牡丹沟、骆驼峰、鹦鹉谷、燕子龛等奇峰异景,自古以来即为名胜。昔日周幽王为博褒姒一笑,而点烽火以戏诸侯的烽火台遗迹尚存。每当夕阳西下,青山涂上金色,犹如当年烽火还在燃烧。"入暮晴霞红一片,尚疑烽火自西来"的"骊山晚照",被誉为长安的八景之一。

华清宫位于骊山北麓,因建在绣岭山下,故又称为绣岭宫。它以骊山天然景色为特点,是休憩避暑的理想的风景区。登高眺望,关中景色尽收眼底。元人商挺说过:

> 余谓秦中名山水多矣,可取者唯华清为最。辟门可以瞰清渭,登高可以临商於;高甍巨栋,绵亘盘郁,寒藤老树,蒙络摇缀,而汉唐之离宫别馆咸在焉,斯则华清之奇观也。又况东西奔走,实当冲要,而往来大小毕慰其意,此诚与时迁徙,应物变化,无所往而不宜者也。[11]

华清宫不仅因骊山奇峰异景而出名,而且因这里有温泉之水而得到发展。骊山北麓共有温泉三眼,水温达43℃,含有石灰、碳酸锰、碳酸钠、二氧化硅等多种矿物质,可以沐浴去疾。相传,此温泉

唐骊山宫图（《长安志图》）

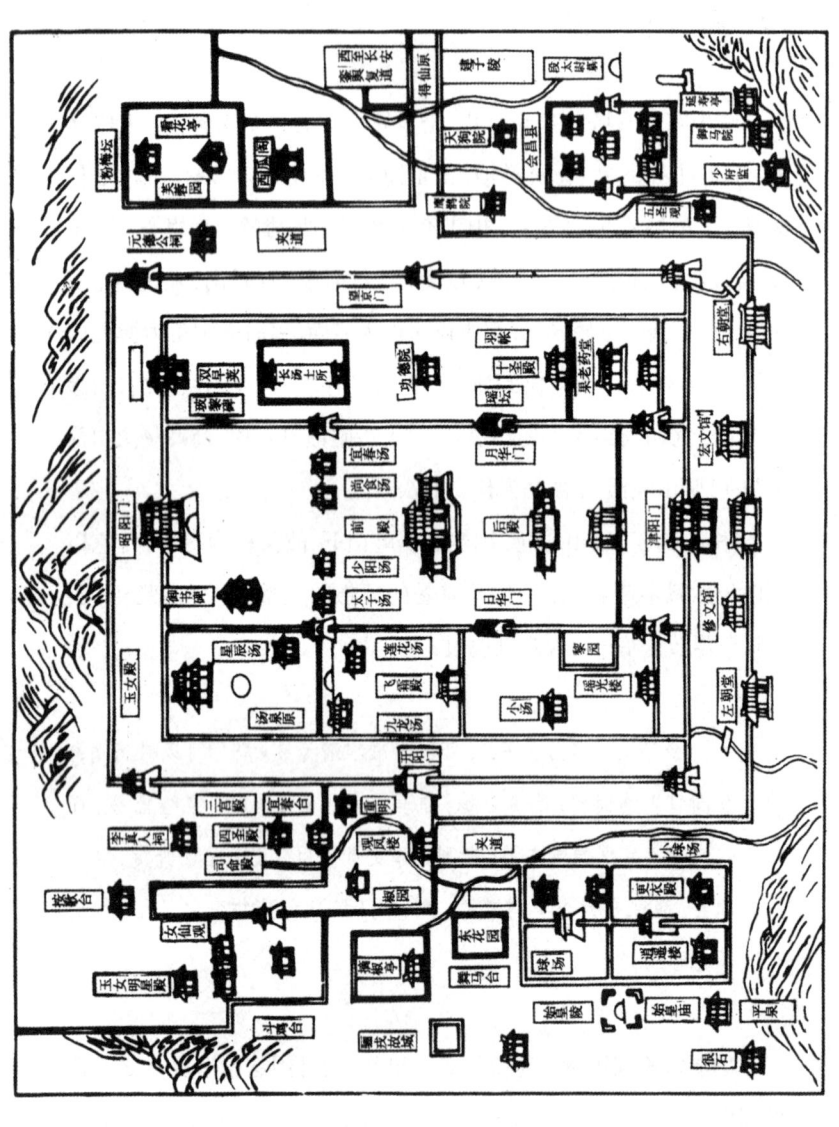

是神女为秦始皇洗疮而出,故秦时这里就砌石起宇,进行营建,名为骊山汤,又称神女汤泉。汉武帝时,在秦汤的基础上,进一步扩建为离宫。北周天和四年(569年),大冢宰宇文护对骊山泉井进行加固营饰。隋文帝开皇三年(583年),又在此修建屋宇,植松柏千余株。因此,唐代以前,这里经过历代的营建,已经发展成为一处著名的风景区和沐浴之地。

到了唐代,骊山风景区和温汤有了进一步的发展。贞观十八年(644年),唐太宗命左屯卫大将军姜行本、将作大匠阎立德在此兴建别宫,赐名"汤泉宫"。高宗咸亨二年(671年)改名为"温泉宫"。玄宗天宝六载(747年),再次大加扩建,沿山遍植松柏,环山列建宫室,周筑罗城,置百司廨署,并取其"温泉毖涌而自浪,华清荡邪而难老"之意,始改名为华清宫。

华清宫是唐代皇帝游幸的一处别宫。宫东北向,南靠骊山。正门在北,名津阳门,东为开阳门,西为望京门,南为昭阳门。宫内有多处殿、台、楼、阁,如前殿、后殿、飞霜殿、玉女殿、笋殿、七圣殿、四圣殿、长生殿、老君殿、明珠殿、斗鸡殿及重明阁、朝元阁、瑶光楼、观凤楼、羯鼓楼、钟楼与毬场、东花园、芙蓉园、梨园等,分布在山麓林荫花卉之处。

华清宫内有浴殿汤池多处。其中御汤九龙殿,为玄宗沐浴之处。池周环数丈,砌以安禄山从范阳所进刻有鱼龙凫雁浮雕的白玉石,池中央有双白石莲,泉水从莲头中喷出。九龙汤西面有莲花汤,此池周砌红石,底铺白玉石,上刻莲花,制作极其精细。因其周围"石砌如海棠花",故又称为海棠汤。又因为这里是杨贵妃沐浴之处,故又俗称为杨妃赐汤。白居易《长恨歌》中"春寒赐浴华清池,温泉水滑洗凝脂。侍儿扶起娇无力,始是新承恩泽时",即是此处。另外还有太子汤、少阳汤、尚食汤、宜春汤,以及其他嫔妃沐浴的长汤十六所。长汤不仅修工讲究,"瓷以文瑶密石,中央有玉莲捧,汤泉喷以成池",而且规模极大,所所相通。玄宗曾命"缝缀锦绣为凫雁致水中,上时于其间泛钑镂小舟以嬉游焉"。[12]陆龟蒙在《汤泉》诗中说:"暖殿流汤数十间,玉渠香细浪回环。"

骊山华清宫是著名的风景名胜之地,玄宗每年的十月几乎都要到此出游,直到年终才返回长安。从开元元年(713年)到天宝十四载(755年)的42年间,玄宗先后出游骊山华清宫32次之多。

安史之乱后,华清宫逐渐颓毁。宪宗元和时期,这里已是"官曹尽复于田莱,殿宇半堙于岩谷"。[13]后晋天福年间(936—944年),将华清宫赐予道士,更名灵泉观。宋代时这里已破败不堪。元中统二年(1261年)与清初曾修葺。新中国成立后,在华清宫旧址建立了华清池公园,现为西安附近著名的游览胜地。

五、樊川

樊川在长安城南三十五里,位于今西安长安区的韦曲、杜曲一带,东南起自江村,西北至于塔坡,是一条东西长约三十里的平川。这里原名后宽川,因汉高祖刘邦赐给名将樊哙为封邑,故名樊川。又因为汉代这里建有离宫,汉武帝来此游观止宿于其中,故又称御宿川。

（清）顾见龙《贵妃出浴图》

(唐)李昭道《明皇幸蜀图》(现藏中国台北故宫博物院)

樊川是长安城南郊著名的风景区。它南屏终南山，北倚少陵原，西南有神禾原，潏河之水流贯于其间。这里山清水秀，川道低平，土地肥沃，泉流清浅，桃红柳绿，芳草茂盛，竹木森蔚，自然风光极为优美。在川谷原头之间，还修建有许多金刹佛塔，如香积寺、牛头寺、华严寺、兴国寺、兴教寺、云栖寺、禅定寺、洪福寺、观音寺等寺院，更增加了樊川山竹幽静之感。由于这里景色迷人，从而成为长安名胜之地，被称为"天下之奇处，关中之绝景"。[14]《类编长安志·樊川》亦称其景云："其山水之清，松竹之秀，花芳草绿，云烟披靡，晴楼巍巍，倚空而瞰山，洒然有江湖之趣焉。四时之间，春畦斗碧，夏云堆白，疏木霜秋，鱼村雪晚。"

樊川从汉代起，就是长安城中达官贵人营构别墅之处，杜、韦二氏贵族就世居于此。到了唐代，樊川数十里间，达官贵人别墅，泉石占胜，布满川陆。其中"韦、杜二氏，轩冕相望，园池栉比"。[15]如杜佑在瓜洲的别业（在今瓜洲村），"山川形胜，草木花坞为极胜。佑以太保致仕，与昆仲时贤，游纵其间"。[16]由于韦、杜两家历代为显宦，故当时人有"城南韦杜，去天尺五"之说。

除韦、杜二族外，其他贵族官僚也多在樊川建有别墅。如韦曲西的塔坡村有何将军山林，杜甫在《陪郑广文游何将军山林》诗中说这里"名园佐绿水，野竹上青霄"。韦曲有韦安石别业、韦中伯别墅，韩店有韩愈送子读书处，申店有李氏园亭和刘希古别墅，郑谷庄有郑虔之居，等等。这些达官贵人的别墅、别业，分布于樊川潏河的两岸，倚原面水，各有园池花亭。

樊川不仅具有山林川泉自然景色之美，还以它娇艳的花卉吸引

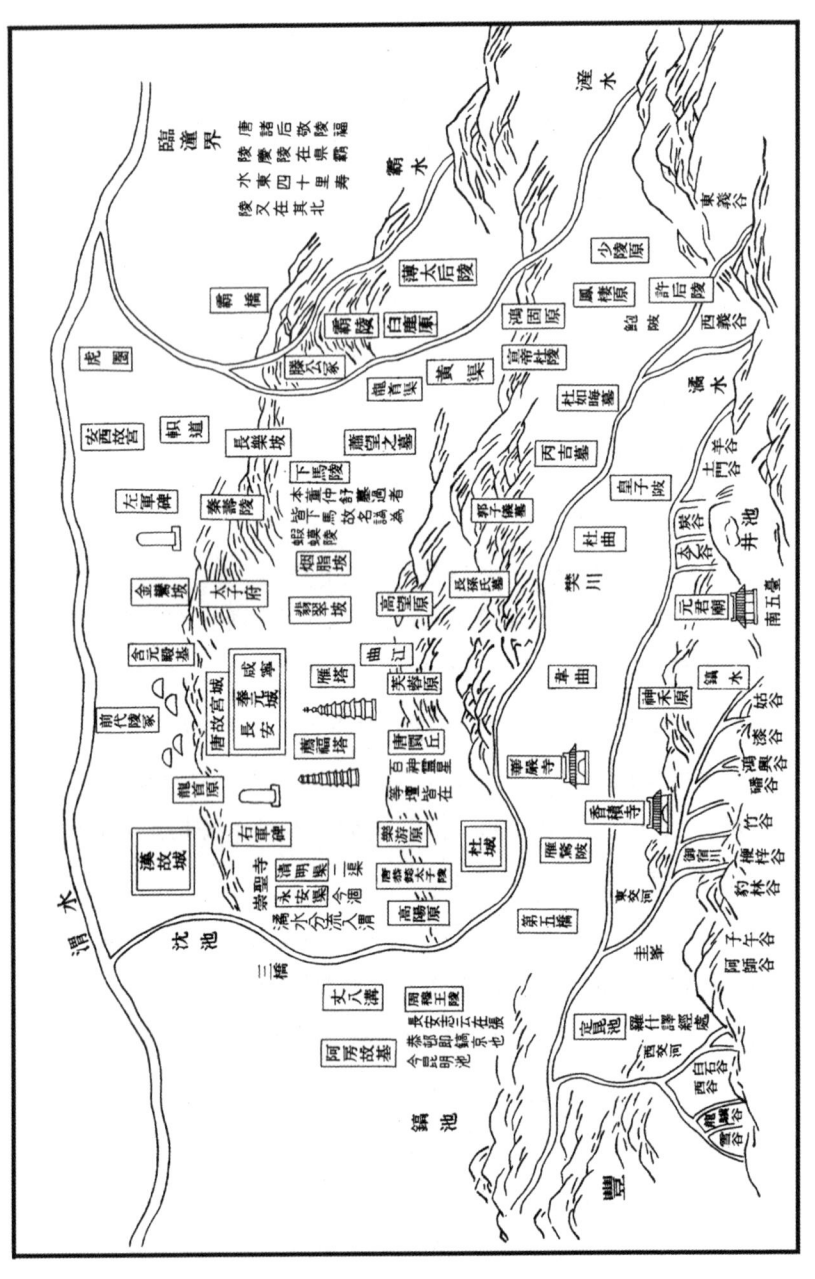

唐都长安

韦杜二曲图(《关中胜迹图志》)

着长安的游人。"杜曲花光浓似酒","美花多映竹,好鸟不归山","韦曲花无赖,家家恼杀人",就是唐人描写樊川鸟语花香与游人之盛的著名诗句。

长安的风景区除了上者之外,还有以西内四大海池、东内太液池、南内兴庆池与二苑为中心的宫苑风景区,有以龙首渠、永安渠、清明渠及市内漕渠流经各坊街的沿渠风景带,有如大慈恩寺、大荐福寺、大兴善寺、青龙寺以及玄都观等的寺观风景园林,还有散布于永宁坊的永宁园、安邑坊的奉诚园、修政坊盛植牡丹花卉的尚书省亭子与宗正寺亭子等园林池亭。远郊地区,有蓝田的辋川、户县的渼陂等风景区。这些遍布于都城内外的大小各具特色的风景区,不仅把长安城装点得四时景色如画，也是都城人民休憩游赏的极好之地。

注释

[1] [6]《雍录·唐曲江》。

[2]《旧唐书·文宗纪》。

[3]《唐摭言》。

[4]《画墁录》。

[5]《剧谈录》。

[7]《唐两京城坊考·芙蓉园》注。

[8]（唐）张礼:《游城南记》。

[9]《旧唐书·宣宗纪》。

[10]《朝野佥载》卷三。

[11] [12] [13]《关中胜迹图志》卷五。

[14] [15]《长安志图》卷中。

[16]《西安府志·古迹志》。

第十二章

都城管理与都市生活

　　唐代长安城在行政管理上实行府、县两级制。在县之下的各个坊里,还建立了基层的管理组织。同时,采取了建立伍保组织、实行宵禁制度、街衢交通管理等管理制度以保障长安城的稳定。关中富饶的物产和发达的漕运,为长安城中皇室、官僚和百姓的物质生活提供了保障。因此,唐代的文化娱乐生活异常丰富繁荣。

长安城作为唐朝的首都,是封建统治中枢所在地,也是全国规模最大和人口最多的城市。为了加强都城的管理,唐朝政府在此设置了一系列的市政、治安等机构,采取了各种严密的管理措施,以保证最高封建统治者的安全和都市生活的正常进行。

一、都城管理

1.管理机构

长安城的行政管理实行府、县两级制。同时,在县之下的各个坊里,还建立了基层的管理组织。

京兆府　京兆府是都城的最高行政官署。它除领有京城万年、长安两县外,还管辖京畿地区咸阳、兴平、云阳(治所在今陕西泾阳县云阳镇)、泾阳、三原、渭南、昭应(今西安临潼区)、高陵、同官(治所在今陕西铜川市北城关镇)、富平、蓝田、户县、奉天(今陕西乾县)、好畤(治所在今陕西永寿县西南好畤河镇)、武功、礼泉、华原(今陕西耀县)、美原(治所在今陕西富平县美原镇)十八个县。府置牧一员,从二品;尹一员,从三品;少尹二员,从四品下。下设司录参军、录事、功仓户兵法士六曹参军事、府史、执刀、典狱、问事等佐吏二百数十人。

京兆牧为京辅地区的最高行政长官,"掌清肃邦畿,考核官吏,宣布德化,抚和齐人,劝课农桑,敦敷五教"。[1]由于职要位显,从不轻授于人臣,而以亲王任之,所谓"京辅才难,神畿化首,四方取则,万邦承流,自非明德懿亲,何以宣风翊政?"[2]如太宗为秦王、中宗为英王、睿宗为相王时，都曾兼领其任。但亲王仅为居阁而遥领，实际府政由京兆尹主之。

京兆尹"纲纪众务，通判列曹"，总理府内各种事务，是京师长安地区的实际行政长官。

京兆府内设各种办事机构。其中司录参军与录事，掌勾稽，省署钞目，监符印。六曹之中功曹司功掌官吏考课、祭祀、道佛、学校、表疏、医药、祥异、陈设之事；仓曹司仓掌公廨、度量、庖厨、仓库、租赋、征收、田园、市肆之事；户曹司户掌户籍、记账、道路、逆旅、婚田之事；兵曹司兵掌武官选举、兵甲器仗、门户管钥、烽候传驿之事；法曹司法掌刑法；士曹司士掌津梁、舟车、舍宅、百工众艺之事。市令掌市廛交易、禁斥非违之事；经学博士掌以五经教授诸生；医学博士，掌疗民疾。其他执刀、白直、典狱、佐史等，各有其职，从而对京辅地区的各种事务，进行有效的管理。

京兆府廨在光德坊东南隅。建于隋文帝开皇初年，后经唐玄宗开元年间及宣宗大中年间的多次修缮，"极一时壮丽"。

长安县与万年县　京兆府之下，以长安与万年两京县分治长安城中。两县以朱雀大街为界，街东归万年县所领，街西归长安县所领。县各设令一人，正五品上；丞二人，从七品上；主簿二人，从八品上；录事二人，从九品下；尉六人，从八品下。另有司功佐、司仓佐、司户佐、司兵佐、司士佐、典狱、问事、白直、博士等属吏一百四五十人。《新唐书·百官志》载，"县令掌导风化，察冤滞，听狱讼"，总理各项县务。应该指出的是，隋唐时期分治京城的两京县令，大多以严酷而著称，为百姓所忌惮。如隋文帝时，长安人屈突通为右武候车骑将军,其弟屈突盖为长安令,都以严整出名,时人为之语云:"宁食三斗艾,不见屈突盖;宁服三斗葱,不逢屈突通。"又如《旧唐书·权怀恩传》载,唐高宗时权怀恩为万年令,"为政清肃,令行禁止,前后京县令无及之者",当时百姓也忌惮地说:"宁饮三斗尘,无逢权怀恩。"

长安县廨在朱雀街西长寿坊西南隅,万年县廨在朱雀街东宣阳坊东南隅,皆开皇初年所建。万年县廨门屋,为宇文恺所造。高宗时太平公主出嫁,以万年县廨设婚席,因县门隘窄不能容翟车,意欲拆毁。高宗敕令说:"宇文恺所造,制作多奇,不须毁拆也。"

坊里　县之下,长安城内的基层管理单位是居民居住区的坊里。隋文帝时,每坊置坊主一人,佐二人。炀帝时,改坊为里,置里司一人。唐代坊里并称,每坊置坊正一人,管理本坊居民各种事务,下有坊卒、门吏等多人。坊正虽无官品,但其"司督察"[3],"职在驱催"[4],"掌追呼催督"[5],实际上是各坊里居民的直接管理者。

在都城治安方面,建立了以军事和监察组织相配合的下述管理机构。

宿卫禁军　为了加强都城的警备和社会治安,长安城中驻有大量的宿卫禁军。其中屯驻在宫城禁苑地区的有左右羽林军、左右龙武军、左右神策军、左右神武军、左右神威军,是为北军,号称"左右十军"。皇城内驻有左右卫、左右骁卫、左右武卫、左右威卫、左右领军卫、左右监门卫、左右千牛卫,以及皇城外东西两侧的左右金吾卫,号为"南衙十六卫"。以上诸军,有数十万人之多,各由大将军、将军统领,分别担负皇帝的侍卫仪仗,宫城、皇城与郭城诸门的守卫,负责整个都城地区的治安防卫。

左右街使 长安城设左右街使各一人,由左右金吾卫大将军分任,"掌宫中及京城昼夜巡警之法,以执御非违","分察六街徼巡"[6],主要负责外郭城地区各通衢的巡查,主管都城内的社会治安。如高宗麟德二年(665年),田仁会以右金吾将军任右街使,"仁会强力疾恶,昼夜巡警,自宫城至于衢路,丝毫越法,无不立发",以致"京城贵贱,咸畏惮之"。[7]其下左右翊中郎将,"掌领府属,督京城左右六街铺巡警,以果毅二人助巡探"[8],具体负责京城左右街巡警治安之事。

左金吾卫府,原设在皇城东的崇仁坊,中宗神龙年间,徙于永兴坊的西南隅。右金吾卫府,设在皇城西布政坊的东北隅。

左右巡使 属中央监察机关御史台。由殿中侍御史分任,"凡两京城内,则分知左右巡,各察其所巡之内有不法之事"。[9]

左右巡使与左右街使,在京城内巡防地区上既有合作也有分工。左右街使"分察六街徼巡",主要负责通衢大街的日夜巡警,左右巡使则"掌左右街百坊之内谨启闭,徼巡者也"[10],主要负责各个坊里内的治安。左右巡使并有分工,以朱雀大街为界,分巡东城与西城各坊里地区。

都城的其他事务管理机构有:

将作监 中央五监之一。置监一人,从三品;少监二人,从四品下。掌土木工匠之政,负责京城宫殿宗庙城郭诸台省监寺廨宇、楼台、桥道的营造。分为内外作。凡京师太极宫、大明宫、兴庆宫与东都上阳宫,及中书、门下、六军仗舍、闲厩的营修,称为内作;郊庙、城门、省、寺、台、监、十六卫、东宫、王府诸廨的营修,称为外作。

都水监 中央五监之一。置使者二人,正五品上;丞二人,从七品上。为国家水利工程管理机关,丞并主管都城地区的修渠引水及农田水利之事,"凡京畿诸水,因灌溉盗费者有禁。水入内之余,则均王公百官"。[11]

都市署 属太府寺。置令一人,从六品上,掌都城内财货交易之事。

左右功德使 隶尚书省礼部祠部司。"总僧尼之籍及功役"[12],分别管理都城内朱雀街东西地区的佛教寺院及僧尼事务。

崇玄署 属宗正寺。置令一人,正八品下,"掌京都诸观之名数,道士之账籍,与其斋醮之事"[13],主管都城地区的道教事务。

庄宅司 庄宅使掌管都城内的官府公廨、官园庄宅等公产,以及因罪籍收的朝臣庄宅房产等事务。庄宅司廨设在来庭坊西北隅。

2.管理制度

建立伍保组织 为了加强对都城人民的严密监视和防范,隋唐统治者在长安城坊里居民之间,建立了伍保组织。隋代规定:"制人五家为保,保有长。保五为闾,闾四为族,皆有正……以相检察焉。"[14]唐代亦规定:"敕京城居人五家相保,以搜奸慝。"[15]从而使坊里居民连环互保,相互监督,政治控制进一步加强。为了对盗贼进行搜索追捕,唐律规定,如发现盗贼,"同伍共相保伍者,须告报主司者(坊正)";"若家人同伍单弱,不能告者,每伍家之外,即有比伍,亦须速告主司","当告而不告,一日杖六十"。[16]

实行宵禁制度　唐在长安实行严格的宵禁制度，凡宫城门、皇城门、郭城门以及各个坊、市之门，昏而关，晨而开，定时启闭。太宗以前，诸门的启闭，靠"诸街晨昏传叫"。后来接受马周的建议，"随昼夜鼓声以行启闭"。当时长安城内，在直通郭城门的六条大街上设有街鼓。每于日暮，随着承天门上暮鼓动，六街鼓承而振之，擂八百声，各宫门、城门、坊市门，都要即时关闭，街上禁断人行，所谓"六街鼓尽行人歇，九衢茫茫空对月"。宵禁以后，街使以骑卒循行叫呼，武官进行巡察暗探，各城门坊角，设置有武候铺，以卫士、扩骑分守。大城门百人，大铺三十人；小城门二十人，小铺五人。凡犯宵之人，"令其主司定罪，庶人杖以下决之，官吏杖以下皆送大理"[17]，甚而有被立即杖死的。若因公事或家有吉凶疾病等急事，需夜出坊门者，必须持有府县或本坊的"文牒"，经验后才得放行。待五更之时，随着承天门上晓鼓响，六街鼓擂三千声，各宫城门、皇城门、郭城门及坊市门才准开启，允许人行。唐人李庚《西都赋》云："至乃辨晓警昏，主在金吾，鼓列六条，外传通衢。"《唐六典》卷八亦载："城门郎掌京城皇城宫殿诸门开阖之节"，"候其晨昏击鼓之节而启闭之"。长安城长期实行宵禁，目的在于限制人民的行动，加强对人民的防范和维护都城的社会治安，所谓"隋文立坊之制，启闭有时，盗窃可防也"[18]。这种宵禁制度，每年只有在三元放灯之夕，才临时解除，各门大开，允许市民夜出坊门观灯，所谓"金吾不禁夜，玉漏莫相催"。当然，到了唐代后期，随着都城经济生活的发展与封建控制的削弱，严格的宵禁制度也就逐渐松弛。

禁止私藏与携带兵器　唐朝政府多次颁布禁令，不许都城市民私藏与携带武器出行,也不许在都市习武聚射。贞元八年(792年)六月,德宗诏令说:"枪甲之属,不蓄私家,令式有闻,宜当遵守。如闻京城士庶之家藏器械,宜令京兆府宣示,俾纳官司。"[19]宪宗元和元年(806年)三月,"敕京城内,无故有人于街衢中带戎仗及聚射,委吏执送府县科决"。文宗于大和元年(827年)十一月,下令"如闻京城百户,多于坊曲习射,宜令禁断。其诸军诸使,各仰有司自差人觉察"。大中六年(852年)九月,宣宗又规定:"坊市诸车坊客院,不许置弓箭长刀。如先有者,并勒纳官。"收缴百姓的弓箭长刀,一律藏于弓箭库,任何人"不得辄有藏隐"。[20]敢有违犯此令私藏兵器者,徒一年半;弩一张,加二等;甲一领,及弩三张,流二千里;甲三领及弩五张,绞;私造者,各加一等。

街衢交通管理　长安城内的街衢交通,有其严格的管理制度。首先,为了保持街道的整齐,唐朝政府禁止侵街种植与造舍。代宗广德元年(763年)九月,命"城内诸街衢,勿令诸使及百姓辄有种植"。大历二年(767年)五月,又规定:"诸坊市街曲,有侵街打墙,接檐造舍等,先处分一切不许,并令毁拆。"[21]唐律中也规定"诸侵巷街阡陌者,杖七十"。[22]《疏议》曰:"侵巷街阡陌,谓公行之所,若许私侵,便有所废,故杖七十。"大中三年(849年),驸马都尉韦让在怀真坊侵街造舍九间,为有司举劾,宣宗为此下令:"韦让侵街造舍,颇越旧章,宜令毁拆。"[23]其次,为了保持街道的整洁,唐朝政府规定不许在街巷挖坑取土。开元十九年(731年)六月,玄宗诏令曰:"京、洛两都,是惟帝宅,街衢坊市,固须修筑,城内不得穿掘为窑,烧造砖瓦。其有公私修造,不得于街巷穿坑取土。"[24]另外,交通制度还规定,出入城门,左入右出[25],行路"贱避贵,来避去"[26],工商者不得乘马,等等。

在城市环境卫生的治理上,长安城中已有专业的剔粪者。如唐人张鹭《朝野佥载》卷三载:"长安富民罗会,以剔粪为业","会世副其业,家财巨万"。也有人以清理垃圾为职业。如《太平广记·治生》载,家住长安的河东人裴明礼,"善于理生,收人间所弃物,积而鬻之,以此家产巨万"。

除此而外,另如城市绿化、商业市场管理、房舍建造等级制度等,都详有规章,已如前述。

以上这套完备的城市管理机构和管理制度,虽然旨在稳固其封建统治,但在客观上使长安城能有一个比较安定的局面,对城市经济与文化的发展,起了一定的积极作用。

二、都城的经济生活

1.食品供应

长安地区农业发达,漕运沟通,商业繁荣,为都城居民的日常生活,提供了各方面的需要。

①粮食加工　关中地区盛产黍、稷、粟、麦等,都城居民生活所需要的大量粮食加工,主要是通过以下几个方面解决的。

其一,城区各市之内设立有麸行。麸行即私人经营的面粉加工业。当时在西市、南市等处,有许多以驴拉石碾的磨面者。如《太平广记》载:"麸行胡家……西市懿行。"[27]又唐人段成式《酉阳杂俎》

载:"南市卖麸家,欠我钱五千四百文……诣麸行。"[28]他们或自磨自销出售面粉,或代人将麦加工,收取工费。

其二,郊区农民进城出售面粉。宣宗大中六年(852年)六月,唐朝政府因进城卖面的农民过多,曾一度下令禁止。禁令说:"禁断京兆斛斗入京。如闻百姓多端以麦造面入城贸易,所费亦多,切宜所以严加察觉,不得容许。"[29]这从另一方面也反映了四郊农民"以麦造面,入城贸易"和都城居民生活的密切关系。

其三,富商大贾、贵族官僚与寺院地主经营的水碾硙碾米制粉业。唐代时期,由于利用水力推动碾硙碾米制粉成本低、产量高、利润大,而长安地区河渠水力资源又极其丰富,所以,富商大贾、贵族官僚以及寺院地主对此无不追求经营。据《文献通考》载,永徽六年

斋僧(局部,敦煌莫高窟第159窟壁画,案上有胡饼、馓子等 中唐)

(655年)雍州长史长孙祥奏云:"往日郑白渠溉田四万余顷,今为富商大贾竞造碾硙,堰遏费水。"[30]又据《唐会要》载:"三辅诸渠,王公之家,缘渠立硙。"[31]而长安寺院地主如清禅寺"仓廪碾硙,库藏盈满","京师殷有,无过此寺"。[32]

长安地区水碾硙碾米制粉业相当发达,生产也有一定的规模。仅京城以北的白渠之上,由富商大贾、王公贵族及寺院地主所建的碾硙即达八十余所。[33]其中有代宗女儿升平公主的脂粉硙两轮,及郭子仪的私硙两轮等。唐代时期,经营水碾硙实力最为雄厚的,当属玄宗时的大宦官高力士。"力士资产殷厚,非王侯所拟……于京西北截沣水作碾,并转五轮,日破麦三百斛。"[34]古时每斛十斗,仅高力士水碾硙每天磨面就有三千斗。可见,水碾硙碾米制粉是都城粮食加工的主要方式。

除了私有碾硙之外,还有官设碾硙。这种碾硙在长安归京兆府或内庄宅使管理。

②肉食 长安城中有专事家畜屠宰的职业屠户,如《太平广记》载:"唐总章咸亨中(668—674年),京师有屠人,积代相传为业。"[35]同时,东市之中有出售各种肉类店铺组成的肉行。另据唐人李肇《唐国史补》载,宪宗元和(806—820年)中,长安城内有僧人鉴虚,"善煮羊胛,传以为法"。这些都说明长安城中是有猪、羊、牛肉等各种肉食出售供应的。

除了畜肉之外,长安城内外由于水源丰富,河渠纵横,潭池环布,还多有鱼类的养殖。西南郊的昆明池,早在汉武帝时,就成为养鱼的主要基地,其"鱼给诸陵庙祀祭,余付长安市卖之,池周回四十里"。[36]唐代时，昆明池仍然是"蒲鱼之利，京师赖之"。[37]因此，中宗景龙二年（708年）七月，当安乐公主请求占有昆明池时，"上以百姓蒲鱼所资，不许"。[38]贞元十三年（797年）八月，德宗还下诏说："昆明池俯近都城，古之旧制，蒲鱼所产，实利于人。宜令京兆尹韩皋充使，即勾当修堰涨池。"[39]白居易在《昆明春》长诗中，有"今来净绿水照天，游鱼鲅鲅莲田田"，"渔者仍丰网罟资，贫人久获菰蒲利"之句，也说到昆明池养鱼之事。长安东郊的广运潭，后来由于浐、灞二水沙泥冲壅，潭不可漕，便交付司农寺掌管，成为养鱼之所。此外，如《户县志》载"渼陂鱼甚美"，《周至志》载"美惟黑河之鲤"，这些都是给都城提供鱼类的主要养殖之地。

不仅长安郊区养殖有鱼，长安城中的许多池潭，如禁苑中的凝碧池、鱼藻池，大明宫中的蓬莱池，兴庆宫中的兴庆池等也多养殖有鱼。《玉海·唐蓬莱池》载："学士初上赐食，皆蓬莱池鱼脍。"宝历二年（826年）六月，敬宗"幸凝碧池，令兵士千人于池中取大鱼长大者，送入新池"。[40]

由于长安鱼产丰富，因此市面上到处都有鱼出售。"西市东壁门南第三店"，就是鱼店。[41]除东西两市外，坊里之间，也有卖鱼的。太府卿崔洁与进士陈彤"同往街西寻亲故，过天门街，偶逢卖鱼甚鲜"。[42]《太平广记》中也载："唐龙朔麟德中，京师永兴坊许俨，取鱼为业。"

另外，长安城中还多有鹅、鸭等禽类的养殖。如城北禁苑之中，有放鸭亭。"冯尧给事亲仁坊有宅，南面山亭，尤多养鹅鸭及杂禽之类。"[43]

③蔬菜　隋唐时期的蔬菜品种较前代有显著的增加,主要品种有芋艿、薯蓣、韭、芹、葱、雍菜、紫苏、菘菜、薤、芜菁、芥菜、笋、萝卜、姜、藕、冬瓜、胡瓜(黄瓜)、茄子、葫芦、苜蓿、蒲(菖蒲)、菠菜、莴苣、芸苔(油菜)、恭菜(甜菜)、酢菜等。此外,野菜也是长安人喜欢吃的一类菜,如蕨菜、藜(灰菜)、马齿苋等。山林中生长的各种菌类,如香菌、猴头菌、白木耳、黑木耳,也是唐代长安人喜欢的菜类之一。长安城中居民食用的蔬菜,除郊区农民生产的外,在城内靠南诸坊也有种植。"自兴善寺以南四坊(靖善坊以南),东西尽郭,率无第宅,虽时有居者,烟火不接,耕垦种植,阡陌相连。"[44]这里几占全城三分之一面积,耕垦种植的当主要是城市居民生活食用需要而又能获利的蔬菜,如兰陵坊之西,就有这样的大菜园。[45]

皇室与宫中生活食用的蔬菜,除了部分来自各地的贡奉与市场上采购之外,主要是由宫苑中生产提供。唐司苑监下设典苑、掌苑各二人,"掌园苑莳植蔬果,典苑以下分察之,果熟,进御"。[46]特别是骊山脚下的温汤监,还利用当地的温泉水培育出早熟的瓜蔬。如唐人王建在《华清宫》诗中说:"内园分得温汤水,二月中旬已进瓜。"

长安诸苑中生产的蔬菜,除供宫内食用外,剩余部分也向市民出售。据记载,武则天垂拱三年(687年)四月,"时尚方监裴匪躬检校京苑,将鬻苑中蔬果以收其利"。此次虽因西京留守赵良嗣以"未闻万乘之主鬻蔬果也"反对而作罢[47],但并不说明唐代诸苑中剩余蔬菜不曾向市民出售。宪宗元和十二年(817年),唐朝政府在禁苑芳林门南设立的新市,可能就和出售禁苑中的这类蔬菜有关。

④果品　隋唐时期,关中气候温暖湿润,雨量充沛,林木茂繁,长安地区生长着亚热带的各种果品。如距都城不远的终南山上,春秋以来,就果树繁茂,果实累累。《诗经·秦风·终南》中有"终南何有?有条有梅"句,又《耕桑偶记》载:"终南山出好李,贵侯富民以千金买种,有致富者。"昔日为秦汉上林苑的长安、周至、户县一带,曾栽种着各种名果异树,有桃(秦桃、细核桃、襭桃、金城桃、绮叶桃、霜桃、紫文桃、扁桃、碧桃、绛桃、绯桃等)、李(紫李、绿李、朱李、黄李、青绮李、青房李、同心李、含枝李、金枝李、羌李、燕李、蛮李、侯李等)、梅(朱梅、紫叶梅、紫萼梅、同心梅、丽枝梅、燕梅、猴梅等)、梨(青梨、芳梨、大谷梨、细叶梨、缥叶梨、金叶梨、瀚海梨、车王梨、紫条梨等)、杏(蓬莱杏、文杏等)、柰(白柰、紫柰、绿柰等)等。此外,《广群芳谱》载:"巴旦杏,一名八担杏,关西诸处皆有。"《述异记》载:"杜陵有金李,李大者谓之夏李,尤小者谓之鼠李。"《三原志》载:"柿出豆村者佳。"临潼等地盛产石榴等。

唐长安城中,宫苑、官家与寺院道观中多有果园。如大明宫中的樱桃园、梨园、杏园,禁苑中的桃园、梨园、葡萄园、石榴林、樱桃园等。唐太宗破高昌后,把西域的马乳葡萄移种于苑中,取得了丰产。此外,还有通善坊中的杏园、崇业坊玄都观中的桃林、昌乐坊中专供梨花蜜的官园等。这些官家果园所产果品,除了供奉宫室及官僚们享用外,剩余的如同蔬菜一样,向市民出售。

长安城中也有一些私家果园,所产果品在都城中出售,获利都很大。如贞观时职在清除城市垃圾的裴明礼,他在长安城西面金光门外购置一地,"舍诸牧羊者粪,既积,预聚杂果核,具犁牛以耕之。岁余滋茂,连车而鬻,所收复致巨万"。[48]

长安城中的果品,除了本地产的以外,还有各地来的贡品。如山南的枇杷、西域康国的金桃等,甚至一些贵族官僚家中也有江淮的橘柑。代宗时人刘晏,家住长安修行里,"自江淮茗橘珍甘,常与本道分贡,竞欲先至,虽封山断道,以禁前发,晏厚赀致之,常冠诸府"。[49]特别是天宝时期,因杨贵妃生于蜀,好食荔枝,而南海所产,尤胜蜀者。于是玄宗为杨贵妃从南海日夜传骑取荔枝。"妃嗜荔枝必欲生致之,乃置骑传送,走数千里,味未变已至京师。"[50]

⑤食油与调味品 长安城内食油及酱、醋、盐、椒等诸种调味品应有尽有。据《酉阳杂俎》载:"京宣平坊,有官人夜归入曲,有卖油者张帽,驱驴驮桶不避道。"又据唐人冯贽《记事珠》载:"唐世风俗,贵重葫芦酱、桃花醋、照水油。"这些都说明油与酱、醋之类,不仅在店铺中有出售,还有小贩流动叫卖,且优质名产品类繁多。长安城中所食用的盐,除一部分就近取自关中富平、栎阳的盐泽之外,大部分是通过漕运取自关东地区。仅山西蒲州(今永济)、安邑(今安邑城)、解县(今运城西南)5池之盐,"岁得盐万斛,以供京师"。[51]为调运此盐,在三门峡西漕路上建有盐仓,长安城中也有盐库。顺宗永贞元年(805年),"度支奏:'久雨车辇不通,京师盐贵,请粜出贮库盐二万石。'"[52]

另外,作为调味品的胡椒,在长安也有大量供应。代宗大历十二年(777年)三月,仅在宰相元载家一次籍没的胡椒就达九百石之多。

2.都人馔食

①菜肴　长安居民的菜食,因地位和贫富的不同而有极大的差别。除了一般市民日常的菜食品类之外,宫廷和官邸筵席上的菜肴,水陆俱全,应有尽有。据唐人韦巨源《食谱》所载,当时著名的菜点主要有:八仙盘(将鹅剔骨后切作八份装盘上席的一道菜)、光明虾炙(烤虾或煎虾)、通花软牛肠(用羊骨髓和其他辅料装入牛肠制成的类似香肠之类的食品)、同心生结脯(把生肉先打成结子再风干而成的肉脯)、冷蟾儿羹(蛤蜊羹冷却后凉食)、金银夹花平截(一种将蟹黄、蟹肉铺置擀开的面团,卷成圆卷,切成小段的糕饼)、白龙臛(用鳜鱼做的肉羹)、凤凰胎(用鸡腹中尚未成熟的鸡蛋,与鱼白拌和而烹制)、羊皮花丝(切成细长的羊肚丝)、逡巡酱(用鱼、羊肉制成的肉酱)、乳酿鱼(用乳汁酿制的全鱼)、丁子香淋脍(一种上淋丁香油的腌制鱼脍)、葱醋鸡(加葱醋入笼蒸制的全鸡)、吴兴连带鲊(用吴兴所产鲤鱼发酵制作的鱼鲊)、西江料(用西江猪的夹心肉剁碎蒸制的肉丸)、升平炙(用羊、鹿舌拌和制成)、雪婴儿(将蛙剥皮后粘裹精豆粉,下锅煎贴,色白如雪,形似婴儿)、仙人脔(用乳汁煨制的鸡块)、小天酥(用鸡、鹿肉剁成碎粒,拌上碎米烹制的菜肴)、分装蒸腊熊(将腌好的熊肉或熊掌装盆入锅蒸制的菜肴)、卯羹(兔羹)、清凉臛碎(用狸肉做的冻肉)、箸头春(切成筷子头大的鹌鹑菜肴)、暖寒花酿驴蒸(蒸得极烂的槽驴肉)、水炼犊(清炖牛犊肉)、格食(用切好的羊肉及其肠脏分别裹上豆粉烤制的食

品）、五生盘（用羊、猪、牛、熊、鹿5种肉细切的脍拼制的花色冷盘）、红罗钉（用网油缠裹其他原料制成的一种五色小饼）、缠花云梦肉（即现在的肘花）、遍地锦装鳖（羊脂、鸭卵脂作副料烹制的甲鱼）、汤浴绣丸（肉糜做的大丸子）等。而隋炀帝的尚食直长谢讽所著《食经》中所列著名菜肴有生羊脍、细供没葱羊羹、飞鸾脍（将鱼片切得似雪片一样薄）、剔缕鸡、龙须炙、花折鹅糕、交加鸭脂、剪云析鱼羹、鱼羊仙料、白消熊、香翠鹑羹、高细浮动羊、干炙满天星、天真羊脍、藏蟹含春侯、连珠起肉等53种。另据宋人虞悰《食珍录》载，唐同昌公主家馔中，有"红虬脯"，以肉制作而成，"虬健如红丝"，盘中高达一丈，一按而伏，一松而复。仇士良家馔中有赤明香脯等。

②饭食　长安饭食，品类极多，见于记载的，面食类主要有：

长命面　一种喻意长寿，细长而薄并加臊子汤的面条。《猗觉寮杂记》载："唐人生日多俱汤饼，世所谓'长命面'者也。"

凉面　一种煮熟放凉后食用的面条。唐人称此为"冷淘"，其中尤以槐叶和面粉制作的"槐叶冷淘"为最好，可供夏日消暑食用。杜甫《槐叶冷淘》诗中云："青青高槐叶，采掇付中厨。新面来近市，汁滓宛相俱。入鼎资过熟，加餐愁欲无。碧鲜俱照箸，香饭兼苞芦。经齿冷于雪，劝人投此珠。"

馄饨　段成式《酉阳杂俎》中谈到长安名食时说："有萧家馄饨，漉去其汤不肥，可以瀹茗。"又韦巨源《食谱》中，列有"生进二十四气馄饨"。说明当时馄饨的制作已相当精细，馅子花色品种已有24种之多。

宴饮图（1987年陕西长安县韦曲北原韦氏墓出土壁画）

　　馎饦　一种有馅的面制食品，另一说为一种与肉类或蔬菜合煮的菜，犹如现在的八宝饭。其品种较多，《食谱》中列有天花馎饦。《酉阳杂俎》中说："韩约能作樱桃馎饦，其色不变。"由于馎饦为长安居民的日常食品，故东市与长兴坊中，都开设有馎饦店。

　　金线油塔　俗称"油塌子"，以面粉涂油细作蒸治而成，因其提起如金线，放下如松塔而得名。相传唐段文昌丞相家一女仆最擅长制作。

　　千层饼　即油酥饼。相传高宗李治在玄奘译梵经达千卷时，特命宫中御厨用清油作"千层烙饼"，以赐玄奘法师。

　　蒸饼　据《酉阳杂俎》载，蒸饼的制作之法是"用大例面一升，炼猪膏三合"[53]。由此可知，蒸饼可能就是现在关中地区的"油玄馍"。因为是一种百姓的日常食品,所以长安城各处都有蒸饼叫卖。长安城中一名叫邹骆驼的人,"先贫,常以小车推蒸饼卖之",后来竟然大富。[54]

春盘 又名春卷。长安风俗,每逢立春之日,人们喜食春盘。春盘是以薄饼卷菜,或以饼拌菜而食。菜多为细生菜如韭菜之类,故杜甫《立春》诗中有"春日春盘细生菜"之句。

胡饼 因本为西域胡人之食,故称胡饼,又称麻饼或炉饼。饼中可着多种馅料,故又称作五福饼。此饼当时盛行于长安,日僧圆仁《入唐求法巡礼行记》载:"开成六年(841年)正月六日,立春,命赐胡饼寺粥。时行胡饼,俗家皆然。"

另据韦巨源《食谱》所列,还有曼陀样夹饼、单笼金乳酥、见风消(油浴饼)、玉露团(雕酥)、八方寒食饼等。《酉阳杂俎》中还记有其他多种饼食,如蝎饼、阿韩特饼、凡当饼、疏饼、荆饼、樱桃饼、馎饦饼、柿饼、皮索饼等。这些当属长安地区传统的名贵细点,或为各地在长安的风味食品。

粥食类有:米粥、粟粥、豆粥、麦粥、胡麻粥、长生粥、防风粥等多种。

另有粽子。如韦巨源《食谱》中,列有赐绯含香粽子。《酉阳杂俎》记长安城中有专门出售粽子的食铺,其中"庾家粽子,白莹如玉",制作十分有名。

③酒 饮酒是唐人的一种生活习俗,尤其是"天宝以来,海内无事,京师人家多聚饮"。[55]长安城中的美酒佳酿,品种极多,《唐国史补》载,当时的名酒主要有郢州出的富水酒、乌程出的若下酒、荥阳

(五代)顾闳中《韩熙载夜宴图》(局部)

出的土窟春酒、富平出的石冻春酒、剑南出的烧春酒、河东出的乾和葡萄酒、岭南出的灵谿酒与博罗酒、宜城出的九酝酒、浔阳出的溢水酒,及长安城中西市的腔酒、虾蟆陵的郎宫清酒、阿婆清酒等。《西阳杂俎》列出的名酒还有曲阿酒、麻酒、捃酒、乐浪酒、桑落酒、清酒等。

长安城中还盛产"醪醴",即黄桂稠酒。杜甫《酒中八仙歌》说:"李白斗酒诗百篇,长安市上酒家眠。天子呼来不上船,自称臣是酒中仙。"李白所饮就是这种汁稠醇香、绵甜可口的黄桂稠酒。《唐两京城坊考》"常乐坊"条载:"曲中出美酒,京都称之。"可能就是这种稠酒。

长安城中流行的西域名酒"三勒浆酒",系指用奄摩勒、毗梨勒、诃梨勒三种果实酿造的美酒,是从波斯引进其法而酿造的。另有马乳葡萄酒,为贞观时期从高昌引进的,"及破高昌,收马乳葡萄种于苑,并得酒法,仍自损益之,造酒成绿色,芳香酷烈,味兼醍醐,长安始识其味也"。[56]此外,还有顺宗时从西域引进的龙膏酒。《杜阳杂编》载:"顺宗时,处士伊祈玄召入宫,饮龙膏酒,黑如纯漆,饮之令人神爽。此本乌弋山离国所献。"

长安城中东西两市以及坊里之间,都设有酒肆酒垆。特别是在西市及曲江池一带,有许多由胡人开设并有西域女子做招待专卖西域名酒的胡姬酒店。如岑参《青门歌送东台张判官》诗云:"胡姬酒垆日当午,丝绳玉缸酒如乳。"

3.饮茶

茶饮自秦代走进人们生活之中,历经两汉、魏晋几百年的发展,渐由南方普及至北方,而至唐代大盛,尤以唐都长安饮茶之风最盛,以至于茶叶成了上自皇帝下及平民百姓日常生活中必不可少的饮用之物。不仅都城长安,就连北方的农村亦都饮茶成习。唐后期杨华《膳夫经手录》载:"今关西、山东,闾阎村落皆吃之,累日不食犹可,不得一日无茶。"茶已成为人们生活必需品。

唐时人们已经认识到饮茶具有解渴、消食、消除疲乏和提神醒脑的作用。白居易《府西池北新葺水斋即事招宾偶题十六韵》诗中云:"午茶能散睡,卯酒善销愁。"卢仝《走笔谢孟谏议寄新茶》诗中写道:"一碗喉吻润,两碗破孤闷。三碗搜枯肠,唯有文字五千卷。四碗发轻汗,平生不平事,尽向毛孔散。五碗肌骨清,六碗通仙灵。七碗吃不得也,唯觉两腋习习清风生。"该诗形象地说明了饮茶对人的健身作用。当时除了在家中"柴门反关无俗客,纱帽笼头自煎吃"自煎

（清）苏六朋《太白醉酒图》（现藏上海博物馆）

(唐)周昉《调琴啜茗图》(局部)

自饮外,而且长安坊市中,如永昌坊中还开有"茶肆",供茶客茗饮。

长安城中茶叶的来源,主要来自南方各地,如江淮、浙东浙西、岭南、福建、荆襄各地的贡茶。这些各地的特产茶叶,每年通过漕运输送至京师。玄宗时,长安城东开凿广运潭,运来了各地的土特产和茶叶与茶具,如其中豫章郡船装运的名瓷中,多为茶釜、茶铛和茶碗。另一部分来自商人,他们自京师至襄(治所在今湖北襄樊)、鄂(治所在今湖北武汉)、复(治所在今湖北天门县)等南方产茶诸州,置邸务,从民间茶农收购,贩运而来。唐人封演《封氏闻见记》载:"其茶自江淮而来,舟车相继,所在山积,色额甚多。"

在饮茶的方式上,唐朝中叶盛行煎茶。煎茶用的是饼茶。饼茶须经炙、碾、罗三道工序,将饼茶加工成细末状颗粒的茶末,再烧火煎煮。除煎茶外,同时还有嗖茶。这是将茶叶碾碎后,再煎熬、烤干、舂捣,然后放在碗杯里,用沸水浸泡后饮用。另一种方法是将葱、姜、枣、橘皮、薄荷等物与茶叶放在一起煮沸后饮用,称为煮茶。

唐长安饮茶成为风尚,首先是上层统治者的倡导。当时皇宫中,上自皇帝、后妃、大臣,下至宫女,饮茶成风。宋人摹唐画《宫乐图》就表现了宫内侍女为妃嫔们用长勺分茶,众人端茶碗、饮茶、放茶碗、吃茶点,以及在茶桌周围弄箫、调琴、吹笛等场面。皇帝不仅自己喜欢饮茶,还经常以宫廷贡茶赏赐给有功之臣。《封氏闻见记》云:"于是茶道大兴,王公朝士无不饮茶。"

文人们也喜欢饮茶。他们经常以茶会友,以茶相赠。他们多选用汤味淡雅的阳羡茶与顾渚茶。饮茶主要不是为了止渴,而是通过友

宋人摹唐画《宫乐图》

人相聚品茗,以交流感情。

长安佛寺亦倡行茶道。这是因为开元中,泰山灵岩寺降魔师首先倡导"以茶禅定",使茶融入禅宗礼法,遂转相仿效,从而寺院僧侣饮茶成习。

唐代饮茶盛行,出现了几部在理论上研究茶叶栽培制作技术和饮茶方面的书籍。如陆羽的《茶经》、张又新的《煎茶水记》、裴汶的《茶述》、毛文锡的《茶谱》等。其中陆羽的《茶经》,分上、中、下三卷共十章,对茶叶的源流、种类、产地、采摘、加工、烹制、用水、饮茶风俗,以及有关茶的典故、药方和茶具,都有详细的记载,是世界上第一部关于茶的专著。

4.长安生计之难

长安经济的繁荣，物品供应的丰富，极大地满足了皇室贵族与官僚地主阶级奢侈生活的需要。他们骄奢淫逸，纵情享受。大历二年（767年），郭子仪入朝，宰相元载、王缙，仆射裴冕，京兆尹黎干，宦官鱼朝恩等，迭相请宴，"公卿大臣列于席者百人，一宴费至十万贯，亦可见是时将相之侈也"。[57]又唐代风俗，凡公卿大臣升官，例必向皇帝献食，或亲朋相聚，盛置酒筵，以相庆贺，称为"烧尾宴"，取其神龙烧尾直升青云之意。"烧尾宴"极其铺张讲究，如中宗时，韦巨源官拜尚书令时所上"烧尾宴"的名贵菜目就达56种之多，可见其一宴之食耗费之大。

贵族阶级生活如此奢侈浪费，而广大的市民百姓却因柴米之贵，生计十分困难。长安的米价，贞观时较为便宜，斗米三钱。但至中宗景龙三年（709年），"是岁，关中饥，米斗百钱"。而至代宗永泰元年（765年），"京师米斗一千四百"，"较贞观开元时，几至数十百倍"。而到唐后期僖宗时，"谷价涌贵，斗米三十千"。[58]由于柴米昂贵，物价不断飞涨，市民百姓难以维持生活。早在神龙元年（705年），大臣宋务光向中宗皇帝上书说："陛下近观朝市，则以为既庶且富，试践阡陌，则百姓衣牛马之衣，食犬彘之食，十室而九。"[59]杜甫《自京赴奉先县咏怀五百字》诗中云"朱门酒肉臭，路有冻死骨"，是长安城中不同阶级贫富生活的真实写照。

不仅市民百姓生计十分艰难，就是一般士人在长安也因物价之贵而难以生活。诗人姚合写道："长安米价高，伊我常渴饥。"白居易应举初至长安，以诗谒著作郎顾况，"况睹姓名，熟视白公曰：'米价方贵,居亦弗易。'"[60]连著作郎官都觉得米贵生活不易,可见在长安生活之难。

长安不仅柴米等生活品极其昂贵,就是其他费用也都难以承担得起。德宗贞元时期,诗人张籍在《赠任道人》一诗中写道:"长安多病无生计,药铺医人乱索钱。"白居易也深感"长安古来名利地,空手无金行路难"。就连调选在京的余干县尉王立也落到了"佣居大宁里,穷悴颇甚,每丐食于佛祠,徒行晚归"[61]的地步。因此,许多流寓长安的士人无不感到"出京无计住京难"[62]了。

三、都城的文化娱乐活动

1.音乐舞蹈

唐代是我国古代音乐舞蹈艺术发展的繁荣时期。长安城作为全国的文化中心,这里音乐舞蹈家荟萃,乐工"音声人"集中,里巷之间歌咏跳舞习以成俗,宫廷与民间"千歌百舞不可数"[63]。音乐舞蹈活动,已成为都城人民文化生活的重要内容。

①宫廷乐舞

唐都长安的宫廷乐舞,有雅乐与燕乐之分。

雅乐为庙堂之乐,主要是皇帝祭祀郊庙、宗庙及举行朝贺、册封等大典活动时所演奏的乐舞。

雅乐的乐曲主要依据《周礼》之制与前代之例而制定。乐器多用钟、磬、鼓等悬乐,乐工隶太常寺太乐署。唐代雅乐由高祖时太常少卿祖孝孙制定,经协律郎张文收、起居郎吕才校正修订,取《礼

隋仪仗乐队（敦煌壁画摹本）

（五代）顾闳中《韩熙载夜宴图》（局部）

记》"大乐与天地同和"之义,称《十二和》,又号《大唐雅乐》,共十二乐章,合四十八曲、八十四调。其乐章名是《豫和》《顺和》《永和》《肃和》《雍和》《寿和》《太和》《舒和》《昭和》《休和》《正和》《承和》。不同的场合用不同的乐章。如祭圆丘天神、享明堂,奏《豫和》;祀方丘地神,奏《顺和》;祀宗庙,奏《永和》;祭祀中敬献玉帛时,奏《肃和》;祭祀入俎时,奏《雍和》;祭祀酌酒献神与读祝文时,奏《寿和》;皇帝出宫或归来时,奏《太和》;王公出入宫门时,奏《舒和》;元日、冬至皇帝举行大典时,奏《昭和》;皇帝用膳时,奏《休和》;册封皇后时,奏《正和》;皇太子出入时,奏《承和》。雅乐属宫廷仪式性音乐,程式固定呆板,艺术水平的发挥受到限制。

燕乐为宫廷与贵族官僚邸宅中平日宴饮与娱乐时演奏的音乐。

盛唐乐舞(敦煌壁画)

唐初武德时延用隋九部乐，太宗贞观时更定为十部乐，即《燕乐》《清乐》《西凉乐》《天竺乐》《高丽乐》《龟兹乐》《安国乐》《疏勒乐》《高昌乐》《康国乐》。其中除《燕乐》与《清乐》二部为汉族的传统音乐之外，其他八部都是吸收国内各少数民族音乐（《西凉乐》《龟兹乐》《疏勒乐》《高昌乐》）和外国音乐（《天竺乐》《高丽乐》《安国乐》《康国乐》），所用的乐器与演奏的乐曲，各具其民族与国家地区的特点，内容清新，风格各异，形式活泼。

高宗、武后以后，十部乐逐渐成为单纯的仪式音乐，仅在重要的宴会上演出。与此同时，长安的宫廷音乐，以中原音乐为基础，进一步吸收了少数民族和外国音乐的精华，又创造了新的燕乐节目。从高宗、武后时起，按演出的形式与音乐的性质，逐渐形成了坐部伎乐与立部伎乐。

坐部伎乐是指坐在堂上演奏的音乐。演出规模较小，但艺术水平较高。歌舞奏乐者多者不过十数人，少者三人。演奏以弦乐器为主，辅以部分打击乐器。演奏的曲目有《燕乐》《长寿乐》《天授乐》《鸟歌万岁乐》《龙池乐》《小破阵乐》六部。

其中《燕乐》亦称《宴乐》，为协律郎张文收作，分《景云乐》《庆善乐》《破阵乐》《承天乐》四部。《长寿乐》与《天授乐》，皆武则天长寿、天授年间作，以称颂武周天下。《鸟歌万岁乐》，为武则天时因宫中有吉了鸟学人言能称万岁而作。舞者3人，头戴鸟形头冠，身着画有八哥图形的彩衣，翩翩而舞。《龙池乐》为玄宗因其旧王藩邸隆庆坊有池后称龙潜之池而作。配舞12人，头戴芙蓉冠，蹑履，以歌颂其潜龙之兴起。

立部伎乐是指站在堂下演奏的音乐。演出规模较大，人数少者64人，最多时达到180人。演奏以管乐器与其他钟、磬、鼓打击乐器为主。曲目有《安乐》《太平乐》《破阵乐》《庆善乐》《大定乐》《上元乐》《圣寿乐》《光圣乐》八部。

其中《安乐》，北周武帝平齐后作，隋唐沿用。因其舞队行列方正像城郭，故又称《城舞》。舞者80人，头戴狗嘴兽耳木制面具，涂有金色，垂线作假发，舞姿作羌胡状。《太平乐》，亦称《五方狮子舞》，或名《狮子舞》。舞者缀毛为狮子，共5头，各立一方，颜色各异，效狮子俯仰驯狎之状。另有2人化装为昆仑奴，执拂逗引。旁有

唐李寿墓坐、立部乐舞砖刻

140人乐队，奏《太平乐》曲，狮子合乐而舞。白居易有《西凉伎》诗咏其舞："西凉伎，假面胡人假狮子。刻木为头丝作尾，金镀眼睛银帖齿。奋迅毛衣摆双耳，如从流沙来万里。紫髯深目两胡儿，鼓舞跳梁前致辞。"《庆善乐》，唐乐舞名。贞观六年（632年），唐太宗在其诞生地武功庆善宫，宴从臣贵戚，赏赐邻里百姓。赋诗十章，起居郎吕才制成此乐曲。用西凉乐，曲调闲雅。舞童64人，戴进德冠，紫裤褶，长袖，翩翩为舞，动作安徐，以象文德，名曰九功舞。后修入雅乐，为祭祀之文舞。《圣寿乐》，武则天时创。舞者140人，队形随时变换，每次变化都有由人拼成的字句图案出现，故又称为《字舞》。其中有一变化图形为16字："圣超千古，道泰百王，皇帝万年，宝祚弥昌。"《光圣乐》，唐玄宗时作。舞者头戴鸟冠，身着画衣，歌舞以颂玄宗即位。

以上坐立两部伎乐十四曲，都是舞乐，有乐有舞。其艺术水平，坐部伎高于立部伎，立部伎又高于雅乐伎。唐制：坐部伎淘汰后入立部，立部伎淘汰后入雅乐部。故白居易《立部伎》诗中说："太常部伎有等级，堂上者坐堂下立。""立部贱，坐部贵，坐部退为立部伎。""立部又退何所任，始就乐悬操雅音。"

古代乐与舞不分，乐中多含有舞。唐代配合雅乐表演的舞蹈，有文舞、武舞与庙舞。

文舞为古代宫廷乐舞之一。隋沿前代有文舞，唐初祖孝孙修订音乐，曾改文舞名为《治康》，但文舞之名仍沿用。文舞用于祭祀天地、宗庙及朝会享宴，主要在于歌颂帝王文德。舞者64人，左手执籥（一种貌似笛子的乐具兼舞具），右手执翟（用长雉尾制的舞具），前有2人执蘽导引。舞者均戴委貌冠（一种用黑色丝织物制成的覆杯状冠），身着黑衣，上为绛领，下为白绔，腰系革带，足蹬皮靴，衣袖长大，以助舞姿。在文舞共名下，具体乐舞仍有专名，如其中有《功成庆善舞》（即《九功舞》）等。文舞主要在祭祀活动中初献时用。

武舞亦为隋唐雅乐沿前代舞蹈而用，唐初祖孝孙修订音乐，改武舞名为《凯安》，但武舞之名仍沿用。武舞亦为祭祀时所用，凡亚献和终献，用武舞。武舞在于歌颂帝王武功。舞者64人，左手执干（盾牌），右手执戚（大斧），前有2人执旌导引。另有2人执鼗（一种带柄和耳槌的小鼓，转柄可自击响，形似今拨浪鼓），2人执铎（铃铛）。还有4人以舆载二錞（古代乐器，青铜制。形如圆筒，上大下小），槌击而鸣，与鼓相合。2人执铙，2人各执相、雅（皆古代皮鼓类打击乐器）分列左右。舞者均戴武官帽平巾帻，身披金甲，下着豹文绮，足蹬皮靴，衣袖长大，以助舞姿。高宗仪凤二年（677年），太常卿韦万石又定武舞为六种变化，以歌颂唐代武功。一变象征龙兴参墟，太原起兵；二变象征克定关中，建国创业；三变象征东夏宾服；四变象征江淮平定；五变象征猃狁伏从，各国来朝；六变恢复原位，象征兵还振旅。武舞具体乐舞名有《神功破阵乐》（即《七德舞》）。

庙舞　庙堂之舞。与文舞结合用于太庙禘祫。太庙降神以文舞，酌献时则各用其庙之舞。庙舞内容因祀庙而定，用来表示各个皇帝的功绩。每出庙舞都有其专用对象和专用名称。如献祖称《光大之舞》，懿祖称《长发之舞》，太祖称《大政之舞》，世祖称《大成之舞》,高祖称《大明之舞》,太宗称《崇德之舞》,高宗称《钧天之舞》,中宗称《太和之舞》,睿宗称《景云之舞》,玄宗称《大运之舞》,肃宗称《惟新之舞》,代宗称《保大之舞》,德宗称《文明之舞》,顺宗称《大顺之舞》,宪宗称《象德之舞》,穆宗称《和宁之舞》,敬宗称《大钧之舞》,文宗称《文成之舞》,武宗称《大定之舞》,昭宗称《咸宁之舞》。

唐代配合燕乐在宫廷宴饮活动时表演的舞蹈,分为健舞和软舞两大类。

健舞以其舞姿矫健刚劲为特点,有《剑器》《胡旋》《胡腾》《柘枝》《黄獐》《拂林》《大渭州》《稜大》《达摩支》等舞。其中著名的舞蹈节目有《剑器》《胡旋》《胡腾》等舞。《剑器》舞,系由民间武术中的剑术发展而来,舞时手执双剑。开元时著名的舞伎公孙大娘,最擅长此舞。如杜甫《观公孙大娘弟子舞剑器行》诗中所写:"昔有佳人公孙氏,一舞剑器动四方。观者如山色沮丧,天地为之久低昂。耀如羿射九日落,矫如群帝骖龙翔。来如雷霆收震怒,罢如江海凝清光……先帝侍女八千人,公孙剑器初第一。"《胡旋》舞,出自康国(今乌兹别克

公孙大娘舞剑图(清《三希堂画谱》)

斯坦撒马尔罕），舞者多为女子，有独舞，也有双人舞或多人同舞，表演于舞裀（地毯）之上。因其舞时急转如风，故称《胡旋》。白居易《胡旋女》诗云："胡旋女，胡旋女，心应弦，手应鼓。弦鼓一声双袖举，回雪飘飘转蓬舞。左旋右转不知疲，千匝万周无已时。人间物类无可比，奔车轮缓旋风迟。曲终再拜谢天子，天子为之微启齿。"天宝时，《胡旋》舞风靡长安，杨贵妃与安禄山最擅长此舞。故白居易《胡旋女》诗中又说："胡旋女，出康居，徒劳东来万余里。中原自有胡旋者，斗妙争能尔不如。天宝季年时欲变，臣妾人人学圜转。中有太真外禄山，二人最道能胡旋。"《胡腾》舞，出自石国（今乌兹别克斯坦塔什干），舞者多为男子，且多是"肌肤如玉鼻如锥"的西域人。舞时演员头戴尖顶帽，身穿窄袖胡衫，脚穿锦靴。此舞因以跃跳见长，故名《胡腾》。唐人刘言史《王中丞宅夜观舞胡腾》诗云："石国胡儿人见少，蹲舞尊前急如鸟。织成蕃帽虚顶尖，细氎胡衫双袖小。手中抛下蒲萄盏，西顾忽思乡路远。跳身转毂宝带鸣，弄脚缤纷锦靴软。四座无言皆瞪目，横笛琵琶遍头促。乱腾新毯雪朱毛，傍拂轻花下红烛。酒阑舞罢丝管绝，木槿花西见残月。"《柘枝》舞亦出自石国，舞者着红紫五色罗衫、窄袖、锦靴，腰戴银蔓垂花，头冠绣花卷檐虚帽，帽上装金铃。此舞为女子单舞，伴奏以鼓为主。白居易《柘枝妓》诗："平铺一合锦筵开，连击三声画鼓催。红蜡烛移桃叶起，紫罗衫动柘枝来。带垂钿胯花腰重，帽转金铃雪面回。"后又有双舞，名《双柘枝》，二童女藏于莲花中，花坼而后见，对舞相占，亦属健舞。

软舞以其舞姿优美柔婉为特点，有《绿腰》《凉州》《乌夜啼》

(五代)顾闳中《韩熙载夜宴图》(局部)

《春莺啭》《垂手罗》《回波乐》《苏合香》《甘州》《屈柘枝》《团乱旋》《兰陵王》《半社》《渠借席》等舞,其中著名的舞蹈节目有《绿腰》《春莺啭》等。

《绿腰》,又名《录要》《六幺》。德宗贞元(785—805年)中,乐工进献琵琶曲,德宗令录出要者,故名《录要》。因谐音而称为《绿腰》《六幺》。此乐舞为女子独舞,舞姿轻盈,曲调婉转。曲调来自民间,流传甚广。白居易在《琵琶行》诗中称:"轻拢慢捻抹复挑,初为《霓裳》后《绿腰》",并有"六幺水调家家唱"之句。顾闳中《韩熙载夜宴图》中有王屋山舞《六幺》的场面。

《春莺啭》,唐乐舞名。高宗通晓音律,听到风叶鸟啼,都要踏着脚步以应其节拍。一天早晨,坐闻莺声,即令乐工白明达据莺声而谱乐曲,后亦为舞曲,名之为《春莺啭》。舞时由女伎10人共舞。

舞者头戴花冠,着黄绡衫,束红绣带,足穿飞头履,在一舞裀上翩翩起舞。因其舞姿轻柔浪漫,在长安宫廷娱乐中十分盛行。张祜《春莺啭》诗云:"兴庆池南柳未开,太真先把一枝梅。内人已唱《春莺啭》,花下傞傞软舞来。"

除此之外,唐长安还有大型的歌舞大曲。

大曲是大型的歌舞曲,为声乐、器乐与舞蹈三者综合,连续表演的大型歌舞。唐大曲一般由"散序""歌""破"三部分组成。第一段"散序",即散板引子,无歌,不舞,以乐器演奏为主,节奏自由。第二段"歌",又称中序和拍序,以歌唱为主,抒情慢板,节奏固定,配有舞蹈。第三段"破",歌舞并作,以舞为主,起伏变化,节奏急促而终止。唐代大曲多以诗句入乐叠唱,每曲多为同一宫调,但也有部分采用了转调手法。一般大曲所用的调式为"燕乐二十八调"。大曲体制宏大,乐舞唱结合。著名的大曲节目有《秦王破阵乐》《景云河清歌》《霓裳羽衣曲》《阳关曲》等。

《秦王破阵乐》为唐初大曲代表作,唐太宗所制。唐太宗为秦王时,曾率军大破刘武周,于军中作此曲。即位后,为表示不忘创建王朝的征战功业,每逢宴会必奏此曲。贞观七年(633年),在此乐曲的基础上创作了相应的舞蹈,同时,又由魏徵、褚亮、虞世南、李百药填制了新歌词。舞者120人,皆身被银甲,手中执戟,其布局左圆右方,交错屈伸,象征鱼丽、鹅鹳战阵。全舞共分三折,每折变化四阵,以击刺往来动作为主,歌者相和。《秦王破阵乐》由乐曲发展为歌舞后,更名为《七德舞》,取《左传》所言禁暴、戢兵、保大、定功、安民、和众、丰材七件功德之意。从此,舞者衣饰又变为进贤冠、虎纹袴、螣蛇带、乌皮靴。舞时由2人执旌居前引导。其舞乐器以鼓为主，声韵激昂，为唐初乐舞大曲的代表作。每逢承天门元日、冬至朝会，皆表演此舞。

《霓裳羽衣曲》亦为唐代大曲代表作，本名《婆罗门曲》，由天竺传入。开元中，河西节度使杨敬述改编后献于玄宗，再经玄宗增修。为十二遍的大曲。内容叙述玄宗笃信道教，向往神仙，梦中去月宫见到仙女的故事。舞者为女伎，皆道家仙姑打扮。上身着孔雀翠衣（即羽衣），下身穿淡色或月白色长裙，肩披霞帔，头戴步摇冠，佩戴珠翠，华丽典雅，舞姿轻柔飘逸。舞前乐队用磬、箫、筝、笛等乐器以独奏、轮奏等方法，奏出"散序"，不歌不舞。所谓"磬箫筝笛递相搀，击撅弹吹声逦迤。散序六奏未动衣，阳台宿云慵不飞"。继之"中序"，为慢板抒情乐段，有歌有舞，并以乐器伴奏，以舞为主，舞蹈渐入高潮。"入破"后，节奏加快，舞蹈动作急促，跳跃闪动，全舞在"长引一声"慢节奏中结束。此曲有独舞和双人舞，亦有数百宫女共演的大型舞。全曲表现了变幻莫测的神仙境界，反映了盛唐乐舞的艺术成就。白居易有《霓裳羽衣歌》诗，描绘了该曲表演的盛况。

另外，长安城中还有以驯兽或其他动物为舞的马舞、象舞、犀舞与鸡戏等。如每遇玄宗诞日千秋节时，在兴庆宫勤政务本楼下举行的马舞，能使百马在重榻之上，舞《倾杯》数十曲，"骧首奋鬣，举趾翘尾，变态动容，皆中音律"；[64]象舞可使大象"或拜或舞，动容鼓振，中于音律"[65]等。

以上乐舞，除在宫廷与贵族官僚邸宅中表演外，有时也在市内作大型演出。如贞观时期，高僧玄奘从长安修德坊宏福寺移往晋昌坊大慈恩寺，迎送之日，唐太宗命太常卿率九部乐工及万年与长安两县令各率"县内音声"，分乘1500多辆"音声车"相随演奏，一路上乐声震天，沿街观众达数万人之多。咸通十四年（873年）四月，懿宗命从扶风法门寺迎佛骨。当时，"佛骨至京师，导以禁军兵仗，公私音乐，沸天烛地，绵亘数十里"。[66]这些大型演出，轰动了长安，场面十分壮观。

唐代的宫廷乐舞管理机构，分为两大系统：一是隶属于外廷太常寺管辖下的太乐署、鼓吹署及梨园别教院等，二是直接由宫廷管理和教习的教坊（内教坊、左教坊、右教坊）、梨园等。

隶于太常寺的乐舞管理机构是：

太乐署　置令一人，从七品下；丞一人，从八品下，为令之副。属官有府三人、史三人、乐正八人等。太乐令掌调合钟律，负责对所领乐舞艺人的训练和考绩，以供朝廷和宫室祭祀与享宴时所需之雅乐与燕乐表演。[67]太乐令每年要对乐舞教师进行一次考核，成绩分为上、中、下三等。满十年进行一次大的考核，据其成绩优劣决定升迁和降黜。太乐署下领文武二舞郎140人、散乐（乐舞杂伎艺人）382人、仗内散乐1000人、音声人（乐工）10027人。太乐署衙在长安皇城太常寺内，旧址约在今西安城南门永宁门与朱雀门内之间。

鼓吹署　置令一人，从七品下；丞三人，从八品下；乐正四人，从九品下。属官有府三人、史六人、典事四人、掌固四人等。鼓吹令"掌鼓吹施用调习之节，以备卤簿之仪"。[68]专管帝后出行时仪仗中的鼓吹音乐。鼓吹署衙亦设在长安皇城太常寺内。

梨园别教院　唐玄宗时置。有乐舞艺人数千人，主要学习法曲

（外来音乐与汉族音乐相结合，并掺杂道曲），掌握表演新乐舞技。其演奏的法曲共十二章，即《王昭君乐》《思归乐》《倾杯乐》《破阵乐》《圣明乐》《五更转乐》《玉树后庭花乐》《泛龙舟乐》《万岁长生乐》《饮酒乐》《斗百草乐》《云韶乐》。其艺术水平和地位低于宫中梨园，而高于东都洛阳的梨园新院，大致与长安外教坊相当。

直属于宫廷的乐舞管理与教习机构是：

教坊　直隶于宫廷，以中官为教坊使，独立于政府机构太常寺管辖之外，为宫廷燕乐艺人的管理兼教习机构。唐代时期长安教坊系统先后设内教坊一处、外教坊两处。

内教坊　置于唐初高祖武德时期。初称教坊，设于禁中东宫宜秋宫之南，初隶于太常寺，掌教习乐舞。武则天如意元年（692年）五月改称云韶府，并脱离太常寺，改以中官为使管辖。中宗神龙（705—707年）时，复其旧称。开元二年（714年），玄宗改置教坊于大明宫东南隅的东内苑，为与当时设在宫外的外教坊相区别，始称内教坊。内教坊专习俗乐，典领燕乐。有新声、散乐和倡优之伎，乐工有男有女。其艺术水平次于梨园弟子，而高于外教坊和梨园别教院。

外教坊　开元二年玄宗整顿音乐机构，以太常寺典领雅乐，另在长安与洛阳置教坊多处，典领燕乐，以中官为教坊使，直属宫廷。时长安置内教坊一处，在禁中大明宫东内苑。外教坊有两处，一在大明宫宫城外东南延政坊（原称长乐坊），称左教坊；一在大明宫宫城外西南光宅坊，称右教坊。左右教坊均为宫廷燕乐艺人的管理和教习所，共有乐舞艺人数千人。左右教坊乐舞艺人的技艺各有擅长，左教坊工舞，右教坊善歌。

梨园 唐长安大明宫、禁苑与华清宫各有一处梨园，均以其处梨树成林而得名。大明宫梨园在后宫东侧会昌殿附近，禁苑梨园在光化门内正北，华清宫梨园在后殿东侧日华门外。

开元二年（714年），唐玄宗在大明宫梨园置院，成立皇家高级乐舞艺人教习所。时选坐部伎子弟300人入梨园，专习法曲及各种舞蹈与乐器技艺，并担负演奏玄宗所谱写新作品的任务，在技艺上比太乐署与教坊要求更高。梨园乐舞艺人都有专任的乐舞师为之教习，而玄宗皇帝"既知音律，又酷爱法曲"，每于听政之暇，亲加教练，"声有误者，帝必觉而正之"，故梨园乐舞艺人称为"皇帝弟子"，又称"梨园弟子"。[69]

另外，天宝时，曾选宫女数百人置于东宫宜春北苑，教习乐舞。旧址约在今西安城北门外自强东路西段建强路之西。此虽不在大明宫中梨园，然在此习乐舞之宫女，亦称为梨园弟子。

梨园中还有一"小部音声"，共30余人，是由15岁以下的儿童组成的少年班。他们除了学习乐舞技艺之外，也担负一定的演出任务。如天宝十四载（755年），玄宗与杨贵妃巡幸骊山，正逢杨妃生日，玄宗命小部音声于华清宫长生殿表演，恰值岭南进献荔枝，玄宗即把小部音声表演的新曲命名为《荔枝香》。

乐官院 置于宪宗时期。当时由于梨园已废，于是在长安朱雀街西太平坊与朱雀街东广化里（即安兴坊），各置乐官院一所，"以承梨园之业，专主音乐"。[70]

②民间乐舞

长安城中"胡夷里巷之曲"十分流行。其中最为市民百姓喜爱歌唱的，称为"曲子"。曲子是以流传于乡间的民歌或一些少数民族歌曲，经过加工提炼填入新的歌词而形成的一种新的市民艺术歌曲。曲子除了单独清唱外，还可伴以乐器，用于说唱和歌舞等形式。现见于敦煌的唐代曲子有590多首，其歌词内容涉及市民阶层的各个方面，"有边客游子之呻吟，忠臣义士之壮语，隐君子之怡情悦志，少年学子之热望与失望，以及佛子之赞颂，医生之歌诀，莫不入调"。[71]

由于曲子形式活泼、内容清新，深得市民喜爱，因而在长安城中十分流行。中宗时大臣武平一曾上奏说："伏见胡乐施于声律，本备四夷之数，比来日益流宕，异曲新声，哀思淫溺。始自王公，稍及闾巷，妖伎胡人，街童市子，或言妃主情貌，或列王公名质，咏歌蹈舞。"[72]另外，宫廷里一些新曲，也常为坊市少年所效，很快就流行于都城市民中间。如懿宗咸通中，伶官李可及善音律，尤能啭喉为新声，其"音辞曲折，听者忘倦，京师屠酤少年效之"。[73]

长安城中的说唱音乐也十分盛行。说唱音乐也称为俗讲，是佛教寺院为了宗教宣传而利用民间音乐文艺的一种形式。俗讲僧以"转读"和"唱导"的方式说唱，内容除宗教经文之外，还有许多世俗的民间故事，故又称为"变文"，如有《张议潮变文》《伍子胥变文》《王昭君变文》《孟姜女变文》等。由于俗讲有说有唱有韵有白，融民间音乐与民间文学为一体，很受市民百姓欢迎。如兴福寺中的俗讲僧文淑和尚"善吟经，其声宛扬，感动里人"[74]，市民百姓"乐闻其说，听者填咽寺舍"，并"效其音调，以为歌曲"[75]。

长安坊里之间，流行一种民间集体歌舞叫踏歌。每逢正月十五日与八月十五日之夜，妇女们即口唱曲子，手挽手地结队联臂，于月下踏地为节，且歌且舞。踏歌曲子可用多种，如《山鹧鸪》《纥那曲》等。每次踏歌只选一曲，配上多段词反复演唱。如刘禹锡《纥那曲》诗中说："踏曲兴无穷，调同词不同。"先天元年（712年）正月十五上元之夜，长安皇城安福门大作灯会，燃灯五万盏，大灯高达二十丈。灯下有宫女与长安少女数千人踏歌为舞，睿宗皇帝亲临安福门楼观看，以烛继昼，盛况空前。张祜《正月十五夜灯》诗云："千门开锁万灯明，正月中旬动帝京。三百内人连袖舞，一时天上著词声。"

踏歌除在民间流行外，亦传入宫廷，节日时，宫中皆踏歌为舞。崔液《踏歌》词写道："彩女迎金屋，仙姬出画堂。鸳鸯裁锦袖，翡翠帖花黄。歌响舞分行，艳色动流光。"而每逢上元之夕，宫女们都要在兴庆宫花萼楼前举行踏歌盛会表演。

唐代前期，长安城民间还流行一种群众性歌舞游戏，名泼寒胡戏，简称乞寒。此戏源于中亚康国，北周时由龟兹传入，武后时开始在长安与洛阳两都流行。每年十一月始，众多民间舞者，击鼓舞蹈跳跃乞寒，以水互相交泼为乐，其乐曲名《苏幕遮》，时长安诸坊多有此表演。景龙三年（709年）十二月，中宗曾令诸司长官到长安醴泉坊观看泼寒胡戏。

长安城中市人街坊之间，俗好相互赛乐舞。唐德宗贞元年间，一次长安大旱，"诏移南市祈雨，及至天门街，市人广较胜负，斗声乐"。当时朱雀街东与街西各建彩楼一座进行赛乐，街东请琵琶第一手康昆仑登楼演奏，弹一曲新翻羽调《绿腰》。这时，街西彩楼上一女娘抱琵琶亦弹此曲，"及下拨声，如雷，其妙入神"，技艺超过了街东。及至女郎更衣出见，原来是一僧人，"盖西市豪族厚赂庄严寺僧善本（姓段），以定东廛之声"。[76]武宗会昌三年（843年）十二月，京兆府向皇帝的上奏中也说："近日坊市聚会，或动音乐。"[77]这些都反映了长安城民间斗乐赛舞的风俗民情。

2.戏剧

长安城中的戏剧演出，早在隋初就已十分盛行。开皇年间（581—600年），侍御史柳彧上书文帝说："窃见京邑，爰及外州，每以正月望夜，充街塞陌，聚戏朋游。鸣鼓聒天，燎炬照地，人戴兽面，男为女服，倡优杂技，诡状异形。以秽嫚为欢娱，用鄙亵为笑乐，内外共观，曾不相避。高棚跨路，广幕陵云，袨服靓妆，车马填噎。肴醑肆陈，丝竹繁会，竭赀破产，竞此一时。"[78]

到了唐代，长安的戏剧演出有了进一步发展。武德元年（618年），为准备五月五日在玄武门举行百戏会演，因宫中服

唐漆绘弓背画《百戏图》

饰不够，高祖李渊令"太常于民间借妇女裙襦五百余袭"。[79]而戏剧团体的演出，在长安城已形成了几处固定的剧场。宋人钱易《南部新书》载："长安戏场，多集于慈恩，小者在青龙，其次荐福、永寿。"慈恩寺、青龙寺、荐福寺、永寿寺都在风景名胜、游人最多的地方，戏场规模都很大，可以同时有多种节目演出，容纳众多的观众。如被看作"小者"的青龙寺戏场，就可以"座客千官盛，场开百戏容"。[80]

长安城中演出的戏剧种目繁多，主要有以下多种。

大面 又称代面，是指戴面具所演的歌舞戏，其中以《兰陵王》戏最为著名。兰陵王为武将，蒙大面具，手中执鞭，率领武士，指麾击刺，勇战敌军。从卒们唱《兰陵王入阵曲》，且歌且舞。同时上场的还有扮作敌卒者多人。《兰陵王》是当时大面戏中最为流行的一出戏。据说玄宗之弟卫王李隆范，年方5岁即会表演《兰陵王》，可见，此种大面戏当时深受人们的喜爱及在宫廷内外流行的广泛。

拨头 又称钵头，为盛唐时的歌舞戏。据《乐府杂录·鼓架部》载："钵头，昔有人，父为虎所伤，遂上山寻其父尸。山有八折，故曲八叠。戏者被发，丧衣，面作啼，盖遭丧之状也。"故此戏情节曲折，剧情悲壮。

踏摇娘 是唐代以前就流传于民间的歌舞剧。《旧唐书·音乐志》载："踏摇娘，生于隋末。隋末河内有人貌恶而嗜酒，常自号郎中，醉归必殴其妻。其妻美色善歌，为怨苦之辞。河朔演其曲而被之弦管，因写其妻之容。妻悲诉，每摇顿其身，故号踏摇娘。"全剧充满戏谑，又含嘲讽，极受人们的欢迎。

参军戏 是以科白为主，间有歌舞的古代话剧；也是以讽刺调谑为内容的滑稽戏。它以东汉馆陶令石耽犯赃,帝免其罪,每宴乐之时,令衣白夹衫,受优伶戏弄辱之,后贬为参军的故事为题材。演员二人,一人饰参军,一人饰副末苍鹘。剧中参军装痴装聋地任人调谑讽刺,滑稽诙谐。李商隐《骄儿》诗云:"忽复学参军,按声唤苍鹘。"说明此戏人们爱看,连民间小儿都很熟悉。

旱税　是一出反映京师人民反抗暴政统治的戏剧。它以贞元二十年(804年)京兆尹李实不顾关中大旱,庄稼颗粒无收,仍蒙蔽德宗皇帝,严催赋税,致百姓卖屋卖田以供赋敛的事实为题材,主题鲜明,暴露了李实的贪暴、德宗的昏聩,反映了长安地区人民在天灾人祸下陷入水深火热的情景,因此深受市民欢迎,广为流传。

傀儡戏　木偶戏,唐人又称为窟礧子。《旧唐书·音乐志》载:"窟礧子,亦云魁礧子,作偶人以戏,善歌舞。"

傀儡戏起于汉代高祖被围平城,作木偶人为女伎以退敌的故事,至唐代而盛行。木偶多以柳木刻制,牵动绳子则口张目动,两手舞摆,形象十分逼真,很受人们欢迎。傀儡戏是宫廷的主要剧目,如《旧唐书·音乐志》载:"歌舞戏,有大面、拨头、踏摇娘、窟礧子等戏……置教坊于禁中以处之。"此戏在市内也普遍演出,如杜佑《通典》说它"今闾市盛行焉"。

3.杂技

长安城中的杂技表演,内容丰富,动作惊险,技艺精湛。主要节目有:

戴竿　亦称竿木,汉时称为"都卢寻橦",是我国古代杂技中的

顶竿（敦煌莫高窟壁画）

传统节目。演出者在竖立的长竿上表演各种险技。竿可以竖在地上，也可以着于人的额上。额上缘竿，称为戴竿。

戴竿是唐代杂技表演的主要节目，也是最受人们欢迎的节目之一。演出者多为女伎，缘竿表演动作十分惊险。唐人王建《寻橦歌》描述其演出情景说："人间百戏皆可学，寻橦不比诸余乐。重梳短髻下金钿，红帽青巾各一边。身轻足捷胜男子，绕竿四面争先缘。习多倚附欹竿滑，上下蹁跹皆著袜。翻身垂颈欲落地，却住把腰初似歇。大竿百夫擎不起，裊裊半在青云里。纤腰女儿不动容，戴行直舞一曲终。"

戴竿在长安城宫廷与坊市之间时有表演，尤以玄宗诞日八月五日千秋节时兴庆宫花萼相辉楼前的戴竿表演最为精彩。张祜《千秋乐》诗云："八月平时花萼楼，万方同乐奏千秋。倾城人看长竿出，一

唐三彩叠置伎俑（2002年西安市长安区大居安村唐墓出土，俑高40.8厘米）

伎初成妙解愁。"而在勤政务本楼前的百戏演出中,常有教坊名伎王大娘的戴竿表演。其头顶百尺长竿,竿上施木山,状如瀛洲、方丈,时有10岁小儿持绛节攀缘而上,出入于其间,极为惊险。唐人刘晏《咏王大娘戴竿》诗云:"楼前百戏竞争新,唯有长竿妙入神。谁谓绮罗番有力,犹自嫌轻更著人。"唐人李冗《独异志》卷上载:"德宗朝,有戴竿三原王大娘,首戴十八人而行。"

高踩图 为唐代杂技中的主要节目。每逢清明节或皇帝诞日,长安城内宫廷与坊市内多有表演。表演之前,"技者先引长绳,两端属地,埋辘轳以系之。辘轳内数丈立柱以起绳,绳之直如弦",然后表演者"自绳端蹑足而上,往来倏忽之间,望若飞仙。"[81]数名演员还可同时踩绳表演,或俯仰身躯,或进退翻腾,若中路相逢,则侧身而过。他们不仅可以在绳索上自由舞蹈翻腾,如履平地,而且有许多高难动作,"有著履而行从容俯仰者;或以画竿接胫,高六尺;或蹋肩蹋顶至三四重。既而翻身直倒,至绳还往,曾无蹉跌,皆应严鼓之节,真可观也"[82]。惊险之处,"闪然欲落却收得,万人肉上寒毛生。危机险势无不有,倒挂纤腰学垂柳"[83],更令观众惊叹叫绝。

高踩图(明·王圻《三才图会》)

绳技表演除走绳之外，每逢清明前的寒食节，长安城中还有"绳撅之戏"。演出时"合车辙道，两头张绳，高二尺许，驾车盘转于绳上。过不失者胜，落轮绳下者输"[84]。

弄丸跳剑　是从战国以来的传统杂技节目，到了唐代更增加了难度。演员要把数丸和数把短剑同时抛掷空中，然后用双手和双脚互相递接递抛，使之飞转上下，往复不绝。其中有的可以手接4剑，脚受5丸。

踩球　女演员在一小圆木球上，表演各种舞蹈动作。如《乐府杂录》载："舞有骨鹿舞、胡旋舞，俱于一小圆球子上舞，纵横腾踏，两足终不离于球子上，其妙如此也。"

此外，还有弄碗、踢缸、弄花鼓槌及魔术等。这些表演都深受市民欢迎，"长安戏场上，日集数千人观之"[85]。

4.体育

唐代的体育运动较前代有了进一步发展。当时盛行于长安城内的体育活动有以下多项。

击鞠　又称"打毬"或"击毬"，是骑在马上用棍打毬的马毬运动。我国东汉末年中原地区即有此项运动，如曹植《名都篇》中所记"连翩击鞠壤，巧捷唯万端"。马毬所用的毬和棍（即毬杖）都用木料制成。毬有拳头大小，里面空心，唐人诗中称其为"流星"或"神珠"；毬杖长有数尺，杖头弯曲，状如月牙，故被称为"初月"或"月杖"。如唐代女诗人鱼玄机《咏毬作》中所写"坚圆净滑一星流，月杖争敲未似休"，就是形容毬杖挥舞、毬如流星的情景。当时马毬的毬场,都建在宽阔的广场上,场地平整光滑如刀削一般。三面围绕矮墙,另一面是作为看台的亭台楼殿。毬场的四周树立二十四面红旗。毬场上有的是单毬门,有的是双毬门。参加比赛的人分为两队,人数没有严格的限制。得一分称得一筹,得一筹者增一面红旗,失一筹者拔去一旗,比赛结束时以得旗帜的多少定胜负。

长安城中的马毬运动十分盛行。这不仅因为马毬是军事训练的主要项目,而且因为唐朝的皇帝也大多喜欢打毬。如中宗时,"起毬场苑中,诏文武三品分朋为都,帝与皇后临观"。[86]由于"上好击毬,由是风俗相尚"。[87]玄宗好击毬且毬艺非凡,常常能够以少胜多。敬宗的毬艺更非一般,他"弧矢击鞠,皆尽其妙",能够"每持鞠杖,乘势奔跃,运鞠于空中,连击至数百而马驰不止,迅若流电",使"两军老手,咸服其能"。[88]僖宗"尤善击毬"。他颇以毬艺自负,说"朕若应击毬进士举,须为状元"。[89]

由于皇帝的喜好和提倡,长安的宫苑地区修筑了许多皇家毬场,如太极宫后廷东北隅有毬场亭子;大明宫有左神策军毬场、麟德殿毬场、飞龙院毬场、中和殿毬场、清思殿毬场、梨园毬场等;兴庆宫有勤政楼毬场;东内苑龙首池以南有毬场亭子殿;禁苑内有梨园毬场,北部有毬场亭子,等等。1956年在西安大明宫以西出土的一块石志上刻有"含光殿及毬场等,大唐大和辛亥岁乙未月建"的字样,证明文宗大和五年(831年)十一月在西内苑中修建了含光殿毬场。

不仅长安宫苑地区皇家毬场极多,就是一些贵族官僚在邸宅别院之中亦大建私人毬场,如光福坊东南隅姜皎宅、平康坊西北

马球图（1971年陕西乾县唐章怀太子李贤墓出土壁画）

隅长宁公主宅、永崇坊李晟宅等都建有毬场。特别是中宗景龙时期（707—710年）长安"妃、主家竞为奢侈"，为了防止毬场上尘土飞扬，驸马杨慎交与武崇训"至以油洒地筑毬场"。[90]

长安城中常有打马毬比赛。特别值得一提的是，据《旧唐书·吐蕃传》载，一次中宗皇帝率群臣与吐蕃使者去禁苑梨园亭子"苑内毬场"观看打马毬比赛，同去的吐蕃使者说："臣部曲有善毬者，请与汉敌。"于是中宗令皇家毬队与之比赛，吐蕃队连连取胜。这时，临淄王李隆基、嗣虢王李邕与驸马杨慎交、武延秀4人跃马持杖下场，与吐蕃队10人再次对阵比赛。由于李隆基毬艺娴熟超众，"东西驱突，风回电激，所向无前"[91]，从而赢得了胜利。结果双方各胜一场，以平局结束了这场汉藏兄弟民族间的友谊毬赛。

马毬运动是一项十分剧烈并带有一定惊险的运动。1971年陕西乾陵章怀太子墓中出土的《马毬图》壁画，画有20多个挥月牙形鞠杖的骑手纵马争击一个小毬，形象生动地反映了唐代击鞠的场景。1981年还在西安临潼区唐墓中出土了一组打马毬俑，共4件。俑高7厘米，造型极其精妙。马的四蹄腾起凌空，马耳直竖，马头前伸，似在追逐腾跃；俑人伏于马背，身体前倾，若神情专注在击毬，神态极其生动逼真。

唐长安城中打毬除骑马之外，还有骑驴的，称为驴鞠。参加驴鞠的有男子，如敬宗宝历二年（826年）六月，"鄂州进驴打毬人石定宽等四人"。[92]同时也有妇女，多为宫女。她们在宫内常"分朋驴鞠"进行打毬比赛游戏，以供帝王与贵族官僚观赏。

蹴鞠　蹴鞠是古代的足球运动，早在战国时已在我国民间流行。到了唐代蹴鞠运动有了进一步发展。一方面是"鞠"球已由原来实心充毛的皮球，改进成为有皮有胆空心充气的皮球，从而减轻了重量，增加了弹性，

蹴鞠图（明·汪云程《蹴鞠图谱》）

较前更加轻巧灵活;另一方面,改原来的六个鞠室(球门)为两个。比赛分为两队,每队6人,双方各设1个守门人,以踢进球门的球多少定胜负。鞠球的改进和比赛方式的变化,更增加了蹴鞠活动的竞赛性和娱乐性,从而成为当时人们喜爱的一项体育活动。

蹴鞠运动在长安十分盛行。唐玄宗就十分喜好蹴鞠。开元初年,礼部侍郎张廷珪曾劝谏玄宗说:"臣愚诚愿陛下约心削志,澄思励精……场无蹴鞠之玩。"[93]僖宗亦"好蹴鞠斗鸡为乐"。[94]一般的官僚士大夫也多喜爱此项运动,如文宗时翰林承旨王源中,"暇日,与诸昆季蹴鞠于太平里第"。[95]不仅如此,蹴鞠运动在民间坊巷也十分流行,连一般少女都能踢出一脚好球。如唐人康骈《剧谈录》载,一日在胜业坊北,"时春雨初霁,有三鬟女子,年可十七八,衣装褴缕,穿木履,于道侧槐树下。值军中少年蹴鞠,接而送之,直高数丈,于是观者渐众"。

除了这种设置球门双方进行对抗性的足球比赛之外,还有其他多种踢法。如有单人独踢,不设球门,除用足踢足接外,还同时用头、肩、背、臀、胸、膝等部位颠球,而不失落;有2人对踢的,叫"白打",多在宫女中流行,如宫词中有"寒食内人长白打"之句;有3人对踢的,称为"转花枝";有4人轮踢的,叫"流星起月";还有8人合踢的,称为"八仙过海",等等。

角抵　角抵是一项"壮士裸袒相搏而角胜负"的较量劲力和用力技巧的运动。隋初此项运动已在长安市民中十分流行。《隋书·柳彧传》载:"彧见近代以来,都邑百姓每至正月十五日,作角抵之戏,递相夸竞。"

唐代时期，长安民间百姓的角抵比赛已成风俗。唐玄宗在开元二年（714年）八月七日的敕中说："自有隋颓靡，庶政凋敝，征声于郑卫，炫色矜于燕赵，广场角抵，长袖从风，聚而观之，寝以成俗。"[96]每年的春秋两季，为民间的角力之期。同时，角抵也成为宫廷宴乐场合的表演比赛节目。玄

角抵图（明·王圻《三才图会》）

宗每有宴会，在其他乐舞戏剧表演之后即以角抵为压轴戏。由于宫廷角抵表演比赛的需要，当时宫内专门成立了"相扑朋"，有许多优秀的摔跤手。如懿宗至昭宗时一姓蒙的角抵手，因其力大技精，屡次取胜，被人们呼为"蒙万赢"。

拔河　拔河古称牵钩，最初是配合水战的一种军事技能，后来逐渐发展成为体育游戏。古时拔河以篾缆为绳，唐时用大麻绳。大绳长者四五十丈，两头再系上许多条小绳，分别曳于拔河者的胸前。比赛时分为两队，大绳的中央立大旗为界，击鼓为号；两队互相用力牵拉，以却者为胜，就者为输。

长安盛行拔河游戏。如唐玄宗"数御楼设此戏",参加拔河的人多达千余人,"喧呼动地,蕃客士庶观看,莫不震骇"。[97]大型的拔河比赛由于参加人数众多,常在太极宫外宽敞的横街或在玄武门前进行。参加拔河比赛的不仅有男子,也有妇女。如景龙三年(709年)二月,中宗"幸玄武门,与近臣观宫女拔河"。次年二月二十九日,中宗在禁苑梨园毬场,"命文武三品以上抛毬及分朋拔河"。[98]

唐长安之所以盛行拔河游戏,不仅因为它是一项群体性不受人地限制的体育活动,还因为当时人认为,拔河可祈丰年。唐玄宗《观拔河俗戏》序中说:"俗传此戏,必致丰年;故命北军,以求丰稔。"诗中写道:"壮徒恒贾勇,拔拒抵长河。欲练英雄志,顷明胜负多。噪齐山岌嶪,气作水腾波。预期年岁稔,先此乐时和。"

秋千　秋千,亦称彩索、彩绳,是在户外木架上或树上悬挂两绳,下拴横板,玩者在板上或站或坐,两手握绳,用力使其前后摆动的体育娱乐活动。《事物纪原》引《古今艺术图》曰:"北方戎狄,爱习轻趫之态,每至寒食为之。后中国女子学之,乃以彩绳悬树立架,谓之秋千。"

秋千盛行于长安皇宫中,并被唐玄宗称为"半仙之戏"。五代王仁裕《开元天宝遗事》卷下载:"天宝宫中,至寒食节,竞竖秋千,令宫嫔辈戏笑,以为宴乐。帝呼为半仙之戏,都中士民因而呼之。"荡秋千也是长安妇女与儿童普遍喜爱的春季户外体育游戏。唐人王建《秋千词》中写道:"长长丝绳紫复碧,袅袅横枝高百尺。少年儿女重秋千,盘巾结带分两边。身轻裙薄易生力,双手向空如鸟翼……回

弈棋仕女图（1972年吐鲁番阿斯塔那187号墓出土绢画，现藏新疆维吾尔族自治区博物馆）

回若与高树齐，头上宝钗从堕地。眼前争胜难为休，足踏平地看始愁。"王维《寒食城东即事》诗云："蹴鞠屡过飞鸟上，秋千竞出垂杨里。"杜甫《清明二首》诗中亦说："十年蹴鞠将雏远，万里秋千习俗同。"这些都描画出当时长安及各地少年儿女荡漾秋千互相争胜腾高为乐的情景。

围棋　围棋和象棋都是我国古老的棋类活动，唐代时期尤以围棋最为流行。当时的围棋盘已发展成17道289粒子，同现在的19道361粒子相距无几。同时，唐代已有许多有关围棋的专著问世。皮日休的《原弈》对于围棋的起源进行了探讨，徐铉的《围棋义例》全面论述了围棋的战术与方法，其中所用的术语达到了33例，这就使围棋的技艺水平大大提高了一步。

唐代帝王多喜爱下围棋。如唐太宗常与僚臣在宫中对弈。一次，吏部尚书唐俭因与太宗下棋中"争道，上大怒，出为潭州"。[99]为了陪伴皇帝下围棋，宫中设有专门的"棋侍诏"，其中有许多围棋高手。玄宗时的翰林学士王积薪棋艺极高，"每出游，必携围棋矩具，画纸为局，与棋子并盛竹筒中，系于车辕马鬣间。道上虽遇匹夫，亦与对手"。[100]王建《看棋》诗云："彼此抽先局势平，傍人道死的还生。两边对坐无言语，尽日时闻下子声。"

长安城内还举行过一些国际性的围棋友好比赛。大中八年（854年），日本派遣善于围棋的王子出使长安。宣宗就命围棋国手待诏顾师言与日本王子对弈比赛。双方落子都十分谨慎，下至33手，胜负未决。师言惧辱君命，每汗手凝思，方敢下着。"王子亦凝目缩臂数四"。最后顾师言赢得了这场中日围棋友谊赛的胜利。[101]

四、节日民俗

元日　又称元旦，即农历正月初一。元日本义为吉日，又为一年之始，故为古代最盛大的节日。这一天阖家团聚，贴春联，挂年画，燃爆竿（唐称，即爆竹），驱邪迎祥，辞旧迎新，拜年祝福。长安此日，皇帝早晨要亲临太极宫承天门楼，或在大明宫含元殿与丹凤门楼举行最为盛大的"元正"外朝大典。唐太宗李世民《正日临朝》诗云："条风开献节，灰律动初阳。百蛮奉遐赆，万国朝未央……赫奕俨冠盖，纷纶盛服章。羽旄飞驰道，钟鼓震修廊。组练辉霞色，霜戟耀朝光。"届时仪仗排列,千官序立,金鼓齐鸣,皇帝依次接受臣僚们与各国使者、各民族代表的新年拜贺,场面宏大,庄严隆重。而长安民间坊里街市之间,这一天多舞狮子、耍龙灯,以示欢庆。亲朋好友之间,相互登门拜年。唐人李郢《元日作》诗中说:"锵锵华驷客,门馆贺新正。"长安习俗,民间此日要食五辛盘,吃胶牙饧,饮屠苏酒。五辛盘是以葱、蒜、韭、蓼蒿、芥五种新嫩之叶杂拌而成,食之取迎新之意。胶牙饧,即麦芽糖,取其粘牙而名。白居易有诗称:"岁尽后推蓝尾酒,春盘先劝胶牙饧。"屠苏酒,又名屠酥、酴酥,南北朝时即有之。唐代风俗,正月初一饮屠苏酒,长安城内家家如此。此酒为药酒,是将大黄、蜀椒、苏梗、桂心、防风、白术等药合拌捣碎,以布囊盛贮,除夕傍晚挂在井中,使其受潮成泥状,第二天取出,以囊浸于酒中即成,饮之可使一年不得疾病。

人胜节　农历正月初七日为人日,唐代称人胜节。《北齐书·魏收传》引晋议郎董勋《答问礼俗说》云:"正月一日为鸡,二日为狗,三日为猪,四日为羊,五日为牛,六日为马,七日为人。"杜甫《人日》诗云:"元日到人日,未有不阴时。"由于这一天在新年元正之后,三阳开泰,万物复苏,故皇帝要大会百僚,赐宴庆赏。唐人李峤《人日清晖阁宴群臣应制》诗云:"三阳偏胜节,七日最灵辰。行庆传芳蚁,升高缀彩人。"朋友之间,这一天也相聚欢宴。长安习俗,此日民间要食长寿面和煎饼。

上元　旧以阴历正月十五日为上元节,其夜为上元夜。上元节为唐长安盛大节日之一,主要活动为晚上举办灯会和踏歌狂欢晚会。届时京城临时取消宵禁,坊门、市门与城门大开,谓之"放夜",

允许市民通宵达旦自由出入。如张祜《正月十五夜灯》诗云："千门开锁万灯明，正月中旬动帝京。三百内人连袖舞，一时天上著词声。"当时都城的灯会与踏歌舞会规模都很大。先天元年（712年）正月上元之夜，皇城安福门外大作灯会，燃灯五万盏，大灯高达二十丈，并选"宫女千数，衣罗绮，曳锦绣，耀珠翠，施香粉"，与长安、万年县千余少女，"于灯轮下踏歌三日夜，欢乐之极，未始有之"。[102] 此后，正月十五上元灯会增为三日，从十四日起，直到十六日夜。

唐玄宗每逢上元节，也在兴庆宫大作灯会。张说《踏歌》写花萼楼前的上元灯会说："龙衔火树千重焰，鸡踏莲花万岁春。帝宫三五戏春台，行雨流风莫妒来。西域灯轮千影合，东华金阙万重开"。上元日长安民间多举行踩高跷、舞狮子、跑旱船和拔河比赛。此日民俗多食"油画明珠（上元油饭）"，夜间食汤丸（又称粉果，即今之元宵）。

探春 唐代长安习俗，正月十五日上元节收灯之后，士女乘车跨马，争先去郊游赏春，称为探春。同时在园圃郊外，设帐置宴，称为探春宴。孟郊《长安春早》诗："旭日朱楼光，东风不惊尘。公子醉未起，美人争探春。探春不为桑，探春不为麦。日日出西园，只望花柳色。乃知田家春，不入王侯宅。"

中和 唐贞元五年（789年）诏以阴历二月初一为中和节。德宗因以前上巳日大宴集，每与寒食节同时，乃准李泌所请，以二月初一为中和节。其义为"以春方发生，候及仲月，句萌毕达，天地和同"[103]，即取风调雨顺、国泰民安之意。中和节与上巳、重阳，被称为唐代三大令节。此日，内外官府放假一天，皇帝要在曲江亭大宴群臣，并赐给群臣刀、尺，表示要官员正确裁度政务。百官要献农书，司农寺要进献稑(先种后熟的谷物谓之稑)、穜(后种先熟的谷物谓之穜)之种,以示务本崇农;王公戚里上春服。士庶百姓各相问讯,并以生谷果实互相赠送,称之为"献生子"。村社作中和酒,祭句芒木神,聚会宴乐,以祈风调雨顺、年谷丰登。

立春　二十四节气之一。农历二月四、五日前后太阳到达黄经315°时开始。我国习惯作为春季开始的节气,唐人兼作节日。是日,皇帝大宴群臣,并赐给彩缕,以供制作门上春幡之用。中宗时,还令宫女出剪彩花,给侍臣人各一枝,佩戴引春。苏颋《立春日侍宴内出剪彩花应制》诗:"晓入宜春苑,秾芳吐禁中。剪刀因裂素,妆粉为开红。"是日,群臣也要陪侍皇帝到长安东郊浐水西岸望春宫举行迎春仪式。唐人沈佺期《奉和立春游苑迎春》诗有"东郊暂转迎春仗,上苑初飞行庆杯"之句。长安习俗,此日民间要食春盘(即今春卷,以薄饼卷盘中细生菜而食),以示迎春之意。白居易《六年立春日人日作》诗中说:"二日立春人七日,盘蔬饼饵逐时新。"杜甫《立春》诗中亦有"春日春盘细生菜"之句。长安僧俗,此日亦喜食加馅料经炉烤的胡饼。

花朝　旧俗以夏历二月十五日,一说为十二日,又说为初二日为百花生日,称为花朝节。唐人司空图《早春》诗有"伤怀同客处,病眼却花朝"之句。此时为早春百花初放之时,最堪为人游赏。长安闺中妇女晨起忙着梳妆打扮,迎接花神。杨巨源《城东早春》诗描写长安花朝节赏花情景时说:"诗家清景在新春,绿柳才黄半未匀。若待上林花似锦,出门俱是看花人。"施肩吾同名诗云:"报花消息是春风,未见先教何处红。想得芳园十余日,万家身在画屏中。"

上巳 唐三大令节之一。古时以农历三月上旬巳(地支的第六位)日为"上巳"。是时,官民皆洁于流水上,洗濯祓除,以驱邪祟,去宿垢疢。魏晋以后,上巳改为三月三日,唐代时成为出外踏青临水祓禊的盛大节日。

是日,长安都人倾城出游,曲江池畔、渭水之滨,及昆明池、定昆池与浐河诸水之边,人流如潮,车马填噎,其中尤以曲江游人最多。崔颢《上巳》诗云:"巳日帝城春,倾都祓禊晨。停车须傍水,奏乐要惊尘。弱柳障行骑,浮桥拥看人。犹言日尚早,更向九龙津。"杜甫《丽人行》诗中说:"三月三日天气新,长安水边多丽人。"刘驾《上巳日》诗中也说:"上巳曲江滨,喧于市朝路。相寻不见者,此地皆相遇。"此日,皇帝赐群臣会聚曲江亭,京兆府为之大陈宴席,并有太常与教坊乐队为之演奏乐舞。曲江池上,彩舟荡漾,泛舟为乐,"倾动皇州,以为盛观"。[104]

寒食 节令名。在农历清明节的前一天或前两天,寒食禁火。相传此俗起于春秋时晋文公(重耳)悼念介子推事。当年重耳在流亡十九年中得介子推辅佐,后回国成为国君,介子推隐于山中不仕。晋文公烧山逼他出来,介子推抱树被烧焚而死。晋文公为悼念介子推,此日禁止生火煮饭,只吃凉食。以后相沿成俗,叫作寒食禁火,即寒食。唐人卢象《寒食》诗云:"子推言避世,山火遂焚身。四海同寒食,千秋为一人。"其实按《周礼·司烜氏》记载:"仲春以木铎修火禁于国中",禁火为周时的旧制,汉刘向《别录》中有"寒食蹴蹋"的记载,寒食禁火之俗早已有之,似与介子推死无关。

唐人重视寒食节,长安都人此日纷纷出城踏青春游。元稹《寒食日》诗云:"今年寒食好风流,此日一家同出游。"王建《寒食行》诗云:"寒食家家出古城,老人看屋少年行。"白居易《寒食卧病》诗亦云:"喧喧里巷踏青归,笑闭柴门度寒食。"天宝时,每至寒食节,禁火三日。宫中与民间,此日盛行打秋千。长安习俗,民间此日多食冬凌粥,并习以鸡鸭鹅更相馈送。寒食当日,长安人也多出外扫墓。开元二十四年(736年)四月二十日,唐玄宗为此颁布敕令说:"寒食上墓,礼经无文,近世相传,浸以成俗。士庶有不合庙享,何以用展孝思,宜许上墓,用拜扫礼。"[105]

清明 二十四节气之一。旧称为三月节。在阳历的4月5日或6日。《淮南子·天文训》:"春分后十五日,斗指乙为清明。"清明节旧有踏青扫墓的习俗。时长安士民多到曲江、乐游原踏青赏春。由于清明节前一天寒食禁火,到清明日即行"改火"。唐俗清明日皇帝要赐百官新火。郑辕《清明日赐百僚新火》诗云:"改火清明后,优恩赐近臣。"韩睿同名诗有"朱玉传红烛,天厨赐近臣。火随黄道见,烟绕白榆新"句。此日百姓家也都举火作饭,杜甫《清明二首》诗云:"朝来新火起新烟,湖色清火净客船。"

清明时长安还盛行斗鸡与拔河游戏,并以"画卵"即在鸡蛋染蓝茜加以雕绘,互相赠礼。百姓家俗吃蒸饼上附枣的"枣糕"。

端午 民间节日。时在农历五月初五。亦称端阳、端五。据传战国时楚国大夫屈原于五月五日投汨罗江身死,后人为纪念屈原,逐渐以此日为节。唐代时,因玄宗八月五日生诞为千秋节,避"五"字讳,"端五"正式改称"端午"。是日,皇帝要在曲江亭赐宴群臣,并赐百官葛衣、长命缕和百索(五彩缕)。杜甫《端午日赐衣》诗云:

"宫衣亦有名,端午被恩荣。细葛含风软,香罗叠雪轻。"窦叔向《端午日恩赐百索》诗云:"仙宫长命缕,端午降殊私。"从开元、天宝时起,每至端午节,宫中都要玩"射团"之戏,即在铜盘中放上粉团角黍,以小角弓箭射,中者得食。长安习俗,端午节家家悬艾枝,饮蒲酒,食粽子。《隋唐嘉话》载:"俗五月五日为竞渡戏。"此日,各地也多举行赛龙舟活动。德宗贞元时,徐、泗、濠节度使张建封写有《竞渡歌》:"五月五日天晴明,杨花绕江啼晓莺。使君未出郡斋门,江上早闻齐和声……鼓声三下红旗开,两龙跃出浮水来。棹影斡波飞万剑,鼓声劈浪鸣千雷。"都城长安端午节也在皇宫四海池、太液池、兴庆池及禁苑中凝碧池、鱼藻池、九曲池与曲江池,举行赛龙舟活动。如唐人李适有《帝幸兴庆池戏竞渡应制》诗:"拂露金舆丹旆转,凌晨黼帐碧池开。南山倒影从云落,北涧摇光写溜回。急桨争标排荇度,轻帆截浦触荷来。"

七夕 相传天上的织女星与牵牛星于每年阴历七月七日晚在天桥相会,民间风俗妇女则在此夜间向织女星乞求智巧,称为"乞巧"。而古长安是为牛郎织女神话传说的发源地。汉武帝元狩三年(前120年),在汉长安城西南今斗门镇一带,开凿了周回四十里的昆明池,并以昆明池仪象天汉,在池的东岸安放有牵牛星石像,西岸安放有织女星石像,以象天上的牵牛郎与织女。唐人童翰卿《昆明池织女石》诗云:"一片昆明石,千秋织女名。见人虚脉脉,临水更盈盈。苔作轻衣色,波为促杼声。岸云连鬓湿,沙月对眉生。有脸莲同笑,无心鸟不惊。还如朝镜里,形影两分明。"置放于昆明池东岸的牵牛石像,后人称为石父,现仍保留在西安城西约二十里斗门镇东南一座小庙，小庙因此俗称石父庙。庙中汉代牵牛石父雕像高约230厘米。置放在昆明池岸的织女石像，后人称为石婆，现仍保留在今斗门镇东南的北常家庄附近的一座小庙，小庙因此俗称石婆庙。庙中汉代织女石婆雕像高约190厘米。每年阴历七月七日七夕，这里都要举行隆重的祭奠活动。

长安之俗，每逢七夕之夜，妇女以七彩缕线穿七孔针，穿过者为得巧；或在庭院中陈瓜果酒馔，求恩于牵牛与织女。唐彦谦《七夕》诗云："会合无由叹久违，一年一度是缘非。而予愿乞天孙巧，五色纫针补衮衣。"崔颢同名诗云："长安城中月如练，家家此夜持针线。"晚上还捉蜘蛛闭于小盒中，至晓开视，以蛛网密者为巧多，网稀者为巧少。是夕，长安皇宫内高搭七巧楼，"宫中以锦结成楼殿，高百尺，上可以胜数十人。陈瓜果酒炙，设坐具，以祀牛、女二星。嫔妃各以九孔针、五色线，向月穿之，过者为得巧之候。动清商之乐，宴乐达旦，士民之家皆效之"。[106]

中秋　节日名。阴历八月十五日在秋季的正中，故称"中秋"。中秋正当秋分，太阳差不多是直射到月亮朝地面的一面，看起来月亮又圆又亮。唐玄宗时，例于八月十五日夜于宫中赏月，举办乐舞宴席，民间相效，形成中秋赏月之俗。唐人徐凝《八月十五夜》诗云："皎皎秋空八月圆，嫦娥端正桂枝鲜。一年无似如今夜，十二峰前看不眠。"人们仰望皎月如盘，自然会联想到家人的团聚，故中秋节又叫团圆节。唐人殷文圭《八月十五夜》诗云："万里无云镜九州，最团圆夜是中秋。"此时全家人聚在一起赏月，吃着象征团圆的月饼，也就寄托了这种情思。犹独在异乡旅居的人，也期望借助明镜般的皓月寄托自己对故乡和亲人的思念之情。李白《静夜思》诗云:"床前明月光,疑是地上霜。举头望明月,低头思故乡。"就是这种游子对月思乡的写照。中秋之夜,长安士人也有习惯到曲江池畔临池赏月的。白居易《八月十五日晚溢亭望月》诗云:"昔年八月十五夜,曲江池畔杏园边。"长安习俗,此日民间多食月饼与玩月羹。

重阳　节令名。时在阴历九月九日。古人以九为阳,叠九之日,故谓重阳,也呼重九。曹丕《九日与仲繇书》云:"岁往月来,忽复九月九日。九为阳数,而日月并应,俗嘉其名,以为宜于长久,故以享宴高会。"重阳有五俗:登高、食糕(麻葛糕、米锦糕)、赏菊、喝菊花酒、佩茱萸。《齐人月令》中说:"重阳之日,必以糕、酒登高眺远,为时宴之游赏,以畅秋志。酒必采茱萸、甘菊以泛之,既醉而还。"唐人李顾《九月九日刘十八东堂集》诗云:"风俗尚九日,此情安可忘。菊花辟恶酒,汤饼茱萸香。"长安风俗,重阳节日,都人多到乐游原、慈恩寺大雁塔、庄严寺塔、总持寺塔登高远眺。而曲江游眺,亦为一大盛会。唐人薛逢《九日曲江游眺》诗云:"陌上秋风动酒旗,江头丝竹竞相追……绣縠尽为行乐伴,艳歌皆属太平诗。"此日皇帝也赐宰臣百僚宴于曲江亭。

腊日　古代岁终祭祀百神和祖先的日子,在阴历十二月初八日。因从秦代起,农历十二月称"腊月",故腊日即十二月初八又称腊八节。古时的春节,实际上从这天就算开始。唐长安习俗,腊日时皇帝要祭祀祖先与众神,民间于该日击鼓驱疫,跳假面舞,食脂花餤、法王料斗。又腊八日,俗传为佛祖释迦牟尼的成道日,佛寺常于该日举行诵经,并效法佛成道前牧女献乳糜的传说故事,取香谷及果实等造粥供佛，名腊八粥。后演变为一种民间习俗，以阴历十二月初八日吃腊八粥，有庆丰收之意。

祀灶　旧时民间迷信供奉灶君（亦称灶神或灶王）于灶头，认为灶君掌管一家祸福。《礼记·礼器》孔颖达疏："颛顼氏有子曰黎，为祝融，祀以为灶神。"《庄子·达生》曰："灶有髻。"司马彪注："髻，灶神，著赤衣，状如美女。"汉以前夏季祀灶，汉以后改为腊月，唐人多于腊月二十四日祀灶（北方多为二十三日）。传言是日月晦之夜为灶君上天之时，向天帝陈说人间善恶。故是日晚，家家祭祀灶君，并于灶上贴灶马，以饴糖涂灶门，送灶君上天，期冀灶君"上天言好事"，谓之送灶；除夕又迎回，称为迎灶。

除夕　俗以阴历十二月末日为除日，夜称除夕。言旧岁至此日而除，明日即另换新岁。除夕之夜，长安之俗，家人团聚举宴达旦不眠以待交年，称为守岁。唐人储光羲《秦中守岁》诗云："阖门守初夜，燎火到清晨。"谢良辅《十二月》诗亦云："取酒虾蟆陵下，家家守岁传卮。"长安民间除夕守岁如此，皇宫中君臣亦一起守岁。景龙二年（708年）除夕，唐中宗诏令中书门下官与学士、驸马共入内殿守岁，庭院设篝火，君臣置酒酣饮，观赏乐舞，以待天明。

注释

[1] [6] [8] [9] [13]《旧唐书·职官志》。

[2]《唐大诏令集》卷三五。

[3]《唐六典》卷三。

[4]《唐律疏议·断狱律》。

[5]《唐律疏议·职制律》。

[7]《旧唐书·田仁会传》。

[10]《资治通鉴》卷二三九"元和十二年十一月"条注引程大昌《雍录》。

[11]《新唐书·百官志》。

[12]《资治通鉴》卷二四八"会昌六年五月"条注。

[14]《隋书·食货志》。

[15]《旧唐书·宪宗纪》。

[16]《唐律疏议·斗讼律》。

[17]《唐六典》卷二七。

[18]《雍录》卷三。

[19]《册府元龟》卷六四。

[20]《唐会要·军杂录》。

[21] [23] [24]《唐会要·街巷》。

[22]《唐律疏议·杂律》上。

[25]《唐六典·诸卫》。

[26]《唐律疏议·杂律》下。

[27]《太平广记》卷四三六,引《续玄怪录》。

[28]《酉阳杂俎》前集卷一五。

[29]《唐会要·和籴》。

[30]《文献通考·田制》。

[31]《唐会要·碨磑》。

[32]《续高僧传·慧胄传》。

[33]《旧唐书·郭子仪传》。

[34]《旧唐书·高力士传》。

[35]《太平广记》卷一三二。

[36]《西京杂记》卷上。

[37]《隋唐嘉话》下。

[38]《资治通鉴》卷二〇九"景龙二年"条。

[39]《册府元龟》卷十四。

[40]《旧唐书·敬宗纪》。

[41]《隋书·杨伯丑传》。

[42]《唐两京城坊考·兴化坊》注。

[43]《西安府志》卷七十九。

[44]《唐两京城坊考·开明坊》。

[45]《太平广记》卷四一三。

[46]《新唐书·百官志》。

[47]《资治通鉴》卷二〇四"垂拱三年"条。

[48]《太平广记》卷二四三。

[49]《新唐书·刘晏传》。

[50]《新唐书·后妃传》上。

[51]《新唐书·食货志》四。

[52]《西安府志》卷一六。

[53] [54]《酉阳杂俎》前集卷七。

[55]《宋朝事实》卷六一。

[56]《南部新书》卷丙。

[57]《廿二史札记》卷二〇"豪宴"条。

[58]《廿二史札记》卷二〇"唐前后米价贵贱之数"条。

[59]《新唐书·宋务光传》。

[60]《幽闲鼓吹》。

[61]《唐两京城坊考·大宁坊》注。

[62]（唐）杜荀鹤：《长安春感》。

[63]（唐）白居易：《霓裳羽衣歌和微之》。

[64]（唐）郑嵎：《津阳门诗并序》。

[65]《旧唐书·音乐志》。

[66]《资治通鉴》卷二五二"咸通十四年"条。

[67]《唐六典》卷一四。

[68]《旧唐书·职官志》。

[69]《新唐书·礼乐志十二》。

[70]《教坊记笺订》，第279页。

[71]王重民：《敦煌曲子词集·叙录》。

[72]《新唐书·武平一传》。

[73][77]《唐会要·杂录》。

[74][76]（唐）段安节：《乐府杂录》。

[75]《因话录》卷四。

[78]《隋书·柳彧传》。

[79]《资治通鉴》卷一八五"武德五年"条。

[80]（唐）苏颋：《奉和恩赐乐游园应制》。

[81]《唐语林》卷五。

[82] [91] [97]《封氏闻见记》卷六。

[83]（唐）刘言史：《观绳伎》。

[84]《秦中岁时记》。

[85]《独异志》卷上。

[86]《新唐书·外戚传》。

[87]《资治通鉴》卷二〇九"景龙二年"条。

[88] [94]《唐语林》卷七。

[89]《资治通鉴》卷二五三"广明元年"条。

[90]《太平广记》卷二三六。

[92]《旧唐书·敬宗纪》。

[93]《旧唐书·张廷珪传》。

[95]《唐摭言》。

[96]《唐会要·论乐》。

[98]《资治通鉴》卷二〇九"景龙三年"条。

[99]《朝野佥载》补辑。

[100]《云仙杂记》。

[101]《北梦琐言》卷一。

[102]《朝野佥载》卷三。

[103]《唐大诏令集》卷八〇。

[104]《剧谈录》。

[105]《唐会要·寒食拜扫》。

[106]《开元天宝遗事》卷下。

第十三章

国内外友好交往活动的中心

唐代时期,我国边疆地区各民族与唐朝中央政府之间,通过以长安为中心的友好交往活动,密切了政治、经济、文化的联系和交流,促使了我国统一多民族国家的进一步发展。唐朝对外实行友好交往政策,曾不断派出使节、学者,从都城长安出发出访各国。而当时亚欧以至非洲地区,因仰慕唐朝高度的封建经济文明,前来长安通好、留学、进行学术交流和经济贸易的多达300个国家和地区。

长安城是唐代国内各民族及中外友好交往活动的中心。来自国内各地区的少数民族人民和众多的国际友人,通过在长安的友好交往活动,加深了各族人民之间及与各国人民之间的友谊,促进了相互之间的经济文化交流。

一、以长安为中心的国内国际交通线

1.国内交通线

"京邑所居,五方辐凑。"[1]唐代时期,适应国内各地区各民族与中央政权之间政治经济文化联系和交流的需要,形成了以长安为中心的通向全国各地的水陆交通网。

陆路交通方面有以下几条干线。

东路自长安经洛阳、汴州(今河南开封)达于山东半岛,又从汴州北上达幽州(今北京)。

南路分四路:一路自长安经洛阳、汴州南下可达扬州,再由扬州渡江经润州(今江苏镇江)、常州,可到苏州。一路自长安经商州(今陕西商洛市),出武关,通襄州(今湖北襄阳)、江陵、潭州(今湖南长沙)、衡州(今湖南衡阳),到广州;或自衡州到邕州(今广西壮族自治区南宁)。一路自长安到襄州、随州(今湖北随州市)、安州(今湖北安陆)、沔州(今湖北汉阳)、鄂州(今湖北武汉市武昌区)、黄州(今湖北黄冈)、江州(今江西九江),可达洪州(今江西南昌)。一路自长安过襄州、荆州(今湖北江陵)、峡州(今湖北宜昌)、归州(今湖北秭归)、夔州(今四川奉节)、涪州(今四川涪陵），以达黔州（今贵州贵阳）。

西路自长安经兰州、甘州（今甘肃张掖）、沙州（今甘肃敦煌），以通西域；又自兰州经鄯州（今青海乐都），可达吐蕃（青藏高原）。

西南路自长安经兴元（今陕西汉中）、成都，可达南诏（今云南）。

北路自长安经夏州（今陕西横山），到中受降城（今内蒙古包头附近）。

东北路自长安经河东（今山西运城）到太原，经幽州可达营州（今辽宁朝阳）及东北地区；或经云州（今山西大同），可到回纥，此即贞观二十一年（647年）后回纥等部赴长安的"参天可汗道"。

水路交通方面，有以下主要航道。

自长安经渭河或漕河，东入黄河到洛阳，经永济渠北抵幽州；或由洛阳经通济渠、山阳渎、江南河等运河线，可抵江淮及岭南地区。

自长安经渭河或漕河，东入黄河，再入汾水，北通山西。

自长安经蓝田到商州，由商州入丹江，经汉江，到达长江。由长江顺湘江南下，经灵渠、桂江、珠江，到达广州。

在以上水陆交通沿线上，建有水驿260所、陆驿1297所、水陆相兼驿86所，全国共有驿站1643所。陆驿备有马匹，水驿备有船只，以供官吏和少数民族使者往返及传递政府文书之用。这些驿站对长安与全国各地的交通联系，起着重要的作用。

2.国际交通线

唐代时期,由于国际交往的需要,中外交通有了进一步发展,形成了以长安为中心的通往国外各地的海陆交通网。

陆路交通有以下干线。

北路从长安出发,经今内蒙古地区到叶尼塞河、鄂毕河上游,往西可达额尔齐斯河以西地区。

西路即著名的"丝绸之路"。从长安城开远门出发西行,经河西走廊,出敦煌再西行,有三条通往中亚、西亚和欧洲的通道。其中北道是出敦煌,循天山北路,经伊吾(今新疆维吾尔自治区哈密)、蒲类海(今疆维吾尔自治区巴里坤湖)、西突厥可汗庭(今巴尔喀什湖南部),转东罗马,出地中海,可达欧洲;中道是出敦煌,走天山南路的北道,经高昌(今吐鲁番一带)、焉耆、龟兹(今疆维吾尔自治区库车)、疏勒,越葱岭而达波斯(今伊朗);南道是天山南路的南道,原为汉代以来通往西域丝绸之路的主要交通道路。此路从敦煌经鄯善、于闻(今疆维吾尔自治区和阗),过葱岭及吐火罗(今阿富汗北部)至北婆罗国(今北印度)。

西南路从长安出发,经四川、吐蕃,可到尼婆罗(今尼泊尔)和天竺(今印度);或经南诏往东南,可到林邑(今越南)、真腊(今柬埔寨),往西南可到骠国(今缅甸)和天竺。

东路从长安往东,经河北、辽东,通朝鲜半岛,达高丽、新罗和百济。

海路有以下航道。

东去日本有三条海路。北路是由山东半岛的登州或莱州下海,

唐代中外交通示意图

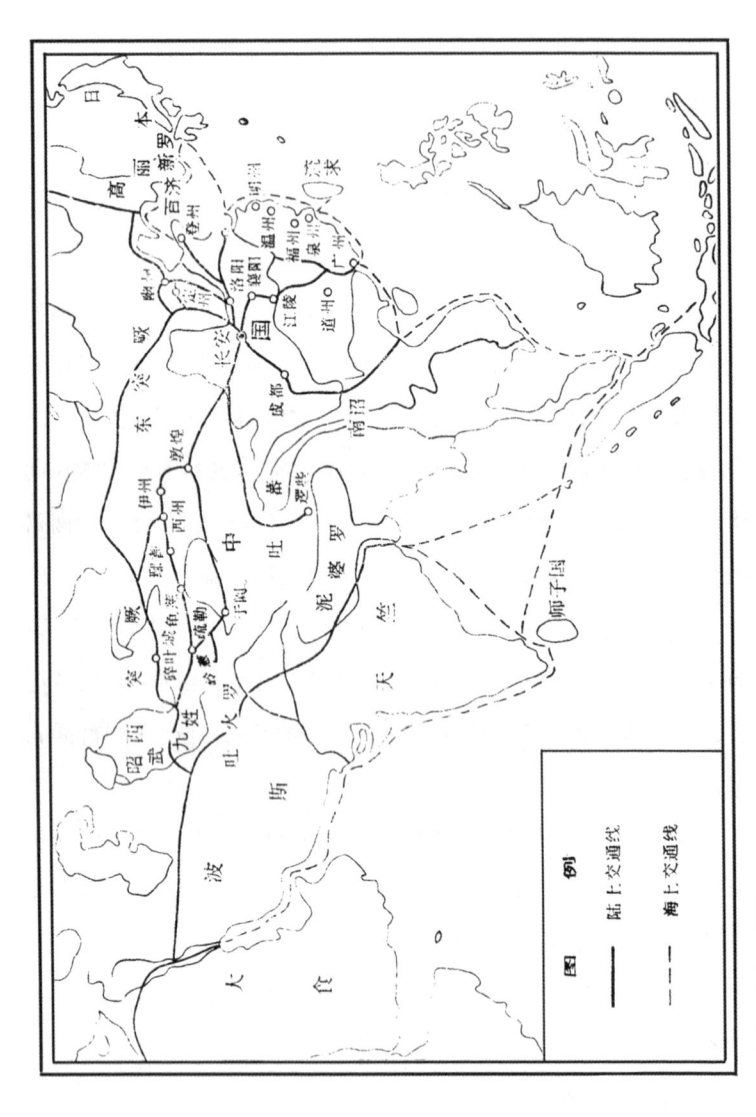

渡渤海、黄海，沿辽东半岛和朝鲜半岛的西岸，到日本的博多；南路是由楚州（今江苏淮安）出淮河口，横渡东海，直驶日本的博多；南岛路是由明州（今浙江宁波）出海，渡东海，经日本以南的奄美大岛、屋久岛、种子岛等岛屿，沿九洲西岸，到日本博多。

南去西亚的海路，从广州下海，渡南海，经东南亚，越印度洋、阿拉伯海，至波斯湾沿岸。由此分别经过或到达林邑、真腊、罗越（今泰国）、佛逝（今苏门答腊南部）、师子国（今斯里兰卡）、大食（阿拉伯帝国）、波斯（今伊朗）等地区和国家。

这些通往国外的海路虽然距离长安甚远，但凡是唐朝的泛海出使或海外各国的扬帆来华，其起点或终点都是唐都长安城。

二、民族事务与外事机构

唐朝中央政府根据与欧、亚、非各国进行友好交往及国内民族事务活动的需要，在都城长安设立了专门的接待机构与管理机构。这主要有：

主客司　属尚书省礼部，在皇城内尚书省都堂以东。主客司掌"诸蕃朝聘之事"。[2]负责各少数民族及外国使者的来京朝见、沿途驿传、给赐；凡请留京宿卫者，则上奏其状貌年龄，并主管各民族首领死后其子孙的袭爵授官等事。

鸿胪寺　寺署在皇城朱雀门内以西。寺设卿一员，从三品；少卿二人，从四品上。鸿胪卿负责各少数民族及外国使者来京的朝贡之仪、享宴之数、高下之等、往来之命等事。"凡四方夷狄君长朝见者，辨其等位，以宾待之"；"夷狄君长之子袭官爵者，皆辨其嫡庶"；若有封命，"则受册而往其国"。[3]

鸿胪寺下领典客、司仪二署。其中典客署置令一人，从七品下；丞二人，从八品下，及掌客、典客、府、史、宾仆等多人。典客令具体负责外国与各民族使者的朝贡、宴享、送迎之事。"凡酋渠首领朝见者，皆馆供之；如疾病死丧，量事给之；还蕃，则佐其辞谢之节。"[4]

鸿胪寺之西，有鸿胪客馆，"四夷慕化朝献者居焉"。[5]馆舍规模极大，穆宗长庆元年（821年）五月，太和公主出嫁回鹘，鸿胪客馆一次安置回鹘迎亲使团即达573人之多。唐朝政府为此每年拨粮一万三千斛专充招待费用。

鸿胪寺内配备有专门的翻译人员，他们多由通晓各种语言的少数民族人担任。

四方馆　在皇城内承天街西中书省以西，隋建唐因，隶于中书省。馆内分东、西、南、北四署，东方曰"东夷"使者署，西方曰"西戎"使者署，南方曰"南蛮"使者署，北方曰"北狄"使者署，各设使者一人，"以待四方使者"。[6]

礼宾院　隶于鸿胪寺，位置在长兴坊北。礼宾院"掌四夷之客"[7]，亦为接待外宾和少数民族使者的专门机构。

除此而外，中央的其他机关有时也用来临时接待宾客。如贞观四年（630年）三月，太宗将突厥颉利可汗及其家口"馆于太仆，廪食之"。[8]太仆寺在皇城内承天街东第五横街与第六横街之间。又如贞元四年（788年）十月，回纥派来迎娶咸安公主的300人使团到长安，德宗令"分馆鸿胪、将作"。[9]将作监在皇城内承天街西靠近安福门处。

以上外事与国内民族事务接待与管理机构的建立，为各国与各族使者来长安的友好交往活动提供了各种方便条件，在加深各族与各国人民之间友谊、促进经济文化交流等方面，发挥了积极的作用。

三、各民族在长安的友好交往

1.唐朝各民族友好关系的发展

唐代时期，我国边疆地区的靺鞨、契丹、突厥、回纥、吐谷浑、吐蕃、南诏以及西域地区各民族与唐朝中央政府之间，通过以长安为中心的友好交往活动，密切了政治、经济、文化的联系和交流，促使了我国统一多民族国家的进一步发展。唐太宗等皇帝对少数民族较少歧视，重视发展与各民族的友好关系。唐太宗说："自古皆贵中华，贱夷狄，朕独爱之如一。"[10]并定出"偃武兴文，布德施惠"[11]的民族政策方针，对入朝前来长安的少数民族首领或使者，皇帝都要亲为召见赐宴，厚加赏赐，倍加礼遇。如贞观三年（629年）突厥突利可汗来长安，"太宗礼之甚厚，频赐以御膳"。[12]贞观二十年（646年）十二月回纥等族酋长来长安，太宗赐宴于芳兰殿，并"命有司每五日一会"。[13]长安二年（702年）吐蕃遣使来长安，武则天大宴于大明宫麟德殿，奏百戏于殿庭。先天二年（713年），"凡夷狄朝贡，太上皇（睿宗）皆御（承天门）门楼以见之"。[14]开元十八年（730年），玄宗在丹凤楼大宴突骑施与突厥使者等。

唐朝对各少数民族首领及其上层人物多有封赠；有的还留职

长安，带刀宿卫，担负着都城与宫廷的防卫重任。如贞观四年（630年）突厥颉利可汗归降以后，"其酋首至者皆拜为将军、中郎将等官，布列朝廷，五品以上百余人"。[15]太宗贞观年间还授突厥人结社率为中郎将，留职长安；什钵苾为右卫大将军；史大奈为右武卫大将军；阿史那贺鲁为右骁卫将军，后迁右武卫大将军；那史那步真为左屯卫大将军，后迁骠骑大将军行右卫大将军；阿史那社尔为左骁卫大将军，后迁镇国大将军，并尚皇妹衡阳公主，典领屯兵于苑内；契苾何力为右骁卫大将军，留职长安，宿卫北门；阿史那忠为左屯卫大将军，后迁右骁卫大将军，宿卫长安。授回纥人吐迷度为左卫大将军，婆闰为左骁卫大将军。授北狄人伊特勿失可汗咄摩支为右武卫将军，留住长安，赐以田宅。授契丹酋长窟哥为左武卫将军，后迁左监门卫大将军。授奚族酋长可度者为右领军兼饶乐都督，后迁右监门卫大将军。授靺鞨族突利稽为右卫将军；李多祚为右羽林军大将军，典领禁兵，为长安北门宿卫二十余年，等等。此后唐朝各代皇帝对各少数族上层人物仍多有封赠。当时各少数族人物也都以取得唐朝中央政府的官职为极大的荣耀。如贞观二十二年（648年）二月，结骨首领失钵屈阿栈来长安请授以官职，说："执笏而归，诚百世之幸。"[16]因此，唐朝的这一民族政策，为加强各民族之间的友好团结、巩固中央政权与地方民族政权之间的关系，起到了重要的作用。

唐朝继承前代以来的和亲政策，还以皇帝之女，或以宗室之女封为公主，出嫁给周边少数民族首领。如唐太宗以弘化公主出嫁吐谷浑拔勤豆可汗诺曷钵，以文成公主出嫁吐蕃赞普松赞干布；中宗以金城公主出嫁吐蕃赞普弃隶蹜赞；玄宗以永乐公主出嫁契丹松漠郡王李失活，以固安公主出嫁奚族饶乐郡王李大辅，以金河公主出嫁突骑施可汗苏禄，以东光公主出嫁奚族镜乐郡王李鲁苏，以燕郡公主出嫁契丹松漠郡王郁于，以东华公主出嫁契丹广化郡王邵固，以和义公主出嫁宁远奉化王阿悉烂达干，以宜芳公主出嫁奚族饶乐都督李延宠，以静乐公主出嫁契丹松漠都督李怀节；肃宗以宁国公主出嫁回纥英武威远毗伽阙可汗；代宗以崇徽公主出嫁回纥登里可汗；德宗以咸安公主出嫁回纥天颜可汗莫贺；宪宗以太和公主出嫁回纥崇德可汗等。传世的名画《步辇图》，为唐阎立本所画，生动地描绘了贞观十五年（641年）吐蕃赞普松赞干布请尚文成公主，使禄东赞来长安觐见太宗的画面。

（唐）阎立本《步辇图》（局部）

通过这些政治联姻，首先是密切了民族之间的友好关系。《旧唐书·吐蕃传》载，开元十七年（729年），吐蕃赞普弃隶蹜赞向唐玄宗上表说："外甥是先皇帝舅宿亲，又蒙降金城公主，遂和同为一家，天下百姓，普皆安乐。"又如肃宗以宁国公主嫁回纥毗伽阙可汗，宪宗也以太和公主嫁回纥崇德可汗，双方建立了和好亲密的关系。在安史之乱时，回纥曾两次出兵助唐平乱。其次，通过政治联姻，也促进了民族之间经济文化的交流。如文成公主入藏时，从长安带去了大批珍贵礼物，其中有大量的金银、绸帛、珍宝、农作物、蚕种、经典史籍及诸工巧匠。在文成公主的影响下，吐蕃开始"释毡裘，袭纨绮，渐慕华风。仍遣酋豪子弟请入国学，以习诗书"。[17]高宗时，吐蕃"因请蚕种及造酒、碾、硙、纸、墨之匠，并许焉"。[18]后金城公主入藏时，唐中宗赐以"锦缯别数万，杂伎诸工悉从"[19]。开元十八年（730年），金城公主遣使来长安，请《毛诗》《礼记》《文选》各一部，唐玄宗"制令秘书省写与之"[20]。与此同时，吐蕃地区的药材、马、玛瑙杯、零羊衫段等，也传入了内地。

由于各族人民友好关系的发展，仰慕唐朝崇高的威望和高度发展的封建经济文化，早在贞观时期，"四夷大小君长，争遣使入献见，道路不绝"。[21]当时各民族首领还会聚长安，共上唐太宗尊号为"天可汗"。后来和唐朝一直保持朝贡关系的"有七十余蕃"。[22]传世的唐太宗昭陵14个石刻王宾像和唐高宗乾陵61个石刻王宾像中就有突厥、龟兹、于阗、吐蕃、吐谷浑等少数民族地区首领的形象，这是当时我国各民族友好关系发展的历史见证。

2.流寓长安的少数民族

长安城中有许多少数民族人,如突厥人、回纥人、吐蕃人、西域地区的各民族人等。他们流寓入居长安大致上有以下几个原因。

有从前代以来就入居中原并已汉化的少数民族人。唐代以前,已有一些少数民族内迁,他们早先已居住在汉长安城,唐代时期就继续定居在唐长安城。如居住在长寿坊中的尉迟敬德、永平坊中的隋驸马都尉尉迟安、嘉会坊中的隋太保吴国公尉迟刚等,系北魏时内迁的于阗国人。高宗永淳元年(682年)死于"京之私第"的游击将军康磨伽,是北周时内迁的康国人。玄宗先天元年(712年),圆寂于长安大荐福寺的释法藏,姓康,祖上是周、齐之际入居于内地的康国人,等等。

有唐代时期因其部族内附而入居长安城者。唐代时,一些少数民族内附,其首领、上层人物及其部众因而入居长安城的人数很多。如贞观四年(630年)突厥颉利可汗归降后部众内附,"于是入居长安者且万家"。[23]据《长安志》载,都城中长安、万年两县所领人口合计不过八万余户,而唐初仅此一次入居长安的突厥人近万户,约占全城居民人数八分之一。另京兆府户口,玄宗天宝初年为三十余万户,而德宗时散居在关中的少数民族情况是:"今潼关之西,陇山之东,鄜坊之南,终南之北,十余州之地,已数十万家。"[24]其数已占到三分之一以上。由此可见,少数民族入居长安及与其周围关中地区人数之多。

有为质子宿卫而久留长安者。《册府元龟》载:"四夷称臣,纳子为质,其来久矣。"唐代沿袭此制,各少数民族首领多遣子侄来长安，入质于唐，充为宿卫。如太宗贞观十年（636年），吐谷浑"遣子入侍"；[25]玄宗开元十五年（727年），"契丹遣首领诺括来送质子"；[26]德宗时，回纥"天亲以上诸可汗，有子见幼小者，并送阙庭"[27]，等等。这些"外蕃侍子，久在京国"，有的在长安居住多年才返回本民族。如开元二年（714年）五月，玄宗"命所司勘会诸蕃宿卫子弟等，量放还国"。[28]有的则久留长安不返，如阿史那社尔，是突厥处罗可汗次子，贞观十年（636年）来长安，被授左骁卫大将军，领北门宿卫，永徽六年（655年）死于长安，达二十年。阿史那忠为突厥左贤王，贞观时入侍长安为右骁卫大将军，久为宿卫，在长安居住长达四十八年之久。此外，一些少数民族首领来长安后也有愿长留不返的。疏勒王裴纠"武德中来朝，拜鹰扬大将军，封天山郡公，留不去，遂籍京兆"。[29]于阗王尉迟胜，安史之乱时，率兵五千助唐平叛，后"固请留宿卫"，住于长安修行坊。[30]

有因战功留居长安者。安史之乱时，唐朝曾借回纥之兵收复两京。叛乱削平之后，"回纥有战功者，得留京师"，于是，"回纥留京师者常千人"。[31]他们有的"居贸殖产甚厚"[32]，长期定居长安。

有因出使京师归路被阻而长期居住长安城者。如代宗初年，由于吐蕃攻陷河、陇地区，遂使自天宝以来安西、北庭奏事与西域使人共四千余人，归路被阻，长期流寓长安达四十余年。这些胡人久居长安，"皆有妻子，买田宅，举质取利，安居不欲归"。[33]德宗贞元三年（787年），唐朝政府决定对他们"当假道于回纥，或自海道各遣归国。有不愿归，当于鸿胪自陈，授以职位，给俸禄为唐臣"，结果"胡客无一人愿归者"。[34]

有因入于国学而在长安者。唐代时期周边各民族向往唐朝高度发展的封建文明，为了学习、吸收中原文化，多遣贵族子弟来长安入于国学学习。如吐蕃在文成公主入藏后，"遣酋豪子弟请入国学，以习诗书"。[35]渤海亦"数遣诸生，诣京师太学，习识古今制度"[36]等。这些少数民族子弟及外国留学生的人数不在少数。如贞观时期，"高丽、百济、新罗、高昌、吐蕃诸国酋长，亦遣子弟入国学。于是国学之内八千余人，国学之盛，近古未有"。[37]

有因传布宗教而来长安城者。唐代时期西域地区包括中亚、西亚等地的佛教、祆教、大秦教、摩尼教等各种宗教的传教士，先后来到唐朝内地，而主要是来到都城长安布教。如佛教徒中有西域僧伽大师，本葱岭以北何国人，长期在长安布教，后于景龙四年（710年）圆寂于长安荐福寺。贤首大师释法藏，西域康国人，在长安布教多年，后于先天元年（712年）亦圆寂于荐福寺。慧琳大师西域疏勒人，元和十五年（820年）圆寂于长安西明寺。另如长安城义宁坊的波斯胡寺，又称大秦寺，即基督教寺，是贞观十二年（638年）应叙利亚传教士阿罗本的请求而建立的。长安城普宁坊西北隅、布政坊西南隅、靖恭坊十字街南之西、醴泉坊西门之南与十字街南之东所建的5所祆祠，"主祠祆神，亦以胡祝充其职"。[38]这些祆教传教士都长住于长安城，有的还老死于此。天宝元年（742年）死于长安崇化坊私第的西域人米萨宝，向达先生认为，"其人或系流寓长安之一火祆教长也"。[39]武宗会昌反佛期间，除道教外，其他宗教均遭禁止，其中"勒大秦穆护、祆僧二千人还俗"。[40]由此可以看出，当时在长安城中与各地的大秦教、祆教传教士人数之多。

还有为商贾而来长安者。西域各地的少数民族人尤善于货殖经商。如康国（今乌兹别克斯坦撒马尔罕一带）人，"善商贾，争分铢之利，男子年二十，即远之旁国，来适中夏，利之所在，无所不到"。[41]这些西域胡商在长安"殖资产，开第舍，市肆美利皆归之"。[42]西市之中就有许多胡商经营的胡店、波斯邸。长安城中的胡商人数极多，代宗大历时期，长安胡商最少也有两千人之多。

由于以上种种原因，流寓入居长安城中的少数民族人极多。他们久居于此，流寓不返，成为长安城居民的一个组成部分。对此，唐人陈鸿祖在《东城老父传》中说："今北胡与京师杂处，娶妻生子，长安中少年有胡心矣。"正因为如此，少数民族的一些生活习尚，如胡衫、胡帽、胡饼、西域酒等在长安颇为流行。特别是在开元、天宝时期，长安城中"胡风""胡俗"极盛，大有"胡化"之感。这从另一方面也反映出长安城在各族人民的友好交往与我国多民族的融合中所发挥的重要作用。

四、长安的国际友好交往活动

唐朝对外实行友好交往政策，曾不断派出使节、学者，从都城长安出发出访各国。而当时亚欧以至非洲地区，因仰慕唐朝高度的封建经济文明，前来长安通好、留学、进行学术交流和经济贸易的多达300个国家和地区。[43]长安城中有许多服装各异的外国使者和来宾，这从1971年陕西乾县发掘出的章怀太子墓道东壁的《礼宾图》中得到了生动的反映。

礼宾图（唐墓壁画）

1.唐朝与日本的友好交往

中日两国是一衣带水的亲密邻邦，早在秦汉时期就已经有了友好交往。到了隋唐时代，日本正处于巩固封建制度的时期，渴望吸收隋唐的封建文化，于是就多次派遣包括留学生、留学僧在内的遣隋使团与遣唐使团前来长安，使中日两国的友好交往出现了高潮。

隋朝时，日本曾4次派遣隋使团入隋。开皇二十年（600年），倭王阿每遣使入隋。后大业三年（607年）、四年，小野妹子两次使隋。十年（614年），又有犬上三田耜使隋。遣隋使团包括大使及随员，并有留学生、学问僧同行。

到了唐代，从唐太宗贞观五年（631年）到唐昭宗乾宁元年（894年）的前后264年间，日本共派出遣唐使13次，另有派到唐朝的"迎入唐使"和"送客唐使",共6次,合计19次。每次遣唐使团的人数都很多,初期一般为250人左右,中期为500人左右,多的达到550余人或590余人。末期更多,如文宗开成元年(836年)的第18次遣唐使团人数多达651人。

唐朝政府对日本遣唐使团给予盛情接待。使团入境以后,会立即受到地方政府的迎接和安排,然后根据限定的人数前来长安。入长安城之前,先在长乐驿休息一两日,再由内使引导乘马进入长安城,入居四方馆。接着在大明宫宣政殿"礼见",而后皇帝赐宴。长安三年(703年),第8次遣唐使的执节使者朝臣真人粟田到长安后,武则天"宴之麟德殿,授司膳卿而还"。[44]天宝十二载(753年),第11次遣唐使到长安,玄宗亲自接见并授大使藤原清河为特进,副使大伴古麻吕为银青光禄大夫卫尉卿,还特许他们参观三教殿和中央府库等处。

为了学习和吸收中国文化,随同遣唐使团前来的还有日本的留学生,现有姓名可考的共26人。他们到长安后,被分配到国子监,享受唐朝政府的公费待遇进行学习。时长安国子监下设国子学、太学、四门学、律学、书学、算学六学馆,日本与其他外国留学生多在太学中深造,如《唐语林》载:"太学诸生三千员,新罗、日本诸国,皆遣子入朝就业。"[45]

日本留学生在长安学习或供职期间与中国人民结下了深厚的友谊,其中著名的人物有阿倍仲麻吕。他于开元五年(717年)十月随第10次遣唐使团来长安,在太学中苦读9年,后"慕华不肯去",长期留居中国达54年。他先后担任唐朝的左春坊司经局校书郎、左补阙、秘书监、安南都护等官职。唐玄宗特意给阿倍仲麻吕起了一个中国

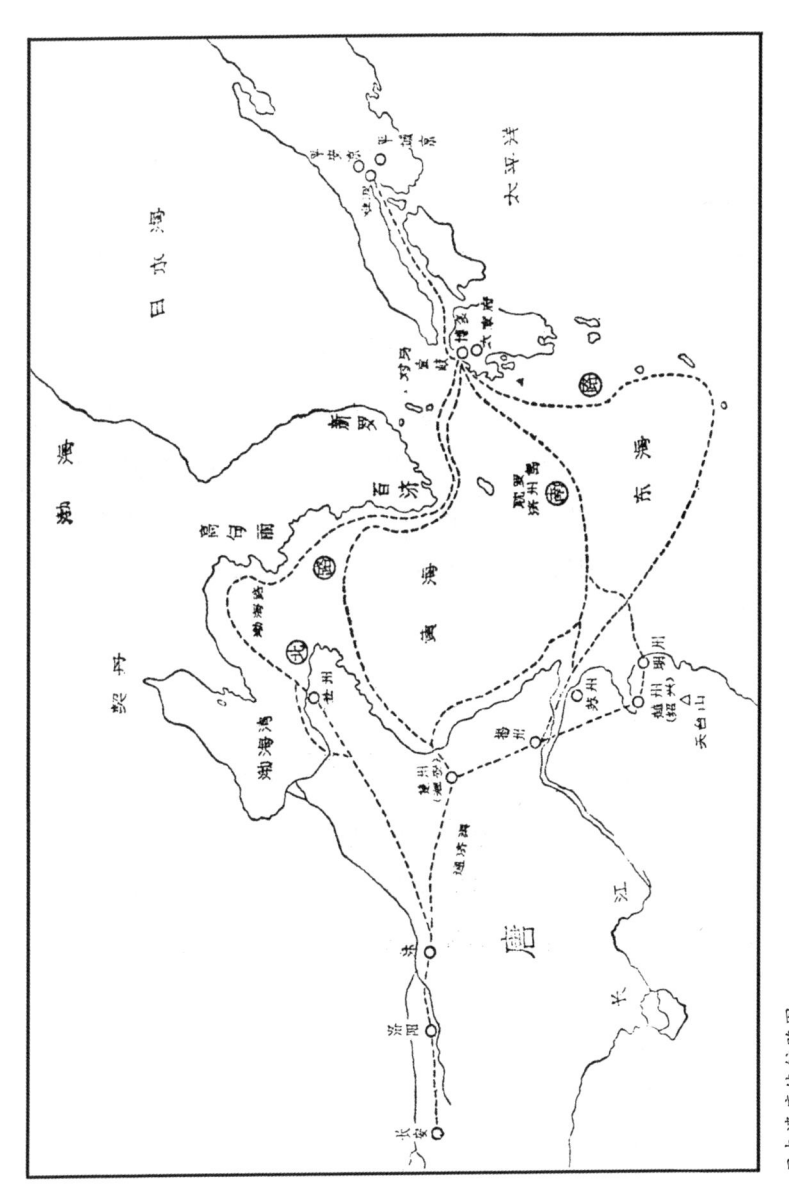

日本遣唐使航路图

第十三章 | 国内外友好交往活动的中心

名字"朝衡"。以后,他自己还使用了另一个中国名字"晁卿"。在此期间,他与唐朝著名诗人李白、王维、贺知章、包佶、储光羲、赵晔等人结为友,常常相互作诗酬赠。天宝十二载(753年),朝衡在长安长住36年之后得玄宗同意回国。不料归国途中遇飓风,随船漂流至今越南。后又回到了长安,直到大历五年(770年)病逝,终年73岁。现西安兴庆宫公园内修建有"阿倍仲麻吕纪念碑",以纪念这位中日人民的友好先驱。

另一位著名的日本留学生是吉备真备。他于开元五年(717年)与阿倍仲麻吕同来长安,虽然没有进入太学学习,但拜唐四门助教赵玄默为师,在鸿胪寺中单独学习长达17年。由于真备勤奋好学,遂深通六艺,为当时唐都人们所惊叹。他还把从唐朝所得的钱款用来购置各种书籍。开元二十二年(734年)真备学成回国,带回去大批典籍及测铁尺、乐器铜律管、铁如方响、写律管声及兵器弦缠漆角弓、射甲箭、平射箭等。

除日本留学生外,还有前来唐朝学习佛法的日本留学僧。留学僧分为学问僧与请益僧。学问僧为长期留学,志在深造;请益僧已有相当基础,专就某些疑问入唐请益。唐代前来学习的日本留学僧总计92人。其中有所谓"入唐八家",即最澄、空海、常晓、圆竹、圆仁、惠运、圆珍、宗叡等8位日僧为其著者,其中最为著名的是空海和尚。空海于德宗贞元二十年(804年)随第17次遣唐使来唐,先在长安延康坊西明寺,后在新昌坊青龙寺跟惠果学习真言密宗。惠果为他受戒灌顶并传授金刚界大法。3年之后空海回国,带回去180多部佛经,在日本传播密宗,成为开创东密的祖师。

阿倍仲麻吕纪念碑

吉备真备纪念碑

第十三章 | 国内外友好交往活动的中心

唐代时期，通过以长安为中心的中日友好交往活动，加深了两国人民的友谊，使两国之间的文化交流发展到一个空前繁盛的阶段。

2.唐朝与朝鲜的友好交往

中朝两国唇齿相依，很早就有了友好交往。唐代初期，朝鲜半岛的高丽、百济、新罗三国都和唐朝保持着联系。其中新罗遣使来长安26次，高丽7次，百济8次。唐朝也遣使回访，去新罗16次，高丽5次，百济3次。后来新罗统一朝鲜，同唐朝的关系更为密切，使节往来更加频繁。为此，唐朝政府在长安特为设立"新罗馆"，专门接待新罗客人。

朝鲜除了不断遣使来唐通好外，还多次派遣留学生来长安学习。长安国子监留学生中，以朝鲜半岛的高丽、百济、新罗人为最多。文宗开成五年（840年），从长安学成回国的朝鲜留学生一次就多达105人。他们中不少人还在长安参加唐朝的进士科考试，取得进士及第，时称"宾贡进士"，如李同、崔彦㧑、崔致远、金可纪等人都是新罗"宾贡进士"中的著名人物。其中崔致远12岁来长安，18岁举进士，书法、诗文都很有名。他的汉文著作《桂苑笔耕集》至今犹存，保存了不少当时中国的史料。

唐代中朝两国友好关系的发展促进了人民之间的交往。当时唐长安城中就有不少的朝鲜人，其中除了来使和留学生之外，还有许多朝鲜百姓聚居于此。北宋张礼《游城南记》记载说："长安县有高丽曲，因高丽人居之而名之也。"

中朝两国友好交往的扩大，推动了相互之间经济文化的交流。

在经济上，朝鲜半岛各国遣使向唐朝送来的特产与工艺品，主要有果下马、牛黄、人参、朝霞绸、纳绸、鱼牙绸、海豹皮、镂鹰铃、金银等物。唐朝也回赠朝鲜以丝绸、茶叶、瓷器、药材、金银器等物。在文化上，朝鲜注意吸收唐朝文化，使中国的文化典籍在朝鲜广为流传。如《旧唐书》载，高丽"其书有五经，及《史记》、《汉书》、范晔《后汉书》、《三国志》、孙盛《晋春秋》、《玉篇》、《字统》、《字林》，又有《文选》，尤爱重之"[46]，百济"其书籍有五经、子、史，又表疏并依中华之法"[47]，"新罗号为君子之国，颇知书记，有类中华"[48]。除此而外，唐朝的典章制度、天文、历法、医学、印刷术、建筑等也都先后传入朝鲜。而朝鲜的"高丽乐"也成为唐朝长安宫廷与民间喜爱的乐舞之一。

3.唐朝与东南亚各国的友好交往

随着海陆交通的发展，唐朝与东南亚及南亚各国的外交往来与经济文化交流也日益密切起来。

林邑，在今越南中南部，隋朝时就和中国经常往来。到了唐初，林邑多次遣使来长安通好，并送来驯象、沉香、琥珀、火珠、镠锁、五色带、朝霞布、五色鹦鹉、白鹦鹉等珍贵礼物。贞观五年（631年）送来的鹦鹉，"精识辩慧，善于应答"，很得唐太宗的喜爱，太宗曾命太子右庶子李百药作《鹦鹉赋》。肃宗至德年间以后，林邑改称为环王国，仍和唐朝通使不绝。当时，林邑的僧人元瑞、学者姜公辅等人还在唐朝居住过。其中姜公辅在唐朝考中进士，在长安任过翰林学士。而唐朝的诗人，如杜审言、刘禹锡、韩偓等人也都到过越南。

两国的友好交往使中越文化交流得到了进一步发展。

真腊即今柬埔寨,武德六年(623年)即遣使来长安,与唐通好。贞观二年(628年)真腊又同林邑一起遣使到长安,唐太宗"嘉其陆海疲劳",回赐了很多礼物。此后,真腊保持与唐的通好关系。天宝十二载(753年),真腊王子率26人来长安,玄宗授果毅都尉。大历年间(766—789年),真腊副王婆弥偕妻来长安,送来驯象11只,代宗授婆弥为殿中监,赐名"宾汉"。

骠国即今缅甸,从唐德宗时开始与中国建立通好关系。贞元十八年(802年),骠国王雍羌派遣其弟悉利移、城主舒难陀率领乐工35人到长安演奏骠国乐二十二曲,所用乐器有铃钹、铁板、凤首箜篌、筝、云头琵琶、大匏琴、小匏琴、横笛、两头笛、大匏笙、三面鼓、小鼓、牙笙、三角笙、两角笙等多种,都与中国不同。他们的精彩演出轰动了长安城。白居易《骠国乐》一诗赞美说:"骠国乐,骠国乐,出自大海西南角……德宗立仗御紫庭,钗纩不塞为尔听。玉螺一吹椎髻耸,铜鼓一击文身踊。珠缨炫转星宿摇,花鬘斗薮龙蛇动。"这是中缅两国文化交流史上的一大盛事。

天竺古称身毒,即今印度。唐时有中、东、西、南、北五天竺,包括今印度、巴基斯坦和孟加拉国等地。从贞观时起,天竺各部就多次遣使来长安与唐通好。唐太宗也先后派遣李义表、王玄策等出使天竺报聘。当李义表到达中天竺首都加德满都时,其王"遣大臣郊迎,倾城邑以纵观,焚香夹道"[49],欢迎仪式极为隆重。通过双方的通使往来,两国的贸易日益扩大,从天竺输入的有胡椒、宝石、珍珠、棉布、椰子、郁金香等。唐朝输出的有麝香、纻丝、色绢、瓷器、铜钱等。

在唐代中印文化交流中,双方的高僧作出过重要的贡献。早在隋文帝时,印僧那连提黎耶舍、阇那崛多和达摩籍多来到长安城中的大兴善寺,翻译佛经,传布密宗。唐中期的"开元三大士",指的就是印僧不空、善无畏与金刚智,他们也在长安佛寺中译经,传布密宗。而唐朝的高僧如玄奘和尚于贞观三年(629年)从长安启程去天竺,游学17年,走遍五天竺,后携带佛经675部,于贞观二十年(646年)回到长安。玄奘撰写的《大唐西域记》12卷,记述了他去天竺沿途所经地区的风土、人情、物产、信仰和历史传说等,成为研究中古时期中亚与印度半岛历史和中西交通的宝贵资料。唐朝另一名高僧义净,于高宗咸亨二年(671年)从广州乘船浮海西行到天竺,先在印度那烂陀寺钻研佛学和译经10年,后又到南洋各国搜集和抄写佛经10年,回国时带回梵文经书400部。他所撰写的《南海寄归内法传》和《大唐西域求法高僧传》是研究7世纪印度、巴基斯坦和南洋各国历史地理的宝贵资料。中印双方高僧的互访往来,加深了两国人民的友谊,促进了文化的交流和发展。

此外,东南亚地区的丹丹、盘盘、堕和罗(均在马来半岛一带)、室利佛逝、堕婆登国(均在印尼苏门答腊)、诃陵(今印尼爪哇)、婆利(今婆罗洲)、师子国(今斯里兰卡)、罽宾(今克什米尔)、尼婆罗(今尼泊尔)等国,都相继遣使来长安与唐通好,和唐朝在经济文化方面有着联系。

4.唐朝与中亚、西亚及非洲各国的友好交往

由于丝绸之路的畅通,唐朝与中亚、西亚及非洲各国也有密切的交往,使中西之间的经济文化交流在前代的基础上有了进一步的发展。

昭武九姓国,在今中亚锡尔河以南至阿姆河一带。其祖先为月氏人,原住在祁连山北昭武城(今甘肃高台县境),后为突厥所逼迁居此地,枝庶分王,为康、安、曹、石、米、何、火寻、戊地、史九姓[50],史称"昭武九姓国"。唐初以来,这些国家纷纷遣使来长安请臣通好,并先后送来了金桃、银桃、锁子铠、水精杯、玛瑙瓶、名马、郁金香、石蜜等大批礼物。唐太宗命将康国所献的金桃、银桃植于苑中。康国、石国的胡腾舞、胡旋舞和柘枝舞也为唐人所喜爱,成为宫廷乐舞之一。由于双方友好交往的密切与经济文化交流的发展,长安城中居住着许多昭武九姓胡人。他们或为商贾,或为音乐家、艺术家,或在唐朝中央政府担任要职,如唐初善画异兽奇禽的名画家康萨陀、官拜游击将军的康磨伽、肃宗时的鸿胪卿康谦、德宗时长安琵琶名手康昆仑等都是康国人;唐初被高祖封为散骑侍郎的拜舞人安叱奴、官拜右武卫大将军的安兴贵、宅在长安修德坊的名将李抱玉(原姓安,赐姓李)等,都是安国人;长安教坊中的琵琶名手曹保、曹善才、曹纲祖孙三人为曹国人,等等。《资治通鉴》卷二二六亦载:"代宗之世,九姓胡常冒回纥之名,杂居京师。"近年来,在西安城郊曾出土了一些昭武九姓中曹、石、米、何、康、安诸姓人的墓志,这也反映了昭武九姓国许多人长期在唐并定居于长安城的情况。

波斯即今伊朗,是西亚的一个古国。早在汉代时,由于丝绸之

路的开通,中伊两国就相互通使往来。到了唐代,两国的友好交往有了进一步的发展。太宗贞观十二年(638年)波斯遣使来长安与唐通好。龙朔元年(661年)波斯受大食侵扰,波斯王卑路斯遣使来唐求援,高宗命王名远充使西域,以其地疾陵城为波斯都督府,授卑路斯为都督。是后,波斯数次遣使来长安。波斯被大食灭后,波斯王卑路斯与其子泥涅斯先后投奔唐朝,留居长安,后皆客死于唐。波斯虽亡,其西部部众犹存,仍和唐朝保持密切关系。自玄宗开元十年(722年)至天宝六载(747年),波斯遣使来长安10次,送来玛瑙床、火毛绣舞筵、长毛绣舞筵、无孔真珠等礼物。代宗大历年间又遣使送来真珠等礼物。由于双方友好关系的发展,当时有许多波斯人居于长安城和中国其他地方。他们或来传布祆教、景教和摩尼教,如在长安靖恭坊、醴泉坊、普宁坊、布政坊建有胡祆祠,在义宁坊建有景教即基督教的波斯胡寺;或为商人进行商业贸易,如长安西市中,有波斯人开的波斯邸、波斯胡店等。1955年以来,先后在西安东郊张家坡隋墓中、韩森寨唐墓中、西郊隋李静训等墓中,出土过波斯银币。这是长安地区中伊友好交往与进行商业贸易的历史见证。

大食即阿拉伯帝国,兴起于7世纪初,势力达到中亚、西亚和北非。唐高宗永徽二年(651年)大食开始遣使来长安,与唐通好。玄宗开元初年又遣使送来良马、宝钿带等,以后又多次遣使来唐。唐玄宗曾授其使者为果毅都尉,德宗授其使者3人为中郎将。在平定安史之乱中,唐曾借大食兵帮助收复长安与洛阳。通过友好交往,大食的药材如乳香、没药、血竭、木香、苏合、香油等输入中国,中国的丝织品、瓷器、金银器、造纸法、脉学,以及药物牛黄、麻沸散等也传到大食,使双方的经济文化交流得到了发展。

拂菻古称大秦,即东罗马,在欧洲地中海沿岸一带。贞观十七年(643年)拂菻遣使来长安通好,送来了赤玻璃、石绿、金精等物。唐太宗回书答聘,并回赠绫、绮等丝织品。此后,乾封、大足及开元年间,拂菻又先后5次遣使来唐,并送来狮子、羚羊等礼物。随着友好交往,中国的丝织品从长安通过丝绸之路大量输入拂菻。拂菻"常利得中国缣素"[51],国王、贵族及百姓妇女都喜欢中国的锦绣丝织物。同时,拂菻的医学和吞刀、吐火等杂技也传入唐朝。这些杂技称为"幻人","能额上为炎烬,手中作江湖,举足而珠玉自堕,开口则旛眊乱出"[52],已成为长安宫廷和街头常见的表演节目。拂菻的导水上屋宇、飞溜如檐帘、激气成凉风的防暑建筑技术在长安城中也多有仿效。如玄宗在宫中起凉殿,"座后水激扇车,风猎衣襟","仰不见日,四隅积水成帘飞洒,座内含冻",虽盛夏处之,仍使人体生寒栗。[53]另如天宝时家住长安太平坊的御史大夫王鉷,"宅内有自雨亭子,檐上飞流四注,当夏处之,凛若高秋"。[54]另外,在今西安、咸阳曾发现东罗马的金币,可能是拂菻商人与唐朝进行经济贸易时带来的。

唐朝与非洲国家也有友好交往。《新唐书·拂菻传》载:"自拂菻西南,度碛二千里,有国曰磨邻,曰老勃萨,其人黑而性悍。地瘴疠,无草木五谷。"说明唐人已"度碛"到过撒哈拉沙漠一带,与非洲国家有过交往。1945年曾在坦桑尼亚桑给巴尔的卡蒋瓦发现唐高宗时的钱币,在埃及古城伏塔特也曾出土过唐朝的瓷器等遗物,从而更加证实了文献的记载。同时,非洲黑人也到过唐都长安城。1985

年12月在今西安长安区大兆乡东曹村的唐墓中,出土了一具高30厘米,头发曲卷、蓝眼睛、身着大翻领长袍的黑人男陶俑,形象十分逼真。[55]这是唐代时期非洲黑人来长安与唐友好交往时成为当时雕塑艺术家进行创作对象的有力证明。

注释

[1]《隋书·食货志》。

[2]《旧唐书·职官志二》。

[3][4]《旧唐书·职官志三》。

[5]《玉海·鸿胪寺》。

[6]《通典·职官三》。

[7]《资治通鉴》卷二三二"贞元三年七月"条注。

[8][12][15]《旧唐书·突厥传》。

[9]《旧唐书·回纥传》。

[10]《资治通鉴》卷一九八"贞观二十一年"条。

[11]《唐会要·罽宾国》。

[13]《资治通鉴》卷一九八"贞观二十年"条。

[14]《册府元龟·朝贡》。

[16][21]《资治通鉴》卷一九八"贞观二十二年"条。

[17][18][20][35]《旧唐书·吐蕃传》。

[19]《新唐书·吐蕃传》。

[22]《唐六典·主客郎中》。

[23]《隋唐嘉话》上。

[24]《新唐书·突厥传》。

[25]《唐会要·吐谷浑》。

[26][28]《册府元龟·纳贡》。

[27]《唐会要·回纥》。

[29]《新唐书·裴玢传》。

[30]《旧唐书·尉迟胜传》。

[31][42]《资治通鉴》卷二二五"大历十四年"条。

[32]《新唐书·回纥传》。

[33][34]《资治通鉴》卷二三二"贞元三年"条。

[36]《新唐书·渤海传》。

[37]《唐会要·学校》。

[38]《唐两京城坊考·布政坊》注。

[39]向达：《唐代长安与西域文明》，第23页。

[40]《旧唐书·武宗纪》。

[41]《旧唐书·康国传》。

[43]《唐六典·主客郎中》。

[44]《唐会要·日本》。

[45][54]《唐语林》卷五。

[46]《旧唐书·高丽传》。

[47]《旧唐书·百济传》。

[48]《旧唐书·新罗传》。

[49]《旧唐书·天竺传》。

[50]《新唐书·西域传》。另《文献通考》载昭武九姓为米、史、曹、何、安、小安、那色波、乌那曷、穆。

[51][52]《通典·边防·大秦》。

[53]《唐语林》卷四。

[55]《唐代黑人俑》,《西安日报》1985年10月9日;《长安出土罕见的非洲黑人陶俑和胡服女俑》,《陕西日报》1986年4月23日。

第十四章

唐长安城的破坏与改建

唐朝中后期,长安城屡遭兵火的焚掠破坏。特别是公元904年,朱温迫使唐昭宗迁都,并下令"毁长安宫室百司民间庐舍,取其材,浮渭沿河而下",运往洛阳,一代壮丽繁华的帝都就此毁灭。

宏伟壮丽、繁华似锦的唐都长安城，在唐中后期，由于封建统治的日趋腐败与中央政权力量的削弱，遭到多次严重的破坏。此后，长安城经过唐末与明初的两次改建，遂成为今天的西安城。

一、长安城的破坏

唐中叶开元天宝（713—756年）之际，是长安城发展最为繁荣的时期。清人赵翼说："唐人诗所咏长安都会之繁盛，宫阙之壮丽，以及韦曲莺花，曲江亭馆，广运潭之奇宝异锦，华清宫之香车宝马，至天宝而极矣"，"天宝以后，长安景象，日渐衰耗"。[1]而至唐后期，长安城的凋敝破坏，更是日甚一日。

首先，唐统治者往往因一时的需用，对长安的宫阙建筑不时进行人为的拆毁。开元十八年（730年），唐玄宗崇倡道教，命在长乐坊西南隅原司农寺园地造兴唐观，并允拆三内殿木以为建造材料。于是拆兴庆宫通乾殿以造天尊殿，拆大明宫乘云阁以造门屋楼，拆白莲花殿以造精思堂屋，拆甘泉殿以造老君殿等。大历二年（767年）七月，宦官鱼朝恩为了邀宠，在城东通化门外修建章敬寺，为代宗母章敬太后荐福。因材木不足，得代宗允许，"坏曲江诸馆、华清宫楼榭、百司行署、将相故第，收其材佐兴作，费无虑万亿"[2]。章敬寺中殿宇建筑达4130余间，共48院，可见其用材拆毁破坏长安宫殿衙署之多。

其次，是少数民族对长安城的洗劫。广德元年（763年）十月，吐蕃兵入长安，代宗出奔陕州，"吐蕃剽掠府库市里，焚闾舍，长安中萧然一空"[3]，使长安城遭到一次较大的破坏。

最后，主要的是唐末兵火的焚掠破坏。其中最为严重的有以下几次。

僖宗广明元年（880年）十二月黄巢农民军攻占长安的初期，对都城并没有进行破坏。"初，黄巢据京师，九衢三内，宫室宛然。"[4]但中和三年（883年）四月黄巢败退长安时曾进行过焚烧。据敬翔《梁太祖编遗录》载："四月乙巳，巢焚宫闱、省寺、居第略尽，拥残党越蓝田而逃。"[5]接着官军入城大肆焚掠，"及诸道兵破'贼'，争货相攻，纵火焚剽，宫室居市闾里，十焚六七"。[6]"官军暴掠，无异于'贼'，长安室屋及民，所存无几。"[7]此后虽经京兆尹王徽修复，但当僖宗由成都返回长安时，目睹京城"荆棘满城，狐兔纵横，上凄然不乐"。[8]

僖宗时长安城的另一次厄运，是光启元年（885年）十二月军阀王重荣连结李克用与宦官田令孜大战于沙苑。结果田令孜败退长安，在劫持僖宗逃离长安时"焚坊市""火宫城"，大肆焚掠破坏。长安自此"宫阙萧条，鞠为茂草矣"。[9]

昭宗时期，长安城成为各方镇军阀势力角逐的场所，从而面临更大的灾难。乾宁三年（896年）七月，凤翔节度使李茂贞率岐军兵逼长安，昭宗出奔华州，"茂贞遂入长安，自中和以来所葺宫室、市肆，燔烧俱尽"。[10]天复元年（901年）十一月，宦官韩全晦勾结神策军指挥使李继筠等劫持昭宗去凤翔，"遂火宫城"。[11]昭宗刚出宫门，"回顾禁中，火已赫然"。[12]在多次兵火后，长安城更加残破不堪。当时著名诗人韦庄在《秦妇吟》中写道："长安寂寂今何有，废市荒街麦苗秀。采樵斫尽杏园花，修寨诛残御沟柳。华轩绣毂皆销散，甲第朱门无一半。含元殿上狐兔行，花萼楼前荆棘满。昔时繁盛皆埋没，举目凄凉无故物。"

然而，使长安城遭致毁灭性破坏的是朱温（时改名朱全忠）。天祐元年（904年）正月，身兼宣武、宣义、天平、护国四镇节度使的大军阀朱温，强迫昭宗迁往洛阳，遂彻底废毁长安城。朱温"令长安居人按籍迁居"，并"毁长安宫室百司民间庐舍，取其材，浮渭沿河而下"[13]，运往洛阳。当时长安百姓"连甍号哭，月余不息。秦人大骂于路曰：'国贼崔胤，召朱温倾覆社稷，俾我及此，天乎！天乎！'"[14]经过这次大破坏，使本来已经残破不堪的长安城"自此遂丘墟矣"。一代壮丽繁华的帝都京城就此毁灭了。

二、唐末的改建

朱温强迫昭宗东迁洛阳以后，由于长安城已遭彻底破坏，人口大量减少，城区过大难以恢复，且不易防守，于是在昭宗天祐元年（904年）三月，由留守此地的佑国军节度使、京兆尹韩建对长安进行了改建。据元人李好文《长安志图》载：

> 新城，唐天祐元年匡国节度使韩建筑。时朱全忠迁昭宗于洛，毁长安宫室百司及民庐舍，长安遂墟。建遂去宫城，又去外郭城，重修子城（即皇城也），南闭朱雀门，又闭延喜门、安福门，北开玄武门，是为新城（即今奉元路府治也）。城之制，内外二重，四门，

门各三重。今存者唯二重，内重其址尚在。东（西）又有小城二，以为长安、咸宁治所。

上文与唐宫城、外郭城并提而要重修的"子城"，是指隋唐长安的皇城。这是因为"子城"原本就是隋唐长安皇城的俗称。[15]如《长安志·唐皇城》载："皇城，俗号子城。"又《唐两京城坊考·皇城》亦载："傅宫城之南面曰皇城，亦曰子城。"值得注意的是，李好文在《长安志图》上文"子城"之后，又特为括注其"即皇城也"，以明"子城"所指。唐末韩建"重修子城"，即以原隋唐长安皇城为基础所进行改筑为新城的工程，主要包括以下几项。

其一，缩小城区。韩建这次改筑，首先是放弃了原长安的宫城和外郭城，仅仅保留了皇城，从而大大缩小了城区的范围。新城即唐皇城的面积，东西宽2820.3米，南北长1843.6米，周长9.2千米，面积5.2平方千米，仅及原隋唐长安城面积84平方千米的十六分之一。

其二，连接北城墙。原隋唐长安皇城仅东、南、西三面筑有城墙，北面无墙，而以东西横街与宫城南墙相接。出于城防的需要，今去宫城，只是拆除了宫城的东墙、西墙与北墙，而保留了原宫城的南城墙，使之连接成为新城的北城墙，这样就使新城成为四面环有高大城墙的坚固堡垒。

其三，封闭诸多城门。由于新城范围的缩小，同时也出于防卫安全的考虑，没有了保留原先许多门的必要。因此，南城墙封闭中间的朱雀门，保留左右的安上门与含光门（并封闭含光门3门洞中的中门洞与西门洞，仅留东门洞）；东城墙封闭偏北的延喜门，保留中间的景风门；西城墙封闭偏北的安福门，保留中间的顺义门；北面城墙仅留原宫城中间的承天门并易名为玄武门，封闭原宫城南墙与东宫南墙的其他门。其中南面城墙偏西的含光门东门洞，北宋时尚存。宋哲宗元祐年间（1086—1094年）张礼与友人出游城南时，曾出安上门而入含光门。元祐之后，含光门全部封闭，南面城墙只留安上门一门。新城北面城墙的玄武门位置略西，与南面城墙的安上门并不正对。这是因为安上门原为皇城南垣偏东门，而玄武门原为宫城南垣中门承天门南对皇城南垣中门朱雀门的缘故。

其四，改造城区。原隋唐长安皇城为中央官署区，现要改建为百姓入住的居民区。但当时面对的情况是，随着昭宗东迁洛阳，皇城内的中央官署亦随之迁离，留下的官衙，是经过朱温"毁长安宫室百司"毁拆后破败不堪的残垣断壁；而且，原来分布于皇城内的中央衙署，其建制是"以坊里准之"，如外郭城坊里制度一样，周围都筑有用以分隔的围墙；同时，原来皇城内街衢都十分宽阔。如第一条东西横街，"南北广三百步"，约合441米。其余"皇城各街，皆广百步"，约合147米。这些都不适宜于居民入住新城的需要，需对新城城区进行新的规划和改建。韩建这次对城区的改建，有两个大的变化和突破。一是新城内的居民住宅区，突破和改变了原长安外郭城中各个坊里周筑坊墙的封闭式建制，为便于居民出入和生活方便，采取了坊里外围无坊墙环绕的开敞式新规制。尽管五代至明清时期，府城内各地段仍以坊或里划分与相称，如元奉元城内划分有祐德、光化、双桂、通政、碧波、太平、立政等坊，明西安城咸宁县领东城区有书院、文昌、忠孝、新城、九耀、通义、六海、马巷、北京、南京、

第十四章 | 唐长安城的破坏与改建

通政、归义、南勋13里，长安县领西城区有安定、水池、双桂、市北、京兆、伞巷、含光、广济8里。清代后期随着西安府城人口的增加与经济的发展，咸宁县领东城区原13里更细分为29小坊，长安县领西域区原8里细分为53小坊。但这些坊里的设立，仅仅是地域区划或基层管辖区域的名称，而各坊里皆为开敞式，外围不再筑设坊墙。二是新城内的工商贸易店铺市场，也突破和改变了原汉唐长安城市场须设在固定地区（如汉长安城九市、隋唐长安城东市西市）与定时贸易的限制。新城内商铺的设立采取开放式，散布于居民区的街巷之间。如元奉元城中有银巷街、药市街、马市、羊市等，明清西安城中有骡马市街、竹笆市、木头市街、盐店街、油店巷、糖房街、案板街、扇子巷、大菜市、印花园、挂面营、东羊市、西羊市等，且这些商铺贸易不再受时间的限制。这种变化，无疑是城市经济生活发展的必然。相对原隋唐长安城封闭式的坊里建制和商业市场限定于固定地区来说，是一个历史的进步。唐末韩建这次对皇城城区进行的改造，基本奠定了今天西安城居民街巷走向的格局。

其五，环掘护城壕。原隋唐长安城仅在外郭城墙之外环掘有护城壕，而皇城为内城，是大城中的子城，并且皇城又位于都城中心最为繁华之处，周围无护城壕。唐末韩建放弃外郭城与宫城，而以皇城改筑为新城，这就使皇城即新城，由内城变为外城，城墙成为固守城堡最主要的第一道防线。按照城池互防之制，于是始在新城城墙外侧四周，动工环掘了护城壕，这也是今天以唐皇城发展而来西安城护城壕最早的第一期修掘工程。

其六，修建咸宁、长安两县治小城。唐末以后，长安城仍沿隋唐旧制，实行咸宁、长安两县东西分治之制。由于新城城区的缩小，原先的咸宁、长安二县的县署被隔在城外，原咸宁县署在外郭东城区宣阳坊东南隅，长安县署在外郭西城区长寿坊西南隅。于是唐末韩建在改建后的新城东西两侧，又各筑一座小城，以为两县治所。东侧的为咸宁县治，西侧的为长安县治。此一大两小三城之制，历经五代宋金，一直沿袭至元末。从元末学者李好文图中可以看出，奉元城外东侧有"咸宁县"县治小城，城外西侧有"长安县"县治小城。此一大两小三城之制，到了明初始发生了变化。明初由于西安城在隋唐皇城即唐末新城基础上范围扩大，咸宁县署始由城外东侧移建于城内东南隅今东县门街东段路北；长安县署也于洪武四年（1371年），由城外西侧移建于今西大街都城隍庙东侧。

至于《长安志图》上所说新城"城之制，内外二重"，学者解释不同。有说隋唐长安皇城皆夹城复壁两重，韩建新城仍其旧（陈子怡《西安访古丛稿》）；有说唐末宫城、外郭城虽被废弃，但还可以作为新城的外围，使新城成为城中之城（马正林《丰镐—长安—西安》）；有说韩建最初把新城修成内外二重，新城中置有京兆府或佑国军节度使衙署（辛德勇《有关唐末至明初西安城的几个基本问题》，《陕西师范大学学报》1990年第1期）；还有说韩建所筑新城，城门外皆加筑瓮城，为二重城之制；也有人认为，新城"内外二重"之制，是指内（中）为府治大城，外（东西两侧）为县治小城。

这就是唐末韩建"重修子城"的，即以隋唐长安皇城为基础改筑后的新城，以及五代宋金元时期的京兆府城。在此期间，长安的建置屡经变革，名称亦多有变化。五代后梁开平元年（907年）四

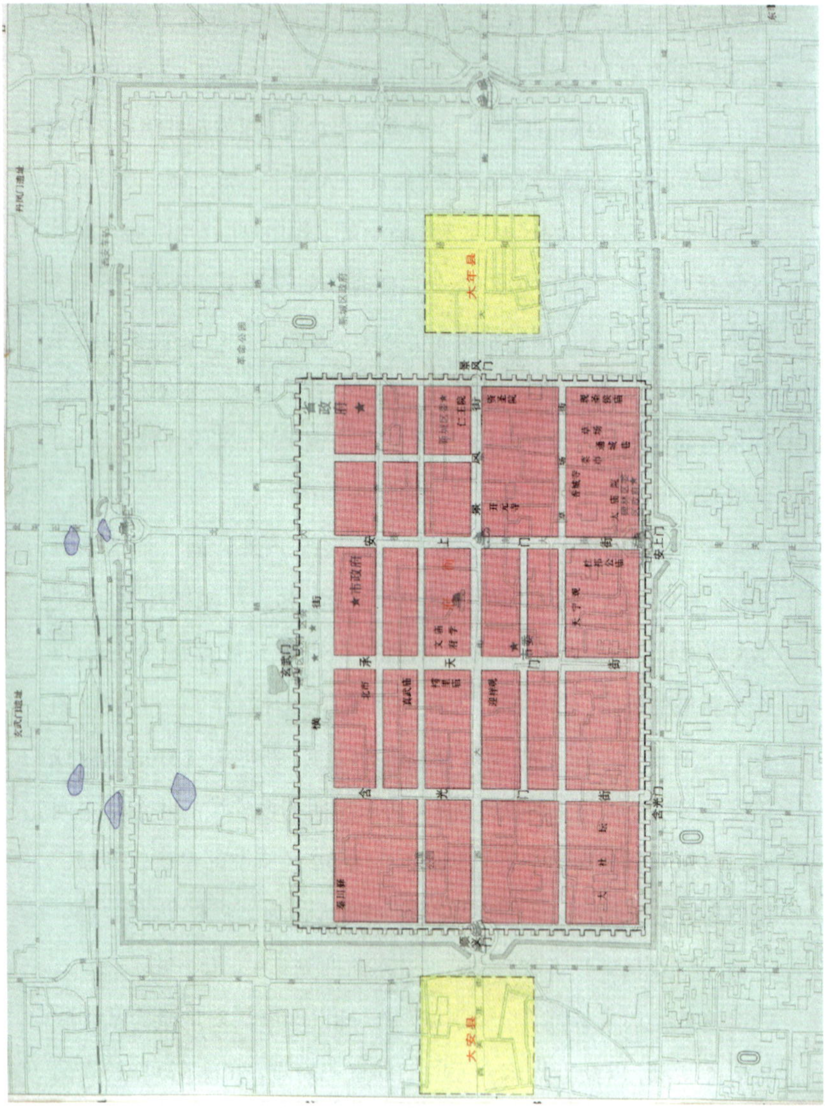

五代新城图（《西安历史地图集》）

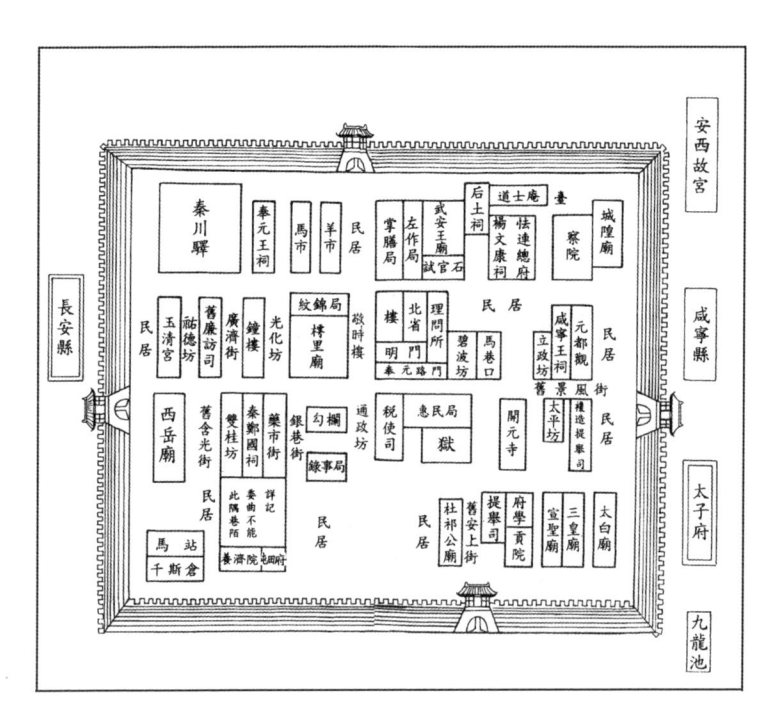

元奉元城图（《长安志图》）

月，废长安西京之名，改属雍州佑国军，改京兆府为大安府。开平三年（909年）七月，改佑国军为永平军。后唐同光元年（923年）十一月，复建西京，改大安府为京兆府。后晋天福三年（938年），废西京，改永平军为晋昌军。后汉乾祐元年（948年）三月，改晋昌军为永兴军，仍名京兆府。北宋太宗至道三年（997年），置陕西路京兆府。神宗熙宁五年（1072年），置永兴军路京兆府。徽宗大观元年（1107年），升京兆府为大都督府。宣和二年（1120年），又称京兆府。南宋高宗建炎四年（1130年），复永兴军路。金熙宗皇统二年（1142年），改永兴军路为京兆府路。元世祖中统三年（1262年），立陕西四川行省，治京兆府。至元十六年（1279年），改京兆府为安西路。仁宗皇庆元年（1312年），改安西路为奉元路。以上是明朝以前长安的建置沿革及其名称的变化。

三、明初的重建

明初太祖洪武二年（1369年）三月，大将军徐达率军攻占关中，驱逐蒙元势力，改奉元路为西安府，这就是当时作为府治的今西安城名称的由来。洪武三年（1370年），明太祖朱元璋封建诸子，以其次子朱樉为秦王，坐镇西安。为了准备秦王就藩，明太祖命长兴侯耿炳文与都督濮英重新修建西安城。准备工程从洪武三年开始，先由军士开拓东大城530丈，南接旧城436丈，后再拓北城1157丈7尺。洪武七年（1374年）正月，朱元璋命宋国公冯胜来陕西督修城池，开始正式筑城，至洪武十一年（1378年）完工，历时8年之久。

明初重建的西安城，有如下特点。

扩大城垣范围　明初的这次重建以唐末新城为基础，除西、南两面仍依原城位置外，东、北两面城垣位置各向外延伸约二分之一。其中南城墙由原来皇城的2820.2米，向东延伸了1435.8米；西城墙由原来皇城的1843.6米，向北延伸了864.4米。拓建后的西安城垣，"周四十里"。[16]实测东城墙长2886米，西城墙长2708米，南城墙长4256米，北城墙长4262米，周长14.11千米。城墙以内面积8.7平方千米，若以墙体外围包括城墙厚度在内计算，全城面积为11.9平方千米。与隋唐皇城即唐末新城面积5.2平方千米相比，扩大了3.5平方千米（城墙内计）或6.7平方千米（墙体外围计）。明初西安城的相对扩大，自然是由于西安为西北的政治军事重镇，居住人口较多，并需要屯驻重兵，以防御西北蒙元残余势力。同时，也是为了在城内东北隅为秦王修建范围极大的王城（清代改筑扩大为满城，辛亥革命以后以王城内城为新城）的缘故。当然，明初西安城垣向东、北两面的延伸，对城市的布局产生了直接的影响，使今天西安城内的北大街长于南大街，东大街也略长于西大街。

严密城垣防御工程 明初重建后的西安城垣高12米，顶宽12—14米，底厚15—18米。城垣虽为夯筑土墙，但构筑十分坚固。一般是先用黄土分层夯打，每层厚度为10—12厘米，最后一层用石灰、土和糯米汁混合夯打，厚45厘米，坚硬非常。此外，在城墙的四角各有角台一座，台上建有角楼。沿城墙外壁每隔120米建一伸出城墙的敌台（亦称马面），长12米，宽20米，高与城墙齐，上建敌楼，共98座，起三面防敌的作用。同时，在城墙顶部外沿建有垛墙，上有垛口5984个。这些建筑共同构成了一个严密的防御工程体系。

营建防卫性的城门楼 明初西安城四面各有一门，东曰长乐门，西曰安定门（即唐皇城的顺义门），南曰永宁门（即唐皇城的安上门），北曰安远门。明初四城门洞上建有正楼，外筑瓮城，上建箭楼。明末崇祯九年（1636年），为加强城门防御，又于四门瓮城外加筑月城，上建闸楼。瓮城、月城皆开有城门洞（南门瓮城不开正门洞，只开两侧门洞）。从而每座城门皆形成城三重、楼三重、门三重之制。正楼在内，建在主体城墙门洞之上，为二层三重檐歇山式高大建

明西安府城图（嘉靖《陕西通志》）

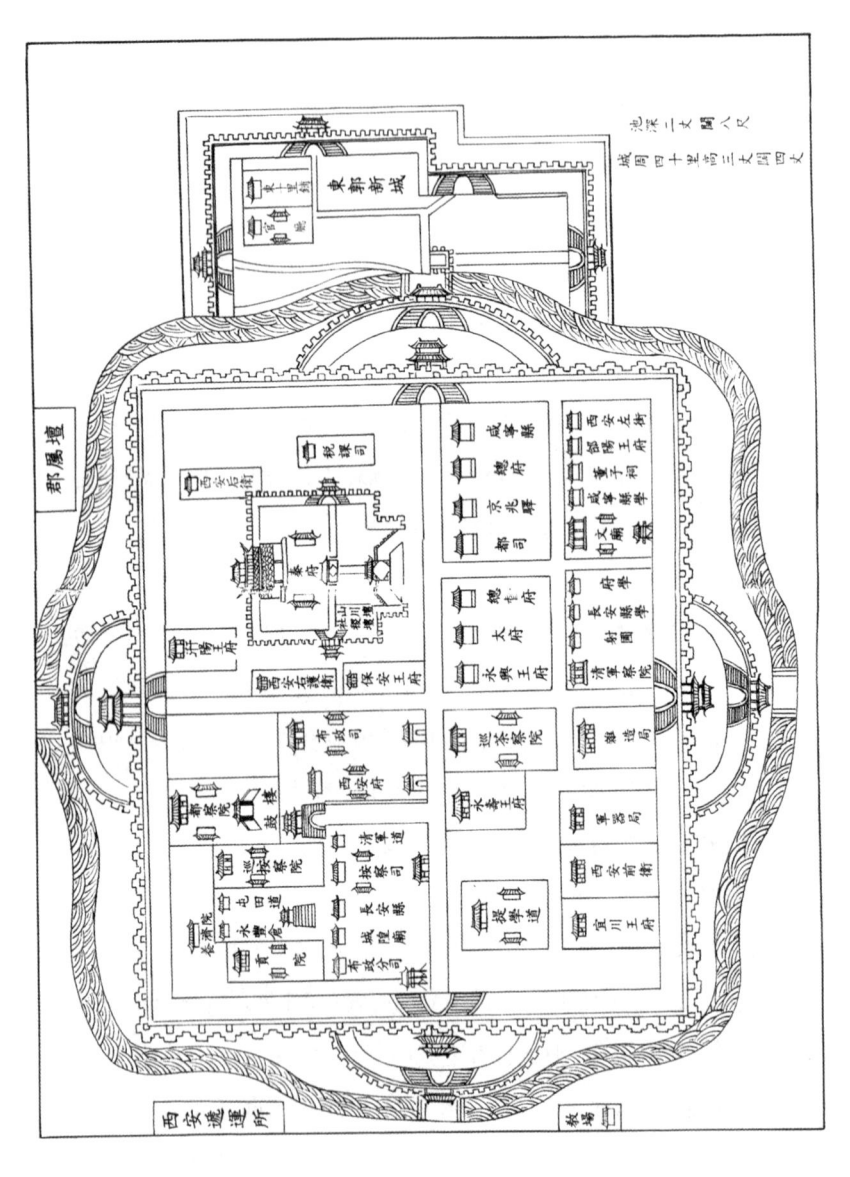

筑。城楼距地面高约32米，面宽7间、进深2间，通体长43米左右。箭楼在中，建于瓮城正面门洞之上，为歇山式砖砌建筑。面宽11间、进深2间，通体长53米左右。楼体高约19.6米，距地面高约33.4米。正面楼壁开箭窗4排，排各12孔；两侧山墙开箭窗3排，排各3孔；箭楼3面共开箭窗66孔。箭楼为扼守城门的防卫性高大门楼建筑，所开箭楼起密集火力消灭攻城之敌的作用。闸楼亦称炮楼，临于护城壕，建于月城门洞之上，用于控制吊桥。面宽3间，高2层，屋顶为悬山形式。正面开箭窗2排，排各6孔；两侧山墙各开箭窗2排，排各2孔；合箭窗20孔。闸楼内驻守士兵，置放火器火炮，掌管护城壕上吊桥起落，扼守入城通道，是城门防御体系中第一道关口。明西安城这一套严密的防卫性城三重、楼三重、门三重的建筑，以前是没有的。

拓掘城壕　唐末天祐元年（904年）佑国军节度使韩建以隋唐皇城改筑为新城时，由于此城原为内城后为外城，始在新城外围环掘了护城壕。此护城壕为五代宋金元府城路城相沿，并多次疏浚，导水入壕。明初，西安城墙在原隋唐皇城的基础上向东、北两面拓筑，随着城墙的外移，城周的护城壕亦随之扩长，需要拓掘。据《洪武实录》卷六十记载，洪武七年（1374年）正月，明太祖朱元璋命"宋国公冯胜往陕西修城池"。这说明明初的西安城，不仅增修重建了城垣，而且还在城垣外围拓掘了护城壕。壕深2丈，广8尺。明代时引水渠道有二条：一是龙首渠，分浐水北流至城东折西注入西城壕；二是通济渠（即皂河），从城南引潏水西北流，至城西入城，东流注入东城壕。经过明初的这次重建，奠定了今天西安城的基本规模。

西安城墙

西安护城河

四、明中后期与清代的加固修葺

明代中后期与清代时期，陕西的督抚官吏出于军事防卫的需要，十分重视西安城的加固修葺。

明代中后期重要的修筑有三次。

世宗嘉靖五年（1526年），陕西巡抚王荩对西安城垣进行过一次重修。

穆宗隆庆二年（1568年），张祉任陕西巡抚时在西安原土城墙的外壁和顶部砌了青砖，用以加固。这是西安城壁的第一次砌砖，也是城壁上的第一层砖。

思宗崇祯九年（1636年），陕西巡抚孙传庭为了防止明末农民军的进攻，在西安城门之外修筑了四郭城，亦称关城。其中东郭城明初已建，东西一千八十五步，南北九百一十四步；南郭城东西一百九十步，南北三百五十步；西郭城东西八百八十步，南北三百二十步；北郭城东西二百三十二步，南北四百四十步。[17]关城四面有土城墙，开有郭门。现郭门地名仍存，而关城土墙早已颓毁。

清代时期对西安城又进行过多次修葺。

世祖顺治十三年（1656年），陕西巡抚陈极新重修西安城垣，并疏浚城壕，壕长四千五百丈，深二丈，广八尺。[18]

圣祖康熙元年（1662年），总督白如梅、巡抚贾汉复修葺西安城垣，周长四千三百二丈，高三丈四尺，上厚六尺，下厚三丈八尺，并浚深城壕至3丈。[19]

高宗乾隆二年（1737年）九月，陕西巡抚崔纪行因西安城有壕

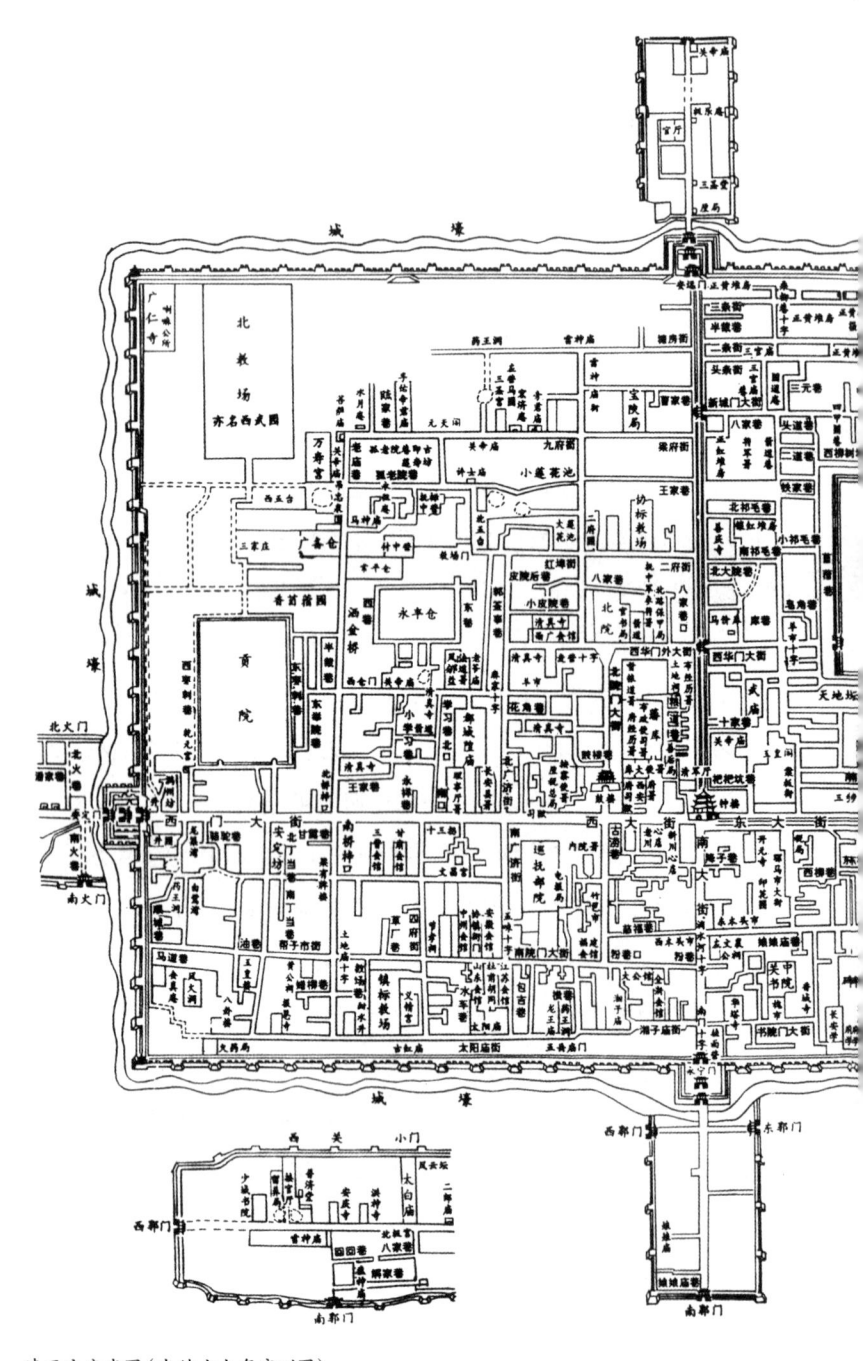

清西安府城图（光绪十九年实测图）

(张谟尧绘)

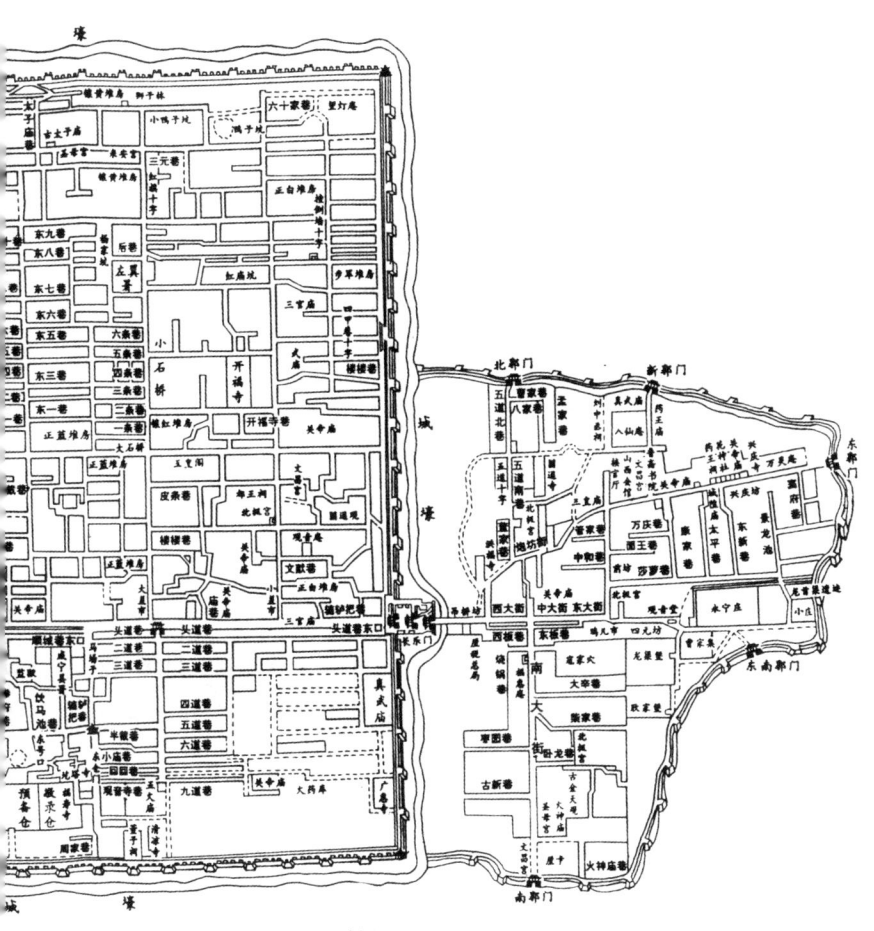

乏水，遂疏浚龙首渠与通济渠，导水入壕。

乾隆二十八年（1763年），陕西巡抚鄂弼继修葺西安城垣，并疏浚城壕，奏用帑银一万八千九百十四两。[20]而此时，由于入城水门的废弃，龙首、通济二渠之流不复入城，改变流向，仅使龙首渠水注入东城壕，通济渠水注入西城壕。

乾隆四十六年（1781年），陕西巡抚毕沅又一次修复西安城。这次工程规模较大，费银一百六十一万八千余两。[21]主要工程项目有：

补修城墙　由于西安城墙已日久颓圮陊剥，故毕沅对其进行了全面补修，并对宽窄不一的地方作了统一处理，窄处拆刨另筑，过宽之处削去。补修时沿旧墙底先围石，后灌浆，然后用黄土逐层夯打。筑至城顶部时，用一层黄土、二层灰土夯打，最后夯平。补修后的城垣"高三丈六尺（约合11.5米），厚四丈七尺（约合15米）"[22]，从而使西安城墙更加高大坚固。

加厚砖面　在城墙的顶部增砌青砖，并对整个城墙外壁加厚了砖面。故现在的西安城墙外壁城砖，内层为明代张祉时砌的明砖，外层为清代毕沅时所砌的清砖。外壁砖厚至3—5层，各城门或楼下砖厚至7—8层。

修筑溜水漕　在城墙的内壁每隔40—60米用青砖砌筑一道溜水漕，以排除城顶部的雨水。

修葺城楼等防御设施　毕沅这次复修，对自内而外的四城门正楼、箭楼、闸楼，以及城垣上的角楼、垛口等防御设施，按照原来的旧制进行了全面的修葺加固。即所谓"门楼三重，正搂、箭楼、炮楼自内而外，卡房九十，垛口五千七百，门四，及四角楼，皆如旧制"[23]。但对于明代在敌台上所建歇山式二层楼建筑形式的敌楼，因目标明显，易受城下火器攻击，全部改建为硬山式一层面阔3间的驻兵卡房。

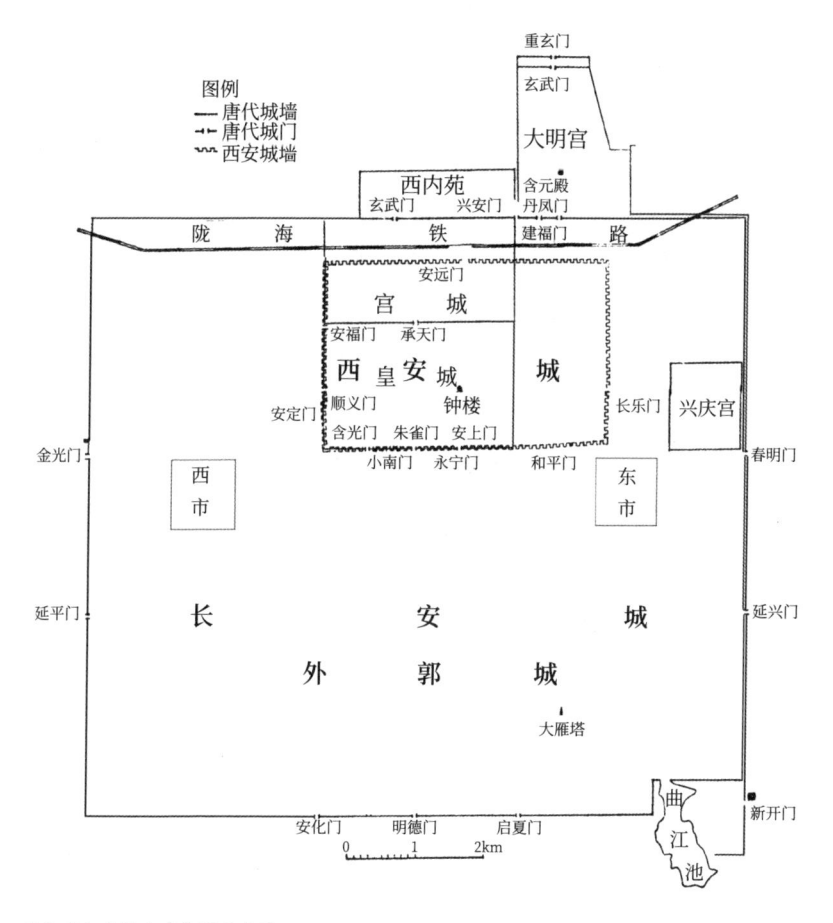

西安城与唐长安城位置示意图

疏浚城壕 对护城壕进行全面疏浚，加深四尺，面宽门六丈，底宽三丈。从乾隆三十九年（1774年）开浚，逾年毕工，仅此一项，费银八千余两。[24]

经过以上明中后期及清代时期的多次加固修葺，西安城在明初重建的基础上，更加雄伟坚固。这就是隋唐长安城经唐末韩建以皇城为基础缩建为新城，后又经明初扩建重修遗留至今的西安城。

注释

[1]（清）赵翼：《廿史札记》卷二〇。

[2]《新唐书·鱼朝恩传》。

[3]《资治通鉴》卷二二三"广德元年"条。

[4][6][9]《旧唐书·僖宗纪》。

[5]《资治通鉴》卷二五五"中和三年四月甲辰"条附考异。

[7]《资治通鉴》卷二五五"中和三年"条。

[8]《资治通鉴》卷二五六"光启元年"条。

[10]《资治通鉴》卷二六〇"乾宁三年"条。

[11]《新唐书·韩全晦传》。

[12]《资治通鉴》卷二六二"天复元年"条。

[13]《资治通鉴》卷二六四"天祐元年"条。

[14]《旧唐书·昭宗纪》。

[15]《资治通鉴》卷二四一"元和十四年二月"条注："凡大城谓之罗城，小城谓之子城。又有第三重城以卫节度使居宅，谓之牙城。"

[16] [22] [23] 嘉庆《咸宁县志·地理志》。

[17] 嘉庆《咸宁县志·疆域山川经纬道里城郭坊社图》。

[18][19][24] 乾隆《西安府志·建置志》上。

[20][21] 民国《续修陕西通志稿·建置志》三。